COLLECTION FOLIO

Catherine Hermary-Vieille

La Marquise des Ombres

ou

La vie de Marie-Madeleine d'Aubray, marquise de Brinvilliers

Denoël

Après une enfance endeuillée par la mort de sa mère, Marie-Madeleine d'Aubray arrive en 1643 à Paris, où son père est nommé lieutenant civil. Marie-Madeleine rêve sa vie future et s'imagine grande dame, riche, fêtée, et, par-dessus tout, aimée.

Le mariage organisé par son père avec Antoine Gobelin, bientôt marquis de Brinvilliers, ne lui apportera que le confort financier et ne comblera pas ses désirs. Ses deux passions profondes vont alors très vite trouver à s'incarner en deux hommes qui seront mêlés à toute sa vie : l'argent, en Pierre-Louis de Penautier, trésorier des états du Languedoc et homme d'affaires, et l'amour, en Jean-Baptiste de Sainte-Croix, aventurier et alchimiste.

Dès lors, le destin de la marquise de Brinvilliers est tracé. Dépensant sans compter pour satisfaire ses goûts de luxe et encore plus ceux de son amant, se lançant dans des placements aventureux conseillés par Penautier, elle vivra des années brillantes sans cesser d'être au bord de la ruine. Prête à tout pour sauver des apparences qui lui tiennent lieu de bonheur, Marie-Madeleine ne saura pas arrêter l'enchaînement infernal qui la mènera jusqu'au crime.

Autour d'une femme entraînée par sa faiblesse et ses passions, Catherine Hermary-Vieille a peint la vie d'une société et d'une époque où l'éclat des uns ne cache pas la misère des autres. Un extraordinaire travail de recherche lui a fait découvrir un personnage fascinant, émouvant, inoubliable, que sa sensibilité et son talent lui ont permis d'animer.

Catherine Hermary-Vieille est née à Paris. Après des études secondaires classiques, elle est entrée à l'École nationale des langues orientales, où elle a étudié le russe et l'arabe. Après avoir travaillé comme secrétaire, elle part pour deux ans aux États-Unis où elle commence un B.A. (Bachelor of Art) de littérature américaine.

Retour en France. Lors d'un voyage en Haïti, elle décide d'y organiser des voyages, fonde avec une amie une association sous la loi de 1901 (l'A.F.H.E.C.T ou association franco-haïtienne pour des échanges culturels et touristiques), et fait cinq voyages là-bas en compagnie de petits groupes de touristes. Naissance d'un enfant en 1976. Abandon des voyages en Haïti. Reprise à l'université de Vincennes des études d'arabe classique puis, après la fermeture de l'université de Vincennes, à l'École normale supérieure, rue d'Ulm à Paris.

En 1980, commence d'après un exposé fait par elle dans le cadre de ses études d'arabe, *Le grand vizir de la nuit*. Le roman est accepté au début du mois de juillet 1981 chez Gallimard, il est publié en septembre suivant et obtient le prix Femina au mois de novembre.

En février 1983, parution de *L'épiphanie des dieux* qui a pour cadre Haïti.

Pour le Père de la Victoire
que j'aime plus que tout.

Toutes nos qualités sont incertaines,
en bien comme en mal,
et elles sont presque toutes
à la merci des occasions.

La Rochefoucauld

Dreux d'Aubray
1600 - † 1666

Marie Olier
- † 1641

Marie-Madeleine
1630 - † 1676
épouse en 1651
Antoine Gobelin
fils de Balthazar Gobelin
et de
Madeleine de l'Aubespine

Antoine
1633 - † 1670
épouse Thérèse
Mangot de Villarceau

François
1634 - † 1670

Thérèse
1639 - † 1675

Marie
1641 - † ? au carmel

Marie-Madeleine
1652 - † ? au carmel

Thérèse
1654 - † ? au carmel

Claude-Antoine
comte d'Offémont
1659 - † 1739 à Offémont
épouse Anne-Françoise
de Saint-Malxent

Louis
chanoine
1661 - † ?

Nicolas
1664 - † ?
officier
épouse Nicole de Bombelle

CHAPITRE PREMIER

En Provence, été 1637

La campagne était déjà rousse. Au-delà des murs du jardin, l'ocre, le gris bleuté succédaient aux verts sombres, aux feuilles argentées et aux taches vives des massifs groupés autour de la bastide. Accroupie au pied du mur du potager, là où le soleil chauffait le plus fort, le menton posé sur ses genoux repliés, la petite fille rêvait lorsque la voix de sa nourrice la fit sursauter. D'instinct elle se leva et essuya son visage avec un coin de son tablier.

— Marie-Madeleine, appelait la voix.

La petite fille, le dos appuyé au mur, posa son regard sur les arbres fruitiers, les roses grimpantes et l'alignement des plantes potagères, ces racines inertes, indifférentes, qu'elle dédaignait. Puis relevant sa robe des deux mains pour ne pas l'accrocher aux mûriers noirs, elle s'avança vers la porte du potager.

— Encore à regarder les légumes ! Faut-il que vous les aimiez pour les contempler ainsi.

La voix était forte, gentille cependant, avec un accent chantant qui plaisait à la petite fille et qu'elle aurait voulu avoir elle aussi, en dépit de l'interdiction de ses parents. La femme lui prit la main :

— Votre mère vous attend dans la salle d'études avec votre nouveau maître de dessin.

Pour arriver à la bastide il fallait remonter une allée sablée, bordée de plantes grasses, de géraniums roses et rouges dans de hautes jarres de terre cuite que M. d'Aubray avait fait venir d'Italie. Malgré l'heure matinale, les volets de la maison étaient clos déjà et le soleil comme de l'eau glissait entre les fentes du bois pour tomber inerte sur les carreaux de terre cuite. La maison était fraîche, silencieuse, et dans la pénombre on ne distinguait que quelques meubles en bois et de grands bouquets de fleurs aux teintes douces. Après la chaleur intense du potager Marie-Madeleine eut un peu froid, elle respira profondément :

— A quoi ressemble mon nouveau maître de dessin ?

La servante arrêta sa marche, fit face à l'enfant, tira sur la jupe de toile, arrangea le col de dentelle.

— Je l'ai aperçu un instant seulement. Il me semble fort avenant. Venez vite maintenant, nous allons nous faire gronder.

L'escalier de bois ciré craquait sous les pas. Marie-Madeleine caressa de la main la rampe lisse dont le contact lui procurait un plaisir un peu trouble.

La servante poussa la porte de la salle d'études. Marie-Madeleine vit alors sa mère et à côté d'elle un homme austère, frêle, vêtu de noir qui la regardait.

— Approchez, Marie-Madeleine, ordonna la voix de Mme d'Aubray, et saluez monsieur qui va être votre maître de dessin.

La petite fille avança, elle était toute proche de l'homme.

— Comment vous appelez-vous ? demanda-t-il.

— Marie-Madeleine.

— Et quel âge avez-vous ?

— Sept ans.

La petite fille pensa au soleil sur le mur du potager, au soleil éblouissant que cet homme en noir lui volait.

— Voulez-vous que nous soyons amis ?

Elle regarda sa mère. Le visage de Mme d'Aubray était comme à l'accoutumée grave, un peu sévère.

— Répondez, Marie-Madeleine.

— Oui, murmura l'enfant.

Mais elle savait qu'elle mentait, qu'elle n'était pas l'amie de cet homme, ni de lui ni de personne.

Marie-Madeleine était assise à sa table maintenant et debout devant elle l'homme l'observait ; Mme d'Aubray et la servante étaient sorties. L'homme ne parlait toujours pas. Il la considérait d'un regard étonné. Très doucement, il dit :

— Vous êtes jolie.

Marie-Madeleine leva les yeux. Elle n'avait pas peur de lui. Il lui tendit un crayon, il avait des mains très fines et très blanches.

— Si nous dessinions ce bouquet de soucis ?

Ses doigts effleurèrent ceux de l'enfant très légèrement, comme une caresse. Marie-Madeleine prit le pastel, ni l'homme ni la petite fille n'avaient baissé les yeux.

Tous les jours le professeur de dessin venait à la bastide et tous les jours Marie-Madeleine l'attendait sans joie ni ennui ; elle l'attendait comme elle espérait le cours des années qui la mèneraient à l'âge de femme. Elle aurait désiré courir, se battre, rire, monter à cheval ; elle ne pouvait que broder des mouchoirs, dessiner, se promener à pas lents jusqu'au mur du potager pour rêver qu'elle s'envolait vers un pays qu'elle avait inventé et où elle était heureuse. Il suffisait pour le rejoindre de fermer fort les yeux, d'écouter les clochettes des troupeaux de moutons au loin dans la campagne et de laisser le soleil brûler la peau jusqu'à l'éblouissement. Alors l'eau se mettait à cascader, les fleurs s'ouvraient et le vent chaud du sud la faisait partir. Parfois, sous le soleil violent qui la faisait trembler, elle mordait ses lèvres jusqu'au sang pour se punir d'être une petite fille fragile, étrangère à elle-même. Jamais elle ne jouait avec ses frères, ils lui étaient indifférents. Son père, Dreux d'Aubray, intendant de la province, rentrait fort tard et partait au matin. Il aimait prendre Marie-Madeleine sur ses genoux, la regardait, la trouvait belle mais ne savait que lui dire. Il la reposait alors doucement à terre, caressait ses longs cheveux et lui demandait d'être bien sage. Sa mère la faisait prier.

Un lien étrange se tissait entre elle et l'homme noir. Un matin, il prit sa main pour guider le trait de son dessin et contre sa peau laissa longtemps la sienne. Marie-Madeleine pensa au potager, au soleil et ne bougea pas. Le bouquet de soucis se fanait ; le dessin se précisait comme si la vie des fleurs butait sur le papier blanc et, ne pouvant franchir cet obstacle, venait s'y arrêter.

— Cela est bien, dit un jour l'homme, nous en avons fini.

Les mains derrière le dos il regardait par l'étroite fenêtre au loin dans la campagne. Se retournant vers Marie-Madeleine, il ajouta :

— N'est-ce pas bientôt la fête de monsieur votre père ?

— A la fin de ce mois.

— Voulez-vous que je dessine un portrait de vous ? Cela serait un joli cadeau à lui offrir.

Il faisait chaud. Marie-Madeleine voyait des gouttes de sueur sur le front, les tempes, autour de la bouche de son maître. Il semblait malheureux. Elle ne répondit pas.

— Voulez-vous ?

Marie-Madeleine le regardait, elle n'était plus à cet instant une enfant trop fragile, trop seule, elle possédait soudain un pouvoir encore plus étourdissant que celui de s'envoler.

— Oui, répondit-elle.

Et ce oui prononcé d'une toute petite voix sembla résonner dans le silence de la salle d'études.

Le maître de dessin fit asseoir Marie-Madeleine sur la table. Il recula de quelques pas pour l'observer, la tête légèrement penchée et, dans le rai de soleil, ses cheveux châtains reprenaient une blondeur d'enfance.

— Redressez-vous un peu, voilà. Mettez votre jolie tête en arrière.

Marie-Madeleine avait fermé les yeux, elle pensait au mur du parc, immense, infranchissable. L'homme s'était approché, il déployait la jupe de l'enfant autour de ses jambes, avec des gestes contenus. La petite fille gardait les yeux clos. Elle ne les ouvrit que lorsqu'elle entendit la voix du maître de dessin :

— Puis-je relever un peu votre robe pour montrer vos jolis bas ?

Marie-Madeleine était tout à fait immobile. L'homme recula encore.

— Cela est parfait maintenant, dit-il, je vais pouvoir commencer mon dessin.

Il semblait soudain soulagé et heureux. Il eut même un petit rire et étrangement ce rire fit peur à l'enfant car il ne convenait pas à ce qu'elle pressentait de l'homme.

Le lendemain, le maître de dessin fit asseoir Marie-Madeleine au même endroit sur la table et il releva un peu plus haut la jupe. Le temps était couvert. Les volets écartés laissaient entrer des odeurs de plantes et de terre. Ni l'homme ni la petite fille ne parlaient durant l'heure où ils restaient en face l'un de l'autre, mais ils s'étudiaient. Le maître de dessin n'avait esquissé que le visage de l'enfant comme s'il attendait encore pour ébaucher son corps ou peut-être comme s'il craignait de le faire. Le troisième jour, il ne commença point son croquis ; il resta un moment silencieux devant la petite fille, puis demanda d'une voix très basse, un peu rauque :

— Sauriez-vous garder un secret ?

Marie-Madeleine aimait les mystères, partout présents dans la grande maison, dans les pièces fermées où elle entrait sur la pointe des pieds en respirant l'odeur de moisi et de poussière. Elle aimait les mystères de la nuit quand, seule dans son lit, elle entrouvrait les rideaux de toile grise pour écouter les bruits imperceptibles de la maison endormie. Les mystères étaient les compagnons de son enfance. Le regard bien droit dans celui de son maître, Marie-Madeleine bougea la tête pour lui montrer qu'elle saurait. Maintenant l'homme parlait vite et si bas que l'enfant devait être attentive pour le comprendre.

— Il paraît que madame votre mère est absente cette semaine, qui donc s'occupe de vous ?

— Ma nourrice.

— Peut-elle entrer ici ?

— Non, si je ne le veux pas.

— Il faudrait aller lui dire que nous préparons une surprise, vous m'avez bien compris, et que nous allons fermer cette porte à clef pour ne point être dérangés.

L'enfant sauta à terre, la robe de toile bleue qu'elle avait relevée retomba sur ses chevilles. Resté seul, le maître de dessin passa les mains sur son visage comme pour apaiser une souffrance. Lorsque Marie-Madeleine revint, le bruit de la porte le fit sursauter. La petite fille ne donna pas de réponse mais tira le verrou. Puis, à pas lents, elle vint s'asseoir à nouveau sur la table en face de l'homme. Elle allait relever sa jupe lorsque son maître l'arrêta.

— Seriez-vous fâchée d'ôter cette robe, le corps d'une petite fille est chose si belle que j'aimerais le contempler.

Marie-Madeleine eut un peu peur. Elle ne retirait

d'habitude ses vêtements que pour aller dormir et il était encore tôt le matin.

— Ne craignez rien, murmura l'homme.

Il avait un regard si implorant que sa frayeur se dissipa. Un être qui avait ces yeux-là ne pouvait faire de mal à une petite fille.

Lentement, Marie-Madeleine défit la ceinture, ôta le col de dentelle, retira la robe et se trouva en chemise et en bas.

— Retireriez-vous votre chemise ?

L'enfant hésita. Quel étrange dessin cet homme allait-il faire ? Jamais elle n'avait vu de petite fille nue sur aucun tableau ni aucune gravure. Un instant elle songea à sa mère : certainement elle lui interdirait d'obéir à un tel ordre, elle aurait son visage sévère qui lui faisait peur. L'homme vit qu'elle tergiversait.

— Personne ne le saura, dit-il, ce sera un secret entre vous et moi, un secret profond.

Alors l'enfant ôta sa chemise et son petit corps vêtu de ses seuls bas apparut dans la lumière fraîche du matin. Ses cheveux châtains et frisés, très épais, tombaient jusque sous sa poitrine. Elle les ramena dans son dos en arrondissant les deux bras et les yeux de l'homme se mirent à briller.

Il la dessina longtemps, tel un homme assoiffé qui boit et boit encore comme s'il craignait que l'eau ne vienne à tarir. Puis avec douceur il demanda à la petite fille de remettre ses vêtements. Il paraissait fatigué. Ils se quittèrent sans un mot.

Pendant deux jours il la fit poser ainsi. Le pastel prenait la forme de l'enfant. Marie-Madeleine n'avait plus peur du tout ; la chaleur sur sa peau et de temps en temps le souffle du vent lui plaisaient. Son corps demeurait léger, aérien, elle n'avait jamais cru aussi fort qu'elle allait s'envoler. Le troisième jour, la veille du retour de sa mère, l'homme la considéra longuement ; il n'avait pas pris la feuille, ni le fusain, il avait joint les mains et respirait à petits coups rapides. Enfin il s'approcha de la petite fille ; ses doigts caressèrent la peau, descendant le long des bras puis se posant sur les cuisses que les bas de fil dissimulaient à demi. Un instant Marie-Madeleine fut tentée de sauter sur ses pieds et de s'en aller mais la caresse était aussi douce que la chaleur du soleil contre le mur du potager. L'homme parlait difficilement.

— Voudriez-vous que je vous donne une jolie poupée ?

Marie-Madeleine n'en avait pas, la sienne, celle que sa grand-mère Olier lui avait donnée pour sa fête avait été déchirée par son frère Antoine.

— Je veux bien.

— Et du bonbon ?

— Je veux bien.

L'homme ne la touchait plus, un volet rabattu par le vent se ferma avec un bruit sec. Le courant d'air fit s'effeuiller un souci sur la table de bois noir et chaque pétale orange foncé était comme une écorchure. Le soleil disparut derrière un nuage et l'enfant pensa que le mur du potager devait être tiède encore et qu'elle aurait désiré s'y appuyer une dernière fois.

— Venez vous asseoir sur mes genoux, demanda l'homme, n'ayez pas peur car je vous aime beaucoup.

L'enfant se leva et marcha vers son maître de dessin. Jamais on ne lui avait dit qu'on l'aimait et ces mots plus que la promesse de la poupée l'avaient fait venir vers lui. Ce n'était pas de la crainte qu'il y avait dans ses yeux, seulement de l'espérance.

Des soucis fanés montait une odeur fade de marécage.

CHAPITRE II

Arras, printemps 1641

Quoique la famille d'Aubray s'y fût installée depuis un mois, la maison, ancienne demeure bâtie en plein centre de la ville, n'avait pas pris encore un aspect habité. Les grands meubles étaient poussés contre les murs, un peu au hasard, tandis que les coffres demeuraient au milieu des pièces, les uns ouverts, les autres surchargés d'objets qui n'avaient pas trouvé leur place.

Nommé commissaire de guerre en Artois, Dreux d'Aubray n'était guère présent au logis, et rentrait tard la nuit. Le bruit de son cheval puis de ses bottes sonnait sous les arcades de la place, éveillant parfois Marie-Madeleine qui demeurait les yeux ouverts dans l'obscurité, sans bouger, jusqu'à ce que s'effacent les derniers bruits. Sous la couverture fourrée l'enfant tremblait, elle avait toujours froid depuis leur arrivée à Arras à la fin du mois de janvier. Les images de la Provence s'étaient estompées. Elle ne se souvenait de façon précise que d'un mur ocre de pierres sèches inondé de soleil. Il y avait longtemps qu'elle avait rêvé au pied de ce mur de pouvoir s'envoler, mais cette espérance lui semblait désormais dérisoire. Lorsque le sommeil tardait à venir après le baiser du soir de sa mère, la petite fille essayait de toutes ses forces de ne penser à rien et elle y parvenait, n'écoutant plus que les pas des domestiques qui se couchaient, l'horloge du beffroi sonnant les heures et, bien au-delà de tous les murmures, tintements, craquements étrangers, l'accent chantant d'une femme, comme une musique qui finissait par l'endormir. Les jours se déroulaient sans activités précises. Elle lisait un peu avec sa mère des ouvrages de piété dont elle comprenait mal les mots. Le dimanche, à la messe, elle fixait le crucifix accroché au pilier près duquel la famille d'Aubray se plaçait. Le christ lui faisait peur malgré son regard doux et ses cheveux presque blonds tachés de sang. Lorsqu'elle l'avait contemplé longuement, dominant sa frayeur, un sentiment de joie la gagnait peu à peu devant cet homme immobilisé, châtié, qu'elle observait entre ses doigts écartés comme si elle priait pour ne point se faire gronder.

Dès le mois de février, Mme d'Aubray ne quitta plus sa chambre. Enceinte pour la cinquième fois, la fin de sa grossesse la rendait souffrante. Une fois par jour, la gouvernante faisait entrer les enfants dans la pièce chauffée par un grand feu. Mme d'Aubray, le visage très pâle, les embrassait. Très vite la gouvernante sortait avec Thérèse, âgée de trois ans seulement et qui s'impatientait. Marie-Madeleine demeurait avec ses frères et Mme d'Aubray leur lisait un chapitre de la légende dorée. La petite fille écoutait avec passion. La piété des personnages ne l'intéressait pas, elle n'en retenait que les émotions violentes, l'intensité presque obsessionnelle de l'amour qu'ils éprouvaient pour Dieu. Mais Dieu était une idée, un prétexte, elle ne désirait pas Dieu, elle désirait seulement l'émotion qu'il suscitait. Ses frères, eux, écoutaient pieusement ; il ne passait nul éclat dans leurs regards, simplement une docilité qui étonnait Marie-Madeleine et qu'elle méprisait.

Marie-Madeleine avait froid, froid lorsqu'elle se

promenait dans les rues d'Arras sous la pluie, froid dans la maison humide, dans le lit trop vaste pour son corps trop fragile, froid quand le visage de sa mère si pâle s'éloignait du sien et que l'angoisse de ne pas le retrouver au matin la réveillait dans son sommeil. Une nuit elle cria « maman ». La gouvernante vint lui demander si elle n'était pas malade, mais elle fit semblant de dormir pour ne pas répondre. C'était la présence de sa mère qu'elle avait espérée. Son père ne la prenait plus sur ses genoux. Aussitôt rentré, il montait dans la chambre de sa femme où il se faisait servir son souper. Il était soucieux. Les servantes avaient des visages graves. Marie-Madeleine observait derrière les fenêtres le vol des oiseaux ou brodait près du feu, dans la cuisine à côté des servantes et, dans la chaleur de l'âtre, assise sur un petit banc, elle se sentait isolée, minuscule. Parfois elle fixait les flammes qui dansaient et songeait aux diables qu'elle voyait sur les images des livres pieux. Ils avaient d'affreux visages, mais ce qui frappait le plus l'enfant était leur expression de désespérance absolue. De qui s'emparaient-ils ainsi avec leurs horribles rires ? Enlevaient-ils parfois des enfants ? On n'en voyait aucun sur les images mais peut-être les cachait-on pour ne point les effrayer ? Marie-Madeleine reculait son banc, de peur qu'un de ces êtres malfaisants ne sorte du feu pour l'y entraîner. « Maman viendrait, pensait-elle, si elle m'entendait appeler. » Mais sa mère était dans sa chambre, bien loin, elle avait un bébé prêt à naître et il devait l'occuper si fort qu'elle ne percevrait sans doute pas ses cris. L'enfant reprenait sa broderie, les lèvres closes et les lueurs du feu modelaient le contour de son visage impassible.

Au début du mois de mars, Marie-Madeleine discerna dans la maison en s'éveillant des bruits inhabituels. Des pas montaient et descendaient l'escalier, puis on entendit la sonnette de l'entrée tinter vigoureusement. Personne n'était venu ouvrir les rideaux de son lit, ni lui présenter son déjeuner. Elle se leva et, pieds nus, vint entrebâiller sa porte. Une femme d'un certain âge montait l'escalier aussi vite qu'elle le pouvait, précédée par une servante et suivie par son père. Cette femme-là venait-elle chercher sa mère pour l'emmener ailleurs ? Alors il faudrait la prendre elle aussi, car elle ne voulait point demeurer seule dans cette maison qu'elle n'aimait pas.

Lorsque la porte de la chambre de Mme d'Aubray s'ouvrit à nouveau, son père vint vers elle.

— Ne reste pas pieds nus, Marie-Madeleine, dit-il doucement, tu vas avoir froid.

Il prit sa main, la mena à son lit, la fit asseoir, saisit ses petites pantoufles, sa robe de chambre et la vêtit lui-même, avant de s'asseoir à côté d'elle.

— Marie-Madeleine, ta maman va mettre au monde son bébé et elle est très lasse. Il faut prier Dieu et la Vierge pour qu'ils l'aident, veux-tu ?

Marie-Madeleine ressentit les paroles de son père comme une souffrance absolue. Elle resta bien immobile pour que la douleur s'enfuie. En l'enfermant au plus profond d'elle-même, elle pensait l'étouffer et la faire disparaître.

— Oui, murmura-t-elle.

— Je viendrai te dire comment se porte ta maman tout à l'heure, sois bien sage et demande au bon Dieu de nous aider.

Dreux d'Aubray se leva et sortit. L'enfant s'agenouilla au pied du lit sur les carreaux de terre. Elle croisa ses doigts très fort et ferma les yeux. Marie-Madeleine voulait prier, mais aucun mot ne lui venait à l'esprit. Elle voyait le visage de sa mère, fluide et tranquille s'éloigner d'elle sans qu'elle puisse le rejoindre. Cette impossibilité terrifiante et définitive faisait peser son corps plus lourd encore sur le sol et blessait ses genoux. Un nouveau tintement de la sonnette fit sursauter l'enfant, elle entendit la voix de son père disant : « Vite, vite, monsieur, je vous en prie » et une autre voix qui répondait : « Où se trouve madame votre épouse ? » Puis la porte de la chambre de sa mère s'ouvrit à nouveau et se referma : « Mon Dieu », murmura Marie-Madeleine, puis elle s'arrêta. Dieu avait-il le pouvoir de guérir une maman qui allait mourir ? Peut-être sa mère la quittait-elle à cause du secret qu'elle lui avait tu ? Retrouverait-elle la santé si elle le lui confiait enfin ? Mais comment le dire ? La petite fille n'avait pas de mots pour cela. Marie-Madeleine songea alors à attirer l'attention de Dieu en se punissant. Sans se lever, elle dénoua la ceinture de sa robe de chambre, la retira puis ôta sa chemise de nuit. Son corps tremblait. Elle posa le front sur le lit et ferma les yeux.

Marie-Madeleine avait si froid maintenant qu'elle ne pouvait plus se mouvoir. « Mon Dieu », murmura-t-elle encore... Un bruit de pas la fit se lever soudainement. Son père ! Elle ramassa sa chemise, se vêtit promptement puis, debout devant la porte, immobile, elle le regarda entrer. Son visage était grave, inconnu.

— Tu as une petite sœur, ma fille, veux-tu venir embrasser ta maman un instant ? Elle est très faible et il ne faudra point la fatiguer davantage.

Marie-Madeleine entra sans bruit dans la chambre de sa mère qui reposait sous des couvertures dans son vaste lit. Il faisait chaud et l'enfant sentit une odeur étrange un peu âcre comme celle du sang. Puis elle entendit des cris et vit un tout petit bébé déjà emmailloté. La servante qui le portait s'approcha d'elle.

— Voilà votre petite sœur, dit-elle.

Marie-Madeleine recula ; elle n'aimait pas ce bébé qui avait fait du mal à sa mère. Mme d'Aubray lui sourit.

— Viens m'embrasser, demanda-t-elle.

L'enfant approcha et baisa sa mère au front.

— Vous portez-vous bien maintenant, êtes-vous guérie pour toujours ?

— Peut-être, ma fille, si Dieu le veut.

Son visage était creux, gris, de son bonnet s'échappaient des mèches de cheveux collés par la transpiration. Elle n'était pas aussi belle qu'auparavant. Marie-Madeleine avait envie de sortir, l'odeur la dégoûtait et la chaleur lui faisait tourner la tête.

— Puis-je m'en aller ? demanda-t-elle.

Mme d'Aubray observa un moment cette petite fille si belle et si lointaine qui lui échappait et qu'elle n'avait jamais bien comprise. Marie-Madeleine gardait les yeux baissés. Comment montrer son amour à sa mère ? Elle n'était qu'une petite fille incapable de parcourir seule cette énorme distance que les grandes personnes mettent entre les enfants et eux. Elle recula. Un instant la mère et la fille se regardèrent, et leurs yeux à toutes deux se remplirent de larmes. Puis l'enfant sortit. Ce fut leur dernière rencontre. Le lendemain Mme d'Aubray mourait.

CHAPITRE III

Paris, janvier 1643

Ce fut la découverte du palais du Louvre au bord de la Seine qui surprit par-dessus tout les enfants. Jusque-là Paris ne leur avait pas semblé très différent d'Arras avec ses ruelles étroites, ses maisons à colombages, ses enseignes qui grinçaient, ses hautes portes cochères. Les ménagères, vaquant à leurs occupations, s'écartaient pour donner le passage à des tombereaux surchargés, à des carrosses ou à des chevaux montés par de superbes gentilshommes. Mlle Cauvin, la gouvernante, sommeillait dans un coin de la lourde voiture, Marie sur ses genoux, et les autres enfants ouvraient démesurément les yeux pour ne point manquer une seconde du spectacle que la capitale leur offrait. Ils avaient relayé en route et couché dans une mauvaise auberge entassés dans deux lits, mais ils ne sentaient pas la fatigue. Le temps était beau, sec et froid. La lumière du soleil, déjà déclinant, détachait le palais des rois sur la transparence du ciel. Sur la rivière, une multitude d'embarcations allaient et venaient, penchées sous leurs voiles grises ou blanches, mais les enfants d'Aubray trouvèrent la Seine étroite. Ils l'avaient imaginée plus majestueuse. Antoine et François s'émerveillaient du nombre des carrosses et de la beauté des attelages. Marie-Madeleine observait les vêtements des dames, plus originaux qu'à Arras, plus colorés, et la petite Thérèse était fascinée par les bruits, le mouvement de la foule.

— Arrivons-nous ? demanda François.

Mlle Cauvin sursauta. Elle ouvrit et ferma plusieurs fois les yeux dans un mouvement familier qui faisait rire les enfants.

— Comment le saurais-je ? Je viens ici pour la première fois, mais je suis impatiente d'arriver à l'hôtel de Monsieur votre père car je suis rompue.

François se tourna à nouveau vers la fenêtre.

La voiture passa devant le Louvre, le contourna et prit la rue des Petits-Champs. Un encombrement la força à s'arrêter et son immobilité soudaine éveilla Marie qui se mit à pleurer. Marie-Madeleine était heureuse de retrouver son père. Elle n'ignorait pas qu'il était un personnage important à Paris, le lieutenant civil, sans savoir très bien quels honneurs étaient attachés à ce titre. Plusieurs fois Dreux d'Aubray avait écrit à sa fille aînée, lui décrivant le vaste hôtel de la rue du Bouloi, bâti entre une cour pavée et un grand jardin planté d'arbres rares et de fleurs. Il lui avait dépeint l'aile réservée aux enfants et aux domestiques, celle comportant les salons et pièces destinés aux réceptions et celle où il possédait ses propres appartements. La jeune fille concevait difficilement une aussi vaste maison. Elle n'avait d'autre référence que leur bastide provençale qui ne comprenait qu'un salon et où les enfants dormaient à côté de leurs parents.

La voiture recommença à rouler. Marie ne pleurait plus, et Mlle Cauvin attacha les rubans de son petit bonnet. Elle avait été engagée par Dreux d'Aubray après la mort de sa femme pour la remplacer auprès des enfants et elle avait cru gagner plus sûrement leur cœur en faisant preuve de bonté. Ils ne la craignaient pas et la dirigeaient en tout. La vieille demoiselle avait pris l'habitude de leurs malices, se réjouissant de les voir rire à nouveau, n'imposant que de longues prières le matin au réveil et le soir avant de s'endormir, pendant lesquelles Marie-Madeleine et ses frères se poussaient du coude et faisaient des grimaces tandis qu'elle gardait les yeux fermés. Dreux d'Aubray se fâchait parfois, réprimandait Mlle Cauvin en la suppliant d'être plus ferme ; mais l'autorité ne faisait probablement pas partie de son caractère car elle ne parvenait point à l'acquérir. Marie-Madeleine se révélait chaque jour plus intransigeante, étudiait mal, et montrait parfois un orgueil et une impertinence qui confondaient la gouvernante. La mort de sa mère avait été une brisure dans la vie de l'enfant, elle s'était sentie profondément coupable de cette séparation. Son secret faisait d'elle une jeune fille différente, plus forte, plus savante que les autres, et elle les considérait dorénavant avec hauteur. Elle regardait les hommes sans crainte et les dédaignait puisqu'elle connaissait cette sujétion qui pouvait les rendre soudain implorants et misérables. De son maître de dessin, elle ne gardait plus que le souvenir d'un regard transparent, mouvant, porteur de désespoir et d'absence, qui revenait sans cesse hanter ses rêves.

Soudain, la voiture, tournant à angle droit, pénétra sous un porche dont les portes avaient été ouvertes à double battant. Un homme en livrée se précipita pour ouvrir la portière et des servantes accoururent. Les enfants restèrent un instant surpris et déconcertés puis, timidement, descendirent un à un, aidés par l'homme qui leur souriait. Mlle Cauvin sortit la dernière ; elle clignait des yeux, éblouie par la somptuosité de cette demeure, en provinciale qui n'avait jamais quitté le Pas-de-Calais. Par la porte principale au milieu de la façade de l'hôtel apparut Dreux d'Aubray. Ses quarante-trois ans l'avaient alourdi, ses cheveux grisonnaient mais il gardait toujours le même visage affable et une autorité que sa nouvelle charge renforçait encore. Antoine et François, les premiers, allèrent vers lui, suivis de la petite Thérèse et de Mlle Cauvin portant Marie dans ses bras. Marie-Madeleine demeurait près du carrosse sans bouger, attendant de son père qu'il l'embrassât et la questionnât sur le voyage, mais comme il ne le faisait point, elle refusait de faire un pas vers lui. Enfin Dreux d'Aubray s'aperçut de l'absence de sa fille aînée et la chercha du regard :

— Marie-Madeleine, demanda-t-il étonné, vous ne venez donc point saluer votre père ?

La jeune fille s'avança, réprimant l'envie qu'elle avait de fuir. Son père n'avait pas besoin d'elle. Quand elle se trouva devant lui, elle tendit son front. Elle aurait pleuré s'il l'avait serrée contre lui tant elle était bouleversée de le revoir, mais il se contenta d'un baiser léger et se tourna vers Mlle Cauvin :

— Entrez donc, je vous ai fait préparer une collation pour vous remettre de ce long voyage.

Marie-Madeleine se raidit. Thérèse et Marie pouvaient demeurer dans les bras de leur père, Antoine et François le regarder avec déférence et admiration, elle, était libre en face de lui. Elle éprouva de la colère d'avoir ressenti ce bonheur à le voir à nouveau, de n'avoir pu être telle qu'elle se voulait désormais, indifférente. Le laquais prit dans le vestibule leurs manteaux de voyage et les enfants suivirent leur père dans un petit salon aux murs peints en jaune où brûlait un grand feu. Il y faisait bon et Mlle Cauvin tendit ses mains aux flammes tandis que Marie s'accrochait à sa jupe, regardant avec timidité cet homme qu'elle connaissait à peine et ces lieux étrangers. Deux serviteurs entrèrent, portant une table chargée de gâteaux, de fruits confits et de jattes de confitures où étaient posées des cuillers d'argent. Thérèse s'était approchée et Dreux d'Aubray, une main sur l'épaule de chacun de ses fils, les poussait vers la table. La chaleur, après le froid ressenti pendant le long voyage, rougissait les joues des enfants.

De temps en temps le feu craquait, jetant un trait de lueurs vite éteintes sur le sol de terre cuite. Dans un vaste miroir au-dessus de la cheminée se reflétaient les jeunes profils gracieux, et la silhouette haute, attentive, lointaine du lieutenant civil qui considérait avec étonnement ces enfants beaux et inconnus qui étaient les siens.

La nuit tombée, le portier avait allumé dans la rue du Bouloi les lanternes encadrant la porte cochère. La lumière tremblant sur les pavés éclairait fugitivement la croix plantée à l'angle de la rue des Petits-Champs. En cette fin de janvier, des mendiants de toutes sortes, accourus à Paris pour fuir la désolation des campagnes, ressemblaient, posés au coin des rues, avec leurs yeux fixes et leurs membres décharnés, à des êtres déjà partis qui n'auraient laissé derrière eux que des dépouilles vacantes. Les enfants d'Aubray dormaient dans leurs chambres et les deux petites filles, Thérèse et Marie, couchées dans le même lit, emmêlaient leurs chevelures sur les oreillers brodés de dentelles.

Dans le petit salon, Dreux d'Aubray et Mlle Cauvin buvaient une liqueur devant la cheminée. Le valet posa le flacon sur une table et se retira.

Dreux d'Aubray prit un tisonnier, remua les braises et, lentement, tourna la tête vers la gouvernante.

— Nous avons à parler de mes enfants et de ce que j'ai décidé pour eux dans leur nouvelle vie à Paris. Je sais que vous y êtes fort attachée et que vous ferez en sorte qu'ils soient heureux.

Mlle Cauvin savoura une gorgée de liqueur. Elle avait une bouche un peu molle, un menton rond et ces traits sensuels contrastaient avec la pruderie de son maintien et de son regard.

Dreux d'Aubray se redressa et s'appuya contre le dossier haut et droit de son fauteuil. La gouvernante le trouvait beau, prestigieux, mais ne formulait pas clairement ces mots qui, refoulés, devenaient pensées fugitives, images vite chassées, faisant d'elle en face de lui une petite fille timide et gauche, un peu ridicule. Elle aimait passionnément les enfants d'Aubray à cause de leur père.

— J'ai longuement réfléchi à l'avenir de mes enfants, continua le lieutenant civil, et j'ai pris des décisions que je crois conformes à leurs intérêts. La mort de ma chère femme a privé Thérèse et Marie d'une mère à un âge où celle-ci est indispensable. Je ne suis pas capable et je n'ai pas le loisir de la remplacer. J'ai décidé, en conséquence, de les faire élever en dehors de la maison par des religieuses qui sauront être attentives et leur enseigner leur devoir de femmes chrétiennes.

Mlle Cauvin posa son verre sur la cheminée. Sa main tremblait légèrement, seule trace de son émotion.

— Ne sont-elles pas un peu jeunes, Monsieur, pour être enlevées aux soins d'une mère d'adoption, à ceux de leur père et à l'affection de leur famille ?

Le regard de Dreux d'Aubray se posa sur la gouvernante, la privant aussitôt de toute volonté.

— Élever trois enfants est tâche fort difficile, mademoiselle. Marie-Madeleine restera ici. Elle est trop grande pour s'habituer facilement à une autre vie et je sais qu'elle ne le désire pas. Vous serez sa mère, l'éduquerez aussi bien que vous le pourrez, lui enseignerez la religion et les arts qu'une fille doit connaître. Vous serez ferme car c'est une enfant orgueilleuse, secrète.

Il but une gorgée de liqueur et contempla son verre. Mlle Cauvin osait à peine le regarder. L'émotion rougissait ses joues et faisait briller ses yeux, mais le lieutenant civil ne lui portait aucune attention. D'une voix moins pressée il poursuivit :

— Il y a dans cette enfant une violence et une intransigeance surprenantes qui ne conviennent pas à une jeune fille. Mais je suis confiant, car elle tient de son oncle Olier qui, pourvu de ces travers, en a fait d'immenses qualités au service de Dieu.

Mlle Cauvin prit dans la poche de sa jupe un mouchoir de dentelle et s'essuya délicatement la bouche.

— Elle est encore bien jeune, Monsieur, laissez-la oublier peu à peu le chagrin que lui a causé la mort de sa mère, je ne la brusquerai en rien et je suis sûre qu'elle m'accordera d'elle-même sa confiance.

— Que comptez-vous lui apprendre ?

— Ce que je sais, Monsieur, l'art de la broderie, du clavecin, la tenue des comptes d'une maison et surtout l'instruction dans les principes de la foi chrétienne qui seront les soutiens permanents de sa vie. Elle refuse absolument les services d'un maître à dessin et il n'y a pas eu moyen de la faire revenir sur cette obstination.

— Je lui en dirai un mot car il me semble qu'elle possède des talents pour cet art.

Dreux d'Aubray tisonnait le feu, songeant à sa charge qui l'appellerait dès le lendemain à l'aube au Parc civil, glacial en janvier. Tout était décidé, Marie-Madeleine demeurerait à l'hôtel d'Aubray jusqu'à son mariage, Antoine et François rejoindraient le collège d'Harcourt et les deux petites filles le couvent de la rue Saint-Jacques recommandé chaleureusement par l'oncle Olier, leur demeure et leur famille désormais.

Marie-Madeleine dans son lit ne parvenait pas à oublier sa joie de se trouver à Paris. Elle se voulait importante désormais, comblée dans cette vie nouvelle et riche en espérances. Son existence serait une fête continue comme celle des dames élégantes dont les livres parlaient. Il n'y aurait plus de place pour l'angoisse, la peur de se retrouver seule en face d'êtres malfaisants, ces diables, ces sorciers, ces hommes au regard trop doux qui la hantaient et l'appelaient.

Elle se leva et, sur la pointe des pieds, se dirigea vers la fenêtre. Les lueurs des lanternes éclairaient la rue par taches. Tout était calme. D'un doigt elle essuya la buée sur un des carreaux cerclés de plomb de la fenêtre et la nuit devint un espoir, une promesse, une porte ouverte sur les aspirations confuses et violentes qui l'habitaient et la tiraient hors d'elle-même.

CHAPITRE IV

Le lendemain le ciel était gris. Un vent froid qui s'insinuait sous les portes faisait danser les enseignes et se hâter les passants enroulés dans leurs manteaux. Des marchands ambulants vantaient çà et là leur commerce, mais les fenêtres restaient closes.

Dans la matinée sans lumière s'estompaient les heures, les cris, les bruits quotidiens. Les deux petites filles de Dreux d'Aubray dormaient encore lorsque Mlle Cauvin pénétra dans leur chambre. La vieille demoiselle tira les rideaux et contempla les enfants immobiles ; le jour même elle devait les accompagner au couvent des dames Sainte-Marie de la Visitation pour les y abandonner. Leur père l'avait décidé, que pouvait-elle faire contre sa volonté ? Le devoir des enfants était d'obéir à leurs parents. Et le sien, qu'avait-il donc été ? Elle songea à son enfance provinciale et pauvre, démunie de tout ; on l'avait placée elle aussi toute jeune dans une famille comme lingère, puis dans une autre maison à Amiens comme lectrice d'une vieille dame aveugle qui la malmenait. Il n'y avait rien à faire contre le destin qui faisait avancer chaque petit enfant, marionnette au bout d'un fil. Celui de Thérèse et de Marie était sans doute d'entrer au couvent où elles seraient heureuses. « Non, se dit-elle, pas heureuses, absentes », et elle fut étonnée elle-même d'avoir eu cette pensée. Antoine et François partaient au collège le lendemain, il lui resterait Marie-Madeleine, cette jeune fille lointaine qui l'intimidait un peu. Quelle importance ! Son passage sur la terre la laissait depuis longtemps indifférente. Elle n'avait pas à se préoccuper d'elle-même mais de sa vie éternelle.

Dans sa chambre, Marie-Madeleine s'éveillait. Il faisait si froid qu'elle demeura quelques instants blottie dans le lit, puis s'allongea sur le dos et étira ses bras et ses jambes. Elle passa les mains le long de son corps et fut encore une fois déroutée par les contours nouveaux qu'elle effleurait. A douze ans passés elle demeurait très menue, petite, et la découverte de ces formes n'en était que plus troublante. Ses paumes s'attardèrent sur la poitrine dont la peau tendue était douce, puis elle reposa ses bras de chaque côté de son corps après avoir rabattu sa chemise. Elle devenait une femme. Qu'allait-il lui advenir dans ce nouvel état ? Elle était heureuse de quitter une enfance qui ressemblait à une dépouille abandonnée quelque part entre des espérances brisées et des images brutales jusqu'à la souffrance. Elle allait devenir quelqu'un de fort, ce serait elle qui choisirait, qui déciderait, elle le voulait plus que tout, pour s'aimer à nouveau, pour reprendre une place qu'on lui avait dérobée et ne plus la quitter. De sa fragilité on avait fait une force, de son innocence une duplicité, avec ces armes elle ne craignait plus d'être une femme, une femme différente de sa mère, différente de Mlle Cauvin. Il y avait en elle un espoir fou d'être une autre, d'être plus libre, plus heureuse, plus élégante, mieux aimée. Aimée... Comment ? Par qui ? Elle regardait les hommes à la dérobée et les trouvait beaux. Il y avait étrangement dans sa mémoire un contact sur sa peau. Sa conscience avait haï les mains de l'homme, mais son corps de petite fille, d'une manière inexplicable, les avait aimées et ce goût, impossible à définir, impossible même à évoquer, était latent, tenace, obsédant.

Vers onze heures, les enfants prirent leur dîner avec Mlle Cauvin. La gouvernante avait prévenu les petites filles qu'elles allaient changer de maison. Thérèse l'avait regardée avec inquiétude : « Vous serez avec nous, n'est-ce pas ? » « Non, mon enfant, avait répondu la vieille demoiselle, mais je viendrai vous visiter souvent. » « Et notre père ? » « Il viendra aussi, soyez-en sûre, vos frères et Marie-Madeleine également. » Thérèse n'avait rien répondu, ses cinq ans ne trouvaient pas d'autres questions. Elle était rassurée de savoir qu'on ne la séparait point de Marie.

Dreux d'Aubray arriva au dessert. Il embrassa ses enfants hâtivement et semblait fort pressé.

— Je vais conduire moi-même mes filles chez les dames Sainte-Marie, mademoiselle, car il convient que je parle à la mère supérieure. Leur bagage est-il prêt ?

Thérèse posa le biscuit qu'elle mangeait, le visage bouleversé, et se tourna vers sa gouvernante. Marie continuait à prendre de la confiture et à s'en barbouiller le visage. Dreux d'Aubray, son chapeau à la main, ne s'était pas assis.

— J'ai dans l'après-midi une autre affaire importante à traiter et j'aimerais terminer vite celle-ci, le cocher nous attend.

Mlle Cauvin se leva, essuya la bouche des enfants, demanda leurs manteaux et leurs bonnets. Elle avait des gestes lents, rassurants. Thérèse ne la quittait pas du regard :

— Vous ne venez point avec nous ? demanda-t-elle d'une voix menue.

— Votre père vous accompagnera, mon enfant, vous ne pouvez avoir de meilleure compagnie.

Une servante apportait les effets des petites filles qui furent vêtues en un instant. Marie-Madeleine n'avait pas bougé ; elle continuait à manger sa compote mais ses yeux ne quittaient pas ses jeunes sœurs. La violence qui s'exerçait sur elles ne la heurtait point tant elle lui était familière, mais elle avait confusément le sentiment d'une injustice contre laquelle elle restait muette. Ce qui était important pour elle était seulement de ne pas être concernée, de demeurer à l'hôtel de son père, seule avec lui, d'être la maîtresse de cette belle maison. Elle était impatiente de voir Antoine et François partir à leur tour.

Dreux d'Aubray prit la main de Thérèse qui, d'un geste violent, la retira de la sienne et courut vers la vieille demoiselle. Marie-Madeleine observait la scène sans bouger, avec ses beaux cheveux frisés enrubannés et des yeux si bleus qu'elle ressemblait tout à fait à un pastel posé là par hasard. Dreux d'Aubray considérait sa fille cadette avec étonnement.

— Thérèse, ordonna-t-il d'une voix glaciale, donnez la main à votre père et cessez ces manières qui me déplaisent.

Il s'avança, reprit la main de la petite fille qui n'osa point bouger, se contentant de regarder sa gouvernante d'un air suppliant. Elle ne pouvait rien tenter, rien faire et, voyant que Mlle Cauvin restait immobile, l'abandonnant, elle suivit son père. Marie-Madeleine avait cessé de manger. Comme elle avait hâte de n'être plus une enfant pour ne plus subir ces iniquités! Thérèse et Marie seraient enfermées toute leur jeunesse pour devenir servantes de Dieu parce que M. d'Aubray, leur père, en avait décidé ainsi. Elle eut un sourire et prit de la brioche. Il était essentiel d'être le plus fort! Son père détenait cette force dont il disposait à sa guise. Elle revit le visage de Thérèse, mais au lieu de le mépriser elle eut la tentation soudaine de le contempler une dernière fois, de le caresser pour que l'enfant en éprouve du plaisir. Elle se leva de table et courut dehors. La voiture venait de franchir la porte cochère et de disparaître dans la rue des Petits-Champs.

Pour dérider Mlle Cauvin, Marie-Madeleine proposa une promenade à pied. M. d'Aubray s'étant absenté jusqu'au soir, elles étaient libres. La gouvernante hésita, ne sachant s'il était convenable pour une jeune demoiselle de marcher dans les rues et si elle ne se ferait pas gronder mais, devant l'insistance de Marie-Madeleine, elle finit par céder. Le ciel était toujours gris, avec des rafales de vent qui faisaient tourbillonner la poussière. Elles descendirent la rue des Petits-Champs, tournèrent rue Neuve-Saint-Honoré, et rejoignirent la Seine par la rue Saint-Nicaise. Un fort courant emportait les bateaux et, sur les berges, les tentes où s'abritaient les débardeurs et leurs familles manquaient d'être arrachées. Les deux femmes remontèrent le long de la rive, faisant attention à ne point salir leurs souliers, s'écartant des bandes d'enfants en guenilles qui se poursuivaient. Un instant, un homme leur barra le chemin mais il se contenta de ricaner avant de les laisser passer. Il n'avait plus de dents. Ses bras nus sortaient d'un vêtement en lambeaux, maigres, tordus, couverts de plaies comme des serpents blessés. Mlle Cauvin fut terrifiée, mais Marie-Madeleine le considéra d'un regard froid, étonnée que l'on puisse atteindre cette déchéance et cette horreur. Le vent emporta l'homme comme un débris ; il tournoyait sur lui-même, les bras écartés, oiseau brisé à la marche burlesque qui faisait rire les enfants.

— Allons jusqu'au Pont-Neuf, dit-elle, il paraît que les spectacles n'y cessent point.

Elles avançaient, serrées l'une contre l'autre, croisant des charrois ou des cavaliers qui ne les regardaient pas. Rarement la jeune fille s'était sentie aussi libre, elle aimait la sensation de l'air froid sur son visage et la force du vent lui donnait l'envie de courir en riant. C'était une impression semblable à celle que lui donnait le soleil autrefois, une sensation de force brutale, libératrice. Elle y retrouvait son identité, celle que la religion, l'éducation, la volonté de ses parents avaient combattue jusqu'à l'enfouir au plus profond d'elle-même, inexpugnable désormais.

L'animation sur le Pont-Neuf était moins grande que de coutume à cause du mauvais temps. Les petits boutiquiers demeuraient au creux des niches du parapet, enveloppés dans leurs manteaux tandis que passaient des bourgeoises pressées ou des jeunes gens le chapeau rabattu sur le nez. Marie-Madeleine fut déçue, il n'y avait pas de belles dames ni d'élégants cavaliers. Elle s'arrêta un instant devant un bateleur qui faisait des tours, mais les quelques spectateurs avaient des mines si rebutantes qu'elle préféra ne pas s'attarder.

— Venez, dit-elle à Mlle Cauvin, allons jusqu'à la place de Grève.

Elle ne savait pas au juste pourquoi elle avait dit ce nom, qui l'avait fascinée lorsqu'elle l'avait lu dans un ouvrage sur Paris. Elle en avait aimé la sonorité avant même d'apprendre que justice y était rendue.

Les deux femmes se dirigèrent vers le Châtelet et remarquèrent de suite un attroupement formé de ménagères, de quelques débardeurs sans travail et d'enfants. Tous avaient le visage tourné vers la même direction. Même en se dressant sur la pointe des pieds, Marie-Madeleine ne pouvait rien apercevoir. Elle prit le bras de sa gouvernante.

— Voyez-vous quelque chose ?

Mlle Cauvin distinguait une sorte de poteau de bois semblable à un mât de cocagne ou à une potence. Elle eut soudain le pressentiment qu'il leur valait mieux poursuivre la promenade et elle voulut entraîner Marie-Madeleine.

— Ne nous attardons pas. Il paraît que l'on se fait détrousser à Paris et votre père n'aimerait pas nous savoir parmi ces gens-là.

La jeune fille l'arrêta, lui prenant la main.

— Essayez de savoir ce qui les rassemble, je vous en prie !

La gouvernante avisa une femme à la mine réjouie qui se trouvait près d'elle.

— Qu'attendez-vous ainsi ? Y a-t-il un spectacle à voir ?

L'autre se tourna vers elle.

— Pas grand-chose, une petite servante que l'on pend, rien de plus.

Mlle Cauvin n'avait plus autant envie de partir.

— Pour quelle raison ?

— Elle a dérobé une coiffe de dentelle à sa maîtresse. C'est ce que j'ai cru comprendre car l'on a fort mal entendu la lecture de son arrêt. Ces messieurs expédient la chose à cause du vilain temps.

Marie-Madeleine s'était avancée, elle découvrait maintenant la partie supérieure du gibet, un bout de corde et, au-dessus des têtes, une croix qui semblait tenir seule car on ne voyait pas la main qui la portait.

— Qui pend-on ? demanda-t-elle à la gouvernante.

— Une servante qui a volé.

Marie-Madeleine avait envie de voir, mais la foule, compacte, l'empêchait de passer. Tout était gris, le ciel, les toits, le peuple serré autour de cette croix dressée vers les nuages et que celle qui allait mourir devait contempler. « Volé », se répéta Marie-Madeleine. Ces mots ne signifiaient pas grand-chose et elle était étonnée de voir la mort si proche pour un acte incertain. Soudain, la croix disparut et le ciel demeura vide au-dessus du gibet, tandis que le vent poussait de l'est des nuages si bas qu'ils venaient se déchirer sur les toits.

Marie-Madeleine suivit Mlle Cauvin en silence. Elle considérait les eaux impénétrables de la rivière et songeait que la mort devait être bien peu de chose. La force du vent ne la grisait plus.

CHAPITRE V

Avril 1644

Pour la fête de Pâques, Antoine et François revinrent comme les années précédentes à l'hôtel d'Aubray. La vie nouvelle qu'ils avaient découverte au collège d'Harcourt leur faisait afficher vis-à-vis de Marie-Madeleine des airs de supériorité. Ils traitaient leur sœur en jeune personne niaise, sans intérêt.

Le soir, ils parlaient longuement avec leur père au coin du feu ou jouaient au trictrac, tandis que la jeune fille brodait. Elle s'ennuyait. Après une année, elle était déjà déçue par Paris. Les jours longs et monotones n'étaient remplis que par les leçons de Mlle Cauvin, quelques promenades en voiture et des visites chez des vieilles gens austères. Ses coiffures, ses belles robes étaient inutiles, son père, toujours de passage, n'avait pas le temps de la regarder. Parfois, au milieu de la nuit, il lui arrivait de sortir de son appartement sans chemise, troublée à la pensée qu'un domestique pourrait la découvrir. Elle descendait l'escalier, insensible au froid, jouissant de l'air sur son corps, du mouvement de ses seins et du frôlement de ses cheveux au creux de ses reins. Le danger d'être surprise l'excitait et lui faisait oublier son ennui pour un moment. Au matin, après une trop brève nuit de sommeil, elle priait à côté de Mlle Cauvin ; la tête entre les mains, elle se revoyait descendre le grand escalier et éprouvait un plaisir décuplé à imaginer les pieuses pensées qui occupaient sa gouvernante.

Le retour de ses frères l'avait réjouie tout d'abord. Ils allaient lui raconter leur vie au collège, dépeindre leurs camarades, relater leurs occupations. Peut-être l'accepteraient-ils dans leurs jeux ou même l'écouteraient-ils toucher du clavecin ? Elle se vêtirait de ses jolies robes, se friserait pour les séduire, serait le centre des intérêts et des conversations. Elle les avait attendus avec impatience ; l'indifférence qu'ils lui montrèrent la mortifia. Ils s'isolaient dans leur chambre dont ils fermaient la porte à clef pour qu'elle n'entre point et lui répondaient à peine pendant les repas. Très vite, elle cessa de leur parler et ne fut plus préoccupée que par l'idée de prendre une revanche sur eux. D'une façon ou d'une autre, elle était sûre un jour de les dominer. Confusément, elle savait le pouvoir qu'elle avait sur les hommes, elle était consciente de l'expression qu'elle voyait sur le visage des laquais, des passants lorsqu'elle n'abaissait pas les yeux comme Mlle Cauvin l'exigeait. Ses frères ne connaissaient pas encore ce pouvoir et elle riait à l'idée de le leur apprendre. Dans l'existence inutile et close qu'elle menait, Marie-Madeleine devenait savante sur elle-même à force de se pencher sur sa propre personne. Ses lectures romanesques, sa sensualité la portaient à des rêves narcissiques où elle se voyait sans cesse maîtresse absolue des désirs de tous, tandis que la monotonie de ses jours, l'abandon affectif où elle grandissait la laissaient désemparée, vacante, inutile.

Le Mercredi saint au soir, alors qu'il revenait de l'office avec ses enfants, Dreux d'Aubray s'assit confortablement au coin de la cheminée, retira ses bottes et apprit à ses fils qu'il comptait les emmener avec lui le surlendemain dans leur terre d'Offémont pour y célébrer Pâques, chasser le loup et visiter leurs fermiers. Marie-Madeleine resta un instant immobile devant le visage joyeux de ses frères et crut qu'elle n'avait pas été mentionnée par simple omission.

— Quand partirons-nous, mon père, et pour combien de temps ?

Dreux d'Aubray, en se frottant les mains devant les flammes, eut un petit rire et ne se retourna même pas vers sa fille.

— Vous demeurerez à Paris, mon enfant, avec Mlle Cauvin. Le château sera glacial et vous n'y seriez pas à votre aise.

Marie-Madeleine resta stupéfaite tandis que ses frères la considéraient avec ironie. Elle ne voulait pas montrer le moindre signe de colère contre leur rire, leur suffisance et leur mépris. Un laquais apporta une table et une collation de carême. Tous soupèrent autour de la cheminée. Le lieutenant civil et ses fils évoquaient avec ardeur leur prochain voyage tandis que Marie-Madeleine écoutait. Elle aurait souhaité plus que tout partir, quitter cet hôtel pour retrouver la campagne, la neige, la liberté. Elle pouvait comme ses frères supporter le froid, les mauvais lits, la nourriture frugale, elle pouvait dormir en voiture, elle pouvait marcher aux côtés de son père sur les chemins défoncés. Ni peureuse ni fragile, elle ressentait comme une terrible injustice d'être confinée dans un salon, un ouvrage à la main, en compagnie d'une vieille fille bigote. Un jour viendrait où elle ne serait plus le bien de son père, le bien des autres, de tous les autres, où elle pourrait chasser ses frères de sa maison, n'être plus celle qui obéit mais celle qui commande. Marie-Madeleine soupa hâtivement et monta se coucher. Dans la solitude de son lit son chagrin se dissipa pour ne lui laisser que du ressentiment. Peut-être la voiture allait-elle verser ou peut-être se feraient-ils dévorer par une meute de loups ? La jeune fille pensait qu'elle n'en éprouverait guère de peine. Elle serait vengée et cette certitude l'aida à s'endormir.

Le lendemain, Dreux d'Aubray, qui ne devait pas revenir à son hôtel de toute la journée, avait demandé aux enfants de dîner sans lui. Après le repas, Antoine et François commencèrent un trictrac. Il faisait beau. Marie-Madeleine, debout devant la porte-fenêtre donnant sur le jardin, regardait des parterres que le jardinier venait de planter.

Elle ne songeait à rien. Elle avait un peu froid. Mlle Cauvin était sortie pour visiter une parente et avait promis de revenir la chercher pour la messe du Jeudi saint, seule distraction dans le vide de la journée. Marie-Madeleine priait rarement mais elle aimait voir des visages autour d'elle, remarquer les toilettes, écouter le prêche comme une musique sans même chercher à en comprendre les mots. En allant à la communion, elle se plaisait à sentir les regards sur elle et prenait un air dévot pour se faire admirer. Les yeux mi-clos, elle apercevait parfois le regard d'un homme posé sur elle, se redressait et joignait ses mains avec autant de grâce qu'elle le pouvait. Le temps de la messe était le seul moment où elle se sentait exister vraiment, où elle prenait une part active à sa propre vie.

Derrière elle, Marie-Madeleine entendait le choc des dés lancés par ses frères sur le damier. Elle avait appris ce jeu en observant les autres mais elle ne pouvait tenir sa place, son père considérant les jeux de hasard comme inconvenants pour une jeune fille. Un jour, pendant son absence, elle avait proposé une partie à Mlle Cauvin. La vieille fille avait refusé énergiquement et le soir en avait parlé à son père qui l'avait grondée. Marie-Madeleine traitait depuis sa gouvernante en ennemie et ne se confiait plus à elle. Sa solitude était totale, mais elle l'aimait. Antoine et François étaient heureux. Le jeu, les voyages, la chasse leur étaient permis, ils avaient la possibilité de parler fort, de plaisanter, de lire, quoique plus jeunes qu'elle, toutes sortes d'ouvrages qui lui étaient interdits et que son père enfermait à clef dans la bibliothèque. A douze ans, Antoine était déjà grand et fort, François, d'un an son cadet, était plus fragile mais copiait son comportement en tout sur celui de son frère. Il crachait aussi loin, faisait sonner ses talons avec la même force sur les pavés, tirait aussi habilement à l'épée et parlait des femmes avec le même mépris.

Le regard de Marie-Madeleine, toujours posé sur les parterres de fleurs, s'attachait aux narcisses avec tant de fixité que leur jaune orangé s'emparait peu à peu de toutes ses sensations. Elle ne voyait rien d'autre que ces teintes mouvantes de jaune et d'or qui s'étiraient, se déchiraient, comme battues par un vent imaginaire. Marie-Madeleine ne sentait plus qu'une odeur fade de décomposition, lointaine et familière, repoussante et étrangement séduisante. Que lui restait-il sinon l'espoir d'exorciser son mal en souffrant encore : plutôt être celle qu'elle haïssait, se dit-elle, que de n'être rien. Se retournant vers ses frères en train de jouer, elle demanda d'une voix basse :

— Je voudrais jouer au trictrac avec vous.

Les deux garçons levèrent ensemble les yeux.

— Va t'amuser avec Mlle Cauvin et laisse-nous tranquilles, dit Antoine.

Ce fut lui qu'elle regarda le premier. Ses yeux ne quittaient pas les siens tandis que ses mains faisaient remonter la jupe de soie fleurie, découvrant d'abord les chevilles puis les jambes et les genoux. Antoine et François étaient figés. Alors sans un mot elle laissa retomber l'étoffe. Ses doigts allèrent vers le corsage, détachant le large col de dentelle, montrant la peau blanche et la naissance du cou. Ses mains, indépendantes, libres, s'arrondirent dans le dos, dégrafant un par un les petits boutons qui fermaient la chemise, puis remontèrent vers les épaules et firent descendre avec lenteur l'étoffe. Les deux garçons étaient pétrifiés, les doigts immobiles au-dessus du damier. Marie-Madeleine avait toujours son sourire. L'homme en noir était double désormais. Elle revit la campagne de Provence, la garrigue nue, austère sous le passage du vent, puis elle ne vit plus rien, elle était légère, presque aérienne. Elle volait.

CHAPITRE VI

Offémont, août 1646

Depuis l'arrivée de la famille d'Aubray à Offémont à la fin du mois de juillet, la pluie n'avait cessé de tomber. Les silhouettes des arbres du parc, des buissons, des statues dans l'humidité qui remontait de la terre au crépuscule et à la nuit, prenaient des courbes incertaines et troubles. Sur la pièce d'eau le vent faisait se mouvoir des formes fluides, tantôt enroulées sur elles-mêmes, tantôt étirées le long des roseaux. Les pins sombres étaient impénétrables, et la cime des peupliers se fondait dans les nuages. Antoine et François montaient à cheval quotidiennement, rentraient ruisselants d'eau, secouaient leurs manteaux en riant et se chauffaient au coin de la cheminée du grand salon où le feu restait allumé tout au long des journées.

Le lieutenant civil avait regagné Paris après avoir passé une dizaine de jours avec sa famille. Mlle Cauvin demeurait la seule maîtresse au château, mais les enfants ne la craignaient point et se sentaient tout à fait libres. Marie-Madeleine était maintenant acceptée par Antoine et François. Ils lui avaient appris à monter à cheval, à dresser les chiens et ils l'emmenaient parfois chasser avec eux. La jeune fille n'éprouvait pas d'affection pour ses frères ; elle tirait seulement de leur attention nouvelle une immense vanité. Elle avait la certitude de son pouvoir, un pouvoir singulier, grisant, au-delà même de son intelligence ou de sa volonté. Il suffisait qu'elle baise Antoine sur les lèvres en le regardant pour qu'il consente à tout, et elle le méprisait pour cette faiblesse. Elle aimait ses mains sur ses épaules, sur sa poitrine, mais elle dominait ce goût de toutes ses forces pour n'avoir aucune dépendance et continuer à mener seule le jeu. Parfois, lorsque son frère avait un regard triste à force d'être implorant, Marie-Madeleine en éprouvait une sorte de vertige.

Sous la pluie, les sabots des chevaux s'enfonçaient dans le sol boueux du chemin. Marie-Madeleine et ses frères longeaient des champs de blé qui, ne pouvant être moissonnés, pourrissaient ; des paysans au regard triste retiraient prestement leurs bonnets devant eux. Il n'y aurait pas de récolte cette année à Offémont ni nulle part ailleurs dans le nord du royaume. La misère jetterait des hameaux entiers sur les routes, dans Paris qui corromprait ces hommes de la campagne comme la pluie avait gâté leurs moissons. En longeant les blés couchés, Antoine songeait que son père ne toucherait cette année aucun revenu de ses terres, car il n'était pas homme à exiger de ses paysans ce qu'ils ne pouvaient donner. A l'automne il visiterait les chaumières en compagnie de ses fils, donnerait conseils et encouragements. Dreux d'Aubray était juste, honnête, compréhensif. Antoine le respectait et l'aimait. Il voulait lui ressembler, se montrer digne de recevoir la charge de lieutenant civil qui lui reviendrait plus tard. François n'ignorait pas qu'il aurait un rôle plus obscur que son frère. Il admirait autant que lui leur père mais ne savait pas le lui dire. C'était toujours Antoine qui s'exprimait à sa place.

Le cheval de Marie-Madeleine suivait ceux de ses frères à quelques pas. La jeune fille ne s'intéressait guère aux moissons gâtées, aux fermages compromis.

Lors de ses promenades, elle n'attachait d'importance qu'au regard des enfants qu'elle rencontrait. Depuis quelques mois, son oncle lui avait demandé de secourir avec lui les orphelins abandonnés dans les rues de Paris.

L'œuvre de Jean-Jacques Olier était associée à celle de Vincent de Paul qui faisait partie du conseil des Consciences de la régente Anne d'Autriche et qui entretenait avec le père Olier des liens étroits et fraternels. Marie-Madeleine avait accepté immédiatement la proposition de son oncle, d'autant qu'elle lui permettait de rencontrer de grandes dames qui lui parlaient avec bonté. Pour la première fois de sa vie, elle se sentait influente, fière de son rang social élevé et du respect qu'elle inspirait. L'émotion, la tendresse qu'elle éprouvait au contact des jeunes enfants l'avaient soudain tirée de sa solitude et de son désœuvrement. Quand elle avait rencontré Vincent de Paul, celui-ci lui avait posé la main sur l'épaule en souriant : « Que Dieu vous bénisse, mon enfant, pour l'amour que vous éprouvez envers les petits, il vous fera grande à cause de cela. » Grande, oui, elle serait grande un jour, suffisamment haute pour ne plus jamais avoir à lever les yeux. Sous le regard d'Antoine qui l'abaissait, montait en elle une volonté farouche de s'élever, si vite, si haut que les témoins de son enfance sembleraient dérisoires, minuscules, fragiles comme des souvenirs rejetés.

Son cheval prit le trot et rejoignit ceux de ses frères. Comme le capuchon de son manteau était tombé, la pluie mouillait sa figure. Ses cheveux qui frisaient en boucles serrées amincissaient l'ovale du visage, et leur teinte sombre faisait paraître la peau plus blanche, les yeux plus bleus. A seize ans elle était une femme, belle, petite, fragile, avec une bouche sensuelle, un nez droit, un peu rond, des mains et des pieds petits, une taille si menue qu'il n'était guère besoin de serrer ses robes pour la dégager. Elle avait de jolies dents qu'elle aimait montrer lorsqu'elle riait et un regard, parfois caressant, parfois terriblement froid.

Antoine tourna vers elle la tête :

— Nous rentrerons par la forêt. Regagne Offémont par la route car le sous-bois sera détrempé.

Marie-Madeleine eut un petit rire :

— Me crois-tu incapable de vous suivre ?

François avait ralenti son allure et se trouvait maintenant derrière son frère et sa sœur, il ne désirait point participer à leur conversation. Il craignait Marie-Madeleine, sa volonté froide, ses colères brèves qu'elle maîtrisait d'un rire, et n'aimait point son jeu de séduction qu'il attribuait seulement à une volonté farouche de dominer les autres. François, pieux jusqu'au mysticisme, enviait ses petites sœurs d'être recluses dans un couvent. Elles ne connaîtraient jamais la honte, celle qu'il ressentait lorsqu'il observait les caresses d'Antoine et de Marie-Madeleine et que, fugitivement, lui venait l'envie d'être à la place de sa sœur. Ce désir le blessait et il passait des nuits entières à prier pour demander à Dieu pardon.

Marie-Madeleine et Antoine se mesuraient du regard. Puis soudain elle fit faire demi-tour à son cheval et partit au galop vers Offémont. Elle désirait maintenant rentrer, rejoindre sa chambre, y faire allumer un feu et demeurer sans bouger pour se réchauffer, chasser cette sensation insidieuse de froid dont elle ne parvenait jamais à se débarrasser tout à fait. Son acharnement à séduire ses frères lui parut soudain dérisoire. Chaque foulée de son cheval l'éloignait d'eux, elle se retourna et ne les vit point, il n'y avait plus derrière elle qu'un chemin creux où stagnait de l'eau grise. Elle décida qu'elle ne supporterait plus ni les caresses d'Antoine ni le regard fiévreux de

François. L'un et l'autre étaient lâches, suffisants et fragiles : elle les avait pris, elle les repoussait. La jeune fille se sentit libre, et cette indépendance était un bonheur nouveau, comme une délivrance.

CHAPITRE VII

25 août 1648

Dreux d'Aubray s'essuya le front avec son mouchoir. Le lieutenant civil était assis dans le jardin et partageait avec ses enfants des rafraîchissements. Il se tourna vers son fils aîné :

— L'homélie de M. de Gondi était fort séditieuse et impertinente. Voilà un homme qui affiche bien haut son manque d'amitié pour le cardinal.

— Il a la liberté de montrer sa malveillance sans crainte, mon père. Que peut la reine contre lui ?

— Antoine, la reine fait ce que veut le cardinal. La situation n'est guère favorable en ce moment et il serait dangereux de l'envenimer davantage. Ces impôts nouveaux que réclame le roi sont fort mal venus et le Parlement a raison de s'y opposer.

Antoine se mit à rire.

— Mon père, vous craignez la sédition et vous approuvez le Parlement. N'y a-t-il pas là quelque contradiction ?

Dreux d'Aubray sourit à son tour. Il aimait causer avec ce fils qui lui ressemblait et à qui il pouvait se confier.

— Nous sommes de la noblesse de robe, mon fils, et je ne me sens pas si proche de ces grands seigneurs que je ne puisse les voir ainsi qu'ils sont, orgueilleux et querelleurs. Le vieux Broussel a du courage et de l'opiniâtreté. Il me divertit par ses remontrances et, ma foi, j'aimerais à son âge être aussi entreprenant que lui.

Marie-Madeleine s'éventait doucement. Cette conversation ne l'intéressait guère. Pourquoi les hommes étaient-ils ainsi toujours occupés de politique ou de guerre ? Pour sa part elle n'accepterait pour époux qu'un homme divertissant. Elle le voulait riche et noble, plein d'ardeur pour s'amuser, pour l'entourer d'égards. Souvent elle s'imaginait avec lui dans un hôtel où elle pourrait inviter une brillante compagnie, donner à souper, danser, jouer. Qui d'autre qu'un mari pourrait lui apporter tout cela ? Son père ne lui avait encore parlé d'aucun prétendant, et dans le monde, quoique venant de fêter ses dix-huit ans, elle n'en voyait que fort peu. Elle avait fait la connaissance, grâce à son oncle, de quelques jeunes filles de la meilleure société mais elle ne trouvait pas grand-chose à leur dire. Leurs mères veillaient à chaque instant sur leur moindre pensée, réglant jusqu'à leurs prières ; Marie-Madeleine ne leur ressemblait pas.

Dreux d'Aubray se leva. La soirée s'avançait et il devait siéger le lendemain de grand matin avant d'assister au Te Deum donné par le roi à Notre-Dame pour célébrer la victoire remportée le 20 août à Lens par le prince de Condé sur les impériaux. Tout le Parlement y serait. Antoine et François causèrent encore quelques instants du sermon de M. le Coadjuteur. Antoine le trouvait admirable. François s'en inquiétait. Lorsque Marie-Madeleine se leva et monta dans sa chambre ils ne s'en aperçurent point.

Le lendemain, depuis le Palais-Royal jusqu'à Notre-Dame, les rues étaient bordées selon la coutume de soldats du régiment des gardes. Les badauds guettaient le passage du roi, de la régente, du cardinal, des grands seigneurs et de ces messieurs du Parlement. Des rues montait une odeur forte d'ordures et de fange, et sur la Seine, les voiles immobiles des bateaux tachaient d'ombres changeantes les eaux dorées par le soleil. Aux fenêtres des maisons du pont Notre-Dame se pressaient des centaines de curieux pour détailler les carrosses, les équipages, les toilettes des courtisans. Tout le monde avait chaud. Les dames s'éventaient derrière les rideaux entrouverts de leurs voitures, les chevaux soufflaient, les laquais, imperturbables, vêtus aux couleurs des maisons auxquelles ils appartenaient, considéraient la foule d'un air indifférent, tandis que le guet à pied observait avec attention les mendiants et les coquins de toutes sortes prêts à couper les bourses ou à subtiliser les bijoux des flâneurs. Dans la masse du peuple, quelques femmes plus hardies tendaient le poing vers le carrosse du cardinal. On entendait même des cris : « Assez d'impôts », « Vive le Parlement ». Mazarin, un petit sourire aux lèvres, saluait et montrait sa main baguée à la portière. Les applaudissements les plus chaleureux revenaient au petit roi dont on apercevait le visage entouré de boucles auprès de sa mère. En le voyant, les femmes les plus effrontées s'attendrissaient, criaient « Vive le roi ! ».

Les portes de la cathédrale avaient été ouvertes à double battant. Le carrosse du roi et de la régente s'immobilisa le premier et l'ombre fraîche de la nef les enleva à la foule. Les cloches ne sonnèrent plus et, juste avant que n'éclatât le chant du Te Deum, il y eut un moment de silence. Les dames passaient de fins mouchoirs parfumés sur leurs tempes, tandis que les hommes s'éventaient de leurs chapeaux. On se regardait, on se saluait de loin. Paul de Gondi était fort digne, M. le duc d'Orléans, d'une grande élégance. On ne priait guère. La régente et le cardinal échangeaient de temps à autre un regard. M. de Guitaut, capitaine des gardes de la reine, avait près de lui Gaston de Comminges, lieutenant de ces mêmes gardes, et lui parlait à voix basse. M. de Comminges tournait ses gants entre ses mains avec nervosité, ne répondait que par des hochements de tête, et le Te Deum, accompagné des grandes orgues, couvrait les voix. L'encens montait de toutes parts parmi les étendards, les tapisseries et les saints de pierre figés, au regard vide.

A la sortie, la chaleur parut plus accablante encore. Dreux d'Aubray, entouré de ses deux fils, remonta dans son carrosse après avoir salué ces messieurs du Parlement, Mathieu de Molé, vieillard d'une très digne figure, son parent le chancelier Séguier, le président de Mesme. Chacun avait hâte de rentrer chez soi. Antoine et François parlaient entre eux dans la voiture, tandis que le lieutenant civil notait avec étonnement qu'il restait des troupes sur le Pont-Neuf et jusqu'à la place Dauphine. Il n'avait été prévenu en aucune façon et s'inquiéta. Le peuple n'aimait guère les soldats. Tout rassemblement de bataillons était impopulaire. Le carrosse prit la rue Neuve-Saint-Honoré vers la rue des Petits-Champs. Tout semblait calme. Sans doute ces troupes n'allaient-elles pas tarder à se disperser. A l'angle de la rue du Bouloi et des Petits-Champs, il se signa devant la croix comme il le faisait habituellement et la voiture pénétra dans la cour de l'hôtel d'Aubray. Le cardinal n'était pas assez inconscient pour provoquer un peuple déjà mécontent ! Le lieutenant civil baisa machinalement au front sa fille Marie-Madeleine qui l'attendait dans le vestibule. Il était toujours soucieux depuis les affrontements du Parlement avec l'autorité royale. Broussel peut-être avait été trop loin ; presque octogénaire, il se croyait intouchable et, à maintes reprises, le président de Mesme l'avait mis en garde contre la régente.

Dreux d'Aubray se disposa à dîner. C'était une heure

importante dans la journée du lieutenant civil qui était gourmand, aimait le décor de la table, l'harmonie des couleurs et des mets, la disposition des plats, la délicatesse de leur arrangement.

La table avait été dressée dans un petit salon qui donnait par deux portes-fenêtres grandes ouvertes sur le jardin. Midi sonnait à la chapelle des oratoriens Saint-Honoré et un peu de fraîcheur venait avec une légère brise qui détachait les pétales des roses. Marie-Madeleine avait des rubans isabelle dans ses cheveux pendant en boucles de chaque côté de son visage, jusque sur le grand col de linon qui cachait son décolleté. Elle racontait avec animation la collation offerte par le roi, qu'elle avait servie le matin même avec d'autres demoiselles aux enfants pauvres à l'occasion de la victoire. L'orphelinat avait connu une animation extraordinaire et son oncle Olier était venu en personne découper les gâteaux. Le cardinal l'avait invité au Te Deum, mais aux honneurs de la cour il avait préféré l'humble tâche de servir les orphelins. La jeune fille admirait profondément le père Olier et le quittait toujours en se promettant de se réformer, de ne plus commettre la moindre faute et de devenir elle aussi une sainte. Elle priait passionnément, se privait de dessert, choisissait des robes de petit drap ou de grisette, ne bouclait plus ses cheveux. Puis, très vite découragée, elle n'espérait plus être une sainte, n'en avait plus même l'envie et restait pour se punir, à genoux, sur le carreau de sa chambre devant son crucifix jusqu'à la souffrance.

Dreux d'Aubray écoutait sa fille distraitement. Une rumeur venait de la rue, atténuée par les hauts murs de l'hôtel. Ce n'était pas le bruit habituel des encombrements de charrois ou de carrosses, ni les appels des colporteurs ou des ménagères, c'était une rumeur continuelle, inquiétante.

— Allez voir ce qui se passe, mon fils, demanda le

lieutenant civil à Antoine, je m'inquiète de ce que j'entends au-dehors.

Antoine se leva et sortit. Il ne fut absent qu'un instant. La porte se rouvrit presque aussitôt ; il rentra en compagnie du portier qui paraissait affolé.

— Mon père, annonça Antoine d'une voix émue, le peuple se répand dans les rues en criant vengeance. M. de Comminges aurait arrêté le vieux Broussel sur l'ordre de la régente. Les boutiques ferment, on tend les chaînes des rues.

Dreux d'Aubray s'était levé aussitôt, imité par François.

Le lieutenant civil sonna vigoureusement. Un laquais parut à l'instant.

— Mon chapeau, vite, et faites préparer la voiture sans retard.

Antoine s'était approché :

— Où vous rendez-vous, mon père ?

— Au Parlement.

— Je vous accompagne.

Le laquais avait ouvert la porte du petit salon et présentait les chapeaux de ses maîtres. La petite pièce était tout éclairée de soleil, et les peintures des boiseries, fruitées, fleuries, aux couleurs douces, encadraient Marie-Madeleine qui n'avait point bougé. Dreux d'Aubray se retourna avant de sortir, la vit et fut frappé par sa beauté. Un instant il voulut le lui dire, mais pressé par le temps et les événements n'y songea plus et sortit. Antoine claqua la porte derrière lui et la jeune fille demeura avec François qui ne lui parlait pas.

L'animation des rues était extrême et la voiture des d'Aubray n'avançait qu'avec la plus grande difficulté. Un enfant jeta une pierre qui frappa la portière du carrosse et fit sursauter le lieutenant civil. Partout on criait « Broussel, Broussel ! ». Une femme se hissa sur le marchepied. Elle avait un visage très rond et rouge. « Vive la liberté ! » hurla-t-elle, puis elle se tut, considérant un instant Dreux d'Aubray.

— Le lieutenant civil, hurla-t-elle, nous tenons le lieutenant civil !

La foule se resserra autour du carrosse. Une foule décidée mais qui ne touchait point encore la voiture. Quelques personnes étaient armées.

— Au Palais-Royal, monsieur le Lieutenant civil ! Ramenez-nous Broussel ! Et les cris s'enchaînaient, s'arrêtant sur un nom toujours répété : « Broussel, Broussel ! »

Antoine essaya de fermer la vitre. Le peuple crut qu'il refusait d'entendre ses revendications et commença à jeter des pierres. Le cocher ne pouvait ni avancer ni reculer et le valet était prudemment descendu du marchepied pour rejoindre les rangs des manifestants et s'y cacher.

Dreux d'Aubray, un instant effaré, prit sa résolution. Se penchant à la portière, il cria aussi fort que possible :

— Je vais de ce pas au Palais-Royal voir la reine pour lui demander la libération de Broussel, laissez-moi passer.

La phrase fut répétée de rang en rang. On commença à s'écarter. « Le lieutenant civil au Palais-Royal ! » Le cri était unanime. « Libérez Broussel, libérez Broussel ! »

— Où est la troupe ? demanda Antoine, ne fait-on rien pour disperser cette canaille ?

— Mon fils, si la reine envoie sa garde, tout est perdu. Dieu fasse qu'elle y renonce !

Le carrosse avançait lentement, poussé par le cocher qui criait à tue-tête : « Laissez passer le lieutenant civil, laissez passer le lieutenant civil ! » La voiture, au lieu de tourner à gauche dans la rue Neuve-Saint-

Honoré, continua tout droit vers le Palais-Royal et rencontra la première barricade au coin de la rue Saint-Nicaise. Les Parisiens avaient entassé des pavés, des charrettes, des branchages, divers objets accumulés les uns sur les autres et qui empêchaient toute voiture de passer.

Antoine se pencha à la portière pour comprendre la raison de ce nouvel arrêt :

— Mon père, nous n'arriverons jamais au Palais-Royal, la rue Saint-Nicaise est obstruée.

Dreux d'Aubray ne bougeait pas.

— Nous irons à pied s'il le faut, mais si la reine ne cède pas, je ne réponds plus de Paris.

Au même moment, Antoine aperçut un petit groupe à cheval, immobilisé par la foule de l'autre côté de la barricade.

— Je crois que nous avons devant nous M. le Chancelier, père, je vais lui parler.

Antoine ouvrit la portière. Un homme qui veillait sur l'amoncellement d'objets le prit par la manche, mais le jeune homme qui était fort robuste s'en débarrassa d'une bourrade.

— Nous travaillons à l'élargissement de votre Broussel. Qui le fera libérer si vous empêchez le lieutenant civil de passer ?

L'homme s'écarta et le regarda par en dessous sans plus le toucher. Au premier rang, on faisait passer les paroles d'Antoine d'Aubray et, lentement, les manifestants qui s'étaient approchés, menaçants, s'écartèrent. Le chancelier Séguier l'avait aperçu, et lorsque le jeune homme eut franchi la barricade, il avança vers lui son cheval. Des domestiques armés l'entouraient.

— Mon ami, je vais au Palais-Royal dire à la régente ce qui se passe dans Paris. Je vois que votre père s'y rend également et je ne ferai que le précéder. On me laisse passer, on ne vous inquiétera pas. Dites à mon cousin que Paul de Gondi est déjà à la Cour et qu'il a dû dire bien haut à la régente ce qu'il pense de cette arrestation.

— Quand le vieux Broussel a-t-il été pris ?

— Après le Te Deum. Chez lui au port Saint-Landry. La servante a ameuté le quartier par ses cris. En un instant le peuple s'est rassemblé. Je sais que le carrosse dans lequel M. de Comminges, qui a procédé à l'arrestation, avait placé Broussel a été mis en pièces et qu'il a eu à peine le temps d'en réquisitionner un autre, d'en faire descendre son propriétaire et d'y mettre son prisonnier.

— Savez-vous où Broussel a été conduit ?

— A Saint-Germain. On dit qu'il va partir pour Sedan.

Le chancelier écarta son cheval :

— Il n'y a pas de temps à perdre. A vous revoir, mon enfant.

Antoine franchit à nouveau la barricade.

— Faites une ouverture, commanda-t-il à l'homme qui n'avait pas bougé. M. le Lieutenant civil doit passer.

Quelques hommes avancèrent et se mirent à ôter les obstacles. Antoine avait rejoint le carrosse de son père.

— Broussel est à Saint-Germain. Allons vite. Votre invervention conjuguée à celle de M. le Coadjuteur et du chancelier peut encore tout sauver.

Dreux d'Aubray était très pâle. Ses mains tremblaient légèrement. Depuis les émeutes qu'il avait dû affronter à Aix en 1630, alors qu'il était intendant des finances en Provence, la violence le terrifiait. Il ne supportait plus les foules aux regards fixes, menaçants, fous. La grosse femme avait quitté le marchepied, mais elle était toujours là, les poings sur les hanches, à l'observer. Elle sentait fort et la sueur ruisselait de son bonnet sur son corsage de toile grise. Il ferma les yeux un instant et les rouvrit en sentant la main d'Antoine lui prendre le bras.

— Allons, mon père, il ne faut point faiblir, et je vous jure que personne dans cette foule n'osera seulement vous toucher.

Son fils avait donc ressenti le malaise qu'il éprouvait ! Dreux d'Aubray se redressa.

— En avant, cria-t-il au cocher, la place est faite.

La voiture se mit à avancer, le lieutenant civil se retourna et aperçut une dernière fois la femme qui lui montrait le poing en vociférant des mots qu'il n'entendait plus.

La cour du Palais-Royal était encombrée d'équipages et Dreux d'Aubray dut mettre pied à terre sans pouvoir approcher l'entrée des appartements de la régente. Antoine demeura dans la voiture mais, avant de laisser partir son père, sans un mot il lui prit la main, la serra fortement dans la sienne.

On introduisit aussitôt le lieutenant civil auprès de la reine qui se trouvait en compagnie de Mazarin, du duc d'Orléans, de M. le Coadjuteur, du maréchal de la Meilleraie et d'autres seigneurs. Tout ce monde semblait fort agité. Le lieutenant civil fit un récit aussi détaillé que possible de ce qu'il avait pu voir sur son chemin dans les rues de Paris. La reine, qui l'avait accueilli avec beaucoup de fierté, s'était radoucie, une certaine peur commençait même à apparaître sur son visage. Lorsque le lieutenant civil eut achevé de parler, le silence s'établit. M. le Coadjuteur échangea un regard avec le maréchal de la Meilleraie, tandis que la reine observait Mazarin.

— Monsieur, dit enfin la régente, je vous remercie d'être venu me voir. L'affaire mérite de la réflexion.

Le maréchal de la Meilleraie, le duc de Longueville intervinrent à leur tour, puis Gondi prononça clairement, les yeux dans ceux du cardinal :

— Broussel doit être relâché avant que le peuple,

qui menace de prendre les armes, ne les prenne effectivement.

Dreux d'Aubray avait hâte de sortir, il ne se sentait pas bien. Il fit un salut.

— Je partage l'avis de M. le Coadjuteur. Il faudrait maintenant aller dire au peuple qu'il obtiendra satisfaction.

— Tout doux, monsieur le Lieutenant civil, coupa le cardinal, nous allons réfléchir à cette affaire et faire annoncer à ces drôles qu'ils auront Broussel à la condition de se séparer et ne le point demander en s'assemblant.

Dreux d'Aubray fit un dernier salut. Dans le vestibule, il dut s'arrêter un instant. Il avait la certitude que la reine et le cardinal se jouaient de Gondi. « Paris demain sera en armes », pensait-il. Il se sentait épuisé et n'avait plus que le désir de regagner son hôtel, s'asseoir dans son jardin au milieu de ses fleurs et regarder broder sa fille. Antoine était descendu de la voiture et venait à sa rencontre. Il lui prit le bras. En vieillissant, le lieutenant civil s'attendrissait devant ses enfants. Des carrosses entraient dans la cour du Palais-Royal ou la quittaient en un va-et-vient incessant, tandis que le peuple, assemblé par petits groupes que les gardes dispersaient, criait : « Broussel, Broussel et la liberté ! »

CHAPITRE VIII

Le lendemain, Paris était couvert de barricades.

A l'aube, Dreux d'Aubray, prévenu par un greffier, rejoignit en toute hâte les membres du Parlement décidés à venir en grande pompe demander la liberté de Broussel à la régente. Le président Mathieu de Molé conduisait le cortège de ces messieurs en habit de parlementaires vers le Palais-Royal.

Les mots « Broussel, Broussel » montaient de rue en rue, des quais jusqu'aux faubourgs. Des caves, des resserres, des greniers, les Parisiens sortaient des armes, des outils, des objets usuels devenus gourdins ou poignards, des enfants emportaient leurs frondes et l'on voyait des petits garçons de cinq ou six ans un couteau à la main. Douze cents barricades obstruaient les rues de Paris ; la révolte, comme un incendie, avait gagné la ville entière.

Il faisait moins chaud que la veille, de gros nuages s'étaient formés, qu'un vent léger poussait vers l'est, et la procession avançait à petits pas dans une grande noblesse, comme entraînée elle aussi par le souffle de la sédition. On criait sur leur passage, mais les rangs s'ouvraient pour ne point freiner leur marche. Dreux, qui cheminait aux côtés de l'abbé Pierre Longueil, chanoine de la Sainte-Chapelle et conseiller-clerc en la Grand-Chambre, observait avec inquiétude la foule des émeutiers. Il voyait des armes, pas encore menaçantes mais en si grand nombre que tout affrontement avec la garde serait fatal.

Le cortège des parlementaires pénétra dans le Palais-Royal, Mathieu de Molé toujours en tête. Les cris cessèrent, le peuple attendait.

Tout d'abord, la reine exprima une grande fureur, mais elle finit par promettre de relâcher le vieil homme pourvu que les parlementaires renoncent désormais à leurs assemblées. Il fallait encore délibérer sur cette proposition et l'on ne pouvait le faire qu'au Palais dans l'après-midi. Le cortège entama le chemin du retour. Le peuple, ne voyant aucune raison de croire au succès de la délégation, injuriait les parlementaires. On leur lança même quelques pierres, mais ils parvinrent très dignement jusqu'à la dernière barricade à la barrière des Sergents. Il n'y avait pas moyen d'aller plus loin, plusieurs rangs d'émeutiers arrêtaient le cortège.

— Broussel ? demanda-t-on.

— La reine nous a promis satisfaction, annonça Mathieu de Molé d'un ton digne, laissez-nous aller.

Après un instant d'hésitation, un commis drapier plus hardi que les autres donna l'ordre de laisser le passage. A la seconde barrière, le président fit la même réponse et le défilé poursuivit son chemin. Devant la troisième, à la Croix-du-Tiroir, où étaient fréquemment pendus ou roués des condamnés, les manifestants paraissaient beaucoup plus échauffés. Ils étaient plus de deux cents répandus au croisement et le long des rues avoisinantes. Dreux d'Aubray sentit que ceux-là ne se laisseraient point amadouer par de bonnes paroles. Le lieutenant civil connaissait assez bien le peuple de Paris pour en saisir l'humeur.

Le défilé des parlementaires s'était immobilisé et les émeutiers resserraient leurs rangs autour d'eux jusqu'à n'être plus séparés que de quelques pas.

— Où est Broussel ? demanda un garçon rôtisseur en s'avançant si près du président de Molé que leurs épaules se touchaient presque.

— A Saint-Germain, mon ami, mais il sera bientôt parmi nous.

— Qui nous prouve que vous ne nous racontez pas des fables pour vous sauver, monsieur le Parlementaire ?

— Vous avez ma parole.

Le garçon rôtisseur éclata de rire :

— Ta parole ? Parole de traître, oui. Vous êtes les complices de la régente et de son Mazarin.

D'autres insurgés, menaçants, s'approchaient. Le président de Molé, très grave, voulut s'écarter, mais d'un geste prompt son interlocuteur lui posa sa hallebarde sur le ventre :

— Si tu ne veux pas être massacré, ramène-nous Broussel.

La foule reprit en chœur :

— Broussel, Broussel !

Dreux d'Aubray s'était écarté, profitant du mouvement des émeutiers, suivi d'une vingtaine de conseillers. Les gens du peuple, tout occupés qu'ils étaient à observer le président, ne prêtèrent point attention, dans la bousculade, à leur fuite.

Dreux d'Aubray regagna son hôtel à pas précipités. Une soif affreuse le tenaillait, ainsi que l'envie de se brosser, de se laver le visage et les mains, d'effacer les cris, les odeurs, le contact de cette foule terrible.

— Mon fils, dit-il à Antoine d'une voix altérée en entrant dans son appartement, Paris est perdu. En ce moment le Parlement se fait peut-être massacrer.

Et il raconta à son fils les événements de la matinée. Antoine l'écouta attentivement.

— La reine va céder, mon père, soyez-en sûr. Le vieux Broussel ne mérite pas une révolution. Demain il sera parmi nous.

— Dieu t'entende mon enfant ! Vois-tu, je me sens bien las ce soir. Où est ta sœur ?

— Elle s'occupe à faire de la musique dans le salon.

Marie-Madeleine était au clavecin. Elle était encore en tenue du matin et ne portait qu'une jupe fleurie ouverte sur une robe toute simple de cotonnade blanche. Autour de ses épaules était noué un carré de dentelle du même point que le petit bonnet qui ornait ses cheveux. En voyant entrer son père, elle cessa de jouer et se tourna vers lui.

— Que se passe-t-il dans Paris, père ?

— Mon enfant, j'ai été sur le point de me faire massacrer par un peuple en fureur.

Marie-Madeleine se leva.

— Ces messieurs du Parlement ont été attaqués ?

— Injuriés, ma fille, conspués, assaillis de toute part. Nous n'avons dû notre salut, moi et quelques autres parlementaires, qu'à une retraite précipitée.

La jeune fille qui allait s'approcher de son père pour le réconforter s'arrêta sur-le-champ. Le lieutenant civil s'était donc enfui ! Elle considéra son père longuement, et la certitude de sa lâcheté la remplit de confusion et de honte. Elle ne se serait pas dérobée à son devoir, elle aurait tenu tête au peuple quitte à en perdre la vie ! Son père, qu'elle respectait, lui parut soudain ordinaire. Elle vit ses cheveux gris, sa corpulence qui le faisait souffler et la transpiration coulant sur son front, le long de ses tempes. Antoine lui ressemblait extraordinairement, elle ne l'avait jamais remarqué aussi clairement. Près du clavecin, Marie-Madeleine resta immobile un instant, une grande tristesse s'était emparée d'elle. De toute sa famille c'était elle la plus forte, la plus courageuse et il lui fallait rester dans l'ombre, à broder ou à faire de la musique, et attendre...

Un valet ouvrit la porte, il semblait très agité :

— Monsieur, le portier apprend à l'instant par des

passants que l'ordre de libérer Broussel a été donné par la régente.

Dreux d'Aubray se redressa.

— En êtes-vous sûr ?

— Le portier est affirmatif, Monsieur, l'homme a vu de ses yeux les lettres de cachet.

— Le peuple désarme donc ?

Le valet n'en savait rien. Au même instant, un greffier du Parlement pénétra en hâte dans le salon.

— Monsieur le Lieutenant civil, le peuple, par sa rébellion, a obtenu satisfaction. Pierre Broussel sera demain à Paris.

Dreux d'Aubray était devant l'homme.

— Et pourquoi demain ?

— Parce que Broussel est présentement en route vers Sedan et qu'il faut l'arrêter.

Antoine, qui n'avait jusqu'alors dit mot, s'approcha de son père :

— L'insubordination a donc eu le dernier mot.

Marie-Madeleine souriait. Cette victoire de la rébellion la grisait.

— Père, appela-t-elle.

Le lieutenant civil se tourna vers elle.

— Vous voyez bien qu'il ne faut jamais accepter les choses avec passivité !

CHAPITRE IX

Fin novembre 1651

— Ma fille, Cognac et la Rochelle sont prises par l'armée du roi !

Marie-Madeleine, qui brodait au coin de la fenêtre de sa chambre, leva les yeux. La journée était maussade. La jeune fille n'avait pas allumé de chandelle et penchait la tête vers le mouchoir où l'aiguille avait déjà fait surgir une fleur jaune au cœur pourpre. La chambre était peinte en bleu pâle avec des rideaux de coton du même bleu souligné de rouge, comme le lit dont les rideaux ouverts laissaient voir les oreillers entourés de dentelle. Dreux d'Aubray tira une simple chaise de bois et s'assit à côté de sa fille. La chose était rare. Le lieutenant civil n'avait guère de temps ordinairement pour les conversations. Marie-Madeleine ne parut pas s'en étonner, elle jeta juste un regard à son père et poursuivit son ouvrage.

— Vraiment ? Voilà qui va donner de la consolation à notre reine. Depuis le mois de février on la dit fort triste.

Le lieutenant civil considéra sa fille avec étonnement.

— Veux-tu prétendre, ma fille, qu'elle ne se console pas du départ du cardinal de Mazarin ?

— On le dit, père. N'est-ce pas un sentiment naturel de la part d'une femme d'éprouver du chagrin au départ d'un ami très cher ?

— Comment pouvez-vous parler des impressions d'une femme, mon enfant ? Votre imagination est trop forte et vous ne devriez point juger votre reine.

Marie-Madeleine eut un petit rire.

— Vous avez beau m'enfermer dans cet hôtel, mon père, et ne me laisser voir que des dames de charité, j'ai cependant les yeux et les oreilles assez ouverts sur le monde pour savoir qu'il existe entre hommes et femmes d'autres liens que ceux du mariage. Antoine n'a-t-il pas une amitié très tendre pour Mme de...

Dreux d'Aubray l'interrompit :

— Ceci ne vous concerne en rien, mon enfant. Antoine n'a pas à être jugé et par ailleurs que savez-vous de sa vie ? La vôtre, en revanche, me préoccupe et je vous trouve bien amère pour une jeune fille.

— Ma vie ici ne me donne guère l'occasion de me réjouir.

— Vous êtes injuste, car je fais tout ce qui est en mon pouvoir pour vous donner une existence agréable. Si je suis rarement à la maison, c'est que ma charge me donne de lourdes responsabilités que les circonstances de l'époque n'ont fait que rendre plus pesantes encore. Je me réjouis que notre roi soit majeur désormais, car il va sûrement reprendre en main les rênes de ce pays qui est dans la plus grande nécessité d'être gouverné avec vigueur.

— On le dit fort gracieux et son départ à Bourges a certainement donné du chagrin autour de lui.

Dreux d'Aubray sourit et posa sa main sur le bras de sa fille.

— Tu t'embarrasses beaucoup, mon enfant, des affaires du cœur et peut-être est-ce compréhensible pour une jeune fille de ton âge. Vois-tu, je vis sans femme depuis si longtemps que j'en ai oublié les préoccupations.

Marie-Madeleine se raidit. Toute allusion à sa mère et à son absence lui était douloureuse. Dreux d'Aubray ne s'aperçut pas de ce repli.

— L'état de mariage est très satisfaisant et je souffre toujours, pour ma part, d'en être privé.

Le lieutenant civil se tut. Il oubliait avec les ans les traits de sa femme, son sourire, son regard ; elle lui échappait jour après jour et il ne gardait qu'une tristesse vague d'en être séparé. Marie était si sage, si pieuse, tellement soumise ! Peut-être l'avait-il effrayée avec ses désirs d'homme jeune sans cesse avide, et sans doute l'avait-il épuisée avec ces grossesses continuelles qu'elle supportait sans se plaindre jamais. Marie-Madeleine lui ressemblait si peu ! Elle n'avait ni cette douceur, ni cette soumission presque insupportable à force d'être muette. Marie n'avait qu'un regard, lorsqu'il la serrait dans ses bras, lorsqu'elle priait ou lorsqu'elle avait reçu la mort. Un même regard ! Une émotion soudaine fit trembler la voix de Dreux.

— Je veux que tu sois heureuse, ma fille.

Pourquoi avait-il dit cela, parce qu'il allait lui annoncer qu'il allait la marier et qu'il cherchait à se faire pardonner ?

Au bord des larmes, Marie-Madeleine brodait toujours, mais l'aiguille n'était plus aussi active. Elle sentit dans les paroles de son père comme une marque de pitié dont elle ne voulait pas. Elle dit enfin lentement et sans lever les yeux :

— Ce qui rend heureux, père, est peut-être d'accomplir son destin. Marie sera carmélite, Antoine lieutenant civil. Que serai-je, moi ?

L'émotion était passée, Dreux d'Aubray se montrait à nouveau déterminé.

— Tu seras la femme d'un jeune homme accompli que je viens de te choisir.

La jeune fille posa vivement son ouvrage sur ses genoux. Son cœur s'était mis à battre violemment.

— Vous allez me marier, père ?

— Oui, Marie-Madeleine. Balthazar Gobelin et moi-même nous sommes parfaitement accordés et tes fiançailles avec Antoine devraient se faire sans tarder.

Marie-Madeleine était bouleversée. Elle se borna à répéter : « Antoine Gobelin, Antoine Gobelin. »

Dreux d'Aubray se mit aussitôt à démontrer à sa fille les avantages d'une telle union.

Les Gobelin, d'une illustre famille, étaient riches, liés aux d'Aubray depuis des générations. Antoine était un parti exceptionnel, elle serait une femme comblée.

— L'hôtel de la rue Neuve-Saint-Paul[1] est à lui, meublé, décoré, avec domestiques, voitures, chevaux. Il possède des terres, des châteaux et des rentes qui, jointes à celles que vous aurez, feront de vous un ménage fort envié.

La jeune fille n'écoutait plus les mots prononcés par son père. « Antoine Gobelin ! » Elle l'avait aperçu deux fois dans le monde et gardait le souvenir d'un jeune homme blond, au visage rond, assez avenant, mais qui ne semblait posséder ni l'esprit, ni l'enthousiasme, ni la folie que la jeune fille avait espéré, dans ses rêves, trouver chez son futur époux. Malgré sa fortune, il ressemblait à n'importe qui.

Marie-Madeleine tourna son visage vers le jardin. Il lui fallait réfléchir à tout cela, être seule, maîtriser ce refus que le nom d'Antoine Gobelin avait tout de suite éveillé, pour ne plus ressentir que le bonheur de se marier et de ne plus voir ses frères.

Dreux d'Aubray, décontenancé par sa fille, la contemplait en silence. Elle était étrange, résignée et douce, avec des moments de violence très brefs qui surgissaient lorsqu'elle bravait son frère aîné, et qui la

1. Cet hôtel existe toujours. Il est au 12 de la rue Charles-V.

laissaient tremblante, pâle, absolument secrète. Avec son père, elle n'élevait jamais la voix. Il avait l'impression que souvent elle ne l'écoutait même pas. Il l'avait aimée, préférée à ses deux autres filles au point de ne pas accepter qu'elle s'éloignât de lui. Lorsqu'elle était une enfant, il pouvait la toucher, la caresser, sentir son petit corps contre le sien. Elle courait vers lui, tendait les bras. A sept ans elle l'avait repoussé et, jour après jour depuis cet été en Provence, cet amour s'était dissipé. Évidemment, il avait été souvent absent, absorbé par les obligations de sa charge, mais il pensait à elle avec fierté. Comment le lui dire ? Ayant perdu l'habitude des femmes, des mots gracieux, il y avait renoncé. Maintenant ils étaient trop loin l'un de l'autre. La marier était la meilleure des issues, et il avait choisi son époux avec prudence, discernement, pour la voir heureuse. Elle était vive, dépensière, ambitieuse ; il avait distingué Antoine Gobelin pour sa richesse, sa réserve, son calme, qui feraient de lui un époux et un père respectés. Balthazar Gobelin et lui-même se connaissaient de longue date, ils avaient arrangé l'union de leurs enfants avec le souci de les voir pourvus de toutes choses afin qu'ils puissent tenir un rang dans le monde. Les jeunes gens pouvaient désormais se connaître.

Marie-Madeleine reprit son ouvrage et commença à broder. Dreux d'Aubray l'observait toujours en silence. Il se leva.

— Mon enfant, je te laisse réfléchir à notre conversation. Si tu éprouvais de l'aversion pour Antoine Gobelin, je ne te forcerais en rien. Je te veux heureuse.

La jeune fille piqua son aiguille dans l'étoffe légère.

— Oui, mon père.

Elle ne trouvait rien d'autre à lui dire. Dreux se dirigea vers la porte, l'ouvrit, puis se retourna :

— Thérèse sera à tes fiançailles. Elle m'a annoncé qu'elle désirait quitter le couvent pour vivre dans le monde. Elle ne veut pas se marier cependant et restera consacrée à Dieu. Marie, quant à elle, va prononcer ses vœux.

Marie-Madeleine n'éprouva qu'une surprise légère. Ses sœurs restaient des inconnues et elle n'avait pas le désir de s'en préoccuper. Thérèse rentrait à la maison, elle en partirait. C'était bien ainsi.

Le lieutenant civil attendit un instant la réponse de sa fille. La voyant silencieuse, il sortit.

La pluie commençait à tomber et le peu de clarté qui pénétrait dans la chambre s'atténua. La jeune fille ne s'en aperçut point et poursuivit son ouvrage. Elle allait se marier... Cette pensée peu à peu se précisait, s'imposait. Qu'importait Antoine Gobelin, il serait un époux comme un autre et elle n'avait pas envie d'attendre davantage un prétendant plus conforme à ses rêves. Elle avait un tel désir de vivre enfin qu'elle saurait le lui communiquer. N'avait-il pas son âge, un père sévère, une éducation rigide ? Ils partageraient des ambitions communes et l'un avec l'autre ils les réaliseraient.

Les pensées de Marie-Madeleine se précisèrent. Elle chercha à se souvenir de l'homme, de ses traits exacts, de sa silhouette. Elle allait partager son lit, il la prendrait dans ses bras. Avant même de le connaître elle le désirait. Il effacerait l'autre, l'homme en noir, le chasserait pour toujours comme une ombre traquée par le jour. La jeune fille posa son ouvrage, se leva et respira profondément. Maintenant elle était heureuse. Elle songea à l'hôtel de la rue Neuve-Saint-Paul, aux chevaux, au carrosse, se vit parée, entourée d'enfants, d'amis, de domestiques, comme une reine. Son père n'avait reçu que des magistrats sévères ou de dignes bourgeois, elle entretiendrait des relations avec la société la plus brillante, elle pourrait causer, rire, être admirée, lire des romans, mettre du rouge et des perruques poudrées. Elle aurait du goût pour Antoine, parce qu'elle le voulait et le jeune homme déjà lui paraissait infiniment aimable. Elle prononça à voix haute : « Antoine Gobelin. »

Dans l'hôtel d'Aubray on ne parlait plus que du repas de fiançailles offert pour Marie-Madeleine et Antoine Gobelin. Cette perspective permettait d'oublier quelque peu les événements dramatiques qui se jouaient à Paris. Les princes devaient être déclarés criminels et comparaître devant le Parlement en tant que tels. Des rumeurs insistantes couraient sur le retour prochain en France du cardinal de Mazarin. Toutes ces nouvelles allumaient le peuple, le faisaient discourir d'une voix de plus en plus forte. La guerre civile avait créé une misère plus grande encore. Les dormeurs à la belle étoile, refoulés par les hospices, ne se comptaient plus dans les rues. Quelques personnes charitables ramassaient les mourants, les conduisaient dans des salles d'hôpitaux combles où ils trouvaient de la soupe, une couverture, le sourire d'une religieuse, un prêtre pour leur fermer les yeux. Les autres entraient en agonie presque avec soulagement, enfin délivrés de leurs souffrances. L'hiver s'annonçait rude, le prix du pain montait continuellement et aux carrefours, à la Croix-du-Tiroir, place de Grève, les cadavres des suppliciés, voleurs, agitateurs, blasphémateurs, raidis par la mort, ressemblaient à des sentinelles plantées là pour protester contre tant de misère et d'oubli.

Toutes les lampes de la cour de l'hôtel d'Aubray avaient été allumées. Les portes ouvertes à double battant sur la rue du Bouloi attendaient le carrosse des Gobelin qui ne tarderait plus maintenant. La table avait été dressée dans le grand salon devant une flambée allumée dès le matin afin que les dames n'aient point froid. Six heures sonnaient ; la nuit était tombée. D'immenses bouquets s'évasaient dans des vasques de marbre posées sur une console sous la grande tapisserie, et les oiseaux brodés semblaient se poser sur les roses, les glaïeuls et les lis. Le couvert était fastueusement dressé. On avait amené des sièges devant la cheminée, ajouté quelques tapis pour modérer le froid montant du sol carrelé et fait brûler des pastilles parfumées dans des coupelles. Les laquais, dans une livrée impeccable, attendaient les hôtes et des cuisines montaient des odeurs de viande rôtie, de cannelle et de pâtisserie.

Dans sa chambre, Marie-Madeleine, vêtue d'une jupe de taffetas gris-bleu relevée de gros rubans d'un bleu soutenu sur une robe de brocatelle gris-de-lin à manches de dentelle, attachait devant son miroir le simple collier de perles qu'elle allait porter au cou. Rarement elle avait été aussi heureuse. Cette robe nouvelle, ces dentelles, le parfum que son père lui avait offert, cette fête en son honneur et le regard enfin d'un homme sur elle lui donnaient le sentiment d'être belle, séduisante, puissante. Elle revit l'émoi de son futur mari la semaine précédente à l'hôtel Gobelin. Sans cesse il cherchait à s'approcher d'elle, à effleurer sa jupe, sa main. Elle ne s'était pas écartée. Sa physionomie ouverte, ronde, ses yeux caressants, sa bouche plutôt grande lui plaisaient ; vêtu avec élégance, il portait perruque et rubans à ses chausses, raffinement ignoré par Dreux d'Aubray et par François mais déjà adopté par son frère Antoine. Balthazar Gobelin était allé à sa rencontre avec beaucoup de grâce, ainsi que sa future belle-sœur, Mme de la Meilleraie. Tout était somptueux chez les Gobelin, plus brillant, plus à la mode que chez les d'Aubray, et la jeune fille avait été séduite à l'instant. On l'avait cajolée, fêtée. De Balthazar elle avait reçu des pendants d'oreilles de diamants ayant appartenu à son épouse, et d'Antoine une petite cassette de bois des îles incrustée de nacre. Lorsqu'il lui avait remis son présent, leurs doigts, un instant, s'étaient effleurés. Antoine avait rougi et elle avait aimé cette confusion. Avait-il eu commerce avec les femmes, était-elle la première ? Ces pensées la troublaient. Il lui faudrait être seule avec son fiancé un instant, un seul instant, pour qu'elle puisse mesurer son pouvoir. Elle respira profondément.

Dans la cour on entendait les roues d'un carrosse. Les portes s'ouvraient, les Gobelin faisaient leur entrée. Marie-Madeleine s'approcha de la fenêtre et distingua Balthazar Gobelin suivi de sa sœur, puis Antoine et sa propre sœur accompagnés de M. de la Meilleraie, tous élégamment vêtus. Les hommes portaient des chapeaux de feutre à large bord orné de plumes, les femmes des carrés de dentelle. Dreux d'Aubray sortit lui-même du vestibule pour les accueillir. On s'embrassa, on se fit des compliments, et la compagnie disparut dans la maison. La jeune fille entendit le bourdonnement des voix, le claquement d'une porte, suivi d'un bruit de pas dans l'escalier. Son père venait la chercher. Le cœur de Marie-Madeleine battait très fort. Elle serra les mains l'une contre l'autre et se redressa. Le moment était venu, elle allait faire son entrée dans le grand salon comme une souveraine, affectant une indifférence qu'elle ne ressentait pas. Par la force de sa volonté, Antoine Gobelin était devenu le prétendant de ses rêves.

Son père était devant elle, magnifique et digne dans son costume de drap gris soutaché de rouge sombre. Il portait encore le collet de dentelle tombé en désuétude chez les jeunes gens, des bottes souples de daim gris, mais il avait refusé la perruque et gardait ses cheveux argentés séparés soigneusement sur le milieu de la tête. Se parer était un effort pour Dreux d'Aubray et il se sentait un peu emprunté sans ses habits de magistrat dans lesquels il s'estimait fort bien.

— Ma fille, annonça-t-il à Marie-Madeleine en soufflant un peu car il avait gravi rapidement l'escalier, la famille Gobelin vous attend et je serais heureux et fier que vous preniez mon bras.

Marie-Madeleine était prête. Elle s'approcha de son père en souriant. En ces moments de bonheur, elle n'avait plus de différend avec personne et durant l'espace d'une soirée se voulait réellement la fille aimante qu'elle ne pouvait plus être. La vue de ses frères ne l'irritait plus. Elle trouva même Antoine fort élégant dans son costume de velours bleu sombre au pourpoint soutaché de broderies. Dans le salon, près de la cheminée, sa future famille l'attendait. La sœur de Balthazar Gobelin, une vieille demoiselle opulente, se tenait les bras écartés du corps, sa lourde poitrine soulevée au rythme de sa respiration, et ce fut elle que Marie-Madeleine vit tout d'abord. Puis ses yeux rencontrèrent ceux de son oncle Olier, de sa sœur Thérèse, habillée de serge grise comme une nonne, avant de s'arrêter sur Antoine Gobelin. Il était debout, un peu à l'écart des autres, vêtu de soie fauve, avec une perruque blonde soigneusement frisée et une fine moustache, point de barbe. Leurs regards se mêlèrent un instant, puis le fiancé s'avança et salua la jeune fille. Marie-Madeleine sentit son odeur, un parfum de musc un peu poivré. Elle fit une révérence, Antoine aperçut la naissance de ses seins. L'assemblée souriait, émue du trouble des jeunes gens.

A table, Dreux d'Aubray avait permis qu'ils fussent placés l'un à côté de l'autre afin d'apprendre à se connaître. Les valets sans cesse remplissaient les verres, les mets se succédaient et la compagnie, très gaie, commençait à plaisanter. On avait abandonné les sujets trop sérieux de politique pour boire à la santé du roi et du royaume de France. La sœur de Balthazar Gobelin osa quelques plaisanteries assez lestes qui firent rougir Thérèse et toussoter le père Olier. Marie-

Madeleine ne prêtait guère attention aux conversations, elle buvait à la santé de tous et souriait parce qu'elle était heureuse. Antoine ne lui parlait guère ; il approchait parfois son bras du sien et lorsqu'ils s'effleuraient, le jeune homme semblait éprouver un embarras qui amusait Marie-Madeleine. Les voix montaient, et l'on ne pouvait plus très bien suivre les conversations dans le brouhaha général. Le rire de Balthazar Gobelin s'éleva très fort. La jeune fille ferma les yeux, la tête lui tournait, elle entendait la voix d'Antoine, une voix grave, douce. Lorsqu'elle ouvrit les yeux, elle vit tout d'abord sa moustache blonde, puis sa bouche et ses dents. Sa main était posée à plat sur la table à côté d'elle et elle avait envie d'y poser la sienne. C'était un besoin très fort de s'approcher de lui, de le toucher. Dans sa bouche le vin était frais, elle avait à peine mangé. Antoine de son côté ne touchait presque pas aux plats. Son regard était étrange, presque suppliant, et Marie-Madeleine, lorsqu'elle le rencontrait, avait un frémissement. On apportait les desserts, des pyramides de fruits confits multicolores et luisants de sucre, des compotes, des brioches, des pâtes de fruits, et même une jatte de fraises qui, en cette saison, provoqua des exclamations d'étonnement. On servit du vin de Champagne. La cire coulait des bougies sur la nappe et les fleurs demeuraient fraîches parmi les couverts salis, les débris de pain et de gâteaux. Les verres furent à nouveau levés. « A la santé des futurs époux ! » Antoine regarda Marie-Madeleine. Il désirait tant la jeune fille qu'il ne savait plus que dire ni que faire. « A vous », murmura-t-il seulement. Il s'inclina, sa jambe s'écarta légèrement et rencontra celle de sa fiancée. Il fut sur le point de la retirer mais sentit une pression légère contre sa cuisse. Marie-Madeleine ne s'écartait pas, elle s'appuyait contre lui et ce contact doux et volontaire était un don. Ils demeurèrent éperdus l'un et l'autre, le regard voilé, tandis que l'assistance applaudissait joyeusement. La jambe de Marie-Madeleine était toujours contre celle d'Antoine. « A vous », répondit-elle. Ses yeux ne s'abaissaient point.

CHAPITRE X

Au milieu de l'après-midi du lendemain, l'hôtel d'Aubray était fort calme. Dreux siégeait au Parc civil, Antoine et François visitaient d'autres jeunes gens et Thérèse s'en était allée voir Marie, rue Saint-Jacques, pour lui rapporter les événements de la veille. Dans le petit salon, Marie-Madeleine se chauffait les pieds au feu à côté de Mlle Cauvin qui sommeillait.

Le souper s'était terminé fort tard dans la nuit ; les Gobelin, infatigables, semblaient ne pas vouloir prendre congé. On avait bu sur le coup de minuit un chocolat qui avait fort étonné la compagnie. La première émotion passée, Marie-Madeleine était calme. Elle songeait à sa robe de mariée, à sa coiffure. Le chocolat lui paraissait amer, épais, et l'écœura un peu. Elle était lasse.

Après le départ du carrosse, alors que les valets éteignaient les lampes, Dreux d'Aubray ôta ses bottes et retira son pourpoint. Il riait avec ses fils en présentant ses jambes aux dernières braises et semblait heureux. Le souper avait été fort somptueux, les Gobelin n'avaient point à rougir de cette alliance. Antoine prit du tabac et la soirée se poursuivit très librement quelques instants encore. Marie-Madeleine demanda la permission d'aller se coucher. Elle trouvait son père par trop bourgeois de se défaire ainsi devant les domestiques et en éprouvait de l'humiliation. Dans son lit, elle songea qu'elle serait bientôt aux côtés d'Antoine et ferma les yeux. Puis ses mains commencèrent lentement à caresser un corps imaginaire, une forme rêvée qui ressemblait à son propre corps.

Un laquais grattant à la porte fit sursauter Mlle Cauvin.

— Monsieur Antoine Gobelin est ici et demande si on l'autorise à vous visiter.

Marie-Madeleine leva vivement la tête. Le nom d'Antoine lui avait procuré une émotion très vive.

Mlle Cauvin semblait réfléchir :

— Mon Dieu, Laville, ces messieurs sont absents et je ne sais s'ils consentiraient à cette entrevue.

La jeune fille savait que la volonté de sa gouvernante se plierait à la sienne.

— Faites-le entrer, Laville, dites-lui qu'il nous honore en nous venant voir.

Sous le regard réprobateur de la gouvernante, Antoine Gobelin fit son entrée dans le salon. L'impression qu'il fit fut plus forte que la veille, car la jeune fille l'avait tant rêvé la nuit précédente que son imagination le parait mieux que la réalité. Il était élégamment vêtu de chausses de velours vert ornées de dentelle en haut de bottes très souples, et portait un chapeau de feutre à bord plat orné de superbes plumes blanches. Il sourit en saluant les dames d'un geste fort galant. On avança un siège et il prit place entre sa fiancée et Mlle Cauvin à qui il crut habile de faire quelques civilités. Celle-ci faisait des mines de femme qui connaît le monde et Marie-Madeleine l'observait en biais, attendant qu'il lui parlât à son tour. Comme elle ne comptait pas sortir de la journée, la jeune fille était vêtue simplement, mais elle parut plus fraîche et plus belle encore à Antoine que dans ses atours de la veille. Il rageait de la présence de Mlle Cauvin qu'il trouvait vaniteuse et sotte, mais il n'y avait aucun moyen de l'éviter. Le laisserait-elle seulement s'entretenir avec sa fiancée ?

Le temps s'écoulait, la demie de deux heures, puis trois heures sonnèrent. Marie-Madeleine résolument interrompit sa gouvernante.

— J'ai dessiné ce matin une esquisse de M. Gobelin et il lui plairait peut-être de la voir. Voulez-vous, monsieur, me faire l'honneur de m'accompagner dans ma chambre ?

Le regard d'Antoine s'éclaira.

— L'honneur est pour moi et j'irai bien volontiers.

Mlle Cauvin se levait, mais la jeune fille l'arrêta d'un geste :

— Nous n'avons point besoin de vous, ma bonne, et je veux vous épargner la peine de monter l'escalier. Attendez-nous au coin du feu, nous serons de retour dans un instant.

La gouvernante était affolée. Rester était d'une grande imprudence, désobéir à Marie-Madeleine lui attirerait rancune et mauvaise humeur. Elle était âgée maintenant et exécrait les querelles. Antoine Gobelin avait par ailleurs la figure d'un jeune homme fort honnête et elle prit le parti de lui faire confiance. Il lui en aurait de la reconnaissance et lui octroierait peut-être une petite rente après son mariage. L'envie se faisait de plus en plus grande chez la vieille demoiselle de retourner dans le Nord, de s'y acheter une maison et d'y vivre une existence paisible. Elle se ressaisit et prit un livre pieux qu'elle avait posé sur le manteau de la cheminée.

— Allez, mes enfants, mais soyez prompts à revenir.

Les jeunes gens étaient déjà dans le vestibule. En riant ils gravirent les escaliers. Marie-Madeleine avait remonté sa jupe pour monter les marches et montrait des chevilles fines qu'Antoine remarqua aussitôt. Un peu essoufflés, ils passèrent la porte de la chambre de la jeune fille. Le claquement qu'elle fit en se refermant les rendit sérieux aussitôt et ils demeurèrent l'un en face de l'autre, un peu embarrassés.

— Venez, murmura enfin Marie-Madeleine, je veux vous montrer le dessin que j'ai fait de vous.

Elle se dirigea vers une petite table devant la fenêtre et ouvrit le tiroir. Antoine s'approcha, prit la feuille de papier et la considéra. Marie-Madeleine se tenait debout à côté de lui afin de contempler l'esquisse à son côté.

— Cela est beau, jugea Antoine, et je m'enorgueillis de votre attention.

Ils se touchaient, la joue de la jeune fille frôlant l'épaule du jeune homme. Il se tourna vers elle pour lui remettre le dessin et sa bouche se trouva dans ses cheveux.

— Prenez-le, dit Marie-Madeleine d'une toute petite voix, il est à vous.

Elle se sentait étrangement affaiblie, le corps d'Antoine si proche chassait sa volonté et jusqu'à ses pensées.

— Je le garderai toujours, répondit Antoine, et sa voix était aussi incertaine que celle de la jeune fille.

Dreux d'Aubray n'avait pas pris son carrosse ce jour-là, et s'en était allé à ses affaires à cheval car le temps était beau. Fatigué par la soirée de la veille, il avait quitté assez tôt le Parc civil et rentrait chez lui de bonne heure pour prendre quelque repos et s'entretenir avec Marie-Madeleine des projets qu'il faisait pour la cérémonie de son mariage. L'alliance était si satisfaisante qu'il se proposait de fêter avec faste l'événement. Le mariage aurait lieu en grande pompe la nuit, à Saint-Eustache, et il serait suivi à l'hôtel d'Aubray d'un souper éblouissant. Il avait déjà parlé de la robe de mariée avec Thérèse et l'avait chargée de trouver la couturière qui pourrait confectionner une toilette digne de la cérémonie. Un taffetas argenté avec des dentelles serait fort à la mode. A cette occasion il offrirait à sa fille les bijoux qu'avait possédés sa mère, afin qu'elle les portât en ce jour de bonheur.

Dreux d'Aubray s'attardait à ces pensées en pénétrant dans son hôtel. Elles le distrayaient des soucis que les agitations dans Paris lui donnaient.

Lorsqu'un valet prit son manteau, il vit sur une banquette un chapeau et une cape.

— Avons-nous de la visite, Pierre ?

— Monsieur Gobelin est venu voir Mademoiselle.

— M. Balthazar Gobelin ?

— Non Monsieur, Antoine Gobelin.

Le jeune homme faisait sa cour, le lieutenant civil eut un sourire. Manifestement les jeunes gens se plaisaient et leur union s'annonçait heureuse. Il en éprouvait de la satisfaction. Marie Olier et lui-même avaient été un ménage uni. Un instant, il causa dans le vestibule avec son maître d'hôtel. La porte du salon était devant lui, il la poussa et vit Mlle Cauvin seule devant la cheminée. En entendant du bruit, la gouvernante tourna la tête. Quand elle aperçut Dreux d'Aubray, elle sursauta et posa vivement son livre. Son embarras était tel qu'elle ne trouvait aucun mot pour le saluer. Le lieutenant civil fit quelques pas vers elle, il était encore souriant.

— Je vous souhaite le bonsoir, mademoiselle. Pierre m'a annoncé la visite de M. Gobelin, est-il dans le jardin avec Marie-Madeleine ?

Tout en parlant, Dreux s'avançait vers la porte-fenêtre donnant à l'extérieur. Mlle Cauvin avait la gorge nouée.

— Ils sont montés admirer un dessin que Marie-

Madeleine a fait de son fiancé ce matin et qu'elle désirait lui offrir.

Ses mains tremblaient. Elle était sur le point de défaillir. Le lieutenant civil ne souriait plus.

— Voulez-vous signifier qu'ils sont seuls dans la chambre de ma fille ?

— Oui, Monsieur, murmura la gouvernante, et elle éclata en sanglots.

« Ils n'y sont que depuis un instant », dit-elle encore.

Les larmes l'empêchèrent de continuer. Dreux d'Aubray la regardait. Il n'y avait pas de pitié dans ses yeux. Jamais la vieille demoiselle ne les avait vus aussi sévères.

— Vous avez perdu le sens commun, mademoiselle, prononça-t-il lentement, et j'espère pour vous que ces jeunes gens ont de l'honneur.

Il fit demi-tour, sortit du salon et monta l'escalier aussi vite que possible.

Antoine et Marie-Madeleine étaient maintenant l'un contre l'autre. La tête de la jeune fille venait à la hauteur de la poitrine de son fiancé. Elle l'y posa et il ferma les bras autour d'elle. Ni l'un ni l'autre ne songèrent à la situation à ce moment avec beaucoup de clarté, ils n'avaient que l'envie de se toucher, de se caresser, d'être aussi proches que possible. Antoine fit descendre un peu le corsage dont il tira le cordon afin de le dénouer, puis il posa sa bouche sur la poitrine découverte et tomba aux genoux de la jeune fille dont il enserrait la taille à pleins bras. Marie-Madeleine, éperdue, se penchait sur lui et lui baisait les cheveux. Ils n'entendirent pas la porte s'ouvrir, ce fut la voix de Dreux d'Aubray qui les fit violemment sursauter. Le lieutenant civil, livide, était dans l'encadrement de la porte.

— Diable, monsieur, dit-il en regardant Antoine d'un air froid, vous semblez bien pressé et il va me falloir l'être tout autant que vous pour épargner l'honneur de ma fille. Vous vous marierez demain.

Il n'ajouta pas un mot et tourna les talons. Antoine, pâle comme la mort, le suivit et Marie-Madeleine, seule au milieu de sa chambre, remonta son corsage.

Il n'y avait plus de place pour son bonheur, le regard de son père la rendait méprisable. A cet instant, elle le haïssait.

CHAPITRE XI

Marie-Madeleine d'Aubray et Antoine Gobelin furent mariés le lendemain, sans publication de bans, à Saint-Eustache. La cérémonie eut lieu la nuit comme le voulait la mode, mais sans toilettes, sans apparat, sans souper. La jeune fille n'eut pas la robe de moire argentée dont elle rêvait, ni les joyaux de sa mère dans les cheveux, elle ne porta que la plus belle de ses robes et quelques rangs de perles enserrant ses boucles. Les fiancés échangèrent les bagues d'argent, le père Olier les bénit et les jeunes gens se trouvèrent mariés. Ils se connaissaient à peine, ne s'étant vus que de rares fois. On les mit au lit avec froideur. La jeune mariée avait revêtu une chemise incrustée de dentelles offerte par sa sœur Thérèse sur ses propres écus, et une cornette de nuit de fin linon brodé. Ses frères avaient assisté à la bénédiction et la jeune fille s'était sentie humiliée par leurs regards. Le plus grand bonheur qu'elle éprouvait était de les quitter. Les travaux à l'hôtel de la rue Neuve-Saint-Paul se trouvant presque achevés, les jeunes mariés ne devaient demeurer que quelques jours rue du Bouloi.

Mlle Cauvin, qui partait le lendemain pour Amiens chez un cousin prêtre, vint les visiter dans leur lit. Thérèse, trop prude, ne se montra point et ni les rires ni les plaisanteries habituelles n'accompagnèrent le coucher des jeunes mariés. La gouvernante embrassa Marie-Madeleine en pleurant, et la jeune femme fut étonnée du chagrin qu'elle ressentait du départ de la vieille demoiselle. Elles vivaient ensemble depuis près de dix ans. Un moment de sa vie se terminait et soudain elle y découvrait des bonheurs qu'elle n'avait point soupçonnés. La porte se referma derrière la gouvernante. Antoine et Marie-Madeleine se trouvèrent seuls. Les événements par trop précipités, la froideur montrée à leur égard par leurs parents, la honte provoquée par la scène de la veille avaient considérablement refroidi leur élan l'un vers l'autre. Marie-Madeleine, fort désappointée par la cérémonie de son mariage, gardait du ressentiment contre son père. Son amertume n'épargnait pas plus Antoine.

Celui-ci était embarrassé. La veille il avait quitté l'hôtel d'Aubray comme un voleur, le rouge aux joues, et voilà qu'il s'y trouvait à nouveau, dans une situation à la fois différente et toute semblable. Un mot gentil à sa femme pourrait retourner la situation ; il cherchait à le dire et ne le trouvait pas. Ce fut Marie-Madeleine qui parla la première :

— Me voici votre femme, Antoine, et je ne sais trop si vous en éprouvez un réel bonheur. Pour ma part je ne vous connais guère, mais je suis prête à être pour vous l'épouse que vous souhaitez.

La jeune femme ressentait un besoin de paix. En chemise à son côté, sans perruque, elle voyait son mari privé du prestige que lui conféraient ses élégants vêtements. Il conservait cependant une force qui l'attirait vers lui. L'état de tension dans lequel avait vécu Antoine Gobelin depuis la veille s'apaisait. Sa femme lui plaisait, seule subsistait une légère honte à son égard d'avoir été ainsi surpris par son père. Il était tard dans la nuit. L'hôtel d'Aubray était plongé dans le silence.

Antoine prit la main de Marie-Madeleine et la porta à ses lèvres.

— Je voudrais vous rendre heureuse.

La jeune femme menue ressemblait presque à une enfant à son côté. Le désir qu'il avait eu d'elle était là à nouveau, également fort mais plus tendre, plus respectueux. Il allait faire d'elle sa femme et, au moment précis où il l'entoura de ses bras, revint l'angoisse qu'il ressentait avant chaque étreinte. La première femme qu'il avait possédée avait souri après l'acte d'amour et lui avait reproché gentiment sa hâte. « Nous remédierons à cela », avait-elle murmuré en lui caressant la joue. Il avait quinze ans, elle trente, et elle n'avait pu apporter le moindre traitement à cette faiblesse malgré l'assiduité de leur commerce. Lorsqu'elle l'avait quitté, il avait séduit une jeune servante. A aucun moment, il n'avait pu remarquer chez elle le moindre signe de plaisir, et lorsqu'il se séparait d'elle quelques secondes après l'avoir prise, la jeune femme semblait presque triste malgré les marques de sa tendresse. « Je n'avais point d'amour pour elle, pensa-t-il, avec ma femme je serai différent. »

Marie-Madeleine posa sa tête sur la poitrine de son mari et ils restèrent un instant silencieux, immobiles, serrés l'un contre l'autre. Minuit sonna, le guet passa dans la rue des Petits-Champs et les braises éclairaient parfois le visage des jeunes gens. Peu à peu, leurs mains s'animèrent, celles d'Antoine d'abord, puis fiévreuses, celles de Marie-Madeleine. La hâte maintenant dissimulait la gêne qu'ils avaient éprouvée. La jeune femme ne pensait à rien. Elle voulait être à Antoine, vite, tout de suite pour se débarrasser d'elle-même. Elle ne ressentait ni trouble ni bonheur, seulement le désir d'atteindre enfin l'aube de cette vie nouvelle qu'elle avait souhaitée si ardemment. La chandelle coulait sur le bois foncé du guéridon placé au côté du lit et, goutte après goutte, la cire formait une tache, petite nappe de liquide nacré, fragile, aussitôt figé, tandis que l'ombre de la flamme sur le mur n'était qu'ondoyante et fugitive.

Dans l'obscurité presque complète, Antoine et Marie-Madeleine reposaient côte à côte et ne se touchaient plus. « Ce n'est donc que cela ! » pensa la jeune femme. Elle se souvint d'animaux qu'elle avait vus s'accoupler à Offémont et une grande tristesse l'envahit. Elle était femme et la magie était absente. Ce monde dont elle rêvait n'était qu'ordinaire et ne procurait pas les joies entrevues dans les conversations, les regards, les mots. Son corps tout entier était désenchanté.

Antoine, les yeux grands ouverts, ne songeait pas à son nouveau revers, il ne pensait qu'à son espérance trompée et en éprouvait une grande colère. Sa fiancée n'était pas vierge. Voilà donc pourquoi le père avait tant hâté les noces : il craignait qu'Antoine, découvrant la vérité, ne se dérobât. Marie-Madeleine aurait à lui rendre compte bientôt de cette trahison. Il ne lui permettrait pas de s'esquiver. Pas un instant, à ce moment, il ne chercha à savoir si elle était heureuse, et pas un instant la jeune femme ne se douta de la déception d'Antoine. Ils s'endormirent au petit matin l'un à côté de l'autre sans même s'effleurer.

On ne vint pas le lendemain faire la traditionnelle visite au lit des jeunes époux. Aux premières heures du jour, Mlle Cauvin avait pris le coche pour Amiens, en retenant ses larmes. Marie-Madeleine, avec laquelle elle n'avait pourtant guère eu d'intimité, lui était chère. Elle avait décelé chez la jeune fille, au-delà de sa force de caractère et de son orgueil, une tristesse constante qui la navrait. Ni la religion ni les études n'avaient pu en avoir raison et la vieille demoiselle doutait que son union avec Antoine Gobelin puisse la faire disparaître. Le jeune homme semblait bon, honnête, mais dépourvu de cette flamme qui aurait pu allumer les yeux de Marie-Madeleine. Tandis que le coche l'emmenait loin de la rue du Bouloi, Mlle Cauvin, bien qu'ignorante des choses de la vie, eut la conviction absolue que Marie-Madeleine ne serait pas heureuse. Elle ne songeait qu'à la jeune fille, éprouvant à l'encontre de Dreux d'Aubray qui l'avait si rapidement congédiée une rancœur à la mesure de son ancienne dévotion. Après avoir franchi la barrière de Chaillot, elle se retourna et vit Paris pour la dernière fois.

La matinée était ensoleillée. Marie-Madeleine se vêtit, aidée par une chambrière, et prit une tasse de lait chaud tandis qu'Antoine était à sa toilette. Derrière la porte de sa chambre, une servante occupée au ménage chantait, et la jeune femme saisissait quelques-unes des paroles d'amour composant la romance, qui toutes évoquaient le plaisir, la passion, le bonheur. Marie-Madeleine eut un rire.

— Pauvre fille, dit-elle à voix haute.

Antoine était derrière elle, la baisant au cou :

— De qui parlez-vous ?

— Assurément pas de moi-même, monsieur.

Elle aima ce baiser qui dissipait l'amertume et faisait renaître l'espoir. La jeune femme se retourna vers son mari, mais Antoine s'éloigna. Il était encore irrité contre ce qu'il croyait être l'intrigue d'une famille et fut sur le point de demander des comptes à sa femme, puis y renonça. Elle lui débiterait quelque mensonge préparé de longue date et il n'avait pas l'envie de se quereller avec elle. Il fallait en parler à son père, envisager une annulation. Dans le soleil matinal la beauté fragile de sa femme, la finesse de ses traits, de ses poignets, de ses chevilles, ce regard bleu hardi et doux lui plaisaient. Antoine haussa les épaules. Sa déconvenue disparaîtrait peut-être avec le fil du temps ! L'idée d'une décision aussi rapide lui fut soudain désagréable. Il était incapable de prendre une résolution trop prompte et à vrai dire de prendre toute résolution. La faiblesse de son caractère ne l'y avait jamais disposé. « La peste soit des femmes ! » se dit-il, et il sortit sans un regard de plus pour Marie-Madeleine.

La journée fut occupée par de nombreuses visites. La jeune femme reçut ses amies avec grâce. Il n'était pas question de leur montrer le moins du monde sa déconvenue. Elle offrit sirops, chocolats et pâtisseries avec le plus charmant de ses sourires. Dreux d'Aubray rentra de bonne heure au logis et baisa sa fille au front avec une chaleur nouvelle. Maintenant qu'elle était mariée, la cause de ses soucis disparaissait. Il était heureux de la savoir femme et de la voir sourire. Antoine était bien l'époux qu'il fallait à la jeune fille, la roseur de ses joues témoignait de la justesse de son choix. Au coin du feu, le père et la fille se retrouvaient comme à l'accoutumée, mais les mots ne venaient pas davantage. Antoine et François les rejoignirent, saluèrent leur sœur avec un sourire que la jeune femme trouva railleur, et se mirent à causer avec leur père. Marie-Madeleine attendait son mari. Malgré le dépit de la nuit précédente, il continuait à exercer une attirance très forte, presque brutale sur elle. Son corps n'avait point été heureux, mais l'idée qu'elle se faisait de ces relations charnelles était toujours très attrayante et son imagination les parait encore de mille félicités que sa chair n'éprouvait pas. Elle était à nouveau comblée par la pensée d'avoir un époux à elle. Elle essaya de ne plus arrêter son esprit sur la réalité et se vit à l'hôtel de la rue Neuve-Saint-Paul où elle emménagerait quelques jours plus tard, maîtresse chez elle, sortant et recevant à sa guise. L'exaltation revenait. Qu'importait son corps, il n'avait que trop parlé jusqu'à présent et le faire taire deviendrait une victoire. Comme au temps de son enfance où elle restait à genoux sur les pavés jusqu'à l'extrême souffrance, l'idée de se dompter s'imposa à nouveau comme une joie et lorsque son mari pénétra dans la pièce, elle se leva pour se porter à sa rencontre. Le bonheur qu'elle manifestait n'était pas feint.

Le souper fut presque joyeux. Antoine avait renoncé à se plaindre de sa femme. Il s'était résigné à accepter son désappointement avec la consolation qu'il l'aiderait à ne point tomber tout à fait sous son joug. Il suffirait qu'il se souvienne de sa fausseté pour ne pas trop se laisser attendrir. Antoine se sentait à la fois ferme et magnanime, et cette bonne opinion qu'il avait de lui-même était un plaisir nouveau. Du reste, il ne serait pas toujours au logis et l'état d'homme marié ne pourrait devenir gênant. Officier, il rejoindrait bientôt son régiment, ses amis, la vie libre des camps à laquelle il était accoutumé. Aucune femme ne pouvait être pesante lorsque son commerce n'était qu'intermittent. Antoine au dessert prit la main de Marie-Madeleine et la baisa. Il n'y aurait point d'annulation, point de reproches, point de querelles et point de passion. Tout était pour le mieux. Le bref émoi causé par ses noces était déjà apaisé et la vie quotidienne reprenait ses droits, avec la satisfaction supplémentaire d'échapper à la tutelle de son père et d'occuper le lit de sa femme lorsqu'il le désirerait. Décidément, le mariage était chose commode et il serait bien fou d'y renoncer.

La nuit venue, les nouveaux époux partagèrent une étreinte aussi brève que la veille, à la suite de laquelle Antoine, fort satisfait, s'endormit sur-le-champ tandis que Marie-Madeleine chercha pendant longtemps le sommeil.

CHAPITRE XII

2 juillet 1652

La chaleur lourde, orageuse qui persistait depuis quelques jours, avait effeuillé prématurément les roses. Le jardin de l'hôtel Gobelin, rue Neuve-Saint-Paul, arrosé dès l'aube, montrait encore dans la matinée des gouttes d'eau au creux des feuilles dans lesquelles allait se réfléchir le soleil. Les oiseaux en grand nombre venaient chercher l'ombre des buis, des lilas et des canneliers. Paris était dans la fièvre. Des rues chaudes, poussiéreuses, malodorantes montaient les rumeurs les plus alarmantes. Condé et Turenne allaient s'affronter le jour même au faubourg Saint-Antoine. Les mouvements de troupes se déployaient depuis la veille, et la perte de Condé semblait certaine.

Marie-Madeleine ne songeait guère à tout cela. Allongée sur son lit devant la fenêtre de sa chambre grande ouverte sur le jardin, elle s'éventait pour trouver un peu de fraîcheur. Au sixième mois révolu de sa grossesse, les violents malaises s'étaient dissipés, faisant place à une immense fatigue. Depuis qu'elle était installée dans ce ravissant hôtel du Marais, elle n'avait pas eu le cœur d'accomplir aucune des ambitions qui l'avaient tant animée. Recevoir, sortir lui étaient si pénible qu'elle y avait renoncé, laissant son mari aller seul dans le monde tandis qu'elle restait sur son lit, si épuisée que même l'amertume ou la révolte, si promptes à surgir chez elle, lui demeuraient étrangères. Elle ne recevait que les visites de vieilles parentes et de sa sœur Thérèse, installée seule dans un logis rue Garancière. Ses frères se montraient de temps à autre pour converser avec son mari, et Dreux d'Aubray avait quitté Paris pour rejoindre la Cour. Elle venait d'en recevoir une lettre lui annonçant qu'il se trouvait présentement à Saint-Denis avec le bon espoir d'être bientôt chez lui après la chute du prince de Condé. Le message reposait encore sur ses genoux, mais la jeune femme ne songeait point à son père. Elle n'éprouverait ni plaisir ni déplaisir à le revoir. La vue de sa famille et même celle de son mari la laissait indifférente. Antoine passait ses journées en dehors de chez lui, attendant avec impatience de partir rejoindre son régiment. Il retrouvait des amis, comme lui officiers, avec lesquels il buvait et jouait, rentrant tard dans l'après-midi avant de ressortir souper dehors. Depuis qu'elle était enceinte, et elle l'avait été très vite, leurs relations conjugales avaient cessé et leur commerce se bornait à quelques baisers de sa part, sur le front ou les mains de sa femme. Il n'était point aigri cependant, et semblait même parfois fort jovial. Marie-Madeleine soupçonnait qu'il avait quelque maîtresse, mais elle n'en éprouvait aucun ressentiment. Son propre corps, déformé, épuisé, lui était devenu de peu de conséquence.

Elle avait fermé les yeux et allait s'assoupir lorsqu'une servante lui apporta son dîner. Onze heures sonnaient, la fille semblait fort excitée. Elle arrangea la table, le couvert, puis, n'y tenant plus :

— Savez-vous ce qui se passe présentement dans Paris ? Le portier vient à l'instant de nous en rendre compte et je suis encore effrayée de son récit.

Marie-Madeleine se redressa. Quels événements extraordinaires pourraient la tirer de son ennui ?

Elle but une gorgée d'eau et regarda sa servante.

— Que se passe-t-il donc, Francette, d'assez prodigieux pour t'agiter à ce point ?

— Madame, le prince de Condé qui avait rangé ses troupes à l'extrémité du faubourg bat en retraite vers la porte Saint-Antoine. Il paraît que M. de Turenne le harcelle. Monsieur le prince serait perdu...

Elle respirait vite, enflammée par son propre récit.

— Vraiment, Francette, la guerre se termine donc ?

Marie-Madeleine reposa à nouveau sa tête sur l'oreiller. Un instant les paroles de la fille l'avaient tirée de sa torpeur. Comme elle aurait aimé se trouver au milieu des combats, encourager les troupes de M. de Turenne, être une femme admirée pour son courage, sa force d'âme au-dessus du commun ! Elle avait la volonté et la bravoure, seules les circonstances lui faisaient défaut. Marie-Madeleine était à ce moment si lasse qu'elle ne pouvait mettre le pied hors de son lit. La vie passerait toujours hors de sa portée, elle en était sûre maintenant.

Francette, voyant sa maîtresse silencieuse, se retira ; elle avait hâte de retourner aux nouvelles. L'hôtel Gobelin était dans une animation extraordinaire ; seule la chambre de Marie-Madeleine demeurait dans le calme, comme hors du monde. La jeune femme porta à sa bouche un morceau de pain, si rare à Paris en ces jours troublés. Le peuple en manquait, les enfants souffraient de la faim, beaucoup mouraient. Marie-Madeleine n'allait plus à l'orphelinat. Les pensionnaires qu'elle avait connues étaient mariées. Elle avait cousu leur trousseau de ses mains et désormais elle n'avait plus le désir de s'intéresser à de nouvelles petites filles. Elle qui avait tant aimé les enfants s'étonnait de ne pas éprouver plus de joie à l'idée d'être mère. Ses yeux se posèrent un instant sur l'ordonnance du parc, puis, éblouis par le soleil, se portèrent sur sa chambre. La violente clarté de l'extérieur ne pénétrait qu'à peine le matin dans la vaste pièce orientée à l'est, laissant dans la pénombre le lit et sa ruelle, une armoire spacieuse taillée à l'ancienne en pointe de diamant, cadeau de son père, et un coffre sculpté où elle rangeait ses dentelles. En revanche, sa table de toilette, proche de la croisée, était baignée de lumière et la perspective du jardin venait se refléter dans le grand miroir qui y était posé. Devant la cheminée qui n'avait point d'usage en cette saison, la jeune femme avait fait disposer un haut bouquet de feuillages, de marguerites et de roses. Des abeilles venaient y butiner dans la fraîcheur de l'ombre et Marie-Madeleine suivait leur vol courbe, comme fascinée, sans pensées, sans même les voir.

La jeune femme avait à peine mangé. Le bébé bougeait dans son ventre et, en y posant la main, elle pouvait sentir un pied ou un poing fermé. Un enfant d'Antoine, de cet homme inconnu qu'elle ne voyait qu'à peine et qui ne devait guère avoir d'inclination pour elle puisqu'il la délaissait ainsi. Dans quelques jours elle fêterait ses vingt-deux ans. Dans sa mémoire revenaient des passages de romans où l'on parlait d'amour, de ce sentiment tendre qui faisait heureux les amants et qui joignait leurs mains. Qu'était donc cet attachement si doux pour être recherché avec tant d'ardeur ? L'amour, était-ce le regard de l'homme en noir, étaient-ce les étreintes si brèves d'Antoine ? Ou bien était-ce autre chose qu'elle ne connaissait point ?

Le soleil maintenant pénétrait plus avant dans la chambre et répandait sur le bouquet une lumière étincelante. Encadrant le manteau de la cheminée, deux paravents peints de fleurs et d'oiseaux s'ouvraient sur le bleu des murs et l'on aurait pu se croire dans un jardin sous l'azur du ciel. Marie-Madeleine en avait commandé l'exécution elle-même et s'était réjouie de les découvrir si beaux. Puis elle s'était habituée à les voir et les considérait maintenant avec indifférence. Ces joies minuscules dont elle attendait de si grandes félicités étaient toujours trompeuses.

Au-dessus d'un cabinet d'ébène incrusté de nacre où elle rangeait ses bijoux, les yeux de la jeune femme s'attardèrent un instant sur le portrait d'Antoine en grand uniforme d'officier. Il avait pris la pose devant un champ de bataille peint en trompe l'œil et ressemblait à quelque personnage de comédie italienne représentant le courage serein. Marie-Madeleine sourit et détourna la tête. Elle allait saisir une des fraises disposées par la cuisinière sur des feuilles de menthe garnissant une coupe de porcelaine lorsqu'un bruit derrière la porte la fit sursauter. Sa cousine, Mme de Marillac, entrait en hâte suivie de Francette. Les marques de la plus vive émotion apparaissaient sur sa physionomie. Elle s'approcha de la jeune femme et la baisa au front.

— Mon enfant, j'ai manqué dix fois trépasser pendant le court trajet qui m'a menée de chez moi à votre hôtel. La population s'est répandue dans les rues et l'on entend de tous côtés des échanges d'armes à feu qui ne laissent rien présager de bon.

— M. de Turenne n'a donc point vaincu, ma cousine ?

Mme de Marillac poussa un petit cri et tomba sur une chaise.

— Vaincu ? Mais comment, mon enfant, vous ne savez donc pas ?

— Je ne sors point d'ici et n'ai eu que les commérages de ma servante.

— Le prince de Condé a bien été forcé par M. de Turenne jusqu'au pied de la Bastille où il caracole comme le dieu Mars, une épée ensanglantée à la main.

Les morts sont innombrables, des milliers à ce que l'on m'a dit, mais je crois que le prince, par un retournement du sort extraordinaire, pourrait bien être sauvé.

— De quelle sorte de miracle s'agit-il, ma cousine ?

— De Mademoiselle. Elle serait à la Bastille et tergiverserait avant de se décider tout à fait à faire tirer les canons sur les troupes de M. de Turenne.

Marie-Madeleine s'était redressée. Son regard s'animait, elle ne sentait plus sa fatigue.

— Vraiment, ma cousine ? Mais elle se perdrait auprès du roi !

— Que lui importe ! Ne se voit-elle pas plus haute que lui ?

— Je l'admire, murmura Marie-Madeleine. Elle a le pouvoir de vivre selon sa fantaisie et elle aurait bien tort de ne point le faire.

Mme de Marillac se pencha vers le lit et prit la main de Marie-Madeleine :

— Vous voilà donc frondeuse, mon enfant ! La fièvre a ainsi gagné tous les cœurs !

Elle souriait. Son visage fin, bienveillant était plein d'esprit. Elle portait ses cheveux gris poudrés couverts d'un carré de dentelle et, malgré la pâleur de son teint et les fines rides qui entouraient ses yeux et sa bouche, elle gardait encore beaucoup d'attrait. Mme de Marillac avait été une fort jolie femme. Belle-fille de Michel de Marillac, lui-même frère du maréchal Louis de Marillac si fameusement exécuté après la journée des Dupes, elle était la cousine par alliance de la dévote Louise, cofondatrice des filles de la Charité, dont elle avait la piété fervente et active. Alliée aux d'Aubray, elle avait fait la connaissance de Marie-Madeleine lorsque la jeune fille s'occupait des œuvres de son oncle Olier, et avait été touchée par la solitude et la tristesse qui émanaient d'elle. Elle l'avait prise sous sa protection et depuis son mariage, ne lui voyant point de contentement, la visitait fréquemment.

Marie-Madeleine agita une petite sonnette posée à son chevet et Francette entra presque aussitôt. La jeune femme demanda des sirops et quelques friandises, puis saisit son éventail pour se rafraîchir.

— Frondeuse, ma cousine ? Je ne le suis point, mais j'envie les femmes qui peuvent exercer un pouvoir hors de leur maison.

Mme de Marillac tapota la main de Marie-Madeleine.

— Allons, allons, mon enfant, ne rêvez pas à des choses qui ne sont point faites pour nous. Vous allez être mère, voilà un destin plus glorieux que de tirer le canon.

A cet instant précis, on entendit une canonnade qui fit sursauter les deux femmes.

— Mon Dieu, s'écria la vieille dame, ayez pitié de nous ! Mademoiselle a donc osé !

— Tirer sur les troupes du roi, murmura Marie-Madeleine.

Cette audace la laissait songeuse. Par comparaison, les siennes lui semblaient dérisoires. Certaines personnes osaient aller jusqu'au bout de leurs ambitions. Marie-Madeleine conçut à l'instant la plus vive admiration pour les puissants, et son amertume de ne point en être ne fut que plus vive encore. Elle avait la richesse, mais elle ne lui servait à rien. La jeune femme s'éventait toujours. Mme de Marillac s'était levée et, se dirigeant vers la porte, sonnait vigoureusement. Un laquais se présenta.

— Allez vite dans la rue, mon ami, pour nous renseigner sur ce qui s'y passe et revenez au plus vite nous en faire récit. Je suis morte d'impatience !

Un pas retentit dans l'escalier. Les deux femmes se taisaient. Ce fut Antoine Gobelin qui pénétra dans la chambre. Malgré son exaltation, il salua galamment sa cousine et baisa sa femme au front. Puis, s'éventant longuement de son chapeau tant il transpirait, il fit le récit de ce qu'il avait vu dans les rues de Paris et de ce que des gens lui avaient conté :

— Louvière a laissé entrer Mademoiselle de Montpensier à la Bastille. Dieu lui pardonne cette erreur car le roi ne le fera pas. Elle a aussitôt donné le canon sur le maréchal de la Ferté qui s'avançait pour prendre Monsieur le prince à revers. Présentement, elle harangue la garde à la porte Saint-Antoine pour la leur faire ouvrir et je présume que Monsieur le prince va être le maître de Paris dès ce soir.

Antoine semblait épuisé. Il avait parlé d'un trait et respirait vite.

— Mesdames, je vais de ce pas rejoindre des amis pour causer de tout cela. Je vous salue.

Il se dirigea vers la porte et, s'arrêtant, se tourna vers sa femme.

— Ma chère, je ne serai point là pour souper, ne m'attendez pas et reposez-vous. Je viendrai demain prendre de vos nouvelles.

La porte claqua derrière lui. Les deux femmes entendirent le bruit de ses pas décroître dans l'escalier, puis perçurent d'autres pas qui le montaient. Le valet mandé par Mme de Marillac était devant la porte. Il était lui aussi très agité et ses cheveux roux brillaient autant à cause de la transpiration qui ruisselait sur son visage que de la lumière du soleil qui le frappait de face. Il fut fort désappointé lorsque sa maîtresse, lui apprenant qu'elle savait tout, ne le laissa point parler.

— Madame, dit-il seulement, en prenant une grande inspiration, le diable a présentement des jupons !

Puis gravement, il tourna les talons.

Mme de Marillac et Marie-Madeleine l'entendirent dévaler l'escalier, toute dignité oubliée. Elles sourirent et se regardèrent. De nouveau, la vieille dame lut de la tristesse dans le regard de sa cousine. Marie-Madeleine lui serra la main.

— Resterez-vous pour souper ? Je n'ai guère envie d'être seule.

— Mon enfant, je ne vous quitterai point, mais je veux savoir pourquoi ces beaux yeux ne reflètent pas un bonheur naturel chez les jeunes épouses. N'êtes-vous pas satisfaite de votre condition ?

Marie-Madeleine se raidit. Elle aimait sa vieille cousine mais ne concevait pas de se montrer désarmée, dépendante de la pitié des autres. A défaut de grandeur dans sa vie, elle attachait la plus haute importance à ce qu'elle jugeait être sa grandeur personnelle.

— Si fait, ma cousine. Je n'ai à me plaindre ni de mon mariage, ni de mon mari, mais je déplore ma présente fatigue qui m'empêche d'aller dans le monde. Antoine se voit contraint de s'y rendre seul et il en est fâché.

Mme de Marillac contempla un instant la jeune femme en silence, ne sachant pas si elle devait la croire. Enfin, elle reprit son éventail.

— L'état de mariage, ma fille, n'est pas toujours à l'avantage de la femme, mais elle doit le supporter car c'est la volonté de Dieu.

Marie-Madeleine sourit. Comme ces mots étaient vains ! Ils n'étaient détenteurs que de résignation alors que tout son être était porté à la révolte. Après la naissance de l'enfant, elle pourrait enfin tenir son rang avec ou sans Antoine, peu lui importait ! Il rejoindrait bientôt son régiment et la perspective de rester seule était un contentement. Pas un instant elle ne s'était efforcée de le séduire depuis leur mariage. Ce jeu, qui l'avait fascinée adolescente, ne lui donnait que de la répugnance désormais.

— Donnez-moi des nouvelles de votre oncle Olier, demanda Mme de Marillac pour rompre le silence. M. Vincent de Paul s'enquiert souvent de lui.

Jean-Jacques Olier était au Canada où il fondait une mission. Thérèse en avait reçu une longue lettre qu'elle était venue lire à sa sœur le matin même. Le récit de son arrivée à Québec, de son installation avec quelques religieuses dans ce pays sauvage, de ses rencontres avec des tribus indiennes, la description de leurs costumes, de leurs mœurs, la peinture des animaux féroces, tout cela avait profondément intéressé Marie-Madeleine. Là où Thérèse ne voyait qu'un élan de foi, des âmes à convertir, la jeune femme imaginait une grande aventure.

Son regard s'arrêta sur sa cousine, elle vit son visage marqué, son nez un peu pointu, ses mains tachées de brun et elle sut qu'elle ne serait jamais comme cela.

CHAPITRE XIII

1657

Depuis un long moment déjà, le carrosse de Marie-Madeleine était devant la porte. Les laquais causaient entre eux ; le cocher, les mains derrière le dos, tournait autour de ses chevaux. La jeune femme ne venait point. Marie-Madeleine et Thérèse, ses deux petites filles de cinq et trois ans, étaient au pied de l'escalier toutes deux vêtues de blanc, et leurs cheveux légers tombant sur les cols de dentelle avaient dans la clarté du soleil des reflets topaze. La plus jeune caressait du bout des doigts les rubans multicolores noués aux arbustes et aux plantes vertes décorant le vestibule, tandis que l'aînée, sa main dans celle de la nourrice, ne quittait pas le grand escalier des yeux. Des banquettes tapissées de velours bleu étaient poussées le long des murs, un chat gris dormait sur l'une d'elles. Le soleil intermittent allumait parfois d'une clarté brève et intense les étoffes, les fleurs, les bois précieux. Au milieu de la cour, les chevaux grattaient le pavé de leurs sabots et soufflaient.

Une porte claqua. Marie-Madeleine apparut dans l'escalier, et les yeux de sa fille aînée s'éclairèrent soudain. La jeune femme portait sur une robe de brocatelle à petits bouquets d'argent une jupe de moire blanche se prolongeant en traîne, relevée sur le devant par de gros nœuds de rubans argentés. Son corsage lacé, orné de mousseline drapée, était largement décolleté, découvrant la naissance des épaules. Des manches courtes partaient des rangs de dentelle et, sur ses cheveux relevés en deux grosses touffes de boucles, elle portait un petit bonnet de velours blanc avançant en pointe sur le front, mettant en valeur la pâleur de son teint. Autour du cou et des poignets s'enroulaient des perles. Elle n'avait point d'autres bijoux, étant en demi-deuil de son oncle Olier mort deux mois auparavant. Les regards admiratifs des petites filles et de la nourrice amusèrent Marie-Madeleine qui ouvrit son éventail d'un geste harmonieux, se mit à rire et poursuivit sa descente.

Dans le vestibule, les petites filles s'approchèrent de leur mère qui les repoussa de peur qu'elles ne chiffonnassent sa robe. La nourrice les prit par la main et Marie-Madeleine, se penchant vers elles, les baisa chacune au front. La petite Marie-Madeleine toucha du bout des doigts les perles du collier; elle n'osait effleurer la chair de sa mère qu'elle admirait passionnément.

— Maman, murmura-t-elle seulement.

Marie-Madeleine, qui allait sortir, s'arrêta.

— ... Vous êtes très belle.

La jeune femme eut un rire clair. Elle envoya un baiser aux petites filles et le soleil à ce moment précis éclairait les quatre femmes, les isolant sur les dalles de pierre, les murs gris tendre et les arbustes enrubannés qui encadraient le majestueux escalier. Le cocher avait regagné son siège et un laquais ouvrait la portière du carrosse. Le chat qui s'était éveillé s'étirait au pied de la banquette. Après la courte agitation du départ, la maison retomba dans le silence.

L'hôtel de Fieubet, à l'angle du quai des Célestins et de la rue du Petit-Musc, était de construction toute récente. Depuis que Gaspard de Fieubet, ancien chancelier d'Anne d'Autriche, avait été nommé conseiller d'État, ce que Paris avait de plus élégant se pressait à ses samedis qui faisaient concurrence à ceux de Mlle de Scudéry. Les poètes y avaient le pas sur les prosateurs et Jean de La Fontaine lui-même honorait Gaspard de Fieubet de son amitié. Ces réceptions éblouissaient Marie-Madeleine, heureuse d'y côtoyer les personnages les plus spirituels de Paris. Tout y était du meilleur goût et la jeune femme ne se sentait vivre réellement que dans ces rares moments où belle, coquette, rieuse, elle voyait à nouveau se troubler le regard des hommes.

Devant la colonnade de la cour d'honneur, les voitures venaient s'arrêter un instant. Des dames, des gentilshommes en descendaient, aidés par des pages en livrée gris et jonquille, puis suivaient une allée qui les menait au vestibule. Le maître d'hôtel les conduisait alors vers le grand salon où Mme de Fieubet accueillait ses hôtes. Les quatre portes-fenêtres étaient ouvertes sur le jardin où se promenaient à pas lents quelques groupes, alors que d'autres invités causaient assis autour de petites tables tout en se rafraîchissant ; des serviteurs passaient inlassablement des verres de vin ou de sirop, des tasses de chocolat et des assiettes de friandises. Le petit chien de la maîtresse de maison aboyait chaque fois qu'un hôte pénétrait dans le salon, ce qui faisait rire les jeunes filles assemblées près de la cheminée. Quelques femmes à la mode, les cheveux poudrés, le visage très blanc, jouaient aux cartes tandis que des hommes, penchés sur elles sous le prétexte de leur donner des conseils, s'approchaient jusqu'à respirer leurs parfums et sentir sur leurs lèvres la caresse de leurs cheveux. Gaspard de Fieubet entretenait des amis devant un vaste paravent laqué semé de bouquets de fleurs.

Marie-Madeleine resta un instant un peu intimidée

dans l'antichambre puis, pressée par le regard du maître d'hôtel, le suivit au salon. L'élégance de la compagnie, la beauté simple et raffinée du mobilier, l'harmonie même des voix lui furent à l'instant un bonheur. Elle n'était faite que pour cette vie-là, cette existence légère, brillante, raffinée, où la solitude, la médiocrité, la rancœur n'étaient point. Dans son hôtel de la rue Neuve-Saint-Paul, elle avait essayé de créer cette beauté, cette élégance, mais ce n'était qu'un cadre autour de son isolement et de son ennui. Marie-Madeleine se plaignait d'Antoine lorsqu'il était présent ; maintenant qu'il était à la guerre, elle se sentait terriblement délaissée.

Mme de Fieubet vint à sa rencontre et l'embrassa.

— Votre cher père est déjà parmi nous, mon enfant.

Puis elle la considéra en souriant et lui prit la main :

— Vous êtes bien belle, le deuil vous va à ravir, savez-vous ?

— La perte de mon oncle a été une grande peine, j'avais beaucoup d'affection pour lui.

Mme de Fieubet tapota la main de Marie-Madeleine.

— Je sais, je sais, mon enfant, mais Dieu l'a pris à son côté car assurément votre oncle était un saint et il prie présentement pour nous tous.

La jeune femme, un court instant, se sentit moins joyeuse. Parler de la mort la terrifiait, mais déjà son hôtesse l'entraînait vers un groupe de dames très élégantes. Elle serrait la main de Marie-Madeleine affectueusement dans la sienne.

— Je veux vous présenter mon amie, Marie de Sévigné. Elle est veuve, mais le monde l'aime si fort qu'elle n'a point trop le temps de se sentir solitaire. Vous êtes vous-même, pour un temps il est vrai, sans époux et je parie que vous vous conviendrez.

Marie de Sévigné était à la dernière mode. C'était elle qui avait lancé à Paris la coiffure que beaucoup de dames portaient maintenant. On la disait coquette et froide. Marie-Madeleine fut éblouie par sa bienveillance un peu distante qu'elle jugea supérieure. Elles échangèrent quelques mots, puis un gentilhomme vint la remplacer tandis que Dreux d'Aubray s'avançait vers sa fille.

La tenue du lieutenant civil, très simple, contrastait avec la recherche des vêtements de la plupart des hommes. Il ne portait ni dentelles, ni bouillons de linon, ni rubans, mais des chausses étroites de drap, des bottes larges et confortables, un pourpoint souple laissant apparaître une chemise de fine toile blanche. Ses cheveux, très soigneusement peignés de chaque côté de son visage, étaient presque blancs ainsi que sa fine moustache et la petite barbe qu'il portait au milieu du menton. Il ouvrit les bras, mais elle lui tendit simplement son front à baiser, trouvant les embrassades peu élégantes dans cette brillante société.

Dreux d'Aubray semblait heureux.

— Je vous vois fort belle, ma fille, et suis fier d'être votre père. L'absence d'Antoine ne vous coûte-t-elle donc point ?

Marie-Madeleine eut un petit geste d'énervement. Elle n'appréciait guère ces allusions un peu moqueuses à sa solitude. Sa vie avec Antoine ne concernait qu'elle-même. Elle soupçonnait bien ne pas avoir avec son époux un commerce normal et en souffrait assez pour ne pas supporter le regard des autres. Si elle avait été heureuse, peut-être ne s'en serait-elle pas caché ; mais depuis son enfance Marie-Madeleine avait appris à affronter seule ses dépits, ses humiliations. Elle en éprouvait de grandes satisfactions d'orgueil, les seules qu'elle puisse désormais ressentir.

La jeune femme ne répondit pas, et elle cherchait du regard des connaissances lorsque deux magistrats, vêtus également d'une façon austère, rejoignirent Dreux et sa fille. Ils saluèrent la jeune Mme Gobelin sans l'ostentation qui était à la mode. Marie-Madeleine n'osa pas s'éloigner sur-le-champ et écouta d'une oreille distraite le récit, entendu cent fois déjà, de l'intervention de son père l'année passée à l'abbaye de Port-Royal-des-Champs où il était arrivé fourbu et crotté à travers des chemins de campagne défoncés. Gaspard de Fieubet, qui passait à côté du groupe, s'arrêta et demanda si on avait lu *les Provinciales* de M. Pascal, ce que l'on pensait de son interprétation de la grâce. Tous ces messieurs étaient résolument hostiles aux jansénistes et approuvaient le roi. Gaspard de Fieubet tenait M. de Sacy pour un ennemi de l'autorité « comme ce bon monsieur de Retz qui a de l'amitié pour lui ».

— Savez-vous, intervint Dreux d'Aubray, que le cardinal de Retz a publié de Hollande un pamphlet contre M. de Mazarin intitulé *Très humble et très importante remontrance au roi sur la remise des places maritimes des Flandres entre les mains des Anglais* ?

— Je l'ai lu, dit Louis-François de Caumartin qui s'était approché.

M. de Caumartin était un ami personnel du cardinal de Retz. Il était également très lié à Marie de Sévigné qu'il venait de reconduire à son carrosse.

— ... Et je trouve, poursuivit-il, que Paul de Retz a vu clair. Jamais M. de Mazarin n'aurait dû rendre Dunkerque, Gravelines et Nardicq à Cromwell.

D'autres messieurs rejoignirent le groupe. Le cardinal de Retz avait toujours suscité de vives passions. Dreux d'Aubray n'avait pas oublié son regard ironique lorsqu'il était venu rendre compte à la régente du soulèvement populaire que l'arrestation de Broussel avait provoqué. Il ne le lui avait pas pardonné.

Marie-Madeleine s'écarta doucement. La politique ne l'intéressait pas. Elle était bien davantage passionnée par les amours du roi, les fêtes qu'il donnait, la mode qu'il décidait. Des yeux elle chercha un groupe dont la conversation serait plus conforme à ses goûts, vit des femmes fardées qui riaient, trouva fort seyante la poudre qu'elles portaient sur leurs cheveux et se jura d'en mettre également. Puis elle aperçut Mme de Fieubet prenant du chocolat avec des dames de son âge, sourit devant les jeunes filles qui considéraient les hommes en riant derrière leurs éventails et se dirigea vers le jardin, admirant la perspective des massifs et des allées autour du bassin. Elle porta une main à sa joue, vérifia la bonne ordonnance de ses boucles et se retourna.

En face d'elle à cet instant, le maître d'hôtel introduisait un homme jeune, haut de taille. Ils étaient séparés par toute la longueur du salon, mais il s'immobilisa à son tour et ils se fixèrent un instant. Marie-Madeleine ne pouvait bouger, elle avait envie pourtant de s'avancer, d'aller vers cet homme, mais son corps refusait d'obéir. Elle le vit hésiter, puis se diriger vers la maîtresse de maison. Un valet passant, elle prit un verre de vin de Champagne. Son cœur battait plus vite, une joie neuve lui donnait l'envie de rejoindre cet inconnu. L'homme se retourna. Ils se regardèrent à nouveau, n'osant ni l'un ni l'autre faire le premier pas qui les rapprocherait. Enfin, Mme de Fieubet les vit, sourit et prit le bras du jeune homme. Il était devant Marie-Madeleine maintenant, si grand qu'elle devait lever les yeux. La jeune femme sut à l'instant que cet homme lui ressemblait, qu'il existait entre eux une identité les portant naturellement l'un vers l'autre. C'était dans un miroir qu'elle se voyait, un miroir magique lui renvoyant le reflet de la personne qu'elle aurait souhaité être depuis toujours.

— Ma belle enfant, je vous présente M. Pierre-Louis Reich de Penautier. J'ai vu à son regard qu'il sollicitait votre amitié et je suis sûre que vous la lui accorderez. M. de Penautier est de passage à Paris, habituellement il réside en Languedoc où il est trésorier. Il vous contera ce qui se passe dans son bel État. Je vous laisse, mes enfants, une vieille dame ennuie toujours les jeunes gens, et je m'en vais rejoindre ceux que je peux prétendre divertir encore en raison de leur grand âge. Monsieur, je vous confie Marie-Madeleine Gobelin, c'est une jeune épouse dont le mari est à l'armée, elle a besoin de distraction. Faites-la rire.

Mme de Fieubet s'était éloignée. Pierre-Louis et Marie-Madeleine souriaient.

— Venez, dit Penautier, allons dans le jardin.

Ils firent plusieurs fois le tour du bassin, croisant d'autres couples qui parlaient eux aussi à voix basse. Le vent soufflait des gouttelettes d'eau sur la robe de Marie-Madeleine. Les gens en livrée passaient de temps à autre, proposant des rafraîchissements et des gâteaux. Il faisait doux. Le trésorier expliquait sa charge à la jeune femme et elle apprenait, fascinée, le jeu de l'argent sans cesse remis dans les affaires, toujours risqué, investi avant même d'être possédé.

— Aimez-vous jouer ? demanda Pierre-Louis.

— Je n'ai point encore essayé.

— Vous devriez, madame, vous connaîtriez des moments d'émotion que je ne peux vous décrire mais que je vis journellement. Gagner de l'argent est un jeu, c'est également une façon de rester dans sa propre estime. J'ai commencé à seize ans, je ne finirai qu'au jour de ma mort.

La jeune femme s'arrêta. Cet homme lui montrait une raison de vivre, de se battre, qui la grisait. Elle aussi désirait la puissance, elle était riche mais pas suffisamment pour être influente. Reich de Penautier l'aiderait, elle serait son ombre, son double, celle qui agirait, gagnerait en secret, à l'insu du monde. Ce qu'il était, elle le serait aussi. Il n'y aurait plus pour elle d'ennui ni de solitude, il y aurait un combat incessant pour s'élever degré à degré par sa seule volonté, sa seule intelligence.

Pierre-Louis prit son bras. Il n'y avait pas de désir

dans les yeux du jeune homme, une grande admiration seulement pour la beauté de cette femme et ce qu'il pressentait de son caractère.

— J'ai de la fortune, murmura Marie-Madeleine, mais je n'en tire point le meilleur parti et elle ne m'apporte que les revenus nécessaires pour couvrir les dépenses de ma maison.

Penautier sourit.

— Je serai là quand vous le désirerez pour vous assister de mes conseils. Je suppose que votre fortune est dans vos terres, elle n'y poussera pas, aussi bonnes soient-elles. L'avenir de notre royaume est dans son commerce et son industrie. Je rejoins demain le Languedoc, mais si vous le permettez, j'irai vous rendre visite lors de mon prochain séjour à Paris.

— Je veux vous revoir, dit Marie-Madeleine.

Jamais elle ne s'était livrée ainsi à personne et ce don spontané la liait indéfectiblement à Reich de Penautier.

Un jeune officier vint les rejoindre, demandant à Marie-Madeleine des nouvelles d'Antoine Gobelin. Elle n'avait pas de lettre récente. Elle le savait à Alexandrie mais ignorait la date de son retour. Pierre-Louis s'éloigna après l'avoir saluée, elle le suivit des yeux un instant. Que ressentait-elle envers cet homme ? Elle ne le savait pas exactement mais, d'une façon tout à fait nouvelle, éprouvait de la considération pour un être. Elle aurait souhaité être sa femme.

[illegible] vécu [illegible]
[illegible] point le modèle [illegible]
[illegible] gens [illegible]
[illegible] une leçon.
[illegible]
[illegible] ne rougis pas [illegible]
[illegible] je suppose [illegible]
[illegible] elle n'a pas [illegible]
[illegible] avait [illegible]
[illegible] de la [illegible]
[illegible] si [illegible] peu [illegible]
[illegible] pendant [illegible]
[illegible] Marie [illegible]
[illegible]
[illegible]

[illegible] où [illegible] la [illegible]
[illegible] de [illegible]
[illegible] avait [illegible] ses [illegible]
[illegible] la [illegible] son [illegible]
[illegible] avait [illegible]
[illegible] sa [illegible]
[illegible] avait [illegible] mais [illegible]
[illegible] d'une [illegible]
[illegible]

CHAPITRE XIV

Mars 1658

Antoine Gobelin était toujours à la guerre et Marie-Madeleine ne l'espérait pas. Elle menait une vie retirée, soupant une fois la semaine rue du Bouloi en compagnie de son père, de son frère Antoine, maintenant conseiller au Parlement de Paris et nouvellement marié avec Thérèse Mangot. Les deux belles-sœurs s'ignoraient. Thérèse, prude, pieuse, soumise à son mari, percevait Marie-Madeleine comme une femme en tout différente d'elle et la craignait. Marie-Madeleine trouvait Thérèse sotte et passive. François vivait chez son père. Magistrat lui aussi, il ne s'intéressait qu'à sa charge, fuyait les femmes. D'une grande piété, il semblait toujours perdu dans ses pensées, participait peu aux conversations lorsqu'elles touchaient les affaires du monde. Poli, prévenant avec sa sœur, il ne l'affrontait jamais et ce silence qui persistait depuis leur adolescence en avait fait des étrangers l'un pour l'autre. Antoine traitait Marie-Madeleine en enfant, affectait lorsqu'il lui parlait des airs supérieurs, prodiguant conseils et remontrances. Ce pouvoir qu'elle avait eu sur lui l'irritait et il subsistait entre eux un malaise qu'il voulait exorciser. Le dimanche soir, alors qu'une conversation paisible animait à peine les convives autour de la table familiale, personne n'aurait pu soupçonner les haines, le mépris, les ressentiments cachés dans les mots anodins, les sourires absents, les gestes à peine esquissés. Dreux d'Aubray, au bout de la table éclairée par le grand feu qui, en hiver, brûlait du matin au soir dans la cheminée, regardait chacun de ses enfants avec fierté et se réjouissait de la bonne harmonie de sa famille. Mariée, sa fille le déconcertait moins. Il la voyait peu, la rareté de leurs rapports les rendait satisfaisants et les d'Aubray, une fois la semaine, partageaient ainsi leur repas dans le petit salon décoré de fleurs, où la lumière des bougies figeait les sourires et adoucissait les regards.

Mars était extrêmement pluvieux et froid. La Seine en crue venait d'emporter le Pont-Marie construit en bois et dont les piliers n'avaient pu résister à la violence du courant. Les eaux atteignaient les maisons des quais, ensevelissaient les caves, lâchant les rats dans Paris avec leurs horribles menaces. Le ciel était gris comme le fleuve, bas, charriant des nuages sans fin.

Installée au coin de la cheminée de sa chambre, Marie-Madeleine attendait Penautier. Un billet reçu quelques heures auparavant l'avait avertie de sa visite pour l'après-dîner et la jeune femme, la matinée durant, s'était parée en pensant à lui. Elle ne songeait pas vraiment à le séduire, mais désirait lui plaire, attirer son regard, son attention. Pas un geste, pas un mot de Pierre-Louis n'avaient été évocateurs d'amour ou de passion, mais elle le trouvait fascinant au point de ne plus savoir très bien ce qu'elle attendait de lui. En sa compagnie elle se trouvait spontanément heureuse, elle n'était plus silencieuse, passive, mais devenait spirituelle, imaginative, pleine d'enthousiasme. Ils riaient. Ces rires partagés étaient une révélation, un éblouissement effaçant ses angoisses, son sentiment permanent de culpabilité, et elle posait sur Pierre-Louis un regard clair de femme radieuse.

Marie-Madeleine avait poudré ses cheveux, mis du blanc d'Espagne sur son visage, du rouge sur ses joues. Elle ressemblait à une poupée dans sa robe de velours cerise garnie de fourrure, une poupée fragile posée sur un fauteuil trop grand pour elle. Son petit chien Castor dormait à ses pieds. Un grattement à la porte la fit sursauter, c'était un laquais annonçant M. Reich de Penautier. La jeune femme prit son miroir pour y contempler son visage une dernière fois et Pierre-Louis pénétra dans la chambre. Il était trempé de pluie et riait. Sa haute silhouette s'inclina devant Marie-Madeleine.

— Madame, je suis votre serviteur.

La jeune femme fit une révérence.

— Et moi, votre servante.

Ils s'assirent au coin du feu.

— Vous me faites honneur en me venant voir. Je vous sais fort occupé.

— Madame, je ne suis en effet que pour trois jours à Paris, mais vous êtes la première personne que je visite.

Il regarda Marie-Madeleine.

— Vous voilà bien parisienne avec ce blanc et ce rouge.

— Ne m'aimez-vous pas ainsi ?

— Madame, je vous aime de toutes les manières, et je suis un admirateur, comment dit-on à Paris, un mourant, n'est-ce pas, un mourant donc, sans conditions.

Le ton de sa voix était léger, dénué de toute émotion. Cette jeune femme l'amusait, le changeait des coquettes précieuses et prudes qu'il rencontrait dans les salons. De surcroît, elle avait de l'argent et de l'ambition. Elle pouvait l'aider, être plus qu'une amie, une alliée. Il avait un grand besoin d'argent, un besoin incessant pour entreprendre, risquer, gagner, devenir celui qu'il avait décidé d'être, un financier riche, puissant, capable de traiter en égal avec les plus grands. C'était cela le but de sa vie, rien d'autre n'avait de réelle importance. Il avait vingt-cinq ans, tout lui réussissait.

— Pierre-Louis, murmura Marie-Madeleine, j'espère que vous n'avez pas oublié notre dernière conversation !

Il avait promis d'investir pour elle une somme d'argent qui se trouvait libre.

— Nous parlerons plus tard d'affaires. Si nous allions nous promener ?

— Par ce temps, monsieur ?

— Je suis un homme de la campagne, j'aime le grand air. Voulez-vous que nous allions voir le Pont-Marie abîmé dans les flots ?

Marie-Madeleine se leva à l'instant.

— Allons, monsieur.

Elle aimait ces décisions folles, se promener dans les rues au bras de Penautier était un enchantement.

Couverts de leurs manteaux, ils descendirent la rue Saint-Paul vers le quai des Célestins. Les rues étaient boueuses, mais la jeune femme avait refusé de prendre sa voiture et marchait à petits pas à côté de Pierre-Louis qui la soulevait parfois en la prenant par la taille pour lui éviter une flaque d'eau. Ils étaient jeunes l'un et l'autre et cette équipée les enchantait.

— De combien pouvez-vous disposer ? demanda enfin Penautier.

Marie-Madeleine s'arrêta. L'idée d'investir un peu d'argent pour en gagner beaucoup alluma en elle une sorte de passion.

— Mille livres, peut-être.

Penautier fut déçu. C'était une petite somme. Néanmoins, il ne fit rien paraître de sa déconvenue.

— Je vous les doublerai.
— Vraiment ?
La jeune femme lui serra le bras. Avec deux mille livres, elle s'achèterait la parure de perles dont elle rêvait pour ses cheveux. Du revenu de sa dot allié à la fortune d'Antoine, elle ne pouvait librement disposer. Il lui fallait pour toute dépense importante l'accord de son époux. Cette tutelle bridait toute liberté.
— Je vous les confie et j'espère pouvoir un jour être maîtresse de mes biens pour vous en donner davantage.
Pierre-Louis ne répondit pas. Ils arrivèrent à la Seine. Le courant très fort charriait des débris de toutes sortes, des planches arrachées qui venaient heurter les berges et parfois s'y déposer. Les bateliers avaient vu leurs tentes emportées par la crue et il n'y avait plus aucune activité sur le fleuve. L'eau limoneuse, trouble, bouillonnait par endroits puis, s'échappant plus loin, plus vite, se creusait, se gonflait comme une marée hâtive et dérisoire. Marie-Madeleine était montée sur une grosse pierre pour ne point gâter ses souliers, et ainsi élevée elle atteignait la hauteur de son compagnon.
— Je souffre fort de ma dépendance, dit-elle, on me traite en enfant.
— Demandez votre liberté.
— Et comment cela, monsieur ? Antoine et moi sommes en communauté de biens.
— Sortez-en.
— Antoine ne le voudra pas. Il possède la majeure partie de notre fortune.
— En terres ?
— C'est cela. Nous en avons en Amiénois, dans l'Oise, des châteaux, des fermes dont le revenu est souvent infime à cause des catastrophes de toutes sortes qui, comme vous le savez, frappent nos paysans, les plus honnêtes comme les plus rusés.

Pierre-Louis se mit à rire. Son beau visage au regard volontaire était ruisselant de pluie.

— Madame, vous êtes libre de vous-même.

— Les femmes le sont-elles, monsieur ? Nous sommes regardées comme des enfants.

— Il n'y a point de différence dans l'intelligence entre les hommes et les femmes et vous êtes fort capable de tenir les rênes de votre propre destin si vous le désirez. Je ne vous traite pas ici en petite fille ou en personne fragile qui demande continuelle assistance, je vous considère comme une égale et comme une amie.

La jeune femme resta silencieuse. Une fierté immense la prenait d'être qualifiée d'égale par cet homme qu'elle jugeait supérieur. Et s'il disait la vérité ? Pourrait-elle, ainsi qu'il le suggérait, avancer seule dans la vie, être ce qu'elle avait toujours rêvé devenir, une femme souveraine d'elle-même comme Mme de Longueville, Ninon de Lenclos ou Mlle de Scudéry ? Celles-ci menaient leur vie comme elles l'entendaient. Pourquoi ne le ferait-elle pas ? Cet espoir immense que Penautier faisait surgir à chacune de leurs rencontres s'enracinait, se fortifiait, devenait peu à peu une volonté, une certitude. Pierre-Louis était la force qui l'aiderait à se libérer. Et sous la pluie battante, au bord des flots bouillonnants, Marie-Madeleine, dans son grand manteau de drap gris, debout toute droite sur la pierre qui l'isolait de la terre, se sentit un esprit puissant, triomphant, une émanation du vent, échappant comme lui à la contrainte et à la répression.

Ils rentrèrent à pas vifs. Une servante vint leur apporter du chocolat près du feu, et ils causèrent encore quelques instants, un peu engourdis par la chaleur des flammes. La jeune femme ressentait une impression intense de bien-être. Pierre-Louis était à côté d'elle, tendant ses mains devant la cheminée pour se réchauffer, et Marie-Madeleine voyait son profil net, ses cheveux ondulés que la lueur du feu rendait presque blonds. Il ne la regardait pas. Peut-être n'osait-il pas ? Une envie soudaine de tendresse s'empara d'elle. Cet élan de l'esprit devenait un élan du corps, et son bonheur nouveau la rendait disponible, offerte à des joies neuves. Ses rêves d'amour, immenses, douloureux, revenaient et elle vit soudain en Pierre-Louis le magicien qui pourrait peut-être changer sa vie. Elle savait qu'il n'y avait point chez lui de passion pour elle, mais peu lui importait. Dans ce moment heureux, elle voulait plus de bonheur encore... Sa main se tendit et prit celle de Penautier. Le jeune homme ne montra aucune surprise, mais lentement il tourna la tête vers elle. Leurs regards se rencontrèrent. Marie-Madeleine sut à l'instant que Pierre-Louis ne l'accepterait pas.

— Madame, dit-il lentement, n'attendez rien de moi. Je suis un homme qui n'a pas le loisir de penser à l'amour.

Il pressait la main de la jeune femme dans la sienne et lui souriait.

Marie-Madeleine ne pouvait parler. La main de Pierre-Louis était rassurante. Elle avait la gorge serrée.

— Restons amis, madame, car l'amitié est plus puissante que l'amour. N'allumons pas un incendie qui nous embraserait pour s'éteindre aussitôt. Vous êtes belle, que deviendrais-je ? J'habite en Languedoc, vous à Paris, nous nous attendrions, nous souffririons. Espérez l'homme qui pourra tout vous donner. Moi je vous offre mon estime pour toujours.

Il baisa les doigts de la jeune femme. Peut-être l'aurait-il aimée d'amour et il ne le voulait pas. Il ne pensait qu'à se battre et à édifier sa fortune. Il n'y avait pas d'autre passion possible pour lui. Marie-Madeleine retira sa main, bouleversée mais étrangement soulagée. Pierre-Louis resterait intact, précieux pour toujours. Elle lui fut presque reconnaissante de l'avoir repoussée, et le don qu'elle lui fit d'elle-même à ce moment l'engageait plus que s'il l'avait prise dans ses bras. Il se leva et la contempla un instant avant de se retirer.

— Vous reverrai-je bientôt ? demanda-t-elle.

Il se pencha sur elle et l'embrassa au front, un baiser tendre et léger.

— Dès que je le pourrai, madame. Il n'y a pas de femme que j'estime plus que vous au monde.

— Prendrez-vous mes mille louis ?

— Faites-les-moi parvenir quand vous le désirerez.

Pierre-Louis s'éloigna. Devant la porte il se retourna, vit la petite silhouette de Marie-Madeleine, son visage où coulaient des larmes. Il ressentit une émotion étrange. Cette femme était différente : tout était trop violent, trop intense, trop meurtri chez elle.

La porte se referma. Marie-Madeleine pleurait toujours.

Elle reçut le lendemain un billet de Penautier accompagnant deux perles d'oreilles : *Pour les larmes que j'ai fait couler, portez-les en pensant à moi et n'en versez plus jamais. Vous ne comptez pas, madame, parmi vos amis, d'homme qui croie en vous plus que moi.*

CHAPITRE XV

1659

— Maman, est-ce vrai que les chats ont sept vies ?

La petite Marie-Madeleine, vêtue de linon rose, se tenait devant sa mère. Elle tenait à la main un bouquet de myosotis qu'elle lui tendit.

La jeune femme prit les fleurs. Elle portait un déshabillé d'été en taffetas rayé bleu et blanc, n'était ni maquillée ni poudrée, et avait simplement ramené ses boucles en deux touffes de chaque côté de son visage. Sa récente maternité était déjà effacée. Le petit Claude-Antoine dormait dans l'appartement de la nourrice. Son père ne le connaissait pas encore.

— On le dit, mon enfant. On dit aussi que ces vies sont inscrites au fond de leurs yeux.

— Mlle Anaïs a donc été auparavant un autre chat ?

La chatte grise était allongée sur le flanc, à quelques pas du banc où était assise Marie-Madeleine, et se chauffait au soleil d'octobre. La jeune femme la considéra un instant, puis regarda sa fille et lui prit la main.

— C'est possible, peut-être vivait-elle chez une reine.

— Ou chez une sorcière, on m'a dit qu'elles ne se séparaient point de leurs chats.

Thérèse s'était approchée à son tour. Moins jolie que

sa sœur, elle avait le regard humble et gentil de ceux qui cherchent à se faire pardonner leur absence de beauté.

— A quoi ressemble une sorcière, maman ?

— C'est une vieille femme laide et méchante qui veut s'emparer des enfants désobéissants et impertinents.

La jeune femme réfléchissait. La magie, comme toutes les forces obscures, la terrifiait et l'attirait tout à la fois. Elle avait vu brûler des femmes en Grève sous l'accusation de sorcellerie. Elle se souvenait des flammes et gardait une terreur invincible de cette destruction des corps par le feu. Parfois on les jetait au brasier, enfermées dans des cages avec des chats. Les bêtes folles de terreur hurlaient tandis que les suppliciées souriaient, silencieuses, jetant sur l'assemblée des regards fiers. Cette violence l'effrayait, la troublait, faisait naître en elle des émotions brutales et terribles, une sorte de désir presque physique de la vengeance. Au plus profond d'elle-même, et sans pouvoir l'exprimer, il existait une identité entre elle et ces femmes violentées, torturées, dépossédées. Justice était faite, jamais elle n'aurait pensé pouvoir infléchir leur destin, mais chaque exécution aperçue lui causait une souffrance physique, indépendante du sort de la victime dont elle ne se souciait pas.

Soudain, l'image très précise d'une femme, Barbe Lepeu, lui revint en mémoire. On la traînait au bûcher dans sa longue chemise blanche et elle hurlait en se débattant, jetant des imprécations et des anathèmes sur ses bourreaux. On l'avait liée au poteau où elle se tenait fort droite, blasphémant toujours. Les aides de l'exécuteur avaient battu le briquet et les flammes s'étaient élevées aussitôt. Barbe ne bougeait pas, on voyait le haut de son buste émergeant des fagots, puis soudain, en une seconde, elle s'était effondrée, comme happée par le brasier. Le visage de Marie-Madeleine, qui se trouvait là en compagnie de Mme de Marillac et d'une amie de cette dernière, était défait. Sa vieille cousine l'avait entraînée loin de la fenêtre d'où elles assistaient au supplice et l'avait fait asseoir.

— On ne devrait point assister à ces spectacles, mon enfant, ils sont inquiétants et morbides. Pour ma part, je n'en verrai plus et je vous conseille d'agir comme moi.

C'était la dernière exécution à laquelle elle avait assisté. Souvent, dans ses cauchemars, revenait le souvenir du corps de Barbe Lepeu s'effondrant dans le feu.

La jeune femme regarda sa petite fille.

— Non, mon enfant, Mlle Anaïs n'a point été chez les sorcières qui ne possèdent que des chats noirs.

Marie-Madeleine ne voulait plus penser à ces zones d'ombre dissimulées en elle, mais à la vie nouvelle rendue possible depuis sa rencontre avec Pierre-Louis. En six mois, ses mille livres lui avaient été rendues doublées. Elle s'était acheté la parure de perles qu'elle convoitait et un médaillon d'or où elle avait fait graver pour Pierre-Louis : « L'amitié est suffisante quand elle est éternelle. »

Le soleil était doux avec une transparence dorée annonçant l'automne. Castor, allongé aux pieds de sa maîtresse, dormait le nez dans l'herbe et la petite Marie-Madeleine avait posé la tête sur l'épaule de sa mère. Trois heures sonnèrent. Il semblait que le temps s'était arrêté. Aucun bruit ne venait de la rue sauf le bourdonnement léger des mouches qui encerclaient les rais de soleil filtrés par le bosquet d'acacias. Les volets des chambres étaient clos pour garder la fraîcheur et Marie-Madeleine, la main dans les cheveux blonds de sa fille, revit en un instant la bastide sous la chaleur écrasante de l'été provençal. Elle entendait presque ses pas d'enfant sur les graviers et éprouvait la sensation ancienne d'être possédée par le soleil au point de sentir brûler son corps. Le mur du potager était devant elle, avec ses pierres ocre où s'accrochaient les fleurs sauvages. Elle en sentait l'odeur légère mêlée à celle de la menthe et du romarin. C'était un monde clos, fini, un univers dont on ne sortait point si l'on ne savait pas voler. Elle avait mis des années et des années à trouver une échappée et maintenant elle était libre, rien ne l'entraverait plus.

La veille, Marie-Madeleine avait reçu une lettre de son mari, lui annonçant sa prochaine arrivée. Il était à Nevers et pensait à elle, aux enfants, avec bonheur. La jeune femme l'attendait.

Sortant du vestibule, une servante s'arrêta dans la cour, considéra quelque chose attentivement, puis tourna le dos et vint en courant vers Marie-Madeleine. Elle tenait sa jupe des deux mains et semblait très animée.

— Madame, s'écria-t-elle en courant encore, je crois que Monsieur Gobelin est de retour. Deux cavaliers viennent de demander l'entrée au portier.

— Mon père est revenu de la guerre !

La petite fille était déjà partie, les yeux brillants, suivie de Thérèse et de Castor qui aboyait. La jeune femme, restée seule, se leva lentement, ajusta sa robe, remit en ordre son col de mousseline. Une étrange émotion l'habitait, non point celle de retrouver Antoine parti depuis un an et demeuré presque un inconnu, mais plutôt celle de voir se terminer une partie de sa vie calme et peut-être heureuse.

Dans la cour, Antoine Gobelin descendu de cheval prenait dans ses bras ses deux filles qui s'étaient jetées sur lui, tandis que Castor, au comble de la joie de revoir son maître, sautait et aboyait, effrayant les chevaux qui donnaient des coups de tête. Marie-Madeleine contourna le petit mur qui séparait le jardin de la cour et s'arrêta. Elle vit son mari avec dans ses bras les deux enfants, le palefrenier qui s'emparait de la bride des chevaux et, à quelques pas derrière Antoine, debout, immobile, un homme qui la regardait. Il était de taille moyenne, châtain avec des cheveux à peine ondulés, des traits fins, parfaits, des yeux noirs fixés sur elle et qui riaient, quoique sa bouche, large, un peu grande, n'exprimât rien. La jeune femme s'avança, mais ce n'était pas vers Antoine que son corps la portait, c'était vers cet inconnu, et son émotion était si forte que ses mains qui serraient toujours le petit bouquet de myosotis en tremblaient.

Antoine avait reposé à terre ses filles, il alla vers sa femme, hésita, puis s'inclina devant elle.

— Madame, j'ai du bonheur à vous revoir et suis bien aise d'être de retour chez moi pour connaître ce fils que vous m'avez donné et qui me comble de joie.

— Je vous attendais, mon ami, soyez le bienvenu. Claude-Antoine vous sera porté dans un instant. Il dort.

Elle avait dit ces mots sans y penser, ses yeux enfin se posèrent sur l'homme et rencontrèrent les siens. Antoine s'approcha de lui :

— Madame, je vous présente mon compagnon, presque mon frère, le chevalier Jean-Baptiste Godin de Sainte-Croix, capitaine au régiment de Tracy. J'espère que vous aurez de l'amitié l'un pour l'autre.

Sainte-Croix s'inclina. Marie-Madeleine n'avait pas bougé et ses yeux ne parvenaient pas à quitter ceux du chevalier. Il souriait tout à fait maintenant, elle vit ses dents superbes et ce regard ironique, perçant, caressant, qui rendait son visage inoubliable. La jeune femme dut faire un effort pour ne plus le dévisager, elle esquissa une révérence.

— Soyez le bienvenu, chevalier, vous me faites honneur en venant chez moi.

Antoine riait.

— Vous voilà bien cérémonieuse. Rentrons donc nous rafraîchir car la route fut longue aujourd'hui. Allez, ma femme, nous commander à boire !

Il prit Marie-Madeleine par la taille et la baisa au cou. La jeune femme rougit violemment, le regard de Sainte-Croix était toujours sur elle. Une joie immense, irraisonnée s'empara d'elle, elle porta les mains à ses joues, se mit à rire et se retourna :

— Je vais vous servir du vin frais, venez, monsieur, venez, chevalier, mettez-vous à l'aise.

Jean-Baptiste de Sainte-Croix la vit disparaître dans le vestibule. Si Antoine n'avait point été son hôte, il se serait emparé de sa main et l'aurait emmenée sur-le-champ avec lui. Il savait qu'elle ne l'aurait pas repoussé. Un trouble sensuel, violent le rendait silencieux tandis qu'Antoine, le prenant par les épaules, l'entraînait vers la maison. Thérèse avait saisi la main de son père, mais sa sœur ne bougeait pas et observait l'autre homme qui entrait chez eux. Ses yeux d'enfant étaient devenus hostiles.

CHAPITRE XVI

Novembre 1659

Cinq heures sonnaient au couvent des Bernardins et l'obscurité était déjà presque totale. Dans la petite pièce peu meublée, décorée sans aucune recherche de luxe, une simple chambre d'habitué des camps, on distinguait à peine une armoire à double battant, un coffre sur lequel étaient posés deux pistolets, une chaise, un tabouret et un lit dont les rideaux étaient ouverts. Les restes d'un feu avaient des reflets rougeâtres dans la cheminée. Des appels, des rires, des grincements montaient de la rue. Sur la courtepointe du lit, Jean-Baptiste de Sainte-Croix était allongé à côté de Marie-Madeleine et ils se regardaient. Les cheveux défaits de la jeune femme étaient déployés sur l'oreiller et Jean-Baptiste y posait sa joue. Il en aimait l'odeur, la douceur, comme il aimait la peau, la tiédeur, la saveur de cette femme qui l'avait séduit au point de lui faire perdre le goût des multiples occupations qui l'accaparaient jusqu'alors : les camarades, le jeu, le vin partagé et principalement son laboratoire nouvellement installé dans un cul-de-sac à Maubert où il élaborait drogues, médecines, onguents, dont il mettait lui-même les recettes au point. Il aimait passionnément les femmes, jamais il n'en avait connu qui fût, comme elle, identique à lui : chacun de leurs gestes, chacun de leurs regards, chacun de leurs mots se rejoignaient. Marie-Madeleine tourna vers lui la tête et ils se sourirent. Elle était belle, fragile et violente, rieuse et désespérée. Il avait envie de la posséder brutalement et de lui baiser les mains, elle se prêtait à tous les jeux, à toutes les audaces. Ils faisaient l'amour les yeux dans les yeux et la volonté de l'un, comprise avant d'être dite, devenait la volonté de l'autre.

Marie-Madeleine tendit la main et caressa d'un doigt la bouche de Jean-Baptiste, cette bouche large dont elle aimait la texture, le goût, la tiédeur jusqu'à la dévotion. Elle l'avait dessinée au pastel et avait mis le dessin près de son lit, chez elle, pour ne point la quitter. Jean-Baptiste saisit le doigt de Marie-Madeleine entre ses dents. Ils rirent ensemble. Les braises éclairaient un tapis usé, le sol de tomettes rouges et le poignard que Sainte-Croix avait laissé à terre.

— Il faut aller, mon cœur, murmura la jeune femme. Tu oublies que j'ai invité à souper M. de Penautier ? Je veux que tu le connaisses, il te plaira. Cet homme peut faire notre fortune.

— Vraiment ? Ne pense-t-il pas plutôt à faire la sienne ?

— Si fait, mais s'il gagne de l'argent pour lui, il peut en gagner pour nous car il est mon ami.

Sainte-Croix se dressa sur un coude et sourit.

— N'a-t-il pas été plutôt ton amant ? On le dit galant homme.

Marie-Madeleine s'était assise. Elle arrangeait ses cheveux, faisant saillir une poitrine plutôt ronde et forte pour un corps si menu.

— Vous ne le saurez pas, monsieur, car je n'ai pas prétendu être jeune fille lorsque vous m'avez prise.

Jean-Baptiste l'avait saisie à pleins bras, elle l'écarta en riant :

— Nous n'avons plus le temps pour ce genre de

conversation, mais je la reprendrai volontiers plus tard.

Elle se leva, chercha sa chemise.

— Pierre-Louis est un ami.

Sainte-Croix l'aidait à attacher ses vêtements. Il était nu encore, mince et musclé, avec une peau mate. Ses doigts fins lièrent les lacets, attachèrent les boutons avec dextérité.

— Ma fortune ne me rapporte guère que du 4 %. Penautier m'a assuré qu'il pouvait placer des fonds sans difficulté à 7 %. Il t'en parlera. N'as-tu point envie d'être riche ?

— Je ne le serai jamais, mon cœur. La fortune et moi sommes fâchés l'une avec l'autre depuis fort longtemps.

Marie-Madeleine se retourna. Elle lui faisait face :

— Ce que je possède est à toi. Il n'y a plus rien qui m'appartienne en propre, désormais.

Le jeune homme ramassait sa chemise.

— Tu ne disposes pas de ta fortune. A quoi cela sert-il de rêver ?

— J'en disposerai un jour.

— Et comment cela ?

— En me séparant de biens d'avec Antoine. Je suis déjà séparée de corps, il suffit d'un jugement qui le constate et je reprendrai ma complète indépendance.

— Qu'en dit ton père ?

— Je ne lui parle pas de toi, quoique je me fasse honneur de notre amour. Il sait qu'Antoine et moi n'avons plus de vie commune et que nous nous contentons de vivre sous le même toit.

— Il n'ignore pas cependant que tu as un amant.

— Sans doute, mais Antoine n'a-t-il pas une maîtresse qu'il produit partout ?

— Cela est admis pour un homme.

Marie-Madeleine attachait ses cheveux devant un petit miroir qui servait à Jean-Baptiste pour se raser.

— Ce sera donc admis pour moi. Je me moque de l'opinion du monde. Dimanche prochain, lorsque j'irai souper chez mon père, je lui demanderai avec fermeté d'être maîtresse de ma fortune.

Jean-Baptiste arrangeait sa cravate de dentelles ; la jeune femme s'approcha de lui et lui apporta son aide. Il la saisit par la taille et la baisa sur les lèvres. Un instant ils restèrent dans les bras l'un de l'autre. Marie-Madeleine s'écarta.

— Je dois aller.

Elle avait un regard dansant de personne ivre.

— Je t'aime.

— Par Dieu, je t'aime aussi.

Ils se prirent les mains, puis Jean-Baptiste s'inclina et embrassa ses doigts l'un après l'autre.

— Allez, je sais que vous êtes attendue, madame Gobelin.

Il s'éloigna d'un pas.

— Marie-Madeleine ? Pourquoi ne demandes-tu pas au roi de t'ennoblir ? J'aimerais te voir marquise.

— Cela se pourrait-il ?

Jean-Baptiste éclata de rire.

— Les titres sont à vendre. Tu as des terres, prends le nom de l'une d'entre elles.

Marie-Madeleine resta immobile. Marquise ? Rien ne pourrait la combler davantage, elle souffrait, aussi honorable soit ce nom, de s'appeler Gobelin. En changer serait le symbole de la transformation de sa vie. A voix basse, elle énuméra ses demeures : Norat, Sains, Brinvilliers.

— Brinvilliers, s'écria Jean-Baptiste, marquise de Brinvilliers !

Son ambition était flattée. Éprouvés par une marquise, les sentiments prenaient de la valeur. Elle était riche, elle serait noble.

— Fais ta demande au roi.

— Le veux-tu vraiment ?

— Pour l'amour de moi.

Ils rirent, mais l'un et l'autre étaient éperonnés par ce projet et ils achevèrent de se rajuster sans plus plaisanter.

Dans la voiture qui la ramenait chez elle, Marie-Madeleine avait ôté son masque. Elle pénétra dans le vestibule au bras de Sainte-Croix, le regard lumineux. Penautier les attendait dans le grand salon. Il contemplait les splendides tapisseries représentant en huit grandes pièces toute l'histoire de Psyché.

— Me pardonnerez-vous d'être en retard ?

Pierre-Louis s'inclina.

— Je vous fais grâce de tout, madame, car vous avez sur moi toutes les puissances.

— Puis-je vous présenter mon ami, le chevalier Jean-Baptiste Godin de Sainte-Croix ?

Les deux hommes se saluèrent.

— Je vous laisse, il faut que j'aille à mes appartements me faire belle en votre honneur. Installez-vous près du feu et causez. Sonnez si vous désirez quoi que ce soit.

La jeune femme monta le demi-étage qui la séparait de sa chambre. Pierre-Louis, Jean-Baptiste et elle... Tous trois s'étaient rencontrés, ils se ressemblaient, ensemble ils feraient de grandes choses. Son passé n'existait plus, elle était une femme neuve.

En poussant la porte de ses appartements, Marie-Madeleine eut un vertige. Elle s'appuya un instant au chambranle et ferma les yeux.

Dans le salon, Pierre-Louis Reich de Penautier et Jean-Baptiste de Sainte-Croix bavardaient. Encadrant la cheminée, deux chandeliers d'argent étaient posés sur des guéridons de bois sculpté et les chenets de cuivre à gueules de lion devenaient mordorés dans les reflets du feu. Penautier, un peu penché, écoutait le chevalier. Il avait éprouvé une sympathie immédiate pour cet homme et le jugeait de la même trempe que lui. Seulement lui, Penautier, avait déjà commencé la route. Il était loin devant Sainte-Croix et ce dernier ne le supplanterait jamais. Il n'en aurait ni l'opportunité ni le pouvoir.

Un laquais leur apporta du vin dans un flacon d'argent. Les deux hommes levèrent leur verre et se considérèrent.

— Allons, dit Penautier, je vous envie, monsieur.

— Pour quel motif ?

— Hé, vous le savez ! Mme Gobelin a pour vous des regards qui ne trompent pas et ils proviennent de fort beaux yeux !

Sainte-Croix sourit, il était fier de posséder Marie-Madeleine.

— Mme Gobelin est véritablement une femme exceptionnelle. Elle a d'ailleurs pour vous une grande amitié et une grande confiance.

— Elle m'honore en effet de son affection et je suis prêt à la servir en toutes choses.

Sainte-Croix but une gorgée de vin, il tenait son verre entre ses deux mains.

— Il paraît, monsieur, que vous pourriez, si elle disposait de sa fortune, risquer pour elle des investissements fructueux. Elle a, sur ce projet, les plus grandes espérances.

— Cela est vrai, je pourrais la rendre riche, très riche, mais elle dispose pas de ses biens.

— Elle en disposera.

Penautier se redressa, son regard était devenu soudain agressif.

— Comment cela ?

— J'ai sur elle un certain pouvoir. Si je la pousse à se séparer de biens d'avec son mari, elle le fera.

— Vraiment, monsieur ! Ce serait fort bien fait de votre part. Je ne vous cacherai pas que le roulement de mes affaires me rend toujours désireux de sommes immédiatement disponibles. J'aime le jeu et je gagne. Il est désolant de voir la fortune des Gobelin immobilisée dans des terres, alors que je pourrais l'investir dans l'industrie qui en a bien besoin. J'ai le projet de créer des manufactures dont je vous parlerai en temps voulu. Ces desseins qui bénéficient de la bienveillante attention de hautes personnalités peuvent rapporter des sommes considérables.

Le chevalier écoutait Penautier avec passion. Cet homme était une bénédiction. Bâtard d'une grande famille de Gascogne, Sainte-Croix avait quitté Montauban adolescent, prêt à tout pour faire fortune. Après des années de pauvreté orgueilleuse, il avait l'amour d'une femme belle, riche, dont il allait faire une marquise, et l'appui d'un homme puissant animé par les mêmes ambitions que lui. Toutes ses espérances, toutes ses entreprises allaient enfin aboutir. Il pourrait briller aux yeux du monde, s'amuser, vivre comme un seigneur et se consacrer, lorsqu'il le désirerait, à des travaux sur la médecine qui le passionnaient. Peut-être pourrait-il, lui aussi, partir à la poursuite du rêve absolu qui faisait s'affairer et trembler ses mains, transpirer son visage, s'allumer ses yeux, la recherche de la pierre philosophale.

— Marie-Madeleine sera séparée de biens sous peu. Je vous le promets. Elle sera marquise et libre d'elle-même.

— Marquise ?

— De Brinvilliers. Sa fortune et sa naissance le lui permettent. Grâce à moi, grâce à vous, elle sera l'une des femmes les plus recherchées de Paris.

Penautier sourit et ne répondit rien. Le temps orientait les événements comme il le désirait. Il regarda Sainte-Croix. Il lui faudrait être vigilant, tenir à distance cet homme intelligent, sans embarras de conscience. La clef des affaires devait rester entre ses mains. Sainte-Croix leva son verre.

— A notre amitié.

Penautier souriait toujours.

— Vous pouvez considérer dès à présent que la mienne vous est acquise, monsieur.

— Jean-Baptiste.

— Nous nous reverrons, Jean-Baptiste. Je veux vous présenter un de mes commis qui sera notre intermédiaire, un homme fin, dévoué, que vous apprécierez. Il s'agit d'un certain Belleguise. Venez me voir chez moi, rue Galande, j'arrangerai cette affaire. Et prévenez-moi si Mme Gobelin a la possibilité de me faire confiance. Vous y trouverez votre propre intérêt.

La porte s'ouvrit à cet instant et Marie-Madeleine pénétra dans le salon. Elle portait une robe en soie rayée isabelle et vert céladon avec une jupe verte et un corsage tout incrusté de dentelles de Valenciennes et de perles. Sous la robe apparaissaient de fines chaussures de soie isabelle sur lesquelles étaient cousues des perles et elle avait à la main un éventail en plumes blanches. Depuis qu'elle connaissait Sainte-Croix, ses frais de toilette, augmentant dans des proportions extravagantes, inquiétaient son père qui lui avait fait des remontrances lors d'un des soupers du dimanche rue du Bouloi. Antoine semblait indifférent, pressé d'aller lui-même jouer dans les hôtels du Marais en compagnie de sa maîtresse. Si la trahison de son ami l'avait blessé, celle de sa femme par contre l'avait peu étonné. Sa fausseté découverte dès la première nuit était pour lui une évidence, il n'en avait jamais rien attendu de bon et s'en voulait d'avoir été sot au point de la garder. Ses trois enfants qu'il aimait tendrement étaient les seuls êtres capables désormais de l'émouvoir. Un instant, il avait hésité à provoquer Jean-Baptiste en duel. La faiblesse de son caractère lui avait vite fait abandonner ce projet et il se contentait de le saluer froidement lorsqu'il le croisait chez lui.

Derrière Marie-Madeleine entrèrent des laquais portant une table recouverte d'une nappe blanche brodée. Le souper allait être servi, abondant et raffiné, comme l'avait ordonné la jeune femme. Elle ouvrit son éventail et s'avança vers les deux hommes. Jean-Baptiste était heureux à la pensée qu'elle était à lui, Pierre-Louis à celle qu'elle ne le fût point.

CHAPITRE XVII

Septembre 1660

Dans sa chambre aux fenêtres ouvertes sur la cour et le jardin, Marie-Madeleine écrivait. Tout était transformé dans son appartement, le mobilier sage offert par son beau-père avait été banni au profit d'un ensemble de meubles exécutés pour elle selon les critères de la dernière mode.

Le bureau de marqueterie de cuivre et d'écaille était disposé dans un angle de la chambre et la jeune femme en écrivant pouvait voir la cour. Tout était calme. Le cocher avait sorti de l'écurie un cheval noir qu'il brossait, tandis qu'une servante prenait de l'eau au puits. De l'autre côté de l'hôtel, dans l'aile réservée aux enfants, le petit Claude-Antoine devait s'éveiller tandis que Marie-Madeleine et Thérèse lisaient avec leur gouvernante. Antoine était à Sains-en-Amiénois, leur domaine préféré, pour y chasser. La jeune femme se trouvait seule à Paris. Jean-Baptiste de Sainte-Croix étant à Montauban pour y régler des affaires de famille. Son absence était un vide insupportable, elle n'avait plus le goût de se promener, ni de recevoir, ni même d'aller voir ses enfants.

Marie-Madeleine lui écrivait. La plume courait sur le

papier et la jeune femme, les yeux baissés, lui disait les mots qu'elle aurait voulu elle-même entendre.

Jean-Baptiste,

Je perds mes forces sans toi. Il n'y a plus ni jour, ni nuit, ni soleil, ni pluie, le temps est mort, enseveli dans ton éloignement. Je te vois en toute chose et tout est plein de toi. Hier, je suis passée rue des Bernardins devant ta demeure, seulement pour me sentir plus proche de toi. Je me suis rendue après cela au cul-de-sac Maubert et j'ai posé ma main sur la porte de ton laboratoire, là où tu dois mettre la tienne. Je ne sais plus que faire de mon corps, il m'est étranger, c'est ta peau, ta bouche, tes mains qui sont miennes et je suis comme un esprit dépossédé de sa chair. J'ai froid à nouveau, Dieu comme j'ai froid, depuis mon enfance j'étais glacée et je l'avais oublié. Revenez, mon petit Gascon, je vous aime, ôtez-moi de ce monde mort pour me donner la vie.

Marie-Madeleine entendit le bruit des sabots d'un cheval dans la cour et leva la tête. Elle n'avait envie d'aucune visite et agita la sonnette d'argent mise sur son bureau. Un laquais entra presque aussitôt.

— Je ne suis là pour personne, La Rivière, qu'on me laisse en paix.

L'homme se retira. Au moment où il allait refermer la porte, la jeune femme entendit des pas qui montaient vivement l'escalier. Elle posa sa plume et jeta un regard par la fenêtre. Dans la cour le cocher tenait par la bride un cheval en sueur dont la bouche était écumante. Son cœur aussitôt se mit à battre. D'une main elle s'appuya au bureau et vit la porte s'ouvrir à nouveau. Sainte-Croix était à quelques pas d'elle. Un élan les jeta l'un vers l'autre. Leurs mains, leurs lèvres, leurs corps se retrouvaient. Marie-Madeleine avait noué les bras autour du cou de son amant. Lui, la soulevant, l'emportait vers le lit où il la déposa ; il était couvert de poussière, il avait chaud. Sur la courtepointe brodée, contre cette jeune femme délicate en déshabillé rose, il s'allongea et ses bottes de cavalier froissèrent la mousseline légère.

Marie-Madeleine répétait « Toi, toi ». Elle ne pouvait en dire plus. C'était un étourdissement, une ivresse jamais ressentie : pour un instant comme celui-là, elle aurait tout quitté. Brutal et tendre, Jean-Baptiste pesait de tout son poids sur elle. Un instant, il s'écarta pour regarder ses yeux : ils étaient graves, presque tristes. Jamais il n'avait désiré une femme à ce point et il ne savait pas pourquoi. Depuis deux jours il galopait sur les routes, ne dormant point, mangeant en un instant pour la revoir. La revoir... C'était une idée fixe qui le poussait en avant, l'envie de son corps, de sa chaleur, le désir de la pénétrer pour se sentir enfin arrivé. Face à son regard, sa violence tomba. Il se coucha à côté d'elle, l'attirant sur lui. Les boutons de son pourpoint éraflèrent la poitrine de Marie-Madeleine et il ferma ses bras sur elle. La voix de Sainte-Croix était très basse et la bouche de Marie-Madeleine si proche de la sienne qu'il en sentait le frôlement sur ses lèvres.

— Montrez donc à votre petit Gascon comme vous l'aimez, madame.

Ils reposaient l'un à côté de l'autre. Sainte-Croix avait froissé la robe fragile, ôté les fines chaussures de satin de Marie-Madeleine.

— Je t'écrivais. Tu aurais trouvé ma lettre à ton retour rue des Bernardins.

— Fais-la voir.

La jeune femme se leva. Jean-Baptiste la suivit du regard. Comment un corps aussi fragile pouvait-il contenir une aussi grande violence ?

Il prit le billet, le lut tandis que, revenue à son côté, Marie-Madeleine lui baisait le front, les tempes, les oreilles, les commissures des lèvres.

— Madame, dit-il seulement.

Marie-Madeleine était à nouveau sur lui, elle avait délacé son corsage et sa poitrine ronde reposait sur les passementeries rugueuses du pourpoint. Sainte-Croix était ému et les mots ne venaient point. Marie-Madeleine s'assit. Sainte-Croix d'un doigt caressait la courbe de ses épaules, de son dos et de ses reins.

— Comment m'appelez-vous, monsieur ?

— Je vous appelle mon cœur, ma mie, ma femme.

— Cela n'est pas suffisant.

— Et quoi donc, quel nom dois-je donner pour vous plaire ? Il murmura un mot à voix basse qui fit rire la jeune femme.

— Non, monsieur. Celui-ci n'est que trop évident. Nommez-moi plutôt marquise de Brinvilliers.

Sainte-Croix se redressa.

— Que dis-tu ?

— Marquise... Le roi vient de nous accorder ce titre que vous désiriez tant me voir porter.

— Et vous ne le disiez pas ?

— Tu ne m'as point laissé parler...

— Demande du vin, nous allons boire à ta noblesse qui me fait grand honneur. Par Dieu, tout le monde n'est pas l'amant d'une marquise !

Marie-Madeleine rajusta ses vêtements, attacha ses cheveux et sonna pour réclamer à boire. Le laquais eut un regard vers le chevalier, le visage impassible. Lorsqu'il eut refermé la porte, la jeune femme revint près de Jean-Baptiste.

— Ce maraud va de ce pas conter à tous vos gens qu'il vient de trouver un homme installé dans votre lit, madame la marquise de Brinvilliers.

— Je me fais honneur de mon amour pour vous et l'opinion de mes domestiques ne m'importe pas.

— Vous avez raison, madame, les êtres forts n'ont à recevoir de leçons de morale de personne. Ils construisent eux-mêmes leurs propres mérites et leurs propres valeurs.

— Et le châtiment de Dieu, Jean-Baptiste !

Sainte-Croix eut un grand rire.

— Laissez Dieu tranquille, il ne se préoccupe point tant de nous que ses prêtres veulent nous le laisser croire afin de s'emparer de nos esprits et de nos bourses. Dieu, assurément, est du côté des vainqueurs.

Le laquais gratta à la porte, entra pour poser sur un guéridon un plateau d'argent avec du vin et deux verres. Il tourna la tête vers le lit, rencontra le regard froid de Sainte-Croix et baissa aussitôt les yeux. Jean-Baptiste se leva et but longuement. D'un revers de main, il s'essuya la bouche.

— Il va te falloir choisir une livrée pour ces coquins. Toutes les grandes dames le font. Je veux du bleu comme tes yeux.

— Et de l'argent comme celui qui nous fera riches. Bleu et argent.

Le visage de Marie-Madeleine rayonnait. Toutes ses ambitions soudain devenaient réalité, jamais elle n'avait éprouvé à ce point le sentiment de son propre pouvoir. La richesse, les honneurs étaient entre ses mains et elle n'en disposait que pour les donner à Jean-Baptiste avant qu'il ne les demande, avant même qu'il ne les désire. Ils burent en échangeant leurs verres, puis Sainte-Croix s'installa sur un fauteuil et prit la jeune femme sur ses genoux.

— Parlons sérieusement, mon cœur. Vous m'apprenez que vous voilà marquise, je vais à mon tour vous dire quelques bonnes nouvelles. J'ai rencontré en Languedoc votre ami Penautier.

Il se tut un instant, considéra en souriant le visage animé de Marie-Madeleine et poursuivit.

— Cet homme-là est d'une grande ingéniosité et

force mon admiration. Il est au mieux avec l'évêque de Béziers, M. de Bonzy, avec lequel il entretient les relations d'affaires les plus étroites, cet homme d'Église ne négligeant pas pour autant les intérêts de notre monde. Pierre-Louis dispose ainsi de quelques hautes protections qui font de lui le premier personnage du Languedoc. Bonzy guigne l'archevêché de Toulouse, pour cela il veut plaire au roi et se montre fort zélé à collecter les impôts, aidé par Conti, le gouverneur de la province et Penautier qui y trouve son intérêt. Bonzy est un correspondant actif de Colbert auprès duquel il a introduit notre ami. Pierre-Louis jouit de sa confiance désormais et il a les mains libres pour ses affaires.

Sainte-Croix s'interrompit à nouveau et baisa Marie-Madeleine sur les lèvres.

La jeune femme était intéressée. Elle aimait entendre parler de Pierre-Louis et elle aimait entendre parler d'argent.

— Penautier a de grands projets, tous excellents mais qui nécessitent des sommes importantes pour être menés à bien. Il veut créer à Carcassonne des manufactures de drap sur lesquelles Colbert compte pour l'expansion économique du royaume, sans pour autant vouloir fournir le moindre fonds de l'État. Penautier ne doit espérer qu'en lui-même, et en des amis assez clairvoyants pour entrevoir la prospérité future de ces manufactures. Pour ma part, je l'imagine fort bien.

Marie-Madeleine s'était levée, elle regardait par la fenêtre en écoutant Jean-Baptiste, lui tournant le dos. Elle avait commencé auprès d'Antoine le combat qui devait la mener à la liberté. Tout d'abord il l'avait traitée d'écervelée, de prodigue et de débauchée, puis peu à peu l'idée en lui avait fait son chemin qu'il tirerait avantage d'une séparation de biens d'avec sa femme. Il ne restait plus qu'à convaincre leurs propres parents d'approuver leur décision. Chacun avait décidé de charger l'autre de toutes les infamies afin d'arracher leur consentement. Une certaine complicité unissait maintenant les deux époux et ils ne s'étaient jamais si bien entendus. Parfois Marie-Madeleine se laissait aller à traiter Mme Duffay, maîtresse d'Antoine, de putain, tandis qu'Antoine qualifiait Sainte-Croix de gueux, mais ils ne s'en gardaient pas rancune. Antoine de Brinvilliers avait quitté l'armée, jugeant la vie de camp par trop pénible pour un homme qui avait passé les trente ans. Il retrouvait d'anciens officiers, comme lui désormais oisifs, courait les tavernes et les hôtels où l'on jouait, revenant cependant régulièrement au logis, restant bon père et toujours prêt à écouter sa femme en cas de difficulté. Dans le monde on les voyait fort rarement ensemble, mais ils y faisaient bonne figure.

Enfin Marie-Madeleine se retourna.

— Mon affaire est en bonne voie et j'espère pouvoir sous peu te dire que ma fortune est à toi.

— A nous, mon cœur.

— Peu importe. Il ne reste plus qu'à convaincre mon père. Heureusement, Antoine est joueur et c'est un vice qu'il exècre. Balthazar Gobelin, de son côté, craint l'empire que tu as sur moi. Chacun finira par se persuader qu'une séparation de biens est dans l'intérêt de son propre enfant.

Sainte-Croix se leva, prit un autre verre de vin et rejoignit Marie-Madeleine devant la fenêtre. La cour était déserte, tranquille, seule Mlle Anaïs se chauffait au soleil devant la porte de l'écurie. La fenêtre de la chambre de Claude-Antoine était ouverte. Contre l'épaule de Sainte-Croix la jeune femme songea qu'elle n'était pas une mère très attentive. Elle se rendait parfois dans les appartements de ses enfants pour les caresser, les embrasser, leur apporter des bonbons, mais ne s'attardait pas. Thérèse lui ouvrait ses bras,

Claude-Antoine prenait le bas de sa robe et levait une main vers les friandises ; la petite Marie-Madeleine tendait son front sans rendre le baiser. Elle répondait poliment aux questions, restait en tout déférente, obéissante, mais son regard glacial arrêtait tout élan de sa mère vers elle. Marie-Madeleine se sentait jugée et son orgueil ne le supportait pas. Chaque entrevue était un affrontement.

— A quoi pensez-vous, mon cœur ?

La jeune femme leva la tête vers Jean-Baptiste. A quoi bon lui parler de ses enfants ?

— Je songeais au spectacle grandiose que nous donna le roi le 26 août dernier, lorsque vous étiez à Montauban. Son entrée à Paris avec la nouvelle reine fut éblouissante et je ne l'oublierai de ma vie.

— Contez-moi cela.

— Il me faudrait être poète comme M. de La Fontaine ou faire des romans comme Mlle de Scudéry pour vous le narrer. Imaginez le roi vêtu d'un habit brodé d'argent, assis à côté de son épouse parée de tous les diamants du monde, sur un trône devant lequel défilèrent dès le matin les corps constitués. A deux heures commença le cortège de la place du Trône au Louvre. D'abord le clergé, l'université, le corps de ville avec ses archers, les maîtres des six corps marchands, le Châtelet en tête duquel marchait mon père, les corps des finances puis le Parlement. Les rues étaient ornées de tapisseries, de fleurs et de feuillages, le pavé couvert de sable fin et d'herbes parfumées. Après les corps de l'État et de la Ville se mit en mouvement le cortège royal, d'abord soixante-douze mules conduites par vingt-cinq muletiers en livrée. Les vingt-quatre premières étaient couvertes de drap rouge avec des plumes et des têtières, les vingt-quatre suivantes portaient des housses à fond de soie rehaussé d'or, les vingt-quatre dernières qui avaient sur elles du velours cramoisi semé de chiffres et de devises étaient coiffées de plumes blanches et pourpres. Venaient ensuite des pages, des chevaux, des chevaliers à la livrée du cardinal, enfin onze carrosses tous tirés par des chevaux gris, de même taille et de même race. La voiture du cardinal lui-même, parée comme un écrin, se trouvait vide, M. de Mazarin étant mal remis d'une maladie attendait au balcon de l'hôtel de Beauvais en compagnie de la reine mère. Suivant la voiture du cardinal, imaginez, mon cœur, l'équipage du duc d'Anjou, l'écurie de la reine, l'équipage du roi, la maison du chancelier de France avec une haquenée blanche montée par mon cousin Séguier revêtu de drap d'or et portant un coffret de vermeil renfermant les sceaux, puis les mousquetaires noirs, les mousquetaires gris, les chevau-légers, les gouverneurs, lieutenants des provinces, les maréchaux, les cent-Suisses. Enfin le roi, notre beau monarque montant un cheval brun d'Espagne couvert d'une housse semée de pierreries et suivi des vingt-quatre archers de sa garde écossaise. Derrière lui, deux cents gentilshommes de sa garde privée portant leur masse d'armes fleurdelisée d'or sur fond bleu, puis les pages de la reine, de blanc vêtus, précédant Marie-Thérèse seule dans une calèche aux roues couvertes d'or que tiraient six chevaux gris perle magnifiquement harnachés. Les dames de la Cour fermaient le défilé dont les derniers participants n'arrivèrent au Louvre qu'à six heures sonnantes.

Marie-Madeleine riait.

— Voilà mon petit Gascon aussi savant que moi sur cette fête. Je dois reconnaître que notre jeune roi m'a paru fort séduisant.

— Plus que moi ?

— Ma foi...

Sainte-Croix s'était levé, il était devant Marie-Madeleine.

— Il va falloir vous faire pardonner, madame.

CHAPITRE XVIII

Novembre 1660

Le carrosse était immobilisé depuis quelques instants déjà dans l'impasse des marchands de chevaux place Maubert. Il pleuvait si fort que Marie-Madeleine hésitait à en descendre. Les rues, presque désertes, étaient boueuses, malodorantes et le récent marché avait laissé dans l'impasse des détritus de toutes sortes mêlés aux excréments des chevaux. Le cul-de-sac était si étroit que le soleil y pénétrait peu et les murs des maisons basses à pans de bois gardaient constamment une humidité propice aux plaques de lichen qui y poussaient çà et là. Au milieu des pavés glissants courait un égout noirâtre qui rejoignait à la place Maubert celui de la rue des Lavandières et de la rue Perdue.

La jeune femme se décida enfin, mit son masque, remonta sur sa tête le capuchon de son manteau et tapa à la vitre pour signaler à son cocher qu'elle voulait sortir.

— Attendez-moi, Nicolas, demanda-t-elle en descendant, je ne tarderai pas.

Elle serra autour d'elle les pans de son manteau de drap gris et se dirigea vers une porte de bois cloutée au fond de l'impasse. Sainte-Croix lui ouvrit. Enveloppé dans un vaste tablier de cuir il portait un masque de verre à la main. Tout était sombre dans son laboratoire et on ne distinguait de l'entrée qu'un feu ardent qui rougeoyait dans une sorte de four à hauteur d'homme.

— Entre, dit-il.

Il la saisit par la taille et ferma la porte d'un coup de botte. Marie-Madeleine s'écarta pour ôter son masque et son manteau. Jean-Baptiste l'entoura de ses bras.

— Je t'attendais, tu as tardé, ma mie. Que serais-je devenu sans toi ?

La jeune femme le regarda.

— Vous auriez travaillé et sans doute guère pensé à moi. Qu'avez-vous fait aujourd'hui ?

— Embrassez-moi d'abord.

Marie-Madeleine, maquillée de blanc d'Espagne, avait fardé ses pommettes d'un rouge violent, poudré ses cheveux et dans la pénombre son visage semblait parfois animé, parfois figé comme la mort. A côté de Sainte-Croix s'échappait d'une cornue la vapeur d'un liquide noirâtre qui y bouillait et la buée l'enveloppait, effaçant ses traits, ne laissant qu'une silhouette indécise et floue. La clarté venant du four éclairait des soufflets de cuir brun, des livres épars et un bouquet de fleurs séchées, étranges, dans un pot de terre ocre.

— Je suis séparée de biens, dit Marie-Madeleine.

Elle avait reçu le matin même la visite du notaire, tout était réglé : sa fortune lui appartenait, elle pouvait désormais en disposer à sa guise.

Sainte-Croix ne répondit rien, mais s'approcha d'elle et l'enlaça. Elle le repoussa en riant.

— Vous me faites mal, monsieur, avec votre tablier.

D'un geste Jean-Baptiste dénoua les lacets.

— Et ainsi ?

Ils rirent ensemble. Marie-Madeleine était heureuse, elle apportait tout ce qu'elle possédait à cet homme pour lui prouver qu'elle l'aimait.

— J'ai signé un papier qui vous donne pouvoir sur

mes biens. Vos créanciers m'en sauront gré, je suppose, car vous avez beaucoup de dettes.

— Je dépense ce que je vais gagner. Pierre-Louis est venu me visiter voici deux jours de cela.

— Te propose-t-il toujours son affaire ?

— Il attendait ma réponse.

— Quelle somme lui faut-il ?

— Trente mille livres, moitié de suite, moitié sous deux mois. Les chances d'un gain considérable sont importantes.

— Les chances ?

— Rien n'est jamais sûr, Marie-Madeleine. Au jeu il n'existe point de gain sans risque de perte, mais ce jeu-là est gagné d'avance. Vois-tu, je m'intéresse depuis assez longtemps à la chimie pour savoir que des éléments déterminés donnent un corps bien précis. Ne te tourmente point, nous serons riches.

— Nous le sommes déjà, Jean-Baptiste, quoique nos dépenses soient en ce moment considérables au point de m'obliger à hypothéquer ma terre de Norat ! Je ne me fais pas de souci, nous regagnerons cent fois cet argent. Viens-tu ce soir au Cours ?

La mode était aux promenades nocturnes sur le Cours-la-Reine. Un quai avait été établi à la place de la Berge et l'on avait creusé des rigoles pour y planter de jeunes arbres. A la nuit, les promeneurs masqués, éclairés par des porteurs de torches, se croisaient, se saluaient, échangeaient quelques mots, se glissaient des billets parmi les vendeurs de craquelins, de confitures et les bouquetières. Après minuit on se retrouvait chez l'un ou l'autre pour y souper et y jouer. Marie-Madeleine s'était mise au jeu, persuadée par Sainte-Croix, et y avait pris un plaisir extrême. Devant la table de hoca, de pharaon ou de portique, elle éprouvait les seules émotions qu'elle ne devait à personne. L'argent gagné n'était pas un don, il lui appartenait vraiment. Au jeu, Jean-Baptiste et elle ne se parlaient point, ils demeuraient côte à côte, libérés l'un de l'autre. Autour d'eux l'or circulait, les gestes se faisaient rapides, les regards durs, la boule du portique courait et les respirations étaient courtes. Les belles dames sous leurs fards semblaient impassibles, mais leurs mains tremblaient et les gentilshommes n'avaient plus un regard pour elles. On quittait les tables à l'aube et l'orgueil du maintien cachait les désespoirs comme les triomphes.

Sainte-Croix s'était avancé vers le four, il avait saisi un soufflet et ravivait la flamme.

— Je n'irai pas, mon cœur, le temps ne s'y prête guère ; mais je le regrette, car j'y aurais montré ton cheval espagnol qui suscite déjà des envieux.

— Tu l'avais gagné, Jean-Baptiste. Je n'ai fait que m'acquitter d'une dette de jeu dont tu voulais me tenir quitte.

Les flammes montaient, éclairant le visage de Sainte-Croix, faisant transpirer son front et ses tempes. Il avait remis son tablier et posé son masque de verre.

Marie-Madeleine s'était approchée.

— A quoi travailles-tu ?

Sainte-Croix eut un rire clair.

— Toujours à la recherche de la pierre philosophale qui m'entraîne de plus en plus loin. Mon espoir de l'atteindre est petit, mais ma joie est grande de la débusquer. Le chevalier de Montréal s'est ruiné à cette quête et je garde la tête froide. Il vient parfois m'assister de ses conseils, mais je crains que la passion ne me prenne à mon tour et je me défie de lui.

— Et le mercure ?

— Le mercure est l'âme de l'alchimie, madame. M. Belleguise et moi avons bon espoir de parvenir à la transmutation de ce corps en argent, et nous y travaillons avec ardeur.

— Le marquis de Sablé ne vous aide-t-il plus ?

— Si fait, et M. Burin, maître des requêtes, également. Je ne vous parlerai pas du prince de Mecklembourg que vous avez rencontré ici, car il est le plus assidu de tous, mais je me méfie de ces curieux, avides du succès de mes propres travaux. Belleguise et moi réussirons seuls. Le mercure deviendra pièces de bon argent, Belleguise les mêlera aux rentrées de fonds que reçoit Penautier et les sacs devenus gros nous enrichiront infailliblement.

Marie-Madeleine se mit à rire.

— Monsieur, vous êtes un misérable.

Elle aimait cette façon qu'avait Sainte-Croix de se jouer de tout, d'ignorer le châtiment, de nier l'enfer. Elle aurait voulu, comme son amant, pouvoir mettre en doute ce qui la terrifiait encore.

— Madame, la forêt n'appartient pas aux moutons et je ne veux point vivre dans un enclos. Il n'y a d'autre autorité que celle donnée par l'intelligence et la volonté.

— Je le sais, Jean-Baptiste, et je ne veux pas moi-même vivre sous les clôtures.

— Tu n'y seras pas. Je te donne mon pouvoir, ma détermination. Il n'y a point d'ombres, il n'y a que l'absence de lumière. Tu ne peux craindre ce qui n'est pas. Laisse les cauchemars aux dormeurs et regarde autour de toi, tu ne verras rien que tu ne puisses comprendre.

Sainte-Croix avait pris les mains de Marie-Madeleine.

— Tu as froid, mon cœur. Ne te sens-tu pas bien ? Je vais te préparer un remède. Je connais des traitements pour tous les maux.

Il saisit une chaise qu'il enfourcha.

— Mesdames et messieurs, approchez. Vous avez devant vous un guérisseur de génie qui va éloigner de vous tout ce qui vous tourmente. Souffrez-vous des oreilles ? Voici ma graisse d'anguille qui vous rendra l'ouïe assez claire pour saisir les médisances de vos amis. Craignez-vous la peste ? (Sainte-Croix se signa.) Voilà mes onguents pour vous en protéger et faire fuir à tout jamais ce fléau du diable. Le sommeil vous a-t-il abandonné ? Prenez mes pilules d'opium dans un verre de bon vin, elles vous le ramèneront. Mais je vois là une dame dont les beaux yeux sont cernés : achetez pour les rendre brillants ce collyre à base de jus de citron et d'une eau de ma composition que vous me permettrez de garder secrète. Quant aux cernes, pour les effacer, chassez votre amant, c'est le meilleur des remèdes. Enfin, messieurs, je sens que beaucoup d'entre vous n'ont plus au lit conjugal l'ardeur de leurs jeunes années, et la triste mine de leurs épouses me confirme cette sombre prémonition. Ne vous inquiétez pas, grâce à cette poudre, dès ce soir vos prouesses laisseront votre maison dans l'émerveillement et vous-même dans la plus vive satisfaction. Si mon remède va au-delà de vos souhaits, ressuscitant encore des ardeurs que vous chercheriez à éteindre auprès de dames trop généreuses dont vous garderiez quelque souvenir cuisant, ne vous tourmentez pas. J'ai là un baume qui en fera disparaître les stigmates et vous rendra neuf. Approchez, approchez, contez-moi vos maux que je les ôte, j'ai travaillé pour vous des années dans l'obscurité de mon laboratoire, j'ai arraché au ciel et à l'enfer leurs secrets pour votre bonheur à tous. La vie est courte, ne restez point au fond de vos lits à gémir et à vous lamenter. Riez, buvez, faites l'amour, ce sont là les meilleurs remèdes et les miens ne les valent point...

Sainte-Croix d'une pirouette se leva, il était à nouveau aux pieds de Marie-Madeleine.

— Vous, madame, me faites languir et à coup sûr serez cause de ma mort si vous n'avez point pour moi quelques cajoleries qui me rendraient la santé. J'ai essayé mes pommades, mes baumes, mes poudres, mes pilules, mes onguents en vain et je ne vois plus guère que votre bouche pour guérir ce mal. Laissez-vous mourir un homme à vos pieds sans lui porter assistance ? Seriez-vous insensible à ce point à la misère de votre prochain ?

Marie-Madeleine riait, Jean-Baptiste avait mis les mains sur ses jambes qu'il commençait à caresser.

— Holà ! monsieur, vous espérez vite une guérison que je ne suis point sûre de pouvoir mener à bien.

— Essayez, madame, essayez, je suis votre serviteur.

Marie-Madeleine semblait ensorcelée, tout entière sous le pouvoir enchanteur de cet homme.

— Je suis enceinte, murmura-t-elle.

CHAPITRE XIX

21 avril 1661

Comme chaque dimanche, Dreux d'Aubray attendait ses enfants pour le souper.

Son fils aîné venait de lui faire part de son prochain départ pour Orléans en tant qu'intendant. Le lieutenant civil resterait seul avec François, maître des requêtes au Parlement et, malgré ses occupations, les responsabilités de sa charge, il éprouvait parfois de la nostalgie en songeant à cette grande maison désormais presque vide. Thérèse habitait un appartement rue Garancière, dans l'hôtel de Sourdéac ; Marie ne sortirait plus du couvent, ayant prononcé ses vœux perpétuels. Quant à Marie-Madeleine, elle ne venait que le dimanche soir, semblant s'ennuyer, partant aussitôt qu'elle le pouvait. Il voyait sa fille livrée à elle-même, liée à un aventurier qui exerçait sur elle un empire absolu. Il devinait les cadeaux somptueux, l'argent dilapidé et regrettait amèrement d'avoir accordé une séparation de biens à une époque où il craignait encore les dépenses excessives de son gendre. Norat avait été hypothéqué. Sa fille lui avait expliqué au cours d'un souper orageux que cet argent allait lui donner la fortune grâce à des placements exceptionnels, qu'il n'avait point à se fâcher car, étant de l'ancienne époque, il ne comprenait rien aux manipulations financières que M. de Penautier concevait parfaitement. La jeune femme s'animait, devenait violente et une fois de plus son père n'avait point osé l'affronter. Il ne reconnaissait plus la petite fille, l'adolescente soumise jusqu'à l'absence. Comment était-elle devenue cette femme orgueilleuse, ne supportant plus qu'on lui oppose un mot, un geste ? Ce n'était pas son titre qui l'avait changée à ce point, cela ne pouvait être que ce Gascon à la belle figure, joueur, brutal et mécréant.

Les domestiques achevaient de dresser la table ; pour sa fille il avait demandé de disposer des violettes et du muguet partout. A Offémont, enfant, elle revenait du parc avec ces fleurs qu'elle aimait et elle les offrait à son père en ouvrant son tablier. Les violettes d'Offémont... La cuisinière en faisait des confitures qu'Antoine mangeait en cachette, et il se sauvait en riant sur la terrasse dominant la forêt, tandis qu'elle le poursuivait en brandissant une longue cuiller de bois. Depuis la mort de sa femme, Dreux d'Aubray n'avait plus le souvenir d'avoir été heureux. Il était las maintenant et aspirait au repos. Antoine n'avait pu reprendre sa charge aussi promptement qu'il l'espérait et il en avait éprouvé une grande déception. Sa décision était de laisser à ses fils l'hôtel de la rue du Bouloi, de se réfugier à Offémont pour s'occuper de ses terres et pour aller prier de plus en plus souvent parmi le petit groupe de moines célestins retirés dans l'abbaye au bout de son parc.

La porte du salon s'ouvrit ; il sursauta, il n'avait point entendu de bruit dans la cour. Antoine entrait avec Thérèse sa femme, suivi de François.

— Bonsoir, mon père, vous êtes donc seul ?

Ils l'embrassèrent au front. Dreux d'Aubray s'efforça de sourire et posa son livre. Il se sentait fatigué ce soir.

François prit un fauteuil à côté de lui.

— Notre sœur Thérèse n'est pas là ?

— Elle ne viendra pas aujourd'hui, le curé de sa paroisse soupe chez elle.

— Et Marie-Madeleine ?

— Je l'attends.

— Vient-elle enfin avec M. Gobelin ?

Antoine éclata de rire.

— Mon frère, vous êtes du dernier bourgeois. Dites, s'il vous plaît, M. le marquis de Brinvilliers.

— Je vous en prie, mes fils, n'affrontez pas votre sœur ce soir. J'ai moi-même à lui parler et je ne veux point que vous la mettiez en colère.

— Mon père, dit Thérèse d'un air froid en s'asseyant en face de François, il suffit de peu de chose pour irriter Marie-Madeleine et je ne lui connais des yeux doux qu'en présence de son bel amant.

— Thérèse, la vie de ma fille me chagrine plus que vous, croyez-le, mais ce n'est pas là mon principal souci.

— L'un vient de l'autre, mon père, et si ce Sainte-Croix n'existait pas, vous ne vous tourmenteriez pas à la pensée de la voir ruinée et sans pain pour ses enfants.

— Nous n'en sommes heureusement pas encore là et je veillerai à ce qu'elle n'y arrive point. D'ici un mois elle sera en couches et ne pourra plus courir les hôtels où l'on joue. Quel vice étrange est-ce là ! Il faut avoir bien de l'oisiveté et bien du goût pour les émotions les plus perverses... N'en parlons plus, voulez-vous, je veux la paix ce soir et savoir mes enfants en harmonie autour de moi.

Il se tourna vers Thérèse.

— Me le promettez-vous, ma fille ?

Antoine, debout derrière le fauteuil de son père, posa une main sur son épaule.

— Soyez tranquille, mon père, la querelle, si querelle il y a, ne pourra être suscitée que par elle.

Avec l'âge, les fils de Dreux d'Aubray ressemblaient

de plus en plus à leur père. Ils en avaient adopté le vêtement sobre, les paroles mesurées, le goût de la vertu. Travailleurs, dévoués, serviteurs zélés de l'État, ils partageaient un goût commun pour la bonne chère et les vins délicats. La table des Aubray était fort réputée.

Le bruit d'un carrosse parvint de la cour. Dreux d'Aubray voulut se lever, mais Antoine, d'une pression de la main sur l'épaule, l'en empêcha.

— Attendons-la ici, mon père. Marie-Madeleine n'a que trop tendance à se prendre pour une reine.

La porte s'ouvrit. Un domestique s'effaça devant la marquise et Dreux, Antoine, Thérèse, François eurent ensemble un mouvement d'étonnement en la voyant. La jeune femme, enceinte, était vêtue d'une robe ample de velours bleu sur laquelle s'ouvrait une jupe damassée d'or. Elle était maquillée si violemment qu'on ne voyait plus dans son visage que le rouge de ses pommettes et le bleu pervenche de ses yeux. Ses cheveux, coiffés à la Sévigné, étaient abondamment poudrés, décorés de perles et de plumes et elle avait, autour du cou et des bras, des bouillonnés de linon et de dentelles au point de Valenciennes.

Elle eut un rire un peu affecté en voyant l'étonnement de la compagnie, et ouvrit son éventail.

— Je ne me suis point parée ainsi pour vous, soyez rassurés, mais je dois en vous quittant rejoindre quelques amis au Cours-la-Reine. Mes frères, vous semblez bien niais avec vos yeux écarquillés de bourgeois provinciaux. N'avez-vous jamais vu une femme ?

Thérèse eut un haussement d'épaules, et Dreux, craignant une altercation, se leva aussitôt. Il alla vers sa fille qu'il baisa au front.

— Ma fille, j'ai peur de vous chiffonner tant je vous vois ornée. Vous êtes bien belle et j'envie les cavaliers qui vous auront à leur bras ce soir. Passons à table, voulez-vous.

Le lieutenant civil s'assit au bout de la table. Il se voûtait un peu, prenait de l'embonpoint et souffrait fréquemment de la goutte. Marie-Madeleine s'installa en face de lui, entre ses deux frères. En voyant les fleurs, elle eut un regard pour son père et sourit.

— Nous voilà à Offémont, mon père, au beau temps de mai lorsque le parc était couvert de violettes, de muguet et de jacinthes sauvages. Vous souvenez-vous ?

Les yeux de la jeune femme étaient pensifs. Comme ce temps était éloigné d'elle ! Elle était une autre désormais, forte, tellement plus forte. Malgré cette certitude, une étrange tristesse s'était emparée d'elle et le souvenir de ses promenades solitaires dans les allées d'Offémont n'avaient pas le goût amer qu'elle pensait y trouver.

— Merci, murmura-t-elle, mais elle avait prononcé ce mot si bas que personne ne l'entendit.

Les domestiques apportaient le potage et servaient le vin dans les verres rangés sur le dressoir. Marie-Madeleine mangeait à peine, la fin de sa grossesse la fatiguait, elle aurait haï cet enfant s'il n'avait pas été de Sainte-Croix.

— Quand retournez-vous à Port-Royal, mon père ? demanda François.

Dreux d'Aubray mangeait avidement sa soupe, il s'arrêta un instant et essuya sa moustache.

— Après-demain, le 23 avril. Colbert exige l'expulsion des pensionnaires, postulantes et novices, avec la plus grande fermeté. Cette mission me cause des soucis et je ne peux m'empêcher d'y songer.

Marie-Madeleine repoussa son assiette.

— Vous vous agitez trop pour votre âge, père. N'y a-t-il personne d'autre que vous qui puisse jeter dehors ces hérétiques ?

— Ne parlez pas ainsi de chrétiens comme vous, mon enfant. Je les plains, car ils ont le cœur pur. Enfin, je ne peux me soustraire aux ordres de M. de Colbert et il me faudra y aller. Soyez sûre que je souhaiterais autant que vous me voir remplacé dans ma charge par votre frère Antoine, mais le roi ne l'a pas voulu. Il désire que je garde ces fonctions pour quelque temps encore, car il a le projet, je crois, de les aménager.

Thérèse s'était tournée vers Dreux.

— Comment cela ?

— Vous le savez, ma fille. Il est question de séparer de mon office celui de la police, afin de le confier à un lieutenant de police. Mais ceci n'est qu'un projet qui peut mettre longtemps à trouver son aboutissement.

Marie-Madeleine but une gorgée de vin. Sainte-Croix, qu'elle n'avait pas vu de la journée, lui manquait extrêmement. Attendre que ce repas soit terminé pour être à son côté lui semblait insupportable. N'ayant pas mangé depuis le matin, le vin lui donnait une excitation un peu trouble ; elle posa son verre.

— Quand nous quittez-vous, mon frère ?

La nuit tombait, un domestique alluma les chandeliers d'argent posés sur la nappe damassée. A travers les bouquets, la jeune femme rencontrait les yeux d'Antoine de l'autre côté de la table. La tête lui tournait et elle revoyait le regard de son frère, non point sur elle à ce moment précis, mais sur son corps d'adolescente, dans ce même salon. Elle était debout devant la cheminée, droite, les yeux dans ceux d'Antoine pour lui montrer qu'elle ne le craignait point. Il s'approchait d'elle, délaçait son corsage, et la clarté du feu caressait ses seins, ses épaules, ses cheveux qui tombaient en boucles sur son dos. Elle le haïssait, mais sous ses doigts son corps frissonnait et se tendait vers lui, tandis que François les regardait, pâle, avec des yeux étranges. Elle ne lui faisait jamais l'aumône d'un regard, elle le méprisait trop.

La voix d'Antoine fit sursauter Marie-Madeleine. Les fantômes avaient disparu.

— Nous partons dans quelques jours, ma sœur, car

je dois prendre ma charge au début du mois de mai. Je ne vous invite pas, je sais que vous ne viendrez pas.

— Vos terres de Villecquoy sont d'un ennui mortel et je ne crois pas, en effet, que je pourrais y séjourner plus de quelques heures.

Antoine eut un rire bref.

— Je ne souffrirai pas trop de ne pas vous y voir. L'éloignement me permettra peut-être de ne plus penser à certaines affaires de famille qui nous causent à tous ici présents de vives inquiétudes.

Marie-Madeleine fut aussitôt sur la défensive. Dreux d'Aubray qui se servait de volaille parut ne point avoir entendu, mais Thérèse s'était redressée, un sourire aux lèvres.

— Quelles affaires, je vous prie ?

— Vous les savez, ma sœur, et je ne crois pas devoir les exposer présentement.

— Je ne vous comprends pas.

Leur père avait posé sa cuiller, il les regardait l'un et l'autre.

— Vous m'aviez promis, Antoine, de ne point irriter votre sœur, mais puisque voilà cette question évoquée, parlons-en tout à fait car j'ai, il est vrai, quelques reproches à vous faire, Marie-Madeleine.

La jeune femme s'était raidie. Elle fixa son père d'un regard froid.

— Des reproches, mon père ?

— Il paraît en effet que vous avez confié trente mille livres à M. de Sainte-Croix.

— Vous voilà bien mal renseigné, car je n'ai point prêté cette somme à M. de Sainte-Croix mais à M. de Penautier que vous connaissez sans doute.

— Il est vrai que je l'ai rencontré et je sais que vous le comptez parmi vos amis.

— C'est un financier de grande réputation et je ne suis pas la seule dans Paris à lui donner ma confiance.

— C'est un homme qui aime les opérations hasardeuses, ma fille, et qui est sans cesse à court d'argent. J'ai quelques renseignements sur lui. Certes, il est influent, imaginatif et peut-être honnête, mais cette rage d'espérer des bénéfices à partir d'argent qu'il ne possède point me fait peur. Il a, je le sais, de grands projets, mais leur réalisation est exposée à bien des risques et prendra plus de temps que vous ne le pensez. Vos trente mille livres venues de l'hypothèque de Norat n'attendront sans doute pas ces jours lointains de prospérité et seront englouties auparavant, mettant votre domaine en grand péril.

— Voulez-vous dire, mon père, que M. de Penautier serait un malhonnête homme ?

— Non, non, mon enfant, c'est un ambitieux et un joueur. Avez-vous besoin de gagner plus d'argent que vous n'en avez ? Vous êtes, il me semble, assez fortunée grâce à moi pour vivre dans un état d'aisance satisfaisante. Pensez à vos enfants.

Thérèse n'avait pas un regard pour Marie-Madeleine.

— Ce n'est guère à ses enfants qu'elle pense, mon père, et je gage que son esprit va plutôt vers M. de Sainte-Croix.

Marie-Madeleine avait, d'un geste brusque, renversé son verre ; elle parla d'une voix haute, dure.

— Je vous interdis, madame, de prononcer le nom de cet homme, mes liens avec lui ne vous concernent en rien.

Thérèse eut un petit rire.

— Hé ! il faut bien que quelqu'un s'en préoccupe, puisque M. de Brinvilliers, mon beau-frère, est aveugle.

Marie-Madeleine s'était levée, jetant sa serviette à terre. Son regard était hostile, glacial, mais ses mains tremblaient.

— Mon mari est un homme du monde, madame. Nous ne vivons pas comme vous ainsi que des bourgeois, et vous me haïssez parce que je vous fais dépérir d'envie. J'ai une vie brillante, du bonheur et des enfants, tout cela vous est refusé ! Au revoir, mon père, je reviendrai lorsque cette femme insolente et méprisable sera partie à Orléans.

La jeune femme sortit d'un pas assuré. Elle était droite, mais une émotion extraordinaire faisait battre son cœur à grands coups. Ne serait-elle donc jamais heureuse ? Combien de temps encore lui faudrait-il lutter, se défendre, rendre des comptes sur sa conduite ? Puis, alors que la voiture sortait de la rue du Bouloi, le chagrin fit place à la colère. Puisqu'il lui fallait se battre, elle se battrait, le courage ne lui faisait pas défaut. Le bonheur donné par Jean-Baptiste justifiait tout, excusait tout.

— Au Cours-la-Reine vite, Nicolas, demanda-t-elle à son cocher.

Il n'était pas encore sept heures et les rues de Paris étaient toujours animées. L'hiver avait été froid pour la deuxième année consécutive, l'été précédent très sec, et la famine jetait des familles entières sur le pavé des villes. Par la vitre du carrosse, Marie-Madeleine pouvait voir les mendiants tapis contre les portes cochères, recroquevillés sur eux-mêmes, n'ayant plus que la force de tendre la main. Des enfants en haillons couraient derrière la voiture, réclamant une aumône et la jeune femme se redressa. Tout était désolant sur cette terre, sans aucune espérance. Le carrosse s'arrêta pour laisser passer le guet à pied qui commençait ses rondes de nuit, et les enfants escaladèrent le marchepied de la voiture, écrasant leurs visages sales sur la vitre. Parmi eux, Marie-Madeleine vit une petite fille aux grands yeux bleus, aux cheveux bruns sales et pendant sur sa robe.

Le cocher se retourna.

— Dois-je les chasser, Madame la marquise ?

La jeune femme ne bougeait pas. Si, comme le disait Jean-Baptiste, il n'y avait point de ciel à espérer, pourquoi ces enfants vivaient-ils ? La petite fille tapa à la vitre :

— Madame, Madame, pour l'amour de Dieu, donnez-moi un sol...

Marie-Madeleine ouvrit la vitre.

— Prenez garde, Madame la marquise ! cria le cocher. Ces petits gueux sont capables de tout.

Elle ne répondit point. A la lueur d'une lanterne elle voyait les yeux implorants, immenses dans un visage minuscule. La petite fille la regardait, et tendait sa main par la fenêtre, une main sale aux ongles longs et cassés.

— Pour l'amour de Dieu, répéta-t-elle.

Alors soudain la jeune femme se mit à pleurer. Elle ne savait pas bien la cause de ses larmes, c'était un chagrin immense, lointain, remontant à la vue de cette petite fille qui lui ressemblait. Elle se sentit parfaitement seule, condamnée, et Sainte-Croix lui-même n'était plus qu'une pensée douloureuse. L'enfant la considéra étonnée, puis eut un sourire très doux.

— Ne pleurez pas, Madame. On n'éprouve point de chagrin lorsque l'on est princesse. Les peines, ce sont les pauvres qui les ont.

La jeune femme prit la main de l'enfant. Déjà elle redevenait maîtresse d'elle-même. La fin de sa grossesse la fatiguait, mais elle allait bientôt en être délivrée. Elle se redressa, prit un écu dans sa bourse et le tendit à l'enfant.

— Va-t'en ! dit-elle d'une voix dure, puis elle remonta la vitre.

— Allez, Nicolas, ne perdons plus de temps.

Dans la rue, trois garçons s'étaient jetés sur la petite fille et lui arrachaient la pièce d'argent. L'enfant hurlait et la dernière chose que vit Marie-Madeleine à la lumière de la lanterne fut son petit visage en sang.

Le Cours-la-Reine était éclairé par des centaines de torches. Des femmes masquées se promenaient sous les frondaisons accompagnées de gentilshommes et suivies de pages, de vendeurs de friandises, de bouquetières, de galants qui tentaient de les aborder. On se retrouvait sur le rond-point central où des violonistes donnaient la sérénade et les groupes s'arrêtaient, se saluaient. On s'interrogeait sur les derniers événements, échangeant les nouvelles de la Cour, parlant des spectacles ou des ouvrages à la mode. Les femmes riaient derrière leurs éventails, tenaient des propos sur les cavaliers et, à quelques pas, le long des berges de la Seine, des mendiants observaient, guettaient comme des prédateurs la bourse ou la montre qu'ils pourraient couper. Au passage, les cochers donnaient quelques coups de fouet aux plus hardis qui regagnaient aussitôt l'ombre, prêts à en surgir à la moindre occasion. Marie-Madeleine en arrivant au Cours chercha Sainte-Croix des yeux. Elle aperçut quelques connaissances qu'elle salua, sourit en voyant le marquis de Rouillac qui portait comme d'habitude à son chapeau un bas de soie de sa maîtresse, ignora le sieur Molins qui la poursuivait d'assiduités importunes. Enfin, près du rond-point, s'entretenant avec un homme inconnu d'elle, elle vit Jean-Baptiste, et tout à nouveau devint simple, évident, comme si elle regagnait un havre après le gros temps.

— Madame la marquise désire-t-elle descendre ? demanda Nicolas.

— Oui, déposez-moi. M. de Sainte-Croix viendra vous chercher lorsque je voudrai rentrer.

Elle mit son masque et quitta son carrosse. Tout était beau et brillant sur le Cours ; son désarroi disparut. La musique des violons l'enchanta, elle prit des primevères à une bouquetière et, lorsqu'elle fut derrière son amant, accrocha les fleurs au baudrier de son épée. Jean-Baptiste se retourna, l'émerveillement était intact. Il salua Marie-Madeleine cérémonieusement mais lorsqu'il se redressa son regard était sans équivoque.

— Madame, laissez-moi vous présenter M. Martin de Breuille. M. de Breuille travaille pour M. Dalibert, l'associé parisien de notre ami Penautier. Il me fait la grâce de bien vouloir me conseiller pour mes affaires.

Martin salua.

— Nous en reparlerons, je vous quitte pour ne point importuner Madame la marquise avec ces conversations fort austères pour une jolie femme. Je suis votre serviteur.

— Qui est-ce ? demanda Marie-Madeleine.

— Un homme au fait de petits tours financiers pouvant me rapporter de quoi vivre sans vous rien demander. Il fait cela, il va de soi, de son propre chef sans la moindre connivence avec Penautier que ces opérations de peu n'intéressent guère.

— Et Belleguise ?

— Belleguise n'est pas aussi rusé ni tant au fait des affaires parisiennes, et puis il tient de trop près à Penautier pour se compromettre publiquement. Martin va quitter le service de Dalibert pour prendre sa liberté. Je lui donnerai sa part de mes bénéfices.

Marie-Madeleine mit sa tête sur l'épaule de Jean-Baptiste.

— Vous n'avez pas besoin de ce Martin, ne vous ai-je pas dit cent fois que mon argent était à vous ?

— Ne parlons pas de cela, mon cœur. Je le sais, mais cela m'amuse de me prouver à moi-même que je peux gagner quelques écus.

Ils marchaient côte à côte dans le Cours. Marie-Madeleine avait pris le bras de son amant.

— Je veux pour vous le meilleur, le plus beau, Jean-Baptiste. J'ai des domaines, des fermes, qui me permettent des ambitions, je ne veux que votre bonheur.

— Nous serons bien riches, cela est sûr, dite Sainte-Croix d'une voix tendre.

— Oui, répéta la jeune femme, si c'est votre désir.

Elle aurait préféré que Sainte-Croix lui parlât d'amour.

CHAPITRE XX

6 juin 1662

Dès le petit matin la foule se pressait aux Tuileries pour assister au grand carrousel conduit par le roi. La place Royale avait été estimée trop petite pour son déploiement et l'on avait choisi l'ancien parterre des mûriers de Mademoiselle, entre le château et les rues étroites qui commençaient à être tracées le long du Louvre. La veille déjà avaient eu lieu quelques courses de têtes, contre une tête de Turc en bois doré et une tête de méduse présentée dans un bouclier. Le marquis de Bellefond, sous les ordres de Monsieur, avait remporté la boîte ornée de diamants, qui récompensait le vainqueur. Ce jour-là, dans les tribunes et les gradins dressés à cet effet, se pressaient quinze mille spectateurs venus pour applaudir le roi. On savait que Mlle Louise de la Baume Le Blanc[1] était dans la foule et que le roi avait donné cette fête pour elle. Les femmes perdaient la tête pour ce jeune monarque et lorsqu'il fit son entrée, revêtu d'or et de pierres précieuses, ce fut une ovation sans fin. Jamais on n'avait rien vu de plus beau, de plus majestueux, et l'émotion s'empara de la foule lorsque pénétrèrent dans l'espace du car-

1. Future duchesse de La Vallière.

rousel les cinq quadrilles menés par un maréchal de camp et comportant chacun dix chevaliers. Le roi commandait aux Romains qui étaient or et feu, Monsieur aux Persans argent et incarnat, le prince de Condé aux Turcs bleu et noir, le duc d'Enghien aux Indiens multicolores et le duc de Guise aux Américains vêtus de vert et d'amarante. Les quadrilles se succédaient dans la poussière soulevée par les sabots des chevaux et les couleurs se mêlaient, éclataient comme un feu d'artifice. Les cavaliers caracolaient, un sourire aux lèvres, saluant d'un grand coup de chapeau les dames de leurs connaissances qui agitaient des mouchoirs aux premiers rangs des gradins.

Les maisons des rues menant aux Tuileries avaient été pavoisées de housses de couleur, les serviteurs aux fenêtres agitaient de petits drapeaux au passage des quadrilles qui gagnaient l'esplanade, et jamais les marchands de vin, d'oublies, de confitures, n'avaient vu autant d'écus.

Marie-Madeleine et Sainte-Croix avaient trouvé une place sur les tribunes dès le matin. Antoine Gobelin était non loin d'eux avec sa maîtresse et ils s'étaient salués. Après la naissance, un an plus tôt, de son fils Louis, la jeune femme avait retrouvé toute sa beauté, mais une beauté plus fragile encore, plus délicate. Elle souffrait de violents maux de tête que Sainte-Croix soignait avec ses onguents et ses poudres. Il lui avait recommandé également des herbes et ces infusions étaient les seules qui la soulageaient, la laissant dans un état d'euphorie légère si plaisant qu'elle en prenait tous les jours, mélangeant à de l'eau chaude une pincée de ces simples.

Le mois précédent, le petit Louis avait été fastueusement baptisé, tenu sur les fonts baptismaux par le secrétaire d'État La Vrillère, ami de son père, et la veuve du président Antoine Nicolai très liée à Mme de Marillac, elle-même marraine de Claude-Antoine. La famille réunie à l'hôtel de la rue Neuve-Saint-Paul avait fait bonne figure ; seuls Antoine et sa femme n'avaient point voulu faire le voyage d'Orléans. Il avait écrit à son frère François un billet expliquant qu'il ne jugeait pas nécessaire de se déplacer pour le baptême d'un bâtard. Il ne le considérait en aucune façon comme son neveu. La fête avait été joyeuse malgré la mine renfrognée de la petite Marie-Madeleine qui n'avait point quitté Thérèse, sa marraine, à qui elle vouait une grande affection. Elle avait demandé le soir à se rendre à l'hôtel de Sourdéac où Thérèse logeait, et Marie-Madeleine avait accepté avec joie de voir partir cette petite fille maussade qui l'observait avec un regard d'adulte.

Antoine de Brinvilliers recevait les compliments sur le nourrisson avec le sourire, il ne dédaignait pas de le prendre dans ses bras et de le jeter en l'air. Louis était un fort bel enfant, souriant, vif, et que la maison entière, sauf sa sœur aînée, adorait.

Dans la foule, Marie-Madeleine apercevait des amies qu'elle saluait d'un petit geste de ses mains gantées. Les gants étaient sa passion, elle en possédait des centaines, rangés par couleur, et en changeait plusieurs fois par jour. C'était pour elle un bonheur de caresser les peaux fines, les soies, les dentelles, les satins, de sentir le parfum dont ils étaient imprégnés et lorsqu'elle les avait portés deux ou trois fois, elles les donnait à ses servantes.

— Regardez, dit Marie-Madeleine à l'oreille de Sainte-Croix, n'est-ce pas là-bas Ninon de Lenclos ? Elle semble bien belle encore pour ses quarante-six ans !

— Comment connaissez-vous son âge ? Personne ne le sait.

— Par mon frère Antoine, qui le tenait lui-même de

M. de Villarceaux, notre voisin rue du Bouloi. Il lui avait confié ce secret après une soirée chez des amis où le vin avait coulé en abondance.

Jean-Baptiste se mit à rire.

— Paris est un village. On y doit fort jaser de nous.

— Que m'importe, l'amour n'a-t-il pas toujours ici le dernier mot ?

Sainte-Croix prit la main de Marie-Madeleine qu'il serra dans la sienne.

— Vous m'aimez donc ?

La jeune femme porta à sa bouche les doigts de son amant et les baisa un par un. Elle se plaisait à exprimer publiquement ses sentiments afin que nul ne puisse les ignorer. Ces moments où elle exhibait sa passion étaient les plus grisants et, s'il le lui avait demandé, elle se serait mise, aux yeux de tous, à genoux devant lui.

Le quadrille du prince de Condé s'élançait et les assistants, debout, poussaient des cris pour encourager les cavaliers. On ne distinguait presque rien tant la poussière était dense, mais il semblait que le comte de Sault prenait l'avantage. De petits nuages blancs accompagnaient dans le ciel la course des chevaux, s'étirant, se séparant sous la poussée du vent qui faisait frémir les plumes sur les chapeaux des spectateurs. Les concurrents étaient passés.

— Voilà une belle fête, dit Sainte-Croix, le roi veut montrer là qu'il n'a rien à envier aux fastes de M. Fouquet.

— Ne me parlez point de cet homme, car mon père, qui a inventorié ses papiers après son arrestation à Saint-Mandé et chez Mme du Plessis-Bellière, m'en a rebattu les oreilles. Je sais tout de cette affaire et n'ignore ni la gloire ni la chute de M. Fouquet.

Sainte-Croix avait l'air songeur. Il fit asseoir Marie-Madeleine et s'installa à son côté sur le gradin.

— A ce propos, je manque singulièrement de fonds

présentement et Martin me propose une affaire à traiter rapidement. Il s'agit de prêter quelques livres à un jeune homme en difficulté, qui s'engage à les rendre dans les trois mois avec l'intérêt d'usage.

Marie-Madeleine ressentit à l'instant un malaise, une sorte de serrement de gorge qui la faisait respirer plus vite.

— Combien voulez-vous ?

— Cinq cents livres peut-être. C'est ce que demande le client de Martin.

La jeune femme ne répondit pas. Elle n'avait pas cette somme, toutes ses disponibilités, y compris le petit héritage reçu d'une vieille parente, étaient dissipées. Elle avait même dû engager ses revenus des deux années à venir. Certes, son découvert serait bientôt résorbé. L'argent prêté à Penautier devait rapporter quarante mille livres, à quoi il fallait ajouter ses rentes d'un montant de vingt mille livres l'an. Mais en attendant elle n'avait plus comme expédient que les billets à ordre. Marie-Madeleine commençait à en signer, pour ses toilettes, pour les ajustements de Sainte-Croix, leurs dettes de jeu, les soupers, les gages des domestiques. On lui prêtait sans sourciller, n'était-elle pas marquise, fille du lieutenant civil, bru de Balthazar Gobelin ? Son mari lui aurait avancé de l'argent s'il l'avait pu, mais lui-même dépensait ses revenus au jeu ou avec sa maîtresse.

Sainte-Croix regardait la jeune femme.

— Je ne veux pas quêter cet argent, madame, et si vous ne pouvez me l'avancer, une autre le fera.

Marie-Madeleine redressa la tête, ses yeux brillaient.

— Vous ai-je jamais rien refusé ? Vous aurez cet argent dans deux ou trois jours.

Jean-Baptiste prit à nouveau sa main qu'il baisa, mais cette caresse ne lui fit point plaisir. Elle était soucieuse.

— Avez-vous des nouvelles de Pierre-Louis ? Qu'en est-il de notre placement ?

— Il nous faudra attendre encore, mon cœur, les manufactures ne démarrent pas aussi bien qu'il l'espérait, car les ouvriers ne sont point très actifs.

— Voulez-vous dire que les trente mille livres n'ont rien rapporté encore ?

— Je compte aller voir dès demain Pierre-Louis pour lui demander des éclaircissements. Il est, comme vous ne l'ignorez pas, à Paris pour quelques jours.

— Je ne le savais pas, murmura Marie-Madeleine.

Elle était blessée qu'il ne lui ait pas donné de ses nouvelles. La force de cet homme, son intelligence, sa prestance l'émerveillaient toujours.

— S'il faut attendre longtemps encore pour recouvrer l'intégralité de notre prêt, je compte lui demander quelques avances de fonds.

— Nous en avons grand besoin.

— Faites-moi confiance, dit Sainte-Croix.

Marie-Madeleine ne goûtait plus la fête avec autant de bonheur.

Le soir, Jean-Baptiste amena la jeune femme à Saint-Cloud souper chez une dame Durier qui y tenait auberge. Ses cabinets particuliers étaient un endroit de rendez-vous pour tous les galants de Paris qui s'y rendaient en joyeuse compagnie, avec de mystérieuses femmes masquées. On y dégustait à cette époque de l'année des petits pois et des fraises accompagnées d'un vin des coteaux voisins.

Après le carrousel, les voitures étaient arrivées nombreuses. On évoquait la fête, ses splendeurs, la magnificence du roi et les rougeurs qui étaient montées aux joues de Mlle de la Baume lorsque le monarque était venu la saluer. Certains convives étaient arrivés par la galiote qui descendait la Seine entre les collines de

Chaillot plantées de vignes et le hameau du Gros-Caillou où des pêcheurs proposaient une matelote. Les femmes retroussaient leurs robes pour traverser la passerelle et, de l'auberge, les cavaliers attablés les saluaient, risquant des propos crus qui les faisaient sourire. La dame Durier passait, s'enquérant des désirs de chacun, mais on ne la plaisantait pas comme c'était l'habitude dans les cabarets. De grande taille, elle avait, malgré ses quarante ans passés, gardé une beauté froide et hautaine qui tenait à distance tout autant que sa légende. En 1641, alors toute jeune femme, elle avait emporté dans sa robe la tête de M. de Saint-Preuil, son amant, qui venait d'être décapité à Amiens. Cette preuve d'amour forçait le respect de tous, et si les années l'avaient rendue prude et sévère, cette auréole de passion l'entourait encore.

Le jour déclinait et la soirée était douce. Marie-Madeleine et Sainte-Croix firent quelques pas sur les berges de la Seine. Ils marchaient enlacés et leur contact suffisait à éveiller le désir violent qu'ils avaient l'un de l'autre. La beauté du paysage, la chaleur de son amant contre lequel elle se serrait avaient chassé l'anxiété ressentie lors du carrousel. Ces inquiétudes soudaines survenaient désormais au milieu des moments les plus charmants, les empoisonnant un instant pour disparaître dans un rire, une pensée plaisante, un projet enivrant, ne revenant qu'à la nuit pour l'oppresser lorsqu'elle était seule dans son lit. Elle se levait alors, glacée, sonnait une servante afin qu'elle lui apportât de l'eau chaude et, les mains tremblantes, préparait une nouvelle tisane. Le sommeil revenait, vide de cauchemars, vide aussi de rêves, un sommeil inerte, fermé comme la porte des ombres.

[illegible] jours pour ne [illegible]
[illegible] pas de [illegible] les cavaliers [illegible]
[illegible] des [illegible] ceux qui les [illegible]
[illegible] passant [illegible]
[illegible] pas comme [illegible]
[illegible] dans [illegible] De grande [illegible]
[illegible] quarante ans [illegible]
[illegible] comme [illegible]
[illegible] En [illegible] alors [illegible]
[illegible] elle avait [illegible]
[illegible] d'[illegible] des [illegible]
[illegible]
[illegible] après [illegible] jusqu'[illegible]
[illegible] encore [illegible]
[illegible]
[illegible] les [illegible] que [illegible]
[illegible]
[illegible] les [illegible]
[illegible] cette [illegible]
[illegible] quel elle [illegible]
[illegible]
[illegible]
[illegible]
[illegible]
[illegible]
[illegible]
[illegible]
[illegible]
[illegible]
[illegible]

CHAPITRE XXI

9 juin 1662

Le cabinet de Pierre-Louis Reich de Penautier, rue Galande, était baigné de soleil. Pierre-Louis écrivait, penché sur un vaste bureau de marqueterie. Il semblait réfléchir à une phrase lorsqu'un domestique gratta à la porte pour annoncer le chevalier de Sainte-Croix. Le financier posa sa plume et se leva. Jean-Baptiste l'intéressait, l'amusait, mais il le redoutait et, quoique lui donnant des preuves de vive amitié, il le tenait à distance. Un homme aussi ambitieux, aussi dénué de scrupules que l'était Sainte-Croix pouvait être fort utile ou très redoutable. Il avait choisi de s'en servir sans le laisser prendre sur lui le moindre empire. Les petites affaires qu'ils traitaient ensemble par l'intermédiaire de son caissier Belleguise ne se faisaient qu'à travers des prête-noms, il ne signait directement aucun papier, aucune reconnaissance de dette. C'était pour lui une règle absolue, comme la discrétion entourant l'ensemble de ses occupations.

Penautier s'avança, le sourire aux lèvres.

— Mon cher ami, que me vaut le plaisir de votre visite ?

Il posa affectueusement la main sur l'épaule de Sainte-Croix.

— Vous voilà fort bien ajusté et j'admire ces dentelles que vous portez.

Jean-Baptiste sourit. Il avait gardé son chapeau à bord étroit entièrement couvert de deux grosses plumes et portait une cape de velours prune dont il avait relevé les pans pour montrer, comme la mode le voulait, les abondantes dentelles garnissant le bas de ses larges culottes. Ni le tailleur ni le bottier n'avaient été payés, mais Sainte-Croix s'en souciait fort peu.

— Je vous remercie, Pierre-Louis, mais je ne suis point venu parler de mes dentelles. D'autres préoccupations nous inquiètent, Mme de Brinvilliers et moi.

Jean-Baptiste était résolu à la fermeté. La fortune de Marie-Madeleine l'empêchait de s'alarmer des lenteurs de Penautier, mais il voulait en face de cet homme d'argent se montrer de taille.

— Asseyez-vous, mon ami, et causons.

Penautier prit un siège devant la cheminée et s'installa près de Jean-Baptiste. Il n'avait pas voulu que le bureau les séparât afin de garder à leur entrevue un caractère amical ne pouvant que le servir.

— Du tabac ?

Pierre-Louis présentait sa tabatière d'argent et de nacre. Sainte-Croix accepta une prise.

— Je gage que vous venez me parler de votre prêt et j'allais moi-même sous peu vous informer de l'état de la situation.

— Et quelle est-elle, monsieur ?

Pierre-Louis sourit. La hâte de Sainte-Croix lui donnait une supériorité absolue.

— Vous n'ignorez pas que l'argent de Mme de Brinvilliers était destiné à alimenter les fonds nécessaires à la création de manufactures de drap au Languedoc. Je crois toujours en la réussite de ces fabriques, mais les ouvriers ne se sont point montrés à la hauteur et j'ai dû les débaucher.

— Sans ouvriers, vos manufactures se trouvent dans une fâcheuse situation.

Penautier sourit à nouveau.

— Ne vous hâtez point trop, mon ami. Je n'ai pas renoncé et ne suis pas encore vaincu. Les ouvriers engagés n'avaient pas l'habileté requise et je vais en faire venir d'autres.

— Seront-ils meilleurs ?

— Certainement, je vais introduire en France des artisans hollandais qui sont maîtres dans l'art de tisser et qui pourront former nos Languedociens à leur technique.

Sainte-Croix eut un hochement de tête. Cet homme n'était jamais à court d'idées. Déjà il croyait en la réussite de ce nouveau projet, et si Penautier lui avait demandé à cet instant des écus pour le soutenir, il aurait été prêt à lui en donner.

Il fit un effort pour rester impassible.

— Cette idée n'est point mauvaise, en effet, mais peut prendre du temps. Faire venir des Hollandais ne s'organise pas en un jour.

— Êtes-vous tant en peine de votre argent ? En manquez-vous ? Dites-le-moi, je vous prie, car l'amitié que j'ai pour vous et pour Mme de Brinvilliers m'autorise à vous aider sans vous offenser.

Sainte-Croix hésitait. Il répugnait à avouer leurs difficultés financières, mais en affaires il fallait savoir se montrer ferme. Penautier, lui, savait qu'il avait gagné et n'aurait pas à rendre ces trente mille livres qu'il ne possédait plus. Il croisa les jambes et prit du tabac. Tout autant que les mouvements de l'argent, les jeux des esprits le passionnaient. Il connaissait les motivations des hommes aussi bien que les variations du cours des monnaies.

Sainte-Croix regarda par la fenêtre, il ne voulait point avoir l'air d'être pressé. Penautier le laissait silencieux, attendant tranquillement qu'il se décidât.

— Eh bien, mon cher, il est vrai que Mme de Brinvilliers est en ce moment à court d'argent immédiatement disponible. Elle possède des terres qui lui représentent un capital considérable, mais les revenus en sont médiocres.

— N'a-t-elle pas vingt mille livres de rente et son mari pareillement ?

— C'est cela même, mais la vie à Paris n'est point aussi bon marché qu'en Languedoc et elle a dû engager des dépenses que ses fermages ne couvrent point.

— Je lui ai dit cent fois que les revenus fonciers étaient dérisoires. Pourquoi n'accepte-t-elle pas de placer sa fortune différemment ?

— Eh, monsieur, elle ne peut pas vendre, son père l'en empêcherait.

— Elle peut hypothéquer et investir dans l'industrie les sommes recueillies.

— Cela est fait, monsieur. Les trente mille livres que nous vous avons avancées viennent de son domaine de Norat dans l'Amiénois. Les raisons que vous venez de m'avancer pour m'expliquer le retard du remboursement de notre prêt sont acceptables. Je ne doute point qu'elle les récupère un jour, mais l'hypothèque empiète les revenus et nous en manquons présentement.

— Combien désirez-vous ?

Penautier fit rapidement ses comptes. En donnant quelques centaines de livres, il gagnait deux années au moins. Sainte-Croix et Mme de Brinvilliers avaient trop d'orgueil pour le solliciter d'ici là.

— La moitié de la somme, quinze mille livres.

La tristesse se peignit aussitôt sur le visage de Pierre-Louis.

— Monsieur, vous m'étouffez. Assurément je ne dispose pas pour moi-même de ces fonds et je ne vis que d'emprunts.

— Combien me proposez-vous ?

— Trois mille livres. Je ne possède pas plus en or. Cette somme vous permettra de rembourser quelques dettes et de faire attendre ces diables de créanciers qui n'ont pas la patience pour vertu. Avec le cautionnement de M. d'Aubray et de M. Gobelin, Mme de Brinvilliers n'a point à se soucier.

Penautier se leva, ouvrit un cabinet d'ébène dans lequel il prit un petit sac de peau qu'il tendit à Sainte-Croix.

— Voilà, mon cher. Dites à Marie-Madeleine que je suis aise de l'obliger. Je vais faire préparer par mon secrétaire un papier que je ferai porter rue Neuve-Saint-Paul. Cela ne presse point. Et maintenant, parlez-moi de vous.

La vie de Sainte-Croix divertissait Pierre-Louis qui aimait l'entendre raconter les mille petites médisances de la société parisienne. Le jeune homme les lui contait avec une gaieté et un cynisme qui le faisaient sourire, mais le financier redevenait sérieux lorsque le chevalier en venait à ses recherches dans le domaine de la médecine et de la chimie. Si Penautier ne cédait pas lui-même à cette passion, c'est qu'il voyait clairement la grande dépense qu'elle entraînait. On ne comptait plus les gentilshommes ruinés par leurs laboratoires. Il n'en avait pas le temps non plus, courant sans cesse du Languedoc à Paris, s'entretenant des affaires de sa province avec Colbert et des affaires parisiennes avec Bonzy, cherchant de nouvelles opérations à réaliser, des travaux à accomplir, des appuis à donner pouvant rendre ses débiteurs d'importants personnages. Il avait vingt-huit ans et rien n'avait arrêté son ascension.

— Et comment va notre ravissante marquise ?

— Fort bien. C'est une femme de cœur et de tête qui souffre de la tutelle qu'exercent encore sur elle son père et ses frères. Ils sont tyranniques et sans ambition.

Penautier eut un sourire. Sainte-Croix lui semblait par opposition un peu trop prodigue et avide de réussite. Marie-Madeleine, au milieu de ces influences contraires, devait connaître des situations fort incommodes. La jeune femme avait un courage et une volonté indéniables, mais elle était dépensière et trop soucieuse de la gloire du monde. Il avait envie de l'aider, mais certes pas au détriment de son propre intérêt. Pierre-Louis ne pouvait s'encombrer d'aucune tendresse et avait délibérément oublié la main de Marie-Madeleine dans la sienne, son regard triste qui l'avait sollicité un soir. Il allait épouser une jeune fille riche, sage et un peu sotte, Catherine Le Secq, dont le père pouvait avancer en dot des fonds importants. Elle n'avait pas les cheveux magnifiques, les yeux bleus, la bouche ronde de la marquise, ni sa sensualité douce et violente, elle n'était qu'une jeune fille ordinaire de province dont il serait le maître incontesté.

— Je vous jalouse pour votre maîtresse, prononça-t-il doucement, sachez la conserver. Est-elle heureuse ?

Sainte-Croix sursauta.

— Monsieur, ce serait m'offenser que de penser le contraire !

— J'irai demain la complimenter à son hôtel, transmettez-lui mon respect et mon amitié.

Ensemble ils descendirent l'escalier. Lorsqu'ils furent dans la cour, le financier posa sa main sur le dos de Jean-Baptiste.

— A demain, mon ami. Et sachez que je garde pour la réussite de notre projet un enthousiasme entier. Je ne suis point homme à abandonner ce que j'ai entrepris. N'y ai-je pas investi moi-même des fonds importants ?

Lorsque le cheval de Sainte-Croix eut passé le porche, Pierre-Louis demeura un instant immobile, puis il eut un sourire et regagna son hôtel.

La ville à cette heure de la matinée était extrêmement animée. En quittant la rue Galande, Sainte-Croix prit la rue du Petit-Pont, traversa le petit Châtelet par sa galerie voûtée d'où se dégageaient des odeurs nauséabondes particulièrement abominables en été, puis s'arrêta pour acquitter le droit de passage auquel tous étaient soumis à l'entrée du Petit-Pont. Il ne pouvait voir ni la Seine ni l'autre rive entre les deux rangées de maisons construites sur le pont. Des ornementations suggéraient la fonction et le nom de ces demeures, un bras d'or, un croissant, une licorne y étaient peints ou sculptés. Un instant Jean-Baptiste s'arrêta pour laisser passer un charroi de foin, puis il s'amusa à observer un montreur de singes qui parlementait avec les gardes préposés à l'octroi. Le propriétaire refusait énergiquement de payer les quelques deniers demandés pour son animal, assurant qu'il n'était d'utilité qu'à lui-même et ne lui avait jamais rapporté le moindre sol. Le petit singe clignait des yeux, agitait la tête comme s'il comprenait la ruse de son maître, puis soudain, lâchant sa main, il se mit à danser. On fit cercle autour de lui et l'animal sautait, faisait mille grimaces qui mettaient en joie les badauds. Enfin les gardes cédèrent, le vieil homme reprit la main du singe et tous deux traversèrent le pont, calmes et dignes comme des magistrats.

Sainte-Croix les suivit un moment, puis les perdit devant la maison Saint-Nicolas et traversa la rue du marché Palu, la rue de la Juiverie, la rue de la Lanterne. Après le pont Notre-Dame il tourna à droite sur le quai de la Grève pour se rendre rue Neuve-Saint-Paul. Tout de suite, à l'attroupement amassé sur la place, il sut qu'un condamné y était exécuté. Sainte-Croix n'aimait pas particulièrement ce genre de spectacle. Il avait vu mourir trop de soldats à côté de lui lorsqu'il était officier pour éprouver encore la moindre curiosité à la vue de la mort, mais la foule empêchait son cheval de passer et il jeta un coup d'œil plus par désœuvrement que par intérêt réel. Sur l'échafaud dressé derrière le haut crucifix planté au centre de la place était attaché un homme sur la croix de Saint-André, faite avec deux solives de forme oblique assemblées par le milieu. Le condamné venait sans doute d'être rompu car il semblait inerte.

— Qu'a fait ce drôle ? demanda Jean-Baptiste à un marmiton se trouvant à côté de lui et qui avait dû accourir bien vite de sa rôtisserie car il portait encore une fourchette à la main.

— Raoulet Picard ? Mais c'est celui qui a assassiné un prêtre sur la route d'Orléans...

— A-t-il reçu les onze coups de barre ?

— Cela est fait et il va être incessamment attaché à la roue puis mené pour y mourir sur le lieu de son crime, derrière la barrière Saint-Jacques.

Le marmiton semblait disposé à parler. Sainte-Croix pressa son cheval à travers la foule ; l'histoire comme le supplice de cet homme ne l'intéressaient pas. Il était irrité d'être ralenti et lorsqu'un mendiant vint prendre la bride de son cheval pour lui tendre une sébile attachée à son moignon, il saisit sa cravache et le frappa pour l'écarter. L'homme fit un bond de côté, son écuelle tomba ainsi que les deux pièces qui y étaient déposées et qui roulèrent au loin. Des portefaix, déchargeant d'un chaland des sacs de graviers, se mirent à rire, l'un d'eux donna dans la sébile un coup de pied, l'envoyant à grande distance.

— Va, cherche, crièrent-ils au mendiant.

Sainte-Croix haussa les épaules. Il ne faisait depuis longtemps aucun cas des hommes.

La porte du vestibule était ouverte sur la cour de l'hôtel des Brinvilliers. Sainte-Croix savait qu'en haut de l'escalier Marie-Madeleine l'attendait dans sa chambre.

Il sourit. Les servantes le regardaient bien en face, enviant leur maîtresse d'avoir chaque jour la visite de cet amant qui cernait ses yeux et faisait éclater son rire, un homme sans arrogance, plaisantant avec elles, leur offrant de petits présents, fleurs ou rubans qu'il prenait dans les parterres ou sur les arbres décorés du vestibule afin de les attacher à leurs corsages. Pas une d'entre elles dans la maison ne lui aurait résisté.

Ce fut une femme de chambre qui accourut prendre la bride de son cheval, elle venait de la cuisine et avait les joues toutes rouges de la chaleur de l'âtre.

— Est-ce moi la cause de la confusion que je vois sur ton visage, Charlotte ? demanda Jean-Baptiste en mettant pied à terre.

La servante rougit davantage encore. Jean-Baptiste leva la tête. La fenêtre de Marie-Madeleine était close et il ne la voyait point.

— Madame la marquise est-elle là ?

— Oui, Monsieur.

Sainte-Croix était déjà au pied de l'escalier.

Marie-Madeleine ne sortait pratiquement plus sans lui, mis à part quelques visites à Mme de Marillac, Mme de Fieubet ou Mme Nicolai qui n'évoquaient jamais le nom de Jean-Baptiste. Ensemble ils se rendaient au Cours-la-Reine, à Chaillot, à Meudon, à Vaugirard où les jeunes cavaliers de l'académie de Bernardi défilaient le samedi, musique en tête, et surtout une fois la semaine aux cours de chimie donnés par le Suisse Glazer, dans un laboratoire situé à droite de l'entrée du Jardin royal des Plantes. Marie-Madeleine y retrouvait d'autres femmes du monde, car toute une société élégante s'y pressait. Autant qu'un lieu d'enseignement, ces cours étaient devenus une scène de la vie parisienne.

Glazer et Sainte-Croix, passionnés par les mêmes recherches, parlaient longuement après la leçon et la jeune femme attendait son amant en examinant les soufflets, les fioles et les alambics. Ce jeu magique de la transformation des corps la fascinait, mais jamais elle n'y avait travaillé par elle-même, se contentant d'observer Sainte-Croix des heures durant dans son laboratoire, emmenant les onguents, les sirops qu'il lui donnait pour guérir ses maux de tête, ne les prenant pas toujours d'ailleurs car elle se méfiait de ce qu'elle ne connaissait point. Ainsi, elle n'avait jamais goûté au remède miraculeux dont son beau-père, Balthazar Gobelin, s'était fait une spécialité, l'or potable.

Lorsque Sainte-Croix travaillait avec Belleguise à transformer le mercure en argent, elle ne venait pas. Son amant en ces moments-là était méconnaissable, lointain, préoccupé, irritable, indifférent à elle. Belleguise avait prêté cinq mille livres à Jean-Baptiste et six cent trente-trois livres à Martin. Les dettes s'ajoutaient les unes aux autres, et elle ne voulait pas y penser.

Parvenu en haut de l'escalier, Sainte-Croix s'arrêta un instant. Il était heureux et se félicitait de ne point venir les mains vides. Les trois mille livres de Penautier allaient ôter quelques soucis à Marie-Madeleine. Soudain, il regretta de n'avoir pas songé à lui acheter un présent. Il aurait aimé agrafer un bijou à son corsage, lui donner quelques dentelles ou des parfums. La bourse était dans une poche, il la sortit, l'ouvrit et prit quelques pièces d'or.

— Vous avez agi habilement, dit Marie-Madeleine en prenant l'argent.

Elle était à sa coiffeuse avec une chambrière qu'elle congédia. Ses cheveux n'avaient pas encore été arrangés et tombaient sur ses épaules jusqu'au milieu du dos.

— N'êtes-vous pas aise de m'avoir pour vous aider ?

Il l'embrassa dans le cou. Marie-Madeleine, toujours assise, se retourna.

— Vous ne savez que trop combien je vous aime et que je ne peux me passer de vous.

Son regard implorait Sainte-Croix tout autant que son corps. Il la prit par la taille, la souleva, la porta jusqu'au lit. Le désir que la jeune femme avait de lui l'enflammait toujours autant ainsi que sa façon presque désespérée de faire l'amour.

Jean-Baptiste avait déjà relevé sa robe et détaché ses bas lorsque l'on gratta à la porte. La jeune femme se leva d'un bond, se rajusta, enfila ses chaussures jambes nues. Elle était pâle et tremblait légèrement. Une servante entra.

— Monsieur d'Aubray vient d'arriver, Madame, il demande à vous voir.

Sainte-Croix, qui s'était éloigné près de la fenêtre comme s'il se trouvait absorbé par la contemplation du jardin, tourna la tête vers elle.

— Désirez-vous que je me retire ?

— Restez, dit Marie-Madeleine.

La frustration qu'elle éprouvait l'emportait contre son père.

— Où est M. d'Aubray ?

— Au salon, Madame la marquise, il vous y attend.

— Je n'ai pas été prévenue de sa visite et n'ai pas à me déranger. Dites-lui de monter dans ma chambre.

Le lieutenant civil entra un instant plus tard. Il avait un sourire qui se figea à la vue de Sainte-Croix et il le salua froidement.

— Bonjour, ma fille, dit-il en l'embrassant sur le front. Je ne savais pas que vous aviez de la compagnie de si bon matin.

— Il est plus de dix heures, mon père. Ne vous rendez-vous pas au Châtelet aujourd'hui ?

— Plus tard, mon enfant. Je désirais vous parler seul à seule, mais puisque M. de Sainte-Croix est ici, il peut rester. Je ne serai pas mécontent qu'il écoute ce que j'ai à vous dire, car il est concerné par mon discours tout autant que vous.

Dreux d'Aubray montrait un visage sévère que sa

fille lui avait rarement vu. Sans doute était-il ainsi lorsqu'il siégeait au Parc civil !

— Vous asseyez-vous, mon père ?

La jeune femme était sur la défensive, elle ne laisserait pas porter des accusations contre son amant sans le soutenir. Sainte-Croix, toujours debout devant la fenêtre, avait un sourire aux lèvres mais il était plus pâle qu'à l'accoutumée.

— Non, ma fille, je ne resterai point car je n'ai rien à faire dans votre appartement lorsque vous y recevez votre amant.

Marie-Madeleine sursauta et voulut parler, son père l'en empêcha.

— Je sais que les femmes du monde entretiennent désormais leurs galants, c'est la mode, paraît-il ! Je ne veux point me dresser contre elle quoique je la réprouve formellement. L'honneur de votre mari et de vos enfants est entre vos mains, pas entre les miennes. Seul l'usage que vous faites de votre fortune me regarde et je suis venu vous entretenir de vos dépenses.

— Mon père...

— Laissez-moi parler, madame. Votre train de maison extravagant, vos placements hasardeux, les cadeaux que vous faites vont dévorer votre fortune et je ne le tolérerai pas.

Sainte-Croix s'avança d'un pas.

— Monsieur, permettez...

— Ne m'interrompez point. J'ai construit ma fortune par mon travail, ma probité et mon sens de l'économie, vous n'avez aucune de ces qualités, chevalier de Sainte-Croix, vous ruinez ma fille et vous la déshonorez.

Jean-Baptiste instinctivement avait porté la main à l'emplacement de l'épée qu'il avait ôtée en pénétrant dans le vestibule. Marie-Madeleine ne disait rien, ses mains qu'elle avait posées sur le dossier d'un fauteuil tremblaient. Dreux d'Aubray se tourna vers elle.

— J'ai appris que vous aviez signé une quantité de billets à ordre, plusieurs d'entre eux me sont arrivés de créanciers qui n'avaient point été honorés. Je n'en ai émis un seul de ma vie et ne supporterai pas que ma fille dépense ce qu'elle ne possède point.

La jeune femme se redressa.

— Mon père, je gère ma fortune comme je l'entends. Vous m'avez malheureusement donné pour époux un homme qui n'est jamais présent au logis et qui dilapide ses biens. Mon bonheur a été de rencontrer M. de Sainte-Croix qui seul se soucie de mes intérêts.

Dreux d'Aubray eut un rire bref.

— Madame, êtes-vous aveugle ? Cet homme-là vous ruine !

Sainte-Croix le regarda avec haine. Un instant ils restèrent face à face, puis le chevalier se détourna et quitta la chambre d'un pas ferme, claquant violemment la porte derrière lui. Marie-Madeleine eut un instant la volonté de le suivre, mais elle se ressaisit et marcha vers Dreux d'Aubray.

— Je vous prie de sortir, mon père, car je ne supporte pas de voir injurier chez moi les personnes que j'estime et que j'aime.

Le lieutenant civil regarda sa fille. Pourquoi était-elle ainsi ? Quelle faille y avait-il eu dans son éducation pour la faire aussi rebelle et violente ? Il se sentit soudain las et vieux.

— Mon enfant, dit-il d'une voix plus douce, j'agis présentement dans votre intérêt et si M. de Sainte-Croix garde sur vous cette influence néfaste, j'interviendrai personnellement pour l'empêcher de vous nuire. Je le ferai, sachez-le. Maintenant je vous quitte. Ma démarche n'a été motivée, vous le réaliserez bientôt, que par l'affection que je vous porte. Réfléchissez à cela, nous n'en reparlerons pas. Au revoir, ma fille, je vous attends dimanche rue du Bouloi et vous me peineriez beaucoup en ne venant point.

Marie-Madeleine n'avait pas bougé, elle ne pouvait rien faire, rien dire et cette impuissance était intolérable. Antoine avait probablement poussé leur père à cette intervention. Elle l'imagina lui écrivant, l'éperonnant. Sa rage fit place à une sorte de désespoir. Elle se sentait absolument abandonnée.

— M'embrasserez-vous, ma fille ? demanda Dreux.

Il s'avança vers elle. Elle se laissa baiser au front, mais la soudaine tendresse de son père ne la touchait pas.

CHAPITRE XXII

Sains, juillet 1662

Depuis que Marie-Madeleine et Jean-Baptiste étaient arrivés au château de Sains-en-Amiénois, la terre préférée de la jeune femme, il faisait beau. Elle avait éprouvé après l'intervention de son père le besoin de quitter Paris, de s'isoler, de vivre avec son amant loin du regard des autres un bonheur qu'elle sentait menacé.

Les foins avaient été coupés et le soir, après le souper, alors qu'ils prenaient une liqueur dans le parc, ils en sentaient l'odeur mêlée à celle des tilleuls. C'était le moment le plus paisible de la journée, celui où ils se parlaient en paix, l'un à côté de l'autre dans la lumière déclinante.

Marie-Madeleine évoquait son enfance solitaire, mais elle n'avait pas parlé de l'homme en noir. Une pudeur la retenait, une crainte, peut-être, que Sainte-Croix ne veuille plus l'aimer. Lui-même avait connu une enfance triste, douloureuse. Fils illégitime d'un gentilhomme gascon, il avait grandi seul avec une mère dont on s'écartait. Sa belle figure et son intelligence avaient séduit son père qui l'avait finalement attiré auprès de lui, mais il était trop tard. Jamais Jean-Baptiste n'était parvenu à l'aimer. On l'acceptait, tout en lui rappelant sans cesse qu'il n'était qu'un bâtard. A quinze ans il s'était engagé dans l'armée, se liant avec tous les mauvais sujets du régiment, jouant, se querellant, courant les filles jusqu'au jour où il avait rencontré Antoine Gobelin. L'enfance protégée de celui-ci, son éducation parfaite le disposaient à subir l'influence de Sainte-Croix, à admirer sa dépravation joyeuse, son immoralité élégante. Ils s'étaient liés intimement. Antoine était riche, Jean-Baptiste ne l'était pas, l'un payait, l'autre divertissait. Sainte-Croix se prêtait à tout, acceptait tout, riait des bons mots d'Antoine, le courtisait et le dominait.

— Parliez-vous de moi ? demanda Marie-Madeleine un soir où son amant évoquait leur amitié.

— Peu souvent, mon cœur. Je savais qu'il existait quelque part dans Paris une jeune dame Gobelin, fille du lieutenant civil. Antoine était fier d'être apparenté à ta famille. Il jugeait l'alliance fort bonne.

— Ne parlait-il donc que des d'Aubray ?

— Il faisait parfois sur toi quelques réflexions amères qui me faisaient craindre de ta part une insensibilité totale à l'amour. En un mot, il se plaignait de ta froideur.

— Y avait-il réel sujet d'alarme, monsieur ?

— A l'instant où je t'ai aperçue, j'ai su qu'il n'en était rien.

Souvent ils évoquaient leur première rencontre dans la cour de l'hôtel rue Neuve-Saint-Paul et ils se querellaient pour déterminer celui des deux qui avait distingué l'autre le premier.

— Tu avais une robe bleue...

— Toi aussi étais vêtu de bleu, en uniforme d'officier à parements d'or.

Ils riaient, et dans le ciel au-dessus d'eux les nuages couraient comme le temps, ne s'arrêtant jamais. Après le dîner, ils montaient dans leur chambre et fermaient les volets. Le soleil rentrait par rais obliques où venait danser la poussière. Sur les murs tachés par l'humidité de l'hiver étaient accrochés quelques tableaux obscurs représentant la cathédrale d'Amiens et un crucifix derrière lequel on avait serré une branche de buis. Le lit les isolait et les objets, les odeurs les entouraient sans les atteindre. Chacun savait tout de l'autre, de ses courbes, de ses frémissements, de sa chaleur, de sa force et de ses abandons. Ils connaissaient les mots, écoutaient les murmures, étouffaient les cris, comprenaient les silences et Marie-Madeleine, après l'étreinte, demeurait inerte, les bras écartés comme un oiseau planant au-dessus de ses rêves. Sainte-Croix la contemplait pensif, cette femme lui échappait insensiblement et il ne savait ni pourquoi ni comment.

Vers quatre heures, ils se levaient. Quand la température était plus douce, ils se promenaient à cheval dans la forêt ou à pied dans les allées du parc. Marie-Madeleine cueillait des fleurs sauvages qu'elle accrochait aux cheveux, aux vêtements de son amant, cherchait des fraises des bois qu'ils mangeaient ensemble bouche contre bouche, trempait ses pieds nus dans les ruisseaux tandis que Jean-Baptiste soulevait les pierres pour déloger les écrevisses. Pendant ces jours de juin passés à Sains, Marie-Madeleine fut la femme intacte, intouchée qu'elle aurait dû être. Sainte-Croix tendait la main pour la prendre, mais il savait qu'il ne pourrait la saisir. La femme qu'elle était en ces moments-là était une illusion.

La veille de leur retour à Paris, ils firent seller les chevaux et partirent dès le matin à travers la campagne. Dans la chaleur orageuse les bêtes énervées secouaient la tête en soufflant. Aussitôt qu'ils eurent passé la grille du parc, ils mirent leurs montures au galop. Marie-Madeleine portait une ample jupe d'amazone en cotonnade bleue rayée de gris, elle avait noué sur ses cheveux un ruban blanc et le même au poignet de Jean-Baptiste. Sainte-Croix retenait son cheval pour ne point la distancer. Très vite ils furent à la lisière de la forêt, là où s'arrêtaient les étonnantes fleurs jaunes de colza que les paysans du Nord commençaient tout juste à cultiver avec des semences venues de Hollande. De l'autre côté du chemin, les arbres des premiers sous-bois étaient comme un récif où venait se heurter la lumière jaillissant de la pénombre du taillis. La forêt appartenait aux Gobelin. Antoine y avait fait tracer de longues allées de chasse se coupant en carrefours où étaient fichés des poteaux indiquant le nom des sentiers. Marie-Madeleine les connaissait bien, pour y avoir suivi des chasses au loup, au chevreuil ou au sanglier. Plus que la vénerie elle aimait la joie sauvage animant les chasseurs, cette ardeur qui venait mourir contre la paix, le mystère obscur des futaies. Ce contraste lui ressemblait. Elle n'avait jamais su ce qui la faisait vivre et se battre, s'exalter ou se mépriser. Elle désirait tout et savait que ses aspirations étaient inconciliables.

Sainte-Croix fit soudain tourner son cheval à droite, l'engageant dans la forêt. L'allée était parfaitement rectiligne et il lâcha l'animal, distançant très vite Marie-Madeleine. Des branches barraient le sentier, qu'il évitait en se couchant sur l'encolure. En ces minutes il ressentait un bonheur absolu.

Au bout du chemin, Jean-Baptiste revint vers sa compagne, encadré par les branches, penché sur sa monture. Marie-Madeleine tourna la tête, posa sa joue contre son cheval et l'embrassa à l'encolure. C'était un besoin charnel en harmonie avec sa joie, un désir de sensualité rentré en elle-même comme lorsqu'elle descendait nue l'escalier de l'hôtel de son père rue du Bouloi. Déjà, Sainte-Croix était auprès d'elle. Sans un mot, il arrêta sa monture et prit la main de la jeune femme. L'un en face de l'autre ils se taisaient, leurs yeux ne se quittaient point, ce n'était plus une recherche, une demande, seulement l'aveu, désespéré, incrédule d'être arrivés à leurs propres limites et la certitude qu'il leur faudrait désormais combattre pour ne point reculer. Sainte-Croix détacha son regard de celui de Marie-Madeleine. Ils ne se parlaient toujours pas. Au pas lent des chevaux, ils quittèrent la futaie et lorsqu'ils parvinrent à la lisière, l'éblouissement du soleil sur le colza leur fit fermer les yeux. Près du chemin, un paysan avait laissé une botte de foin. Les chevaux s'en approchèrent ensemble, unis par les mains de leurs cavaliers qui ne s'étaient point lâchées. Sainte-Croix prit Marie-Madeleine à pleins bras et ils tombèrent tous deux sur l'herbe sèche attachés l'un à l'autre.

Dans le foin il y eut la bouche de Sainte-Croix et l'odeur de sa peau, la caresse de ses cheveux, de sa moustache, il y eut son souffle, ses mains sur elle et son silence qui la grisaient. Des brindilles se mêlaient à sa chevelure, sa robe s'était étalée autour de ses jambes. Les yeux fermés, elle n'était plus rien qu'un esprit détaché de tout et un corps qui s'enflammait. Marie-Madeleine sut à cet instant précis qu'elle était parvenue à la frontière extrême de ses illusions et qu'il n'y aurait de place désormais que pour le renoncement ou pour la folie.

CHAPITRE XXIII

Paris, 19 mars 1663

Cet après-dîner, la compagnie était venue en nombre, malgré le mauvais temps, au cours de M. Glazer.

Le chimiste suisse devait tenter d'obtenir du réalgar, liqueur corrosive d'arsenic qu'on employait en médecine à faible dose mais qui pouvait, murmurait-on, administrée en quantités plus importantes, provoquer de graves désordres dans l'organisme.

Comme il faisait sombre, les apprentis avaient allumé des chandelles et le four, pour procurer de la chaleur, n'avait pas été éteint, quoique l'expérience tentée ne se prêtât à aucune cuisson.

De nombreux carrosses se trouvaient déjà à l'entrée du Jardin royal des Plantes lorsque Marie-Madeleine s'y présenta seule vers deux heures dans l'après-midi. Sainte-Croix devait la rejoindre là après un dîner avec son compatriote et ami de longue date, l'abbé Dulong, chanoine de Notre-Dame, natif de Montauban comme lui. Les deux hommes partageaient un repas une fois par mois, se séparant après une partie de trictrac et quelques verres d'une eau-de-vie de prune que l'abbé serrait dans sa bibliothèque, derrière des livres pieux, afin que personne ne fût tenté d'y goûter. Quoique Sainte-Croix fût parfaitement athée, il parlait volontiers avec son ami des affaires de la religion, de politique, et ils échafaudaient ensemble de grands projets qui laissaient l'ambitieux chanoine dans un état d'exaltation.

Marie-Madeleine avait accouché prématurément, aux premiers jours de février, d'un petit garçon fragile, Nicolas, conçu à Sains, qui fut reçu dans la famille des Brinvilliers avec une bienveillante indifférence. Cette cinquième grossesse avait fatigué la jeune femme. L'accouchement s'était déroulé péniblement et si le célèbre médecin Guy Patin n'était pas venu lui-même l'assister, l'enfant serait mort probablement. Dreux d'Aubray se rendit à son chevet après ses couches. Il était préoccupé, distant, assailli de soucis. Le Tellier, père de Louvois, lui avait donné l'ordre de sévir contre les gens dans Paris qui prenaient par ruse hommes et femmes pour les enfermer dans des maisons secrètes où ils les gardaient dans le dessein de les conduire en Amérique. L'affaire de Port-Royal l'inquiétait également. Il devait incessamment y retourner en compagnie du chevalier du guet et de ses archers. Marie-Madeleine avait écouté passivement ses considérations mélancoliques sur les fatigues dues à ses occupations et à son âge. Elle craignait des remontrances sur sa conduite ou sur les dettes que le ménage accumulait sans fin, mais il n'en souffla mot. La visite fut brève, il ne l'embrassa ni en arrivant ni en prenant congé, ce que la jeune femme ne remarqua même pas. Seul son visage fermé, presque hostile, inhabituel chez lui l'avait frappée, mais Thérèse était entrée à ce moment-là avec en cadeau une jolie croix d'ivoire pour le nourrisson, et elle n'y songea plus. A sa demande, Sainte-Croix ne s'était pas présenté une seule fois rue Neuve-Saint-Paul avant les relevailles. Elle lui écrivait chaque jour, en recevait également des lettres et cette séparation, la première, ne lui avait pas pesé. L'éloignement était un répit, sans lui il n'y avait plus d'angoisses ni de passion. Elle écoutait les rumeurs de la maison, les cris des enfants, la pendule de sa chambre sonner les heures, des bruits oubliés lorsqu'il était avec elle. Le curé de sa paroisse, Saint-Paul, vint la voir. Marie-Madeleine le jugea modeste et bon, et se promit de fréquenter l'église plus assidûment, de s'astreindre à des privations volontaires pour obtenir le pardon de ses fautes. Au milieu de ses prières lui revenaient en mémoire les sarcasmes de son amant sur la religion, elle se sentait naïve et sotte, à murmurer des mots dans lesquels elle n'espérait plus. N'étant plus certaine de l'existence de Dieu, la jeune femme n'en craignait que davantage le diable. Par superstition, elle avait placé dans sa chambre un flacon d'eau bénite, se signait fréquemment, et portait sur elle de jour comme de nuit des amulettes.

Antoine son époux passait la voir de temps à autre. Ils causaient agréablement maintenant, se considérant comme des amis sûrs. Il avait eu le bon goût de ne faire aucune allusion à la paternité de l'enfant et en parlait comme du sien. Les nuits de veille, les liqueurs, les dissipations de toutes sortes l'avaient épaissi. Il semblait plus court de membres, avec une bouche molle, un teint pâle, mais il conservait le même regard faible et bon. Les époux s'aidaient pour faire face aux plus pressants de leurs créanciers. Comme sa femme, Brinvilliers signait des billets à ordre. Les échéances tombant, il s'était résolu à hypothéquer des terres. Penautier avait remboursé sa dette et dans le même moment acheté un fort bel hôtel à Paris, au coin de la rue des Quatre-Fils et de la rue du Grand-Chantier. Son crédit allait croissant, il était désormais un important personnage que l'on saluait bas. Sainte-Croix disait trop l'estimer pour ne pas en être jaloux, et si le gain n'avait pas été aussi important qu'il l'espérait, il avait néanmoins pu éponger leurs dettes les plus criantes. Jean-Baptiste et Marie-Madeleine parlaient plus que jamais de la fortune qu'ils allaient ensemble édifier.

La jeune femme quitta son carrosse, jeta un coup d'œil autour d'elle pour voir si elle apercevait le cheval de Sainte-Croix, puis gagna le laboratoire par un petit escalier bordé d'une rampe en bois. Un valet attendait les visiteurs sur le palier, leur ouvrait la porte et cherchait un siège pour les installer commodément. Une odeur fade et acide tout à la fois s'insinuait partout. Lorsqu'elle pénétra dans le laboratoire, Glazer, occupé à chauffer ses cornues, la salua d'un signe de tête. Les dames, assises au premier rang devant la longue table, causaient tandis que les hommes, debout derrière elles, observaient les gestes du chimiste, les fioles, les alambics et les flacons de toutes sortes remplis de poudres ou de liqueurs translucides. Le cours n'avait pas encore commencé.

Marie-Madeleine s'installa auprès de la comtesse de Soissons, nièce de Mazarin, qui venait au laboratoire parce qu'elle s'intéressait à un gentilhomme féru de chimie. Apparentée aux Condé, elle jouissait d'un grand respect malgré une apparence peu avenante. C'était à elle, souvent, que Glazer s'adressait lorsqu'il expliquait une réaction. Marie-Madeleine se tourna vers son autre voisine, Paule de Lionne, à laquelle elle était unie par une certaine affinité. Les deux femmes avaient le même âge, la duchesse de Lionne s'était trouvée fort liée avec le surintendant des finances, Nicolas Fouquet, tombé en disgrâce ; elle vivait comme Marie-Madeleine l'expérience d'un mauvais mariage. Leur intimité se bornait à se rencontrer au Cours, au jeu, à s'embrasser devant le monde, mais ni l'une ni l'autre n'entretenaient de vraies amitiés féminines. Elles étaient trop préoccupées de leurs amants pour s'embarrasser des femmes.

Glazer en avait terminé avec ses préparatifs. Les

aides s'affairaient au soufflet pour maintenir en bonne température l'orpiment et le sublimé pulvérisés qui, chauffés dans une cornue et lentement distillés, conduiraient si tout se passait bien à une liqueur gommeuse semblable à du beurre d'antimoine. La compagnie observait le plus grand silence. Le four jetait des lueurs rougeâtres sur les cornues et, par instants, on aurait pu croire qu'elles étaient emplies de sang.

La duchesse de Lionne se pencha vers Marie-Madeleine.

— Ne se croirait-on pas dans la maison de la Monvoisin ? La société y est la même ainsi que l'atmosphère, presque dévote tant elle est respectueuse.

— Vous y rendez-vous ?

La duchesse ouvrit son éventail et chuchota en riant :

— Bien sûr, tout Paris n'y court-il pas ?

On les regardait, Paule de Lionne se tut. Marie-Madeleine ne connaissait pas la femme Monvoisin, habituellement nommée La Voisin, mais elle savait que la devineresse avait excellente réputation et allait même en Sorbonne disputer avec les professeurs sur les questions d'astrologie. Étrangement, la jeune femme ne voulait rien savoir de son avenir. Elle prétendait s'en désintéresser, riait des chiromanciennes et des jeteuses de sort, mais l'ironie cachait la peur.

Glazer prit lui-même un soufflet pour attiser le feu sous la cornue. Vu de profil avec ses cheveux roussâtres et hirsutes, il ressemblait à quelque renard guettant sa proie. Une vapeur âcre s'échappait maintenant du col étroit, long et courbé du récipient. Certaines dames sortirent un mouchoir parfumé qu'elles respirèrent discrètement.

Au moment où Marie-Madeleine craignait que Sainte-Croix ne puisse venir, la porte s'ouvrit doucement et il apparut dans le laboratoire, encore enveloppé dans sa cape noire. Il s'arrêta un instant, croisa le regard de sa maîtresse et lui envoya un baiser.

— Chevalier de Sainte-Croix, dit Glazer, venez donc m'assister.

L'assistance le considéra avec intérêt. On n'ignorait rien de lui, ni ses remarquables talents de chimiste ni sa liaison avec la jolie marquise de Brinvilliers qui se ruinait pour lui. Les femmes le trouvaient beau, les hommes l'enviaient en ne l'estimant point. On lui savait le caractère emporté, la susceptibilité fort chatouilleuse et la lame facile. Tous le connaissaient bien, car après avoir quitté le laboratoire de Glazer ils se retrouvaient au jeu. La même vie partagée en avait fait des compagnons qui n'étaient point pour autant des amis.

La distillation presque achevée laissait un liquide épais, un peu trouble, où crevaient de grosses bulles. Les aides avaient abandonné les soufflets. Sainte-Croix et Glazer côte à côte observaient l'alambic.

— Nous y sommes, murmura le savant.

L'assemblée tendit l'oreille. Les femmes quittèrent leur siège pour mieux voir.

Le vieux chimiste avait pris la cornue qu'il trempait maintenant dans de l'eau afin de refroidir le mélange. La liqueur était visqueuse, dense, et adhérait aux parois de verre du récipient.

— Voici de la liqueur corrosive d'arsenic, dit Sainte-Croix en élevant l'alambic pour que chacun puisse le voir. Cette solution préparée sous vos yeux peut guérir quantité de maladies comme l'asthme, les maladies de peau, la goutte, la perte de l'appétit. Elle peut aussi calmer les inflammations malheureusement consécutives aux plaisirs de l'amour.

L'assemblée se mit à rire. La séance était terminée. Les dames demandaient leurs manteaux aux valets, les hommes causaient quelques instants entre eux, s'approchaient de la cornue, posaient quelques questions à

Glazer. Certains plaisantaient, assurant qu'avec une cuillerée de ce remède le malade verrait venir pour toujours la fin de ses tourments, mais la réputation du chimiste suisse était trop bonne pour qu'il puisse être soupçonné d'aussi méchants desseins.

Sainte-Croix avait rejoint Marie-Madeleine.

— Je suis heureux de vous voir.

— Vous m'avez fait attendre.

— Dulong, mon bon oncle, ne parvenait pas à perdre au trictrac, il m'a fallu force de son eau-de-vie de prune pour le défaire. Je l'ai laissé sommeillant sur son bréviaire.

Marie-Madeleine sourit et posa la main sur le bras de Jean-Baptiste.

— M'accompagnez-vous à cheval ?

— Je suis venu à pied dans l'espoir de partager au retour votre carrosse.

— Allons, j'ai hâte d'être seule avec vous.

Ils saluèrent quelques personnes encore présentes. Sainte-Croix donna une accolade à Glazer, puis ils sortirent. Dehors une pluie fine tombait, l'égout au centre de la rue était gonflé d'une eau noirâtre et nauséabonde qui jaillissait sur les pavés. Sainte-Croix arrêta Marie-Madeleine.

— Je vais chercher la voiture.

Dans le carrosse, assis à son côté, Jean-Baptiste passa une main derrière sa nuque et l'embrassa. S'ils n'avaient pas conservé intactes toutes leurs grandes espérances, ils feignaient d'y croire encore et ne faisaient aucun cas de la réprobation des autres. Leur vie était devenue un défi qu'ils relevaient avec exaltation.

La voiture gagna la porte Saint-Bernard par la rue Saint-Victor et la rue des Fossés-Saint-Bernard. A droite, au bord du fleuve, la Tournelle défendait le passage de la rivière. La nuit on y attachait une chaîne barrant la Seine, accrochée sur l'autre rive à la tour Loriot. La Tournelle était devenue sans usage lorsque

Vincent de Paul avait obtenu qu'elle fût affectée à la demeure des condamnés avant leur départ pour les galères. Bien qu'on ne vît pas les prisonniers enchaînés entre les épaisses murailles, les femmes se signaient parfois en passant. Vincent de Paul était mort, on le disait saint, et Marie-Madeleine se souvenait de son regard, un regard doux qui n'épargnait point cependant. Elle l'avait révéré, aidé, mais s'il était encore de ce monde la jeune femme n'aurait plus voulu ses yeux sur elle. La réprobation de ses ennemis la stimulait, celle des personnes qu'elle admirait lui était insupportable.

— Quel chemin prendrez-vous ? demanda Jean-Baptiste.

— Nous passerons par le Pont-Neuf, si vous le voulez bien. J'ai le dessein de m'arrêter quelques instants chez un bijoutier qui a promis de m'acheter un bon prix de vieux bijoux que je ne porte jamais. Mes gens n'ont pas été payés depuis quelque temps, la gouvernante menace de me quitter.

Sainte-Croix haussa les épaules.

— Ne vous laissez pas intimider par ces coquins !

— Que puis-je faire ? Ils me savent en difficulté et ils craignent pour leur argent. Si je n'avais pas comme maître d'hôtel le bon Du Châtelet qui a sur eux une autorité certaine, il y aurait chez moi le plus grand désordre.

— Eh, madame, vous êtes bien trop bonne pour eux. Vous les écoutez, les consolez, leur faisant de petits présents qu'ils ne méritent point.

— Ce sont de braves gens.

— De braves gens qui sont prêts à vous quitter si les écus ne sonnent plus. Allons, Marie-Madeleine, cesse de te soucier de l'opinion des autres. Qu'en as-tu à faire !

— J'en ai beaucoup à faire, monsieur, je ne peux que

haïr ou aimer, n'étant point de caractère tempéré. Vous en plaignez-vous ?

— Je crains, ne méritant plus l'un, d'être accablé un jour par l'autre.

Marie-Madeleine était songeuse. Si son amant ne lui restait point, vers qui se tournerait-elle ? Pourrait-elle encore supporter d'être seule ?

La voiture suivait maintenant le quai des Grands-Augustins. Le mouvement des voitures, des cavaliers et des piétons, peu dense sur le quai, s'animait extraordinairement à l'approche du Pont-Neuf. Le carrosse de Marie-Madeleine se fraya un passage jusqu'à la rue Saint-Louis où tenaient boutique les orfèvres, à travers camelots, marchands de chansons, de bouquets, d'oranges, farceurs et charlatans de toutes sortes. Le bijoutier que le cocher était allé chercher s'avança jusqu'au carrosse, prit les écrins que Sainte-Croix lui tendait. On signa un papier puis la voiture repartit vers la place Dauphine, passa devant la statue équestre d'Henri IV et s'engagea sur le pont entre les échoppes de bois occupées par des boutiquiers vendant tableaux, encre, chiens, parasols. Marie-Madeleine et Sainte-Croix étaient silencieux, la jeune femme songeant aux bijoux hérités de sa grand-mère Olier dont elle venait de se défaire, Jean-Baptiste à son homme d'affaires, Martin, qui lui avait indiqué le matin même un prêt fort rentable.

Lorsque le carrosse s'arrêta, ils n'y prêtèrent pas attention. L'animation était toujours grande sur le pont, animaux et enfants y couraient en tous sens, forçant les cochers à prendre une allure très lente et à immobiliser fréquemment leurs chevaux. Marie-Madeleine sursauta lorsque Nicolas ouvrit la portière :

— Madame la marquise, il y a là des gendarmes qui demandent Monsieur de Sainte-Croix.

Jean-Baptiste se redressa. Quatre hommes étaient derrière le cocher et saluaient. Un petit groupe de badauds s'étaient arrêtés afin de ne rien perdre de ce spectacle nouveau.

— Monsieur le chevalier Godin de Sainte-Croix ?

— C'est moi, messieurs.

— Au nom du roi, je vous arrête.

Sainte-Croix et Marie-Madeleine se regardèrent. Le cœur de la jeune femme s'était mis à battre violemment.

— N'y allez pas, monsieur, c'est une erreur et ces gens-là paieront cher la frayeur qu'ils me causent.

Elle avait pris le bras de son amant qui se dégagea doucement.

— De qui viennent vos ordres, messieurs ?

L'officier qui commandait les trois gendarmes présenta par la portière un papier où était apposé le sceau de Colbert. C'était un ordre d'embastillement émanant du lieutenant civil Dreux d'Aubray.

La foule devenait plus dense autour du carrosse. Les gens montraient du doigt les armoiries peintes sur la portière, se consultaient, riaient. L'arrestation d'un gentilhomme était un spectacle recherché, permettant aux badauds de se moquer ouvertement de ces gens pleins de morgue qui les écartaient habituellement à coups de cravache.

Sainte-Croix s'inclina vers Marie-Madeleine et lui baisa la main. Un enfant qui s'avançait vers la voiture fut repoussé brutalement par l'un des gendarmes. La jeune femme et Jean-Baptiste échangèrent un dernier regard, Marie-Madeleine serra la main de son amant très fort dans la sienne puis la lâcha, Sainte-Croix descendit du carrosse.

— Dommage de l'enfermer, cria une boutiquière, il a belle figure !

Jean-Baptiste lui fit un ample salut et sourit.

— Me voici, messieurs, allons à la Bastille.

Il ne se retourna pas.

Le cocher resté devant la portière se pencha vers la

jeune femme qui n'avait pas bougé. Elle ne ressentait pas encore de chagrin, seulement un immense ressentiment contre l'injustice, l'agression faites contre elle.

— Dois-je rentrer rue Neuve-Saint-Paul, Madame la marquise ?

Marie-Madeleine se redressa, elle était froide, résolue.

— Oui, Nicolas, nous rentrons.

Dès que la voiture se fut arrêtée dans la cour, la jeune femme en descendit, gravit en courant l'escalier, pénétra dans sa chambre et sans même retirer son manteau prit une plume, une feuille de papier.

Monsieur, écrivit-elle, *l'emprisonnement du chevalier de Sainte-Croix me prive de la vie, considérez que vous n'avez plus de fille.*

Elle sonna. Un laquais se présenta presque aussitôt. Nicolas avait raconté à toute la maison l'arrestation de Jean-Baptiste et les domestiques étaient fort animés.

— Louvière, tu vas porter ce billet à mon père, tout de suite. Il n'y a pas de réponse.

Marie-Madeleine le regarda sortir et alors, seulement, elle se mit à pleurer.

CHAPITRE XXIV

La Bastille, avril 1663

Le 8 avril, Bertrand Macé de la Bazinière et Claude de Guénégaud, trésoriers de l'épargne, liés à Fouquet, furent emprisonnés à la Bastille. Le 11 avril, Jean de Grossolles et le marquis de Termes, coupables de s'être battus en duel, y arrivaient à leur tour. Les nouveaux prisonniers étaient attendus impatiemment à la promenade. L'on s'empressait autour d'eux pour connaître les nouvelles de l'extérieur, ils étaient fêtés, invités de toutes parts et certains pensionnaires fortunés allaient jusqu'à organiser des dîners en leur honneur, les cellules pouvant rester ouvertes jusqu'à la nuit.

Le 12 avril, le marquis de la Sablonnière, ancien maître de camp du régiment de Valois, avait convié une dizaine de prisonniers à venir admirer chez lui un couple de canaris qu'il avait dressés. Le gouverneur, qui appréciait le marquis pour l'élégance de sa conversation, avait autorisé les prisonniers à se retrouver dans sa cellule pour y admirer les prouesses des oiseaux, sans toutefois que la réunion excède une heure de temps pris sur la promenade. Ils boiraient quelques verres de vin et joueraient ensuite pour oublier les misères de leur condition. La Bazinière, Claude de Guénégaud avaient été priés, ainsi que Sainte-Croix, un Italien nommé Nicolo Eggidi qui divertissait les prisonniers par sa belle humeur, le chirurgien Pierre Vandare et les deux nouveaux venus Jean de Grossolles et le marquis de Termes. Aucun de ces prisonniers n'étant au secret, le gouverneur, M. de Montlesun, leur avait permis de circuler librement de jour à l'intérieur de la forteresse. Ils devaient seulement s'écarter lorsqu'un cri des gardiens annonçait des personnes étrangères à la prison, l'identité des détenus devant rester secrète. C'était là une règle absolue. Le marquis de la Sablonnière logeait au premier étage de la Bertaudière, l'une des huit tours de la Bastille, nommée ainsi en souvenir du maçon Bertaud qui en était tombé lors de la construction. Quoique peu éclairée, la pièce était vaste, meublée agréablement avec le propre mobilier du marquis, saine car point trop froide l'hiver ni chaude l'été, contrairement aux « calottes », chambres situées au sommet des tours. Les cachots placés au sous-sol, un peu en dessus du niveau des fossés et bien en dessous du sol de la cour, étaient effroyables, humides, obscurs, avec pour seule ouverture une étroite fente. Les rats, les crapauds et les araignées y pullulaient, donnant aux malheureux prisonniers qui y étaient jetés une espérance de vie fort courte.

Sainte-Croix n'était guère sorti dans la prison depuis qu'il y avait été enfermé, au troisième étage de la tour de la Liberté. Au cours de l'une de ses promenades, il avait causé avec le marquis de la Sablonnière, ancien officier comme lui et les deux hommes, en raison de leurs affinités, se revoyaient régulièrement.

— Connaissez-vous Nicolo Eggidi ? lui avait demandé un jour Edmond de la Sablonnière.

— Je ne l'ai point encore rencontré.

— Il est chimiste comme vous, on dit qu'il a travaillé à cet art avec la reine Christine, cette étrange femme qui est venue nous surprendre à Paris il y a presque six années de cela. C'est un Italien fort aimable et enjoué, qui nous amuse tous. Venez chez moi un après-dîner, vous le connaîtrez, il vient me visiter souvent. Nous causons de son pays que j'aime, de l'art et de la musique, il est éclairé sur tout. Le personnage vous intéressera, il est séduisant mais inquiétant et je ne lui confierais pas mon âme.

— Pourquoi est-il ici ?

— On l'accuse d'espionnage, d'empoisonnement, d'être alchimiste aussi et d'autres peccadilles, mais ne sommes-nous pas tous injustement incarcérés ?

Il faisait beau et les premières feuilles apparues donnaient de la mélancolie aux prisonniers. On regardait le ciel d'un bleu léger, les pigeons et les moineaux en liberté, les fleurs cultivées par Mme de Montlesun et on plaisantait un peu pour oublier son infortune. L'affaire Fouquet entraînait une grande affluence à la Bastille. Les prisonniers avaient dû se serrer pour faire place aux nouveaux venus. La première semaine de son incarcération, Sainte-Croix avait partagé sa cellule avec un gentilhomme coupable de s'être emporté contre un ecclésiastique au point de lui avoir assené sur le dos quelques coups de canne. Il se trouvait seul maintenant, son codétenu ayant été libéré. Jean-Baptiste avait passé les premiers jours de sa détention dans une si grande fureur qu'il ne se souciait ni du lieu où il se trouvait ni des personnes qu'il y voyait. Ses seules pensées étaient tournées vers le châtiment de l'offense reçue. Il formait le dessein de courir aussitôt libéré chez le lieutenant civil, et de le traverser de son épée. Puis, peu à peu, il avait ralisé l'inanité de ce projet. Il ne lui faudrait point céder à la colère, ayant tout à y perdre, mais mûrir lentement sa vengeance. Dreux d'Aubray regretterait un jour de l'avoir outragé. La séparation d'avec Marie-Madeleine ne commença à lui peser que lorsque sa rage se fut calmée. Il avait reçu d'elle un billet exprimant le désespoir et la force d'une passion qui, disait-elle, « détruirait la Bastille pour l'en faire sortir ». Pas un instant Sainte-Croix ne doutait de sa maîtresse, il savait que son pouvoir sur elle était absolu, qu'il possédait un empire total sur son corps comme sur son esprit. Il la reverrait, ils reprendraient leur vie de plaisirs et de fêtes sans être gênés par quiconque dans leurs ambitions. Une femme l'aimait, une femme lui ouvrait les portes de la fortune et on prétendait la lui arracher !

Ses pensées parfois le faisaient rire. « Messieurs d'Aubray, vous vous croyez puissants, mais vous n'êtes rien. Moi, Jean-Baptiste de Sainte-Croix, je vous ôterai de ma vue lorsque bon me semblera. » Le rire allégeait sa colère. Lorsque le soir tombait, il n'avait parfois pas bougé et le gardien apportant le souper le retrouvait à l'endroit où il l'avait aperçu en débarrassant les restes du dîner. Le valet le contemplait et hochait la tête. Décidément, les grands seigneurs étaient des gens bien singuliers !

La Sablonnière avait fait monter à ses frais quelques bouteilles de vin de Bourgogne, une brioche et les premières fraises de la saison dans une corbeille d'osier. La compagnie applaudit les canaris auxquels le marquis, dans son désœuvrement, avait enseigné quelques tours, puis on se servit à boire et à manger. Après avoir longuement évoqué l'affaire Fouquet, on se mit à jouer aux dames, aux échecs, aux dés, les jeux de cartes étant interdits à l'intérieur de la Bastille. Le marquis désigna à Sainte-Croix une table de trictrac où était assis Nicolo Eggidi.

— Je vous ai si fréquemment parlé l'un de l'autre que vous ferez sans mal connaissance. Ma foi, vous avez tout pour être les meilleurs amis du monde.

Jean-Baptiste s'assit. L'homme en face de lui était grand, maigre, avec un regard aigu.

— Jouons, voulez-vous.

Jean-Baptiste voyait ses mains sur le damier, des mains sèches, fines, légères comme des ailes. Ils n'échangèrent pas un mot durant la partie. Sainte-Croix observait l'Italien qui ne le quittait pas des yeux. Lorsque Eggidi eut gagné, il se leva :

— Venez là, monsieur, nous avons à causer et ce serait le diable que nous n'ayons point mille choses à nous dire.

— M'accompagneriez-vous à la promenade ?

— Volontiers.

Ils saluèrent la compagnie et sortirent. Le marquis les suivit du regard en souriant.

Dorénavant, Sainte-Croix retrouva chaque jour l'Italien à la promenade, soit dans la grande cour, soit sur la plate-forme de la forteresse et ils marchaient au gré de leur fantaisie, si absorbés par la conversation qu'ils ne s'apercevaient point du beau ou du mauvais temps. Tout unissait les deux hommes, leur passé aventureux et la recherche de la pierre philosophale, leur intérêt pour les sciences, leur absence de scrupules, leur impiété moqueuse. De la recherche de la pierre philosophale, ils étaient arrivés à la transmutation du mercure en argent puis à la chimie, aux drogues et remèdes qu'elle permettait d'élaborer. Eggidi connaissait des combinaisons inconnues, des propriétés nouvelles. Instruit en botanique, il récoltait des herbes et des simples qui, mélangés à des substances minérales ou organiques, donnaient des résultats surprenants. Après une semaine de promenades partagées, Eggidi parla enfin de la science qu'il possédait le mieux, celle des poisons. Sainte-Croix l'écouta attentivement. Il savait qu'à Paris, abréger la vie rapportait plus que de la prolonger, et que certaines personnes payaient fort cher la possibilité de se débarrasser discrètement d'un importun. Les devineresses, les mages, les sorcières se chargeaient de ce commerce, le rendant peu crédible et dangereux. Jean-Baptiste le regardait jusqu'alors comme une forfanterie, au même titre que les poudres d'amour ou les envoûtements.

Eggidi s'était arrêté, face à Sainte-Croix.

— Il y a la science, mon ami, et la superstition. Je ne parle que de la première et plus encore d'un savoir qui fut extrêmement développé et dont nous sommes bien peu de dépositaires maintenant.

Il faisait beau sur la plate-forme de la prison, un couple de pigeons faisait une danse d'amour.

— Tu connais à Paris un de mes amis, au fait comme moi de ces secrets ; il n'est point aussi savant que je le suis, mais il t'apprendra beaucoup lorsqu'il saura que tu as ma confiance.

— Quel est cet ami ?

— Christophe Glazer.

Sainte-Croix eut un geste d'étonnement.

— Le savant du Jardin royal des Plantes ?

— Lui-même. Il est allé en Italie où je l'ai rencontré. C'est un homme discret, prudent mais avec une lettre que je te donnerai pour lui, il se fiera à toi. Que demandes-tu à la vie ?

— Des écus pour avoir la gloire et la considération.

— Il n'y a point de meilleur moyen pour en amasser. Le commerce des poisons te fera riche car il est prospère, mais l'intérêt le plus vif, tu le prendras à les élaborer, à détenir entre tes mains la vie et la mort en dominant la nature. Je possède des connaissances oubliées, mes poisons ne laissent aucune trace, le médecin le plus habile ne peut les déceler.

— La Sablonnière m'a avoué que tu étais incarcéré pour empoisonnement, comment cela est-il possible ?

Eggidi haussa les épaules.

— Des soupçons, seulement des soupçons. Ils n'auront jamais de preuves et sous peu je serai élargi.

— Si cela est, je te regretterai.

Ils poursuivirent leur promenade en silence. Sainte-Croix était songeur, les révélations d'Eggidi ne l'avaient pas vraiment convaincu mais il était intéressé. Travailler à la composition de ces substances toxiques en compagnie de Glazer était une idée passionnante, les vendre n'était point aussi évident à moins qu'on ne les lui payât fort cher. Les avantageux placements de Penautier demeuraient risqués, ses petites affaires avec Martin ne rapportaient que peu, le mercure ne se changeait point en argent et la fortune des Brinvilliers diminuait rapidement. La chose pouvait être utile un jour...

C'était la troisième lettre de son père que Marie-Madeleine déchirait sans la lire. Depuis l'embastillement de Sainte-Croix elle avait cessé toutes relations avec sa famille, n'envoyait plus ses enfants rue du Bouloi et refusait qu'on les vînt visiter. Les journées s'étiraient en longueur, elle sortait peu, craignant d'être considérée avec ironie. N'ayant jamais eu l'habitude de prendre soin de ses enfants, elle s'ennuyait en leur compagnie. Ses seules occupations étaient de relire inlassablement les lettres que lui avait adressées Sainte-Croix depuis leur première rencontre, de considérer le médaillon où elle l'avait fait peindre et de causer avec Antoine qui venait de temps à autre la voir. La façon brutale dont son amant lui avait été ôté avait ranimé extraordinairement sa passion. Jean-Baptiste, qui ne lui avait point trop manqué durant leur séparation volontaire lors de ses dernières couches, lui faisait maintenant cruellement défaut, et elle aurait tenté des folies pour le revoir puisque cette réunion était justement impossible. La haine que la jeune femme avait éprouvée pour son père était devenue une rancune tenace. Les liens ténus qui l'attachaient à sa famille s'étaient brisés sur le Pont-Neuf et la violence même de son hostilité l'avait libérée. Si Dreux d'Aubray requérait l'élargissement de Sainte-Croix elle le reverrait sans plaisir, elle était lasse de lui comme de François, de Thérèse, de Marie. Seul son frère Antoine attirait encore son aversion.

Rue du Bouloi, Dreux d'Aubray avait demandé que l'on allumât un feu dans la cheminée de sa chambre. Avril était ensoleillé mais il avait froid. Sa récente expédition à l'abbaye de Port-Royal en compagnie du chevalier du guet et de ses archers avait été éprouvante. Il avait désiré éviter un affrontement par trop violent, mais la chose avait été impossible et les religieuses rebelles s'étaient entêtées dans leur détermination, entraînées par MM. de Sacy, du Fosse et Fontaine. Le lieutenant civil pressentait qu'il allait devoir employer la force et l'idée d'une arrestation lui déplaisait.

Depuis quelque temps Dreux d'Aubray souffrait de la goutte, et il avait demandé que l'on mît un tabouret sous ses jambes. Immobile près du feu, il se remémorait les événements de Port-Royal-des-Champs, ne cessant pas cependant de penser à sa fille Marie-Madeleine. Ce dimanche-là, pas plus que les précédents, il ne la verrait rue du Bouloi. Il regrettait d'autant plus son absence que la famille aurait été réunie, Antoine et sa femme ayant annoncé leur arrivée d'Orléans. La ruine du ménage Brinvilliers était pour lui une épreuve fort douloureuse. Marie-Madeleine et son mari restant sourds à ses réprimandes continues, il avait décidé d'écarter celui qu'il jugeait responsable de ce désastre, ce Godin de Sainte-Croix, gueux, ambitieux, sans scrupules, qui déshonorait sa fille. Obtenir une lettre de cachet avait été chose facile et il pensait être débarrassé de lui pour longtemps lorsque Marie-Madeleine lui avait fermé sa porte.

Il était vieux désormais, il avait perdu des parents,

des proches, lutté dans une charge difficile et pesante et n'aspirait plus qu'à la paix familiale. Les dimanches rue du Bouloi entre la pieuse Thérèse et le taciturne François étaient sinistres. Ses petits-enfants lui manquaient, Marie-Madeleine qui avait onze ans déjà et une jolie figure comme sa mère, Thérèse moins belle mais drôle et pleine de vie, Antoine âgé de quatre ans, le portrait de son père, puis Louis et le bébé Nicolas dont les naissances l'avaient tout d'abord scandalisé mais qu'il avait vite adoptés. N'étaient-ils pas ses petits-fils au même titre que les autres ? Louis était un enfant particulièrement intéressant, beau comme un ange, vif, charmeur, précoce pour un petit garçon n'ayant pas ses trois ans, avec des gestes tendres qui touchaient son grand-père. Depuis si longtemps il n'avait pas eu ainsi les bras d'un enfant autour de son cou ! Depuis l'enfance de Marie-Madeleine. Avec l'âge il en venait à se sentir coupable. Pourquoi lui avait-il fait épouser Antoine Gobelin ? Elle aurait pu être la femme d'un grand seigneur, côtoyer le roi... Dreux d'Aubray ferma les yeux. Il était fatigué, il ne fallait point divaguer. Le destin de ses petits-enfants reposait entre ses mains et il n'avait pas le droit de les abandonner. La veille, il avait rencontré Balthazar Gobelin, ils étaient immédiatement tombés d'accord pour contraindre les époux à faire une donation à leurs enfants nés ou à naître des terres de Sains, Brinvilliers, Morainvilliers et des Tournelles. Il fallait leur laisser un patrimoine. Balthazar Gobelin, fort abattu, avait eu la sagesse de ne pas attaquer sa belle-fille, se désolant de la conduite de son fils. « Les malheurs des enfants, avait-il ajouté, sont la faute des parents. J'ai élevé Antoine trop douillettement et s'il avait comme moi reçu le fouet et mangé du pain sec, sa nature aurait été meilleure. »

Dreux d'Aubray ne disait rien : qu'avait-il à se

reprocher au sujet de Marie-Madeleine ? Certes pas de l'avoir trop choyée.

Le feu diffusait une chaleur si douce que le lieutenant civil s'engourdissait. Antoine ne tarderait pas, il lui ferait part de la décision que Balthazar Gobelin et lui-même avaient prise, et d'une autre également à laquelle il venait de se résoudre : demander l'élargissement de Sainte-Croix afin de recouvrer sa fille et ses petits-enfants. Sa détermination était arrêtée, l'opposition probable de son fils ne l'en détournerait pas. Avec le temps, il avait compris que sa fille ne céderait pas, qu'il mourrait peut-être sans la revoir ; le maintien de Sainte-Croix en prison ne valait pas ce sacrifice.

Il était sept heures et la famille allait passer à table lorsque la voiture d'Antoine et de sa femme pénétra dans la cour de l'hôtel. On s'embrassa, on se complimenta, Antoine regarda autour de lui.

— Ma sœur est donc encore fâchée pour ne point être là. Cela est bien, elle nous épargne ainsi la vue de sa triste figure...

CHAPITRE XXV

2 mai 1663

Monsieur le Gouverneur,

Ayant bien voulu accorder la liberté au sieur Sainte-Croix détenu par mes ordres en mon château de la Bastille, je vous fais cette lettre pour vous dire que mon intention est, qu'aussitôt qu'elle vous aura été remise, vous ayez à faire mettre ledit Sainte-Croix en pleine et entière liberté. Et la présente n'étant pour autre fin, je prie Dieu qu'il vous ait, Monsieur le Gouverneur, en sa sainte garde.

signé : *Louis*
contresigné : *Le Tellier*

M. de Montlesun replia le papier.

— Vous êtes libre, monsieur. J'espère que vous garderez le souvenir d'avoir été bien traité.

Sainte-Croix, qui venait de réintégrer sa cellule après la promenade, restait interdit.

— Cela est certain, monsieur. Que dois-je faire ?

— Me suivre pour rentrer en possession de vos effets et signer quelques formalités.

Jean-Baptiste regarda autour de lui. Il n'était pas à la Bastille depuis deux mois et déjà il y avait des habitudes, l'Italien allait lui manquer.

— Me permettez-vous de prendre congé de mon ami, M. Eggidi ?

Montlesun était tout souriant. C'était un homme affable qui attachait une grande importance à sa bonne renommée.

— Je vous en prie, chevalier. Nous nous retrouverons tantôt à la salle du Conseil où vous seront rendus votre épée, vos bijoux et votre argent. A vous voir, monsieur.

Il salua aimablement, indiquant d'un signe au porte-clef qui l'accompagnait de laisser ouverte la porte.

Peu à peu la joie la plus grande s'emparait de Sainte-Croix. Marie-Madeleine avait donc réussi à le faire libérer ! Dans quelques instants, enfin réunis, ils pourraient recommencer les soupers, les fêtes, les soirées de jeux où l'or sorti des cassettes donnait aux regards un éclat plus intense encore que le métal, paraître au Cours en bel équipage, retrouver également ses travaux de chimie dans l'odeur âcre des cornues et la lueur rouge du four de digestion. Là, point de dentelles, point de parfums mais la sensation grisante de se battre contre la nature et de la dompter.

Sainte-Croix, après un dernier regard pour sa cellule, ramassa un livre prêté par Eggidi, une feuille de papier où il avait chiffré quelques projets, et sortit. Le porte-clef l'attendait devant la cellule de l'Italien.

— Dans combien de temps dois-je faire sortir monsieur le Chevalier ?

— Dans quelques instants. J'ai hâte, mon ami, de vous quitter vous et vos semblables, sans vouloir vous offenser.

Le vieil homme se mit à rire.

— Il n'y a point d'offense, monsieur. Le besoin d'être

libre ne porte atteinte qu'à la raison. Ne sommes-nous pas tous prisonniers ?

Il fit jouer la serrure et poussa la porte. Eggidi assis devant sa table écrivait. Il leva les yeux et, voyant entrer son ami, se redressa souriant.

— Vous me faites honneur et plaisir en me venant voir après que nous eûmes fait ensemble la plus harmonieuse des promenades.

— Nous n'en ferons plus, Nicolo, je viens à l'instant d'apprendre ma liberté et je suis ici pour vous faire mes adieux.

Le sourire de l'Italien disparut.

— Tu m'attristes, Jean-Baptiste. Ce sera donc toi qui seras parti le premier !

Sainte-Croix s'avança et posa la main sur son épaule.

— Tu ne tarderas point à sortir, cela est sûr et j'emploierai dehors tout mon crédit pour hâter les choses. N'as-tu rien à me demander ?

— Voici la lettre pour Glazer, dit Eggidi. Je l'avais déjà préparée. Il ne te cèlera rien de sa science, d'ailleurs tu en connais, après ce que je t'ai confié, presque autant que lui. Ne t'inquiète pas pour les composants, il les possède, travaille toi-même à l'élaboration des mélanges et tu n'auras vite plus besoin de personne. N'oublie pas de ne faire confiance qu'à toi-même.

Sainte-Croix était ému, cet Italien lui avait donné des preuves d'amitié exceptionnelles, ils seraient liés pour toujours.

— Pourquoi te fies-tu ainsi à moi ?

— Parce que tu es mon frère. A quoi me servirait d'avoir tant travaillé, tant cherché si ce n'était pour aider quelques personnes comme toi ? Je suis un familier des plus grands de ce monde, qui m'ont fait, comme la reine Christine, mille grâces. Mais je n'appartiens à personne et je donne à qui je veux. La reine de Suède peut s'acharner dans le laboratoire du palais

Riario avec son cardinal Azzolino, elle ne trouvera rien. Toi, tu sais. Va maintenant, la richesse que tu désires est à portée de ta main, bonne chance à toi et à ta petite marquise.

Ils s'embrassèrent. Sainte-Croix le regarda un instant, prit la lettre et sortit. Le porte-clef referma la porte dont le grincement fut amplifié par le silence. Eggidi entendit décroître le pas dans le couloir, tout fut calme à nouveau. Il revint à sa table, saisit la plume qu'il avait laissée tomber et continua sa missive.

Sainte-Croix se retourna pour la dernière fois. Il vit le gouverneur le saluer d'un grand coup de chapeau et sortit. Auparavant il avait apposé sa signature au bas de la lettre obligatoire pour tous les détenus relâchés : *Étant en liberté, je promets, conformément aux ordres du Roi, de ne parler à qui que ce soit, d'aucune manière que ce puisse être, des prisonniers ni autres choses concernant le château de la Bastille qui auraient pu parvenir à ma connaissance.* Cette promesse était tenue et la Bastille restait entourée d'un mystère propice à toutes les légendes.

Il était la demie de deux heures lorsque Jean-Baptiste, après avoir franchi la porte Saint-Antoine puis les fossés qui longeaient l'enceinte de Charles V, se retrouva dans la petite rue Saint-Antoine. La rue Neuve-Saint-Paul étant beaucoup plus proche que la rue des Bernardins, il décida de s'y rendre sur-le-champ. Sa joie de revoir Marie-Madeleine était grande, mais il se sentait également extraordinairement heureux de pouvoir réaliser lui-même ce dont il avait tant parlé avec Eggidi. Une vie nouvelle commençait pour lui, une existence où la science et l'argent allaient enfin se rencontrer irrésistiblement. Eggidi lui avait montré la voie et il admirait tant l'Italien que son but désormais était de lui ressembler.

Lorsqu'il fut rue du Petit-Musc, une émotion soudaine s'empara de Jean-Baptiste. Il était certes convenu avec Eggidi de l'inanité de l'amour dont l'Italien avait démonté impitoyablement le mécanisme pour n'en laisser que vanité et néant, mais le désir qu'il avait de Marie-Madeleine persistait, un désir charnel mêlé à celui de la voir soumise devant lui, de dominer cette femme dont le père l'avait fait jeter en prison.

Rue Neuve-Saint-Paul, lorsqu'il fut devant le porche arrondi de l'hôtel de Brinvilliers, il ressentit un grand trouble : il se revoyait y pénétrant pour la première fois, quatre années auparavant, derrière Antoine Gobelin. Il n'était alors qu'un enfant.

Le portier ouvrit aussitôt et s'exclama en reconnaissant Jean-Baptiste. Une servante balayant la cour s'approcha, puis un valet. Les domestiques étaient heureux de le revoir, le bonheur allait entrer de nouveau dans la maison et la marquise ne resterait plus dans sa chambre, la mine triste, enfermée comme une aïeule. Jean-Baptiste les considérait tous en souriant, rien n'avait changé, mais lui était différent. Son arrestation sur le Pont-Neuf avait clos une période de sa vie.

Sainte-Croix monta l'escalier lentement.

Sur le palier il entendit une porte s'ouvrir, et s'arrêta. A quelques pas de lui Marie-Madeleine, vêtue de velours et de dentelles, plus belle encore que dans son souvenir, le regardait. Ce fut elle qui descendit vers lui. La jeune femme était si pâle que Sainte-Croix la reçut dans ses bras, retrouvant une tiédeur, une odeur familière.

— Je vous attendais, murmura-t-elle.

— Vous saviez que j'allais venir ?

— Où donc auriez-vous pu aller ?

La jeune femme caressait sa peau, ses cheveux, sa bouche. Jean-Baptiste, qui avait été si proche d'elle durant sa détention, lui semblait maintenant presque un inconnu. Elle se mit à rire.

— Venez, monsieur, je vous emmène, ne posez pas de questions.

Marie-Madeleine prit sa main et ils descendirent l'escalier.

— Mon carrosse est-il prêt ? demanda-t-elle à un laquais.

— Comme vous en aviez donné l'ordre, Madame la marquise. Nicolas vient de le sortir.

Le carrosse prit le pont Notre-Dame, puis tourna à gauche dans la rue de la Bûcherie.

Jean-Baptiste se pencha sur elle.

— Allons-nous chez moi rue des Bernardins ?

— Chut, monsieur.

Marie-Madeleine posa un doigt sur la bouche de son amant et le contact de sa peau sur ses lèvres le troubla. Il la désirait maintenant et il ne pensait à rien d'autre qu'à la serrer contre lui.

La voiture tourna à droite, mais dans la rue de Bièvre et non dans la rue des Bernardins.

— Fermez les yeux, monsieur.

Le carrosse s'arrêta.

— Descendez en me donnant la main, je serai votre guide.

Il obéit. L'affaire l'amusait, qu'avait donc encore inventé Marie-Madeleine ? Il ne connaissait pas de femme ayant plus qu'elle le goût de la fête, le sens de l'imprévu.

— Appuyez-vous bien fort sur ma main, nous allons gravir un escalier.

Les marches étaient hautes, il n'entrait pas dans une demeure ancienne.

Au premier étage, elle s'arrêta.

— Je vous laisse une seconde et vous supplie de ne point ouvrir les yeux.

Le jeune homme croisa les bras, goûtant pleinement

sa liberté nouvelle. S'il n'aimait plus Marie-Madeleine d'amour, il ne pourrait s'attacher à aucune femme après elle. D'une certaine manière, elle le possédait complètement et pour toujours.

— Reprenez ma main, monsieur, et me suivez.

Ils firent quelques pas, une porte se referma derrière eux. Marie-Madeleine riait.

— Ouvrez les yeux, je vous le permets.

Sainte-Croix regarda. Il se trouvait dans un joli salon orné de boiseries peintes. L'odeur de Marie-Madeleine, une odeur d'iris et de lavande, baignait la pièce. Les fenêtres étaient cachées par des rideaux de moire filtrant une lumière très douce qui jetait des reflets dorés sur les tapis d'Orient recouvrant le sol. La jeune femme avait réussi un décor d'un luxe délicat, avec quelques fauteuils recouverts de tapisserie, un guéridon de marqueterie, un cabinet d'ébène incrusté de nacre, une table de trictrac. Partout des fleurs se dressaient en grands bouquets aux couleurs vives.

Marie-Madeleine était rayonnante de joie.

— Cela te plaît-il ?

Elle se dirigea vers une porte prise dans la boiserie et l'ouvrit.

— Viens avec moi.

Il obéit. La chambre était assez petite, tendue de soie rose et meublée d'un lit, vaste, sculpté, recouvert de la même soierie que les murs. Il n'y avait point d'autre mobilier, mis à part deux chaises encadrant la cheminée dans le manteau de laquelle était posé un énorme bouquet de marguerites.

Sainte-Croix aperçut des gravures sur le mur et s'en approcha. Elles représentaient des scènes licencieuses.

— Hé ! madame, où m'avez-vous emmené ?

— Chez nous, monsieur.

Elle s'était assise sur le lit et ôtait déjà ses bas.

— Nous ne pouvions plus désormais nous retrouver ni chez moi à cause des domestiques qui relatent tous mes gestes à mon père, ni dans votre appartement où vous vivez par trop rudement. J'ai loué ceci à une veuve qui possède la maison, et l'ai fait arranger en pensant à vous.

Elle dégrafa sa jupe qui tomba sur le sol à ses pieds. La lumière rose venant des rideaux tirés donnait à l'étoffe nacrée l'apparence de la chair. Sainte-Croix ne quittait pas des yeux Marie-Madeleine qui délaçait maintenant son corsage et il contemplait la danse de ses mains sur sa poitrine. La jeune femme ne portait plus aucun vêtement, elle avait dénoué ses cheveux et ils se regardaient avec une intensité presque douloureuse, immobiles, comme si aucun des deux ne voulait faire le premier pas vers l'autre. Marie-Madeleine ferma les yeux et renversa la tête en arrière.

— Viens, dit-elle.

CHAPITRE XXVI

Melun, juillet 1663

Il faisait encore jour lorsque le carrosse des Brinvilliers passa la grille du château. Antoine, Marie-Madeleine et Jean-Baptiste avaient quitté Paris en début d'après-midi par la barrière d'Enfert, s'étaient arrêtés à Brie-Comte-Robert pour se rafraîchir peu de temps avant d'arriver au domaine loué par Penautier au nord de Melun. Le financier donnait ce soir-là une grande fête vénitienne où il avait convié la société la plus élégante et la plus influente. Colbert l'avait assuré de sa présence, ainsi que le cardinal de Bonzy, maintenant ambassadeur de France à Venise, le duc de Verneuil, fils naturel d'Henri IV et d'Henriette de Balzac, gouverneur du Languedoc, avec lequel il était très lié, et Louis de la Vergne-Tressan, premier aumônier de Monsieur, frère du roi.

Marie-Madeleine avait reçu quelque temps auparavant la visite de Pierre-Louis. Elle savait qu'on tirerait un feu d'artifice et que sur la pièce d'eau se donnerait une fête nautique éclairée aux flambeaux.

La fortune de Penautier s'affermissait. L'homme entreprenait sans cesse, jetant des projets, dressant des plans, se remuant beaucoup dans sa province pour M. de Colbert auquel des intérêts de plus en plus forts l'attachaient. L'activité incessante de ses fonds l'obligeait à d'habiles opérations financières afin de faire face aux excédents des dépenses sur les recettes. Sainte-Croix allait souvent l'entendre expliquer ses affaires. Marie-Madeleine voyait Jean-Baptiste sans fard maintenant, avec son ambition, sa lâcheté, son caractère violent et jaloux, mais il continuait d'exercer sur elle la même fascination, un appel physique mêlé à une volonté de s'abaisser elle-même. Souvent elle l'attendait en vain rue de Bièvre, elle savait qu'il était à quelques pas dans son laboratoire du cul-de-sac Maubert mais qu'il ne viendrait pas. La joie de se mesurer à lui était plus vive encore que celle de le retrouver. Depuis son élargissement de la Bastille, Jean-Baptiste travaillait sans cesse, courant de chez Glazer rue du Petit-Lion à ses propres cornues, si absorbé par ses recherches qu'il en négligeait les fêtes et le jeu. « Je tiens la fortune, lui avait-il confié, un jour où elle était venue le visiter. Regarde cela, ne vois-tu pas de l'or ? » Elle avait aperçu des poudres, des liquides dans des fioles semblables en tout point à ses remèdes.

— Comment ces potions pourraient-elles se changer en or ?

— Je t'expliquerai bientôt, lorsque je serai tout à fait sûr de l'affaire.

Ils n'en avaient plus reparlé.

Parfois, Jean-Baptiste, comme auparavant, la serrait dans ses bras, l'aimait avec une tendresse, une douceur extrêmes qui la bouleversaient. Jamais elle ne lui refusait rien ; connaissant le coût de ses recherches, elle avançait d'elle-même des fonds pris où elle pouvait, vendant des rentes, signant des billets à ordre. L'hypothèque des domaines tarissait les revenus et il lui fallait emprunter sans cesse sur ceux des années à venir, garantissant ses dettes par ses biens meubles et immeubles, presque tous engagés y compris les terres appartenant désormais à ses enfants. Sainte-Croix ne posait aucune question sur la provenance des sommes qu'elle lui remettait, se bornant à lui promettre de lui rendre sa fortune au centuple. L'année précédente elle avait confié à Penautier quelques milliers de livres qu'il s'était une fois de plus engagé à rémunérer fort avantageusement ; il ne lui avait encore point parlé de ce placement et elle jugeait inélégant de s'en enquérir. Il restait le jeu et l'espoir insensé de gagner enfin suffisamment d'or pour effacer ses dettes sans que le monde puisse soupçonner ses difficultés. Le bruit avait couru dans Paris que Sainte-Croix avait été embastillé parce qu'il ruinait sa maîtresse. Elle ne le supportait pas, et par défi continuait ses folles dépenses afin de pouvoir garder la tête haute. Elle allait au Cours somptueusement vêtue, offrant sans joie aucune des présents dispendieux à son amant. Son seul bonheur était de ne point renoncer.

La voiture contourna le bassin et vint se ranger devant le vestibule du château. Des valets conduisaient les dames dans des petites pièces où elles pouvaient se rajuster. Les hommes causaient dans les salons. Penautier allait de l'un à l'autre, aimable et attentionné. Chacun admirait sa prestance et lui faisait la cour.

Dans le parc régnait une extraordinaire animation. Des valets sortaient des tables, des couverts, de l'argenterie, des verres de cristal, tandis que les artificiers préparaient les pièces derrière massifs et bosquets entourant l'étang où des gondoles peintes de couleurs vives se trouvaient déjà amarrées. La roseraie était féerique. Aux fleurs naturelles les jardiniers avaient mêlé des fleurs artificielles aux teintes les plus étranges, noires, mauves, argentées ou dorées, groupées sur des arbustes aux troncs enrubannés. Les musiciens s'installaient sur des estrades dressées partout dans le parc afin que chacun puisse se restaurer, se rafraîchir et se divertir où bon lui semblerait. Les laquais étaient vêtus de noir et d'argent, les servantes de blanc et de jaune.

Lorsque les dames se trouvaient prêtes, elles sortaient sur la terrasse où l'on avait préparé des rafraîchissements et des sorbets à leur intention. Elles riaient, s'éventaient et mangeaient délicatement pour ne point gâter leur maquillage. A la lueur des flambeaux, les fards s'estompaient mais au soleil couchant, les noirs, les blancs, les rouges ressortaient violemment, effaçant les dissemblances, faisant de ces femmes des statues animées. Penautier sortit sur la terrasse, fit un signe et les musiciens commencèrent à jouer.

— Mesdames, dit-il en les saluant, cette soirée vous appartient, usez de toutes choses ici selon vos désirs.

Et, se tournant vers une des filles de Colbert, il lui tendit la main et l'emmena dans le parc.

Antoine Gobelin s'inclina devant sa femme.

— Madame, je vois là quelques gentilshommes de mes amis. Je vais les rejoindre et vous souhaite la plus belle des soirées. Nous nous reverrons plus tard.

Puis, s'adressant à Sainte-Croix :

— Chevalier, je ne vous abandonne pas ma femme, je vous la confie. Prenez soin d'elle, s'il vous plaît, selon votre habitude.

Le regard de la jeune femme se porta successivement sur les deux hommes ; elle se sauvait de l'un pour se perdre avec l'autre. Pourquoi ne leur tournait-elle pas le dos afin d'aller rejoindre le premier inconnu venu ? L'oubli viendrait avec l'indifférence. Et au milieu de ces roses noires et mauves, de la musique légère s'élevant des bosquets, Marie-Madeleine ressentit sa vie comme une souffrance imposée à la suite d'une faute que même le temps n'avait point effacée. Antoine aurait pu l'aimer, l'apaiser, mais elle avait choisi l'expiation.

— Venez, murmura Sainte-Croix, je vous emmène.

En empruntant une allée rejoignant la pièce d'eau, ils croisèrent Penautier faisant sa cour à la famille Colbert. Le financier les salua mais ne les présenta point. Quelques jours auparavant, Sainte-Croix lui avait confié sous le sceau du secret le projet du petit commerce qu'il comptait entreprendre et les bénéfices qu'il en attendait. Penautier l'avait écouté fort attentivement. Il savait parfaitement que les pratiques ne manquaient pas dans ce négoce dangereux et qu'il était courant de payer dix mille livres pour dépêcher un fâcheux, qu'il soit père, amant ou mari. On disait que les médecins n'y voyaient rien, mais Pierre-Louis n'était pas convaincu que l'un d'eux ne se montrerait pas un jour plus clairvoyant que ses confrères, et jamais il ne s'engagerait dans ce genre d'affaire. Mieux valait ruiner un homme que de le tuer, son élimination en était tout aussi absolue et ne comportait pas de risques.

Derrière la pièce d'eau, Jean-Baptiste s'arrêta. Une gondole oscillait contre la berge. L'abondance des fleurs qui la décoraient la faisait ressembler à quelque cercueil antique traversant le fleuve des morts vers le pays d'éternité. Il était neuf heures du soir et la nuit commençait à tomber.

— Buvez, dit Sainte-Croix.

Il tendit à Marie-Madeleine un verre de vin de Champagne. Les musiciens cachés jouaient toujours ; le son des violons, des flûtes s'élevait d'un massif, d'un bosquet d'arbres.

— Buvez encore, madame, les fêtes sont un plaisir et le plaisir est fait pour y goûter.

Jean-Baptiste s'approcha de Marie-Madeleine et la baisa au coin des lèvres.

A l'instant même où disparut le soleil, des valets

vinrent allumer des torches par centaines. Il y en avait partout, dans les massifs, les buissons, le sous-bois, autour des statues qui jaillissaient de la pénombre. A la nuit, les gondoliers largueraient les amarres et la fête nautique commencerait. Déjà les musiciens se disposaient le long des berges, tous vêtus de noir afin de se fondre dans l'obscurité ; les valets passaient des vins de toutes sortes, les servantes des fruits dans des corbeilles. Un homme au bord de l'étang récitait des vers, à genoux devant une femme immobile dont on ne voyait que le regard dans le maquillage blanc qui effaçait ses traits. Des gondoliers, au costume vert et blanc, étaient sur la rive.

— Vous avez la saveur du vin de Champagne et vous me grisez.

La jeune femme avait fermé les yeux.

— Buvez-moi, monsieur. J'aimerais couler sans cesse dans votre bouche afin de vous rafraîchir.

— M'aimes-tu toujours, Marie-Madeleine ?

Il voulait maintenant qu'elle le lui dise sans cesse et elle le répétait docilement, parfois debout, parfois couchée, parfois à ses genoux.

— Vous le savez, Jean-Baptiste.

— Dis-moi « Je t'aime ».

— Je t'aime.

Elle but encore un verre de vin. Après les tisanes recommandées par son amant, dont elle prenait une tasse chaque soir, la jeune femme avait commencé à boire un peu de liqueur pour se rendre heureuse lorsqu'elle ne l'était point. Un verre après ses repas, parfois un autre lorsqu'elle se trouvait seule et que ses pensées échappaient à son contrôle. Le liquide sirupeux l'apaisait, la rassurait, elle le dégustait d'abord lentement, puis l'avalait d'un trait, comme pour précipiter la venue d'une jouissance qu'elle ne parvenait plus à trouver. Le flacon était dans sa chambre, caché dans son cabinet avec ses papiers et ses bijoux.

— Venez-vous ? demanda Sainte-Croix.

Il tendit une main que prit Marie-Madeleine. La jeune femme eut l'impression qu'ils partaient pour un très long voyage, un voyage dont ils ne reviendraient point et qu'elle souhaitait depuis toujours. Ils s'assirent l'un à côté de l'autre sur les coussins disposés dans le bateau. D'un coup de perche, le gondolier éloigna l'embarcation de la rive, ils étaient seuls, croisant d'autres bateaux où des silhouettes immobiles ne les saluaient pas. Le batelier se mit à chanter et il accompagnait la tarentelle d'un petit tambourin qu'il portait attaché au poignet.

— Regarde ! dit Sainte-Croix.

Des feux de Bengale avaient été allumés sur les rives, et les berges se teintaient de vert, de rouge et d'or.

Les yeux de Marie-Madeleine revinrent vers la proue du bateau, sur l'éventail de lumière que la lanterne ouvrait dans l'opacité de l'étang.

— Marie-Madeleine, tu vas rue de Bièvre pour être seule, n'est-ce pas ? Si j'y venais chaque jour, tu éprouverais alors de l'angoisse à me voir.

— Cela est faux, Jean-Baptiste, je hais la solitude, je veux te voir pour que la fête ne cesse point.

— Nous sommes les comédiens et les musiciens de cette fête, comment pourrait-elle cesser ?

La voix de Jean-Baptiste était à peine perceptible.

— Marie-Madeleine ?

La jeune femme ne répondit pas, mais posa sur la sienne une main gantée de dentelle.

— Pourquoi sommes-nous, toi et moi, l'envers de la lumière ?

— Tais-toi, Jean-Baptiste !

— Nous ne la retrouverons plus, elle est de l'autre côté de nous pour toujours. Je ne crois guère au diable, mais assurément c'est lui qui nous a créés.

— Tu me fais peur, Jean-Baptiste. Que Dieu me donne la force de te quitter !

Sainte-Croix eut un rire bref.

— Tu ne m'aimes donc plus ?

La jeune femme tourna la tête vers lui. Ses yeux étaient tristes.

— Ne plus t'aimer ? Ce serait assurément ne plus m'aimer moi-même, car tu es mon miroir. Le verre en est brisé et je me vois morcelée à l'infini.

Sainte-Croix souriait ; plus que de la fête, plus que de la musique, il jouissait de sa puissance sur cette femme.

— Prouve-moi donc que tu m'aimes.

— Ne l'ai-je pas fait cent fois ?

Jean-Baptiste s'approcha d'elle, ses lèvres frôlaient les siennes. La maîtrise de leur désir avant son assouvissement était devenu un jeu qui les grisait. Ils le poussaient très loin jusqu'aux limites de la souffrance.

— Prouve-le-moi ou je te quitte à l'instant.

— Quel nouveau geste attends-tu de moi ?

Sainte-Croix sourit ; il voyait des larmes sur le visage de Marie-Madeleine et en éprouvait une joie étrange. Ses yeux tombèrent sur les perles de son cou, irisées sous la lumière du fanal, fragiles comme les pleurs de sa maîtresse. La chanson du batelier devenait rauque et suppliante. Sur les berges, une farandole s'était formée et courait en serpentant entre les bosquets.

Jean-Baptiste baisa les lèvres de Marie-Madeleine, buvant les larmes qui s'y étaient posées.

— Jette tes perles dans l'eau, murmura-t-il, je ne les aime point, elles me font penser à un collier de pleurs et je te veux heureuse.

Marie-Madeleine ferma les yeux, le baiser de Sainte-Croix la prenait, la possédait. Ses bras s'arrondirent autour de son cou, elle détacha les perles, étendit la main au-dessus de l'eau et écarta lentement les doigts. Lorsqu'elle rouvrit les yeux, il ne demeurait sur la surface de l'étang qu'un frémissement.

Soudain, tiré devant le château, le feu d'artifice éclata dans la nuit. Il pleuvait du rouge, du bleu, de l'or sur le parc.

Marie-Madeleine et Sainte-Croix ne bougeaient pas, serrés l'un contre l'autre. Les visages des danseurs, dans les lueurs des feux de Bengale mourants, passaient, s'effaçaient dans l'ombre d'où ils jaillissaient à nouveau, liés les uns aux autres par une musique qui ne cessait point et par la chaîne de leurs mains. La fatigue faisait luire les fards et les visages grimaçants semblaient les masques figés d'un cortège de morts.

CHAPITRE XXVII

Paris, juin 1665

Dans le laboratoire du cul-de-sac Maubert la chaleur était étouffante. Pour donner un peu d'air Belleguise avait entrouvert la porte. Sainte-Croix et lui avaient abandonné leur fabrication de fausse monnaie, trop hasardeuse et fort peu rentable. Le chevalier n'avait pas encore pu rembourser la dette occasionnée par l'achat du matériel. Il avait demandé à Belleguise d'être patient, sûr de pouvoir sous peu s'acquitter envers lui.

Debout devant une cornue, Jean-Baptiste se taisait. Il observait attentivement la réduction d'une liqueur.

— Regardez, dit-il enfin.

La couleur, de verdâtre, commençait à être brune. De gros bouillons enfermés dans le liquide visqueux crevaient lentement et l'odeur, fort âcre au début de la préparation, devenait presque imperceptible.

— Voilà, murmura Sainte-Croix.

Il se redressa, le visage rayonnant.

— Au diable nos efforts pour ces misérables pièces, la fortune est là, dans cette pâte que vous voyez. Je vais la faire sécher puis nous la réduirons en une poudre dont l'once se vend dix mille livres. Qu'en dites-vous, Belleguise ?

— Je dis que c'est un prix bien élevé pour un produit dont les preuves n'ont point encore été faites.

Le rire de Jean-Baptiste était clair.

— Douteriez-vous de mon ami, le célèbre Eggidi et de Christophe Glazer ?

— Non pas, mais je doute qu'un client vous vienne voir avec la somme dont vous me parliez et s'en dessaisisse contre des promesses.

— Je ne promets rien, Belleguise, j'agis. Trois chiens et deux chats sont déjà morts après avoir absorbé une pincée de cette préparation. Je les ai autopsiés, aucun de leurs organes n'avait de lésion. Tout était parfaitement sain et, ma foi, le meilleur des médecins n'aurait pu constater qu'une mort des plus naturelles.

Belleguise rit à son tour.

— Dans ce métier-là, rien ne vaut une bonne réputation. Si la première pratique se montre satisfaite, votre clientèle se trouvera assurée et vous serez riche. N'oubliez pas que je suis, comme à l'accoutumée, prêt à vous servir.

Sainte-Croix s'essuya le visage avec son mouchoir. La chaleur était insupportable.

— Maintenant que nous avons terminé, Belleguise, ouvrez davantage la porte. On se croirait ici dans l'antichambre de l'enfer.

Le feu éteint, Jean-Baptiste vida le contenu de la cornue qu'il étala sur une plaque de verre.

— Je dois rejoindre la marquise de Brinvilliers, voulez-vous mettre de l'ordre et fermer le laboratoire ?

Il ôta son tablier de cuir, se servit un verre d'eau qu'il but d'un trait.

— Avez-vous vu Lapierre ?

Sainte-Croix avait engagé un valet, un homme débrouillard qui ne le quittait pas.

— Il est allé prévenir votre femme de ne pas vous attendre pour le souper.

Sainte-Croix s'essuyait les mains à un linge fin. Six

mois plus tôt, il avait épousé, avec l'accord de Marie-Madeleine, la nièce de Martin du Breuille, une jeune orpheline lui assurant mille livres de rente. Elle s'était installée dans le petit logement de la rue des Bernardins, aimait son mari à la folie et acceptait sans protester de ne le voir que de temps à autre. Marie-Madeleine ne craignait pas cette jeune femme effacée. Ses liens avec Jean-Baptiste étaient si forts qu'ils ne laissaient aucune place à la médiocrité ordinaire des liaisons. Désespérément jaloux, ils avaient voulu cependant franchir les limites de leur attachement et s'étaient donné toutes les libertés pourvu que l'autre y consente. Jamais Sainte-Croix ne faisait l'amour à une femme sans que Marie-Madeleine ne l'ait accepté. Si elle hésitait, il y renonçait aussitôt, respect étrange car il continuait à jouir de la voir soumise, l'obligeant à toutes les preuves d'amour, jusqu'aux plus avilissantes. Marie-Madeleine y trouvait un plaisir trouble et violent, également un sentiment nouveau d'indépendance. C'était elle qui tenait en main les règles de ce jeu, et elle croyait détenir le pouvoir de le faire cesser quand elle le désirerait.

Jean-Baptiste avait promis ce jour-là de venir la chercher rue Neuve-Saint-Paul sur les six heures. La veille, ils étaient convenus de passer leur soirée à jouer dans le salon d'un de leurs amis qui possédait un hôtel rue Saint-Honoré.

Lorsque la pendule de sa chambre sonna sept heures, la jeune femme se décida à se rendre au cul-de-sac Maubert pour aller chercher Jean-Baptiste. Depuis qu'il travaillait à ces recettes données par Eggidi, il passait dans son laboratoire des journées et des nuits, perdant toute notion de l'heure et il s'étonnait de la voir parfois surgir, mécontente de l'avoir attendu.

Nicolas menait les chevaux bon train, faisant s'écarter vivement les passants, les animaux errants, le petit peuple courbé, cassé, hâtif qui ne regardait même pas le carrosse armorié semblable aux autres. Marie-Madeleine observait parfois un charretier, un mendiant, un colporteur, ombres importunes qui gênaient la marche de la voiture.

Les carrosses ne pouvaient pénétrer dans le cul-de-sac des marchands de chevaux, place Maubert. Marie-Madeleine était sur le point de descendre pour se rendre à pied dans le laboratoire, lorsqu'elle aperçut Sainte-Croix venant vers elle.

— Je vous appartiens, dit Jean-Baptiste, faites de moi ce que bon vous semble.

Marie-Madeleine prit sa main et, les doigts enlacés, ils mesurèrent leur force en se regardant.

— Venez, murmura-t-elle, je vous donne une nuit de jeu, une nuit d'amour, une nuit dont je serai le soleil pour vous brûler et vous éblouir, pour vous donner l'envie d'être roi au royaume du plaisir. M'accompagnerez-vous ?

Jean-Baptiste sourit.

— Allons, mon cœur, oublions le passé et commençons ce soir à vivre. Que tout soit toujours une première fois !

Les portes de l'hôtel restaient ouvertes et les laquais attendaient les invités sur le perron. Les hommes ne regardaient pas les femmes masquées, ils n'étaient point venus pour cela.

Il était tard déjà. Dans le grand salon tous les flambeaux avaient été allumés. C'était ce moment de la nuit où l'espoir fou de gagner animait encore les regards ; les mains volaient sur les tables à jeux ou s'arrêtaient, figées dans une attente inquiète et désespérée. Les doigts plongeaient sans cesse, précis, rapides, dans les bourses ou les cassettes posées à portée de main. Marie-Madeleine avait aperçu son mari en compagnie d'une dame alors qu'elle entrait avec Jean-Baptiste. Ils s'étaient salués de la tête mais point parlé, puis Sainte-Croix avait quitté sa maîtresse pour s'installer à une table de portique, tandis qu'elle préférait le pharaon. On jouait aussi au trente-et-quarante, à la dupe, à la banque. Les jeux étaient élevés, des fortunes changeaient de mains au cours de la nuit, les fermes, les châteaux, les hôtels accumulés par des générations se cédaient en quelques instants. L'or possédait un pouvoir absolu, celui de faire oublier aux hommes qu'ils ne servaient à rien.

Sainte-Croix perdait. Il avait quitté le portique pour tenter un trente-et-quarante, jeu pour lequel il avait jadis établi quelques calculs infaillibles. Pendant un moment il avait gagné, mais sa chance s'était vite dissipée et les écus pris se trouvaient tous redonnés. Il était une heure du matin. On se parlait peu, on ne se regardait point, de temps à autre quelqu'un se levait et sortait sans saluer. Personne ne tournait la tête, pas même le valet qui ouvrait la porte et la refermait. C'étaient toujours les mêmes joueurs qui s'installaient à ces tables, nuit après nuit, dans ces hôtels inviolables où les lois n'avaient plus cours. Les plus grandes dames étaient venues là pour ressentir ces plaisirs ou ces douleurs que la vie ne leur offrait point, pour rembourser les dentelles, les plumes, les parures déjà portées et dont elles étaient lassées avant de les avoir payées. Leurs amants les accompagnaient, élégants, parfumés. Certains se tenaient derrière elles et considéraient l'or avec un regard nonchalamment ironique, d'autres jouaient eux-mêmes et venaient de temps en temps puiser dans leurs cassettes.

Sainte-Croix se leva, très pâle.

— Vous serez payés demain, messieurs, dit-il, je n'ai plus sur moi de quoi m'acquitter envers vous.

On lui fit un signe de tête. Le jeu continuait,

personne, jamais, ne faillissait à l'honneur. Jean-Baptiste se dirigea vers la table où se trouvait Marie-Madeleine. Sa cassette était vide.

— Venez, madame, murmura-t-il sans se pencher sur elle, nous partons.

Elle se leva, posa ses cartes, considéra les joueurs les uns après les autres et se détourna. La nuit était douce, le ciel semé d'étoiles, le cri du guet qui passait résonna dans la rue. Nicolas, sans un mot, ouvrit la portière du carrosse.

— Rue de Bièvre, ordonna la jeune femme.

Marie-Madeleine prit la main de Sainte-Croix. Il la retira.

— Combien avez-vous perdu, Jean-Baptiste ?

— Mille livres. Je dois m'en acquitter demain.

— Je ne peux te les avancer. Je ne les ai pas.

— As-tu gagné ?

— J'ai perdu cinq cents livres.

La voiture s'arrêta. Un mendiant était couché en travers de la rue. Le cocher descendit et leva son fouet. L'homme ne bougeait pas.

— Il me faut cet argent pour demain.

Marie-Madeleine avait ôté son masque ; elle avait chaud, ses mains tremblaient légèrement. Elle mordit ses lèvres jusqu'à ce que la souffrance fût trop forte.

— Qu'allons-nous devenir ?

Elle se sentait épuisée, peut-être pourrait-elle s'endormir contre son amant et oublier. Nicolas donna un coup de pied dans le corps qui ne bougeait toujours pas. L'homme, couché sur le côté, était recroquevillé sur lui-même comme un enfant. Il semblait dormir, enroulé dans ses haillons, le visage étrangement paisible. Marie-Madeleine se redressa, il ne fallait point abandonner, son énergie lui revenait et son goût pour le combat.

— Je vous donnerai demain mille livres. Vous ai-je jamais abandonné ?

Sainte-Croix eut un rire amer.

— Cela est vrai, madame, mais vous êtes accablée de dettes et je ne peux peser davantage sur vous.

Il avait retiré ses gants et jouait avec eux.

— Que diable fait le cocher, pourquoi nous laisse-t-il au milieu de cette rue ?

Marie-Madeleine se pencha par la portière.

— Allez voir, je vous prie, Nicolas semble embarrassé.

Jean-Baptiste descendit du carrosse.

— Ce pendard est venu mourir au milieu de notre chemin, dit Nicolas. Monsieur le Chevalier pourrait peut-être m'aider à l'ôter de là ?

Ils saisirent l'homme par les bras et les jambes et le jetèrent sur le bas-côté de la rue.

— Allons maintenant, dit Sainte-Croix.

Il remonta dans le carrosse, eut un regard pour le mort et haussa les épaules.

— Qui était-ce, demanda Marie-Madeleine ?

— Rien. Un homme heureux.

La voiture repartit. Marie-Madeleine et Jean-Baptiste restaient silencieux.

— Je vais maintenant pouvoir gagner beaucoup d'argent, dit enfin Sainte-Croix. Mes « élixirs de courte vie » sont au point.

— Vraiment ? Êtes-vous sûr d'eux ?

— Tout à fait sûr.

— N'est-ce pas terriblement dangereux ?

Jean-Baptiste rit à nouveau.

— Dangereux, assurément, mais pas pour moi... Le meilleur des médecins ne les décèlera point.

Marie-Madeleine savait à quoi s'employait son amant depuis des mois. L'idée qu'il puisse vendre des poisons, si elle l'avait troublée ne l'avait pas bouleversée. La mort était partout, à chaque coin de rue, sur les gibets, les potences, les roues où les condamnés agonisaient des heures avant de mourir. Elle était familière, sans importance, parfois le dernier des secours. La vie ne lui semblait pas précieuse. Il lui importait peu que des jeunes femmes veuillent se défaire de leurs vieux maris. Elles avaient le droit d'être heureuses, le diable lui-même ne les arrêterait point. Elle murmura :

— Je ne vous survivrais pas s'il vous arrivait quoi que ce soit.

Sa main se posa à nouveau sur celle de Jean-Baptiste.

— Je vais enfin vous débarrasser du poids de mes dépenses, dit Sainte-Croix.

Il tourna la tête vers elle et du bout des doigts caressa ses joues, sa bouche.

— Ne vous tourmentez plus. Donnez-moi encore mille livres et ce sera dit.

Marie-Madeleine ferma les yeux.

— Embrassez-moi.

Sainte-Croix s'approcha, il avait sa bouche presque contre la sienne.

— Il va vous falloir trouver très vite des fonds.

— Je le ferai.

— Comment cela ?

— Je trouverai.

Il effleura ses lèvres.

— Signez à Martin un billet à ordre, il vous donnera mille livres, puis dimanche allez voir votre père et demandez-lui de l'argent. Il est riche, très riche, il ne vous laissera pas dans la nécessité.

CHAPITRE XXVIII

Septembre 1665

— Ne vous tourmentez pas, ma belle dame, tout sera bientôt fini.

Marie-Madeleine, allongée sur une table de bois, souffrait atrocement. On avait mis un coussin sous sa tête et elle tournait son visage à droite et à gauche en un mouvement incessant qu'elle ne contrôlait plus. La sueur ruisselait sur son corps, elle était en chemise, jambes nues et de temps à autre une jeune fille venait lui offrir un verre d'eau qu'elle n'avait même pas la force de boire. Des images incohérentes passaient par son esprit, se succédant les unes aux autres, sans qu'elle puisse s'y attarder.

La petite pièce était obscure, les volets fermés. Les odeurs d'eau tiède, d'alcool, de sueur, de sang imprégnaient les rideaux de toile grise, le tapis rouge, jusqu'à la table où elle était allongée. Il y eut un bruit de pas dans l'escalier. Depuis combien de temps Mme Lepère était-elle sortie ? La tête de Marie-Madeleine s'immobilisa, tournée vers la porte : allait-on enfin la soulager ? La douleur, du ventre se ramifiait vers les cuisses, les jambes, montait le long du tronc jusqu'aux bras et son corps entier était torturé. Des spasmes la secouaient et de la salive s'écoulait de sa bouche à chaque mouvement de sa tête. La jeune fille qui lui donnait de l'eau l'essuyait parfois d'un mouchoir, sans un mot. La porte s'ouvrit, et une grosse femme vêtue de grisette et d'un bonnet de fil entra.

— Vais-je mourir ? demanda Marie-Madeleine.

La femme s'approcha de la table, elle souriait gentiment.

— Mais non, mon enfant, vous ne mourrez point et serez même fort contente de vous dans quelques instants. Montrez-moi où cela en est.

Après l'avoir examinée, elle recula d'un pas.

— La sonde fait son effet, mettez la main sur votre ventre. Là, ne sentez-vous pas les contractions ? Dans un moment tout sera fini.

— Vraiment ?

Le regard de Marie-Madeleine était suppliant.

— Ma petite dame, vous n'êtes ni ma première ni ma dernière patiente, je connais mon métier pour le pratiquer depuis bien longtemps. J'ai à voir une amie qui loge au coin de la rue et serai auprès de vous dans un moment. Si vous aviez quoi que ce soit, Cato viendrait me prévenir, n'est-ce pas ma fille ?

La petite eut un hochement de tête.

La femme Lepère avait ouvert la porte, avant de sortir elle se retourna.

— Dans une semaine vous serez au bal et dans six mois je vous reverrai. C'est la vie, n'est-ce pas ma belle ?

Marie-Madeleine referma les yeux. Tout cela était ignoble et absurde. Elle haïssait la complicité de cette femme et aussitôt qu'elle serait soulagée lui ferait connaître son mépris. Elle eut encore quelques contractions très violentes qui la firent gémir puis la douleur commença à décroître, à se retirer lentement, laissant son corps sur la table comme une épave échouée. Sa tête s'immobilisa et elle resta les yeux fixes, sans pensées, la bouche sèche et brûlante.

— De l'eau, demanda-t-elle doucement.

Cato s'approcha et lui tendit un verre. La jeune femme se souleva légèrement pour boire, elle vit alors son corps écartelé et lâcha le verre qui se brisa.

— Enlève-moi cette sonde tout de suite.

L'enfant la regardait sans comprendre.

— Je saigne, ôte-moi cela.

Il n'y eut aucune réponse. Le sang continuait à couler, un sang noir qui stagnait sur la table avant de tomber goutte à goutte sur le sol. Marie-Madeleine ne souffrait presque plus. Elle posa la tête sur le coussin et inspira profondément. C'était fini, son sang s'écoulait d'elle, emportant cette vie nouvelle dont elle n'avait point voulu. Elle ne désirait plus personne, pas même l'enfant de cet amant qui la possédait, l'habitait comme un maître ou comme le diable.

Le sang coulait toujours. Cato l'essuyait avec un linge qu'elle rinçait ensuite dans une bassine. L'eau était d'un brun rouge, semblable à de la boue. Marie-Madeleine ferma les yeux. L'odeur douceâtre, écœurante faisait remonter des images du fond de sa mémoire. Dans la salle d'études aux volets clos, l'homme en noir la regardait, douloureusement, tristement : il voulait parler et ne le pouvait point, tendant seulement vers elle une main blanche, fine, aux ongles un peu longs. Marie-Madeleine pouvait enfin le regarder et, remontant le temps, ils restaient l'un en face de l'autre, bouleversés, ne sachant pourquoi tous deux souffraient autant. La silhouette disparut et Marie-Madeleine comprit qu'elle portait maintenant la détresse de l'homme en noir. Son destin était accompli, rien n'avait plus d'importance.

Elle ne saignait presque plus, une fatigue immense la rendait incapable de bouger. Une tache de soleil s'arrondissait sur le plafond, brillante et ronde comme une pièce d'or. De l'or, il lui en fallait par tous les moyens pour chasser les créanciers, pour ne pas baisser la tête, ne plus quitter furtivement sa demeure par l'escalier des domestiques. Comment s'en procurer, comment garder son honneur, cette dignité qui était son masque et sans lequel elle n'était plus ? Le malheur était supportable, la médiocrité, la misère ne l'étaient pas, elle ne pouvait pas même les imaginer. Son père lui avait refusé toute aide.

— Que me demandez-vous, ma fille, d'entretenir M. de Sainte-Croix ? La seule chose que je peux vous promettre est de ne pas laisser vos enfants mourir de faim. Ne me parlez plus jamais de cela !

Elle s'était humiliée, s'il l'avait demandé elle se serait agenouillée devant lui.

— Dix mille livres, mon père, je vous en supplie, pour rembourser quelques dettes. Je les confierai à M. de Penautier qui me les fera doubler.

Dreux d'Aubray avait éclaté de rire, un rire cruel et blessant.

— M. de Penautier ! Vous voilà mal partie, ma fille, entre ces hommes qui vous dupent. Ne voyez-vous pas qu'ils se jouent de vous ? Le bel amant a d'autres maîtresses et le financier se sert de vos écus pour consentir des prêts au double des intérêts qu'il vous donne. Êtes-vous aveugle ou folle, mon enfant ?

Le mot folle l'avait frappée.

— Je n'ai donc plus de famille. Vous avez toujours parlé en maître, donnant ou refusant selon votre bon plaisir. Un maître n'éprouve point d'affection et n'en attend pas. J'aurai désormais pour vous le regard d'une servante, non d'une fille.

Il avait fallu vendre Norat, vite, à n'importe quel prix, le beau domaine déjà hypothéqué avait été cédé à la moitié de sa valeur. Elle était allée signer les actes de vente, puis s'était promenée une dernière fois dans le parc. Elle était entrée dans les écuries, tout était calme, sentait le foin ; les cuivres rutilaient, le bois bien ciré avait des reflets roux. Marie-Madeleine avait chaud, la tête lui tournait un peu. Une fois encore la vie lui faisait violence. Il faudrait partir, quitter Norat pour ne plus y revenir. L'argent de la vente serait saisi aussitôt par les créanciers qui ne se montreraient point encore satisfaits.

Au-dessus des stalles étaient pendues des lanternes et dans un coin de l'écurie restaient quelques braises dans un brasero où les palefreniers avaient fait chauffer leur dîner. L'écurie se trouvait vide, tous les chevaux étant à l'herbage. Elle prit une brindille et l'alluma. Pourquoi la jeta-t-elle sur la paille ? Elle ne le savait pas, elle brûlait sa déception, sa fureur, son chagrin, et puis soudain en voyant les flammes s'élever elle pensa à Barbe Lepeu, la sorcière, et à son corps qui se désagrégeait. Marie-Madeleine porta ses deux mains à son visage, le feu la terrifiait, elle vit les yeux de Barbe qui la regardaient et elle s'enfuit.

Combien de temps était-elle restée sur la table à laisser ses pensées errantes ? La voix de Mme Lepère la fit sursauter.

— Voilà qui est parfait. Vous n'avez même pas eu d'hémorragie et la cause de vos soucis s'en est allée d'elle-même. Rajustez-vous, Cato ira vous chercher une voiture.

Marie-Madeleine se redressa, ses gestes étaient lents, automatiques. Elle rassembla ses cheveux, les noua, demanda à boire. La Lepère lui apporta un verre de vin qu'elle but d'un trait. L'alcool lui fit du bien, elle pensa à la bouteille cachée dans son cabinet.

— Ce sera mille livres, dit la Lepère.

La jeune femme tendit une bourse.

— Je suis votre servante, Madame. Revenez me voir aussitôt que vous le désirerez.

— Où est mon masque ?

La vieille femme s'empressait.

— Ici, votre seigneurie. Vous sentez-vous bien ?

— Laissez-moi tranquille et ôtez-vous de ma vue.

Marie-Madeleine avait retrouvé toute sa hauteur. Elle se leva, faillit perdre l'équilibre, se rattrapa à la table et se redressa fièrement. Cato entrait et fit un geste désignant la rue.

— Donnez-moi le bras, dit la Lepère, vous n'y arriverez pas seule.

La marquise s'appuya sur le bras de la vieille femme et descendit l'escalier.

Le soir Jean-Baptiste viendrait la voir à son hôtel. Elle lui avait fait savoir par un billet envoyé le matin qu'elle se sentait souffrante, qu'elle se reposerait durant la journée et l'attendrait à la nuit.

La veille il avait vendu ses premières poudres au prince de Mecklembourg.

CHAPITRE XXIX

Décembre 1665

Lorsque le valet entra dans le salon, portant sur un plateau d'argent des verres et une carafe de vin, chacun se tut. Pierre-Louis Reich de Penautier saisit des pincettes et attisa les braises tandis que Sainte-Croix, debout derrière le fauteuil où était assise Marie-Madeleine, fixait les flammes. La nuit tombait.

— Allumez les flambeaux, voulez-vous ? demanda Marie-Madeleine.

Elle prit un verre. Combien en avait-elle bu dans la journée ? Elle ne le savait plus. Le besoin de sentir la saveur des vins ou des liqueurs dans sa bouche, leur chaleur dans son corps, lui était devenu indispensable. Le laquais posa le plateau sur un guéridon et alluma les girandoles encadrant une pendule de bronze sur la cheminée. Marie-Madeleine, vêtue de velours vert, très droite dans son fauteuil, but lentement son vin. Penautier se retourna et regarda Sainte-Croix.

— Je déplore vraiment que vous ne puissiez me suivre dans mes entreprises nouvelles. Ne vous avais-je pas promis le succès pour mes manufactures de drap ? Le résultat est là désormais, et de mes ateliers sont déjà sortis quatre cents pièces de drap fin. Je vous promets que ces mines de plomb et de cuivre en Languedoc connaîtront la même prospérité.

Sainte-Croix, debout devant la cheminée, faisait face à Pierre-Louis.

— Tu sais fort bien que j'éprouve du dépit à ne pouvoir t'accompagner dans tes nouveaux projets et que je partage tes vues quant à leur réussite. Que veux-tu que je fasse ? J'ai bien eu quelques fonds récemment, mais mes dettes les ont mangés en un instant.

Penautier buvait sans quitter Jean-Baptiste des yeux.

— Et ton commerce ? Va-t-il selon tes espérances ?

— Il se porte bien, mais je n'en suis encore qu'à mes débuts. D'ici quelques années je le cesserai et je t'apporterai mon or après m'être acheté une charge qui me mettra à l'abri du besoin.

Penautier se mit à rire. Il posa son verre et regarda Marie-Madeleine.

— Et vous, madame, avec la fortune de votre père, ne pouvez-vous emprunter ? Ces mines rapporteront beaucoup et l'amitié que j'éprouve pour vous me presse de vous convaincre à me suivre.

Marie-Madeleine ne bougea pas, elle considérait les flammes.

— Mon père ne veut point même me prêter cinq sols.

— Comment, madame, vous êtes la mère de ses uniques descendants et il ne veut pas vous secourir ?

Lentement la jeune femme tourna la tête vers son ami.

— Un père, monsieur, n'est pas un galant et il ne cherche point à plaire. Le mien n'a jamais eu pour moi la moindre considération, pourquoi m'offrirait-il son or ? Oubliez mon père, il est certes fort riche, mais il aime davantage ses écus que sa fille.

Sainte-Croix s'était levé et versait encore du vin dans son verre.

— Cela est vrai, Marie-Madeleine n'a point de famille. Les seules marques d'intérêt que la sienne lui porte sont pour la persécuter. Tous me haïssent et veulent nous séparer.

— En quoi les dérangez-vous ? Ils ne vous voient jamais.

— Ce sont des bigots, cher ami, qui hantent les églises et oppriment leurs semblables. Le bonheur de Marie-Madeleine les chagrine, et ne pouvant le ressentir ils le lui veulent ôter.

Il y eut un instant de silence. Un souffle d'air coucha la flamme les bougies. Un peu de cire vint se figer sur les fleurs d'émail des girandoles. Marie-Madeleine tendit son verre à Sainte-Croix.

— Donnez-moi à boire, je vous prie, et servez Pierre-Louis.

Penautier refusa d'un geste.

— Votre père n'est point éternel, madame, il approche de ses soixante-dix années !

Marie-Madeleine eut un petit rire.

— Il jouit d'une fort bonne santé et sera centenaire. A son âge il exerce encore sa charge, se lève à l'aube, court du matin au soir, boit et mange comme un jeune homme. Ne pensez plus à cela. Je n'ai rien à en attendre. Il me voit dans la gêne et malgré son peu de dépenses, car les vieillards n'ont plus de besoins, il refuse d'entamer sa fortune en faveur de sa propre fille.

Penautier tendit le bras et prit la main de Marie-Madeleine.

— Il est vrai, à sa décharge, que vous n'avez point eu la chance de pouvoir conserver la fortune de votre dot, et il craint sans doute le même sort pour les écus qu'il vous confierait. Si vous m'aviez écouté et vendu vos domaines plus tôt, je les aurais investis de meilleure façon. Ma manufacture pilote dirigée par M. de Varenne, où travaillent des artisans hollandais, est fort prospère. La valeur d'une seule de vos terres aurait été doublée.

Marie-Madeleine dégagea sa main. Les remontrances affectueuses de Pierre-Louis la blessaient.

— Eh ! monsieur, en avais-je la possibilité ? Je vis des rentes de mes domaines. Pouvais-je attendre de lointains bénéfices ? Antoine, mon époux, ne me laisse pas un écu, il joue et se ruine avec ses maîtresses. J'ai une maison à tenir, des enfants et dois faire face à toutes mes dépenses avec seulement vingt mille livres de rente.

— Je l'ai fait moi-même, madame, j'ai vécu d'expédients parce que je croyais en ma chance. Maintenant me voilà riche, je dispose de fonds assez considérables pour que leurs seuls intérêts me mettent à l'abri du besoin. A quinze ans je n'avais rien. Vous, vous étiez riche.

La jeune femme ne répondit pas. Penautier avait raison, elle aurait pu être riche et elle se trouvait ruinée. Maintenant tout serait différent, qu'on lui confie seulement dix mille livres et elle referait sa fortune. Elle en avait la certitude. Le manque d'argent était une impuissance qui la révoltait, une faiblesse inacceptable.

— Puisque vous voilà si bien nanti et que vous êtes mon ami, Pierre-Louis, m'avanceriez-vous dix mille livres ?

Elle avait parlé doucement et tourna la tête vers lui pour le regarder avec des yeux caressants.

Penautier connaissait si bien Marie-Madeleine qu'il ne fut même pas surpris de sa demande.

— Ma chère, je vous ai avoué posséder de la fortune, mais ces fonds sont tous investis ou prêtés avec des taux d'intérêt qui me permettent de vivre. J'ai une femme, des enfants comme vous et un train de maison qui me coûte fort cher entre le Languedoc et Paris. Croyez-moi, lorsque vous serez riche à nouveau, ne soyez pas trop libérale avec votre argent envers ceux que vous aimez, car assurément c'est la voie la plus prompte pour se ruiner.

Penautier eut un regard rapide vers Sainte-Croix et continua :

— Néanmoins, pour vous prouver combien je vous admire je veux bien vous avancer cinq mille livres. Belleguise les remettra demain à Jean-Baptiste pour vous. Ne vous faites pas de soucis pour le remboursement, vous vous en acquitterez selon vos possibilités.

Sainte-Croix s'était adossé à la cheminée ; il souriait.

— Si tu reconnais que donner de l'argent à ses amis est une erreur, pourquoi M. le Lieutenant civil en offrirait-il à sa fille ? Ce qui est bon pour toi ne l'est donc point pour les autres ?

Marie-Madeleine posa violemment son verre sur le guéridon d'ébène qui était à côté d'elle. La tige de cristal du pied se brisa et le vin se répandit sur le tapis en une tache brune qui s'arrondit comme une fleur nouvelle.

— Il n'est pas question de cela, Jean-Baptiste, mon père est-il un financier ? Je ne lui demande pas l'aumône, il peut s'il le désire soustraire les sommes dont j'ai tant besoin de ma part d'héritage. Je serai vieille moi-même lorsqu'il mourra et n'en aurai plus l'usage. François, Thérèse, Marie ne sont point mariés, Antoine n'a pas d'enfants, je suis la seule à laquelle l'argent de mon père est nécessaire. Il n'y aurait donc pas d'injustice à m'en faire bénéficier. Je ne sais comment me sortir de cette situation fâcheuse.

— Je vous demande la permission de me retirer, dit Penautier, je dois repartir dès demain en Languedoc et ai encore quelques affaires à régler avec Dalibert. Je n'oublierai pas ma promesse. Au revoir, madame, je vous souhaite bonne chance. Peut-être votre père se montrera-t-il enfin compréhensif, cela serait de son intérêt car vos créanciers, las d'attendre, vont se tourner vers lui.

Il salua. Marie-Madeleine n'aimait pas le voir partir et trouvait ridicule cependant l'émotion qu'elle éprouvait. Sa main se tendit vers le guéridon pour prendre un autre verre de vin. Pierre-Louis allait quitter le salon ; il s'arrêta, son chapeau à la main. Son regard s'attarda sur la jeune femme. Il vit la main qui tremblait, les yeux tristes et provocants.

— Que Dieu vous garde, murmura-t-il.

Elle ne l'entendit pas. Sainte-Croix se pencha, prit une bûche qu'il jeta dans la cheminée, une flamme s'en élança aussitôt. Ils entendirent les roues de la voiture de Penautier franchissant le porche, puis le bruit des portes qui se refermaient. Enfin le silence revint.

La voix dure de Sainte-Croix le rompit.

— Ne prenez plus de vin, vous allez vous enivrer.

Marie-Madeleine posa docilement son verre. Ce n'était pas sur ce plan-là qu'elle aimait le braver.

— Il est vrai que la mort de ton père signifierait la fin de nos soucis. Nous pourrions effacer nos dettes, reprendre notre rang dans le monde.

— Nous ne l'avons pas perdu !

— Pour combien de temps ? Ne vois-tu pas que nous sommes au bord du gouffre ?

Marie-Madeleine posa ses mains l'une contre l'autre. Les paroles de Jean-Baptiste accentuaient encore son angoisse.

— Cessez de me parler de mon père, nous n'avons rien à en attendre, vous le savez aussi bien que moi. Croyez-vous qu'il va mourir pour vous plaire ?

— Certes pas pour me plaire, mais il est âgé et nul ne sait qui vit ou qui meurt. Votre frère Antoine le presse pour obtenir sa charge, il est accablé de soucis, la mort le délivrerait de tout cela !

Marie-Madeleine se leva, son anxiété était telle qu'il lui fallait bouger. Elle alla vers la fenêtre, tira les rideaux puis revint vers la cheminée. Sa petite taille, sa fragilité lui gardaient un air juvénile malgré ses trente-cinq ans. Elle avait toujours une superbe chevelure qu'elle avait relevée sur l'arrière de la tête, ne laissant pendre de chaque côté du visage que deux touffes de cheveux bouclés. Posant une main sur le marbre, elle regarda Jean-Baptiste. Les mots qu'il disait étaient vains et elle ne voulait plus les entendre, effrayée d'y porter tant d'intérêt. L'expectative du décès de son père était porteuse de mille espoirs, de mille projets neufs, comme une lumière dans l'obscurité où elle se trouvait. Tout serait possible à nouveau, elle serait riche et ses rêves déçus, ses espérances déjouées la feraient plus forte. Sainte-Croix ne la dépouillerait plus.

— Mon père se porte bien, dit-elle lentement. N'en parlons plus.

Sainte-Croix s'était approché de Marie-Madeleine.

— Je vais te poser une question, mon cœur, une seule et tu vas y répondre franchement. Ne réfléchis pas, dis juste ce que tu penses car je ne t'en reparlerai plus par la suite. Sois honnête envers toi-même et souviens-toi que tu es la seule maîtresse de ton destin, que tu fais de ta vie ce que tu crois bon ou nécessaire. Seuls les faibles s'en remettent aux autres. Dis-toi que si tu ne vaincs pas, c'est toi qui seras défaite et personne ne se penchera sur ton sort. Tu seras écartée, oubliée, tu vivras solitaire et misérable.

Marie-Madeleine était troublée, son cœur se mit à battre plus vite. Sainte-Croix avait raison, personne ne l'aiderait.

— Je vous écoute.

Jean-Baptiste ne parla pas tout de suite. Il considéra longuement la jeune femme d'un air bienveillant.

— Penses-tu que la mort de ton père nous sauverait ?

Marie-Madeleine comprit à cet instant le sens des

mots de son amant. Elle ferma les yeux. Une grande peur s'était emparée d'elle, mélangée à une sorte de soulagement. Elle osait enfin regarder sa blessure. Maintenant elle ne pouvait plus revenir en arrière, la vérité était claire, incontestable. Quelles que soient ses paroles, elle ne pourrait plus être dupe.

La jeune femme eut un geste vague qui faisait disparaître son passé, qui l'effaçait elle-même. Ses yeux lentement se levèrent vers ceux de son amant, ils étaient calmes, d'un bleu transparent comme de l'eau dormante.

— Oui, répondit-elle.

CHAPITRE XXX

Mai 1666

Marie-Madeleine s'était couchée tard. Elle avait joué, un peu gagné, bu beaucoup de liqueurs et avait mal dormi. Elle ne supportait plus d'être seule. La présence continuelle de Sainte-Croix, d'une servante, de sa sœur, de n'importe qui était nécessaire pour qu'elle ne se retrouvât point dans le silence et l'isolement. Sa femme de chambre, Geneviève, dormait sur un lit de sangle dans le cabinet attenant à sa chambre ; elle l'éveillait parfois en pleine nuit, juste pour entendre sa voix.

Vers dix heures, un valet gratta à sa porte. Il apportait un billet de Dreux d'Aubray à remettre d'urgence à sa fille. Marie-Madeleine s'était redressée dans son lit, elle saisit les mots « Dreux d'Aubray », « sa fille » et éprouva une angoisse violente. Si son père était mort elle serait délivrée, il n'y aurait plus rien à subir, plus la tentation toujours présente d'arrêter le cours des choses.

— Donnez-moi cette lettre, dit-elle.

Sa bouche était sèche, elle souffrait de la tête et prit une gomme préparée par Sainte-Croix, à base de graines de violette blanche, de citron et d'eau-de-vie.

Elle saisit la missive et la déplia. La lettre était écrite par son père, d'une main encore ferme.

Mon enfant,

Tu me laisses bien seul chez moi. Voilà plusieurs semaines que je ne t'ai pas embrassée. J'aurais cependant besoin de ta présence et de celle de mes petits-enfants pour m'égayer, car ma santé me donne des soucis. Il ne faut pas vieillir, ma fille, l'âge est le pire des ennemis. Dans trois jours je dois encore me rendre à Port-Royal et avec la faiblesse de mon état, je redoute cette mission. Fais-moi visite pour m'encourager. Nous ne parlerons, je te le promets, de rien qui puisse te contrarier, tu me narreras les événements de la vie de Paris que j'ignore depuis que me voilà enfermé dans mon hôtel. Pense à ton vieux père et viens me voir tout à l'heure. Je t'attends avec le gâteau à l'angélique que tu aimais enfant.

Dreux d'Aubray

La jeune femme resta immobile, la lettre posée sur son drap de dentelle. Elle ne se sentait pas la force de se rendre rue du Bouloi. Son père demeurerait seul, ne l'était-elle pas également ? Son regard se posa sur le ciel. Il pleuvait et la couche épaisse des nuages ressemblait à une terre labourée par les vents. « Pourquoi irais-je ? » murmura-t-elle. Elle imagina le visage de Dreux d'Aubray au coin de sa cheminée, un visage vieilli entouré de cheveux blancs, puis sa pensée, remontant le temps, le vit en Provence lorsqu'il la faisait sauter sur ses genoux en l'embrassant dans le cou. « Non, non », se dit-elle, et elle se leva précipitamment. Des rafales faisaient grincer le montant des fenêtres, gonfler les rideaux qui se balançaient.

Marie-Madeleine s'assit à sa table, prit un papier, une plume. *Mon père,* écrivit-elle. Sa main s'arrêta, elle se représenta de nouveau le vieil homme seul avec auprès de lui un gâteau à l'angélique.

La jeune femme posa la plume et mit son visage entre ses mains. Pourquoi souffrait-elle ainsi constamment de la tête ? « Je suis lâche, murmura-t-elle, moi Marie-Madeleine d'Aubray, je suis faible et méprisable. Qu'ai-je à donner des leçons aux autres si je ne suis point capable de me dominer ! J'irai. »

Elle quitta sa table et sonna.

— Geneviève, je prendrai mon repas à midi. Demande à Nicolas de préparer le carrosse, je me rendrai, aussitôt dîné, rue du Bouloi.

Une vigueur nouvelle l'habitait, comme chaque fois qu'elle avait à se battre.

Dreux d'Aubray était dans sa chambre, assis dans un fauteuil, un bonnet sur la tête, une couverture sur les genoux. Marie-Madeleine avait pris une chaise à côté de lui. Il ne restait du gâteau que quelques miettes sur une assiette d'argent et un peu de vin muscat dans des verres. La chambre était obscure et comme l'on n'avait point allumé de bougies le coin de la cheminée seul se trouvait éclairé par les flammes. La jeune femme était vêtue de soie gris et rose, elle n'avait pas eu le loisir de se maquiller et ses cheveux bouclés étaient juste retenus par des peignes de corail.

Dreux d'Aubray prit la main de sa fille.

— Le temps est bien triste cette année, je pense à Offémont, nos fermiers doivent s'inquiéter pour leurs récoltes.

— Nous sommes en mai, père, et le soleil peut revenir à tout moment.

La conversation restait anodine. Marie-Madeleine s'efforçait depuis son arrivée de ne tenir que des propos insignifiants. Dreux d'Aubray accentua la pression de sa main sur celle de sa fille. Elle eut envie de retirer brusquement la sienne mais se domina.

— Je l'espère, car dans trois jours il me faut aller à Port-Royal arrêter MM. de Sacy, Du Fossé et Fontaine. La boue sur les chemins de campagne me fait peur et je ne sais si je pourrai tenir sur un cheval.

— Pourquoi n'y dépêchez-vous pas le chevalier du guet, mon père ? Il est jeune et s'acquitterait bien de la tâche.

Dreux d'Aubray retira sa main.

— Colbert m'a demandé d'accomplir moi-même cette mission. Je dois suivre l'affaire jusqu'au bout et je le ferai. Peut-être irai-je mieux, car je suis admirablement soigné. Gascon, ce valet que vous m'avez envoyé, est d'un grand dévouement, mais il ne s'entend guère avec mon maître d'hôtel qui insiste pour me porter lui-même les médecines. Les deux se querellent pour me choyer. Ne suis-je pas un homme heureux ?

Marie-Madeleine prit un verre et se servit du muscat. La sensation d'étranglement était revenue, elle avait l'impression d'étouffer. C'est sur la recommandation de son valet Lapierre que Sainte-Croix avait engagé Gascon, excellent domestique et homme prêt à tout.

— Vraiment, mon père ? Vous ne devriez accepter d'être traité que par un seul serviteur.

— Guy Patin, qui est le meilleur médecin du royaume, vient me voir régulièrement et donne ses ordres. Je leur fais confiance. Dans un mois, pour la Pentecôte, si je me sens mieux je fais le projet d'aller à Offémont. M'y accompagneras-tu avec les enfants et ton mari, s'il le désire ?

Marie-Madeleine eut un geste.

— Mon mari !

Elle posa son verre.

— Je ne sais si je pourrai. En juin, mes fils ont encore des leçons de leur précepteur.

— Amène-le. Ils sont jeunes et courir un peu dans les bois ne peut que renforcer leur ardeur pour l'étude.

— Laissez-moi y réfléchir, père, nous ne sommes qu'en mai, n'est-ce pas ?

— Les vieillards ont toujours la manie de faire des projets. N'est-ce pas stupide, alors que la vie peut nous être ôtée à chaque instant ! C'est ainsi pourtant et je ne suis point différent des autres. Parle-moi de mes chers petits-enfants, Claude-Antoine et Louis, qui font ma joie.

A ce moment on gratta à la porte. Gascon pénétra dans le salon avec un plateau sur lequel était posé un verre rempli d'un liquide transparent et doré.

— C'est l'heure de votre médecine, Monsieur, je vous l'ai ajoutée à du bouillon que la cuisinière vient juste de retirer du feu et qui est fait de ce matin.

Marie-Madeleine respira profondément ; son regard croisa celui du valet, elle baissa aussitôt les yeux.

— Je vais me retirer, mon père, car vous désirez peut-être prendre du repos.

— Déjà ? Vous ne venez que d'arriver. Laissez-moi boire ce bouillon et causons encore un peu.

Marie-Madeleine s'était levée.

— Je dois partir, ma fille Thérèse est un peu souffrante et sa gouvernante m'a demandé ce matin de venir la voir. Elle me réclame.

Dreux d'Aubray tendit la main et prit le verre de bouillon.

— Te voilà donc garde-malade, ma pauvre fille. Console-toi en te disant que tu donnes du bonheur par ta présence. Reviendras-tu bientôt ?

Marie-Madeleine s'approcha vivement et le baisa au front.

— Bien sûr, mon père, et vous me raconterez votre expédition à Port-Royal. Ne vous y donnez pas trop de peine.

Une fois de plus ses yeux rencontrèrent ceux du

valet, ils étaient impassibles et rien ne s'y pouvait lire. Elle voulut sortir, mais son père la retint par le bras.

— Une seconde encore, je bois cette potion et je t'accompagne à ton carrosse.

Il absorba le bouillon d'un trait, puis reposa le verre sur le plateau. Gascon se retira aussitôt.

— Aide-moi à me lever, un peu d'air me fera du bien.

Dreux d'Aubray s'appuya sur l'épaule de sa fille. Il avait pâli soudain et porta la main à son estomac.

— Diable, je souffre parfois après avoir bu et ne sais pourquoi. Il est vrai qu'aujourd'hui je ne me sens pas bien.

Son père pesait sur elle, elle avait envie de le repousser et de s'enfuir.

— Restez assis, mon père, j'irai seule à ma voiture.

Elle sonna. Gascon entra aussitôt.

— Monsieur se sent mal, dit la jeune femme. Aidez-moi à le faire allonger.

Le valet s'empressa, prit le lieutenant civil sous les bras et le conduisit doucement vers le lit. Gascon installa son maître, mit un oreiller sous sa tête, remonta les couvertures et, se tournant vers la jeune femme :

— Voulez-vous que je prépare une autre médecine à Monsieur ?

Marie-Madeleine, très pâle, sursauta.

— Non, non, allez-vous-en. Je vais rester un moment à côté de lui. Appelez son maître d'hôtel !

Marie-Madeleine avait été sur le point de lui crier de quitter à l'instant cette maison, mais elle se tut, s'assit à côté de son père et lui prit la main.

En partant de la rue du Bouloi, Marie-Madeleine, bouleversée, demanda à son cocher de la conduire rue des Bernardins. L'espèce d'excitation qu'elle avait éprouvée depuis quelque temps avait disparu et elle ne ressentait plus qu'une panique extrême, un affolement la poussant chez Sainte-Croix pour lui faire abandonner son projet.

Ce fut Madeleine de Sainte-Croix qui ouvrit la porte. La marquise la regarda à peine, ne la salua pas.

— Où est Jean-Baptiste ?

Madeleine désigna l'étage. A la vue de Mme de Brinvilliers son visage s'était fermé.

Marie-Madeleine était déjà dans l'étroit escalier, elle ne frappa point et pénétra dans la chambre de son amant. Il lisait, les pieds posés sur un tabouret, vêtu d'une culotte et d'une chemise de toile fine.

— Vous, dit-il seulement.

Il posa son livre, mais ne se leva pas. La jeune femme poussa la porte qui se ferma avec un bruit sec et s'arrêta à quelques pas de lui.

— Je viens de chez mon père.

Sainte-Croix souriait devant le visage décomposé de Marie-Madeleine et devinait à sa voix les mots qu'elle allait dire.

— Vous m'aviez dit que tout serait fait promptement et qu'il ne souffrirait point. C'était une fable que vous me contiez pour me décider à vous obéir, car assurément il endure de grandes peines. Je ne peux supporter de le voir ainsi.

Elle se tut un instant, la colère l'empêchait d'articuler les mots. Sainte-Croix ne répondit pas.

— Arrêtons tout, nous trouverons autre chose.

Elle avait parlé d'un trait et se sentait soulagée. Son cœur battait violemment, elle fit quelques pas vers lui et s'arrêta à nouveau, comme si elle craignait de trop l'approcher. Il la considérait d'un regard amusé.

— N'avez-vous rien d'autre à me dire, madame ?

La petite chambre était très sombre. Une multitude d'objets s'y trouvaient amoncelés dans le plus grand désordre, des livres, des lettres, des armes, quelques bouquets de fleurs séchées, des tabatières, des bourses brodées, cadeaux de femmes qu'il avait jetés çà et là.

Sur la cheminée, deux faucons empaillés fixaient les visiteurs de leurs yeux de verre.

Sainte-Croix se leva, il ne se dirigea point vers Marie-Madeleine mais rejoignit la fenêtre, observant longuement la pluie, les mains derrière le dos. Soudain il se retourna, son regard était impitoyable, il ne souriait plus.

— Vous voilà bien craintive et timorée, madame! Cela m'étonne de vous car vous m'aviez habitué à une autre forme de caractère. Arrêtons tout, dites-vous ? Eh bien, faisons-le. Je retire Gascon de chez votre père qui se rétablit, retrouve une santé meilleure que jamais. Dans quelques jours vos créanciers, n'espérant plus cette succession qui les rend patients, vous harcelleront à nouveau. Vous n'avez plus rien, madame, aucun espoir de vous sauver de vos difficultés car il n'y a plus de fonds. Tout sera vendu, Sains, Morainvilliers, les Tournelles, votre hôtel, et vous irez comme une mendiante rue du Bouloi où l'on vous fera sentir à chaque instant que vous êtes une femme indigne. Maintenant, imaginez votre existence semaine après semaine, jour après jour, entre votre père et votre frère François. Pas une minute ils ne vous permettront d'oublier que vous vivez de leur charité, chaque morceau de pain que vous mangerez viendra de leur bon vouloir et il vous faudra les en remercier. Dans quelques années votre père mourra de toute façon, peut-être plus cruellement encore, mais votre vie sera ruinée.

Marie-Madeleine serra les mains l'une contre l'autre pour en dominer le tremblement. Sa voix était étranglée.

— Tu me resteras, Jean-Baptiste!

Sainte-Croix se mit à rire, d'un rire qui fit peur à la jeune femme car elle ne l'avait point encore entendu.

— Pour vous aller visiter rue du Bouloi, et réciter des patenôtres en la compagnie de François! Peut-être pourrions-nous prendre un peu d'air en nous promenant en bourgeois sur les remparts ? ou aller visiter les malades de l'Hôtel-Dieu et leur porter quelques douceurs ? Je vous escorterais à la messe où nous remercierions ensemble un Dieu auquel nous ne croyons pas de nous avoir ôté le bonheur et d'avoir fait de nous des êtres misérables et grotesques. Tout le monde nous tournera le dos, la pauvreté est pire que la peste, et moi je vous quitterai car la femme que j'ai aimée ne sera plus.

Marie-Madeleine s'était avancée vers Sainte-Croix et levait la tête pour le regarder.

— Taisez-vous, je vous en prie...

Elle pleurait. Sainte-Croix souriait à nouveau.

— Luttez, madame, battez-vous. Triomphez de votre peur et de votre faiblesse, votre père ne vous aime point, Dieu n'existe pas.

La jeune femme posa son visage entre ses mains. De longs sanglots la secouaient. Jean-Baptiste hésita, puis il l'entoura de ses bras.

— Ne pleure pas, mon cœur. Tu seras heureuse et je t'aimerai longtemps. Riche, tu feras ce que tu voudras et mes désirs seront les tiens. Nous voyagerons si tu le veux, nous irons en Italie, à Venise, à Rome, à Florence. Là-bas Paris ne sera plus qu'un souvenir et chaque jour deviendra l'aurore d'un bonheur nouveau. Nous ne jouerons plus, nous ne nous ferons plus souffrir, ce sera une autre existence dans une jeunesse revenue. Nous ne sommes point semblables aux autres, Marie-Madeleine, ne cherche pas à t'identifier à eux, ils sont vils et médiocres. Tu es la vie, avance comme elle, ne t'embarrasse de rien, le monde sera à toi et je t'aimerai toujours.

Sainte-Croix écarta les mains de la jeune femme, contempla son visage et doucement, tendrement, la baisa sur les tempes, les joues, la bouche. Il répétait :

— Je t'aime, je t'aime...

Marie-Madeleine n'avait plus de pensées. Aucune des

promesses faites par Sainte-Croix ne se réaliserait, mais elle devait faire semblant d'y croire.

— Je ne veux plus qu'il souffre, dit-elle seulement.

Jean-Baptiste la serrait toujours contre lui.

— Gascon n'a pas toute sa liberté. Le maître d'hôtel de ton père tient à le soigner personnellement et notre homme ne peut avoir auprès de lui l'assiduité nécessaire.

Marie-Madeleine ne pleurait plus. La secousse nerveuse l'avait épuisée, elle avait envie de prendre une tisane et de dormir.

— Que pouvons-nous faire ?

Jean-Baptiste s'écarta d'elle, fit quelques pas et s'arrêta devant la cheminée contre laquelle il s'adossa.

— Ne peux-tu t'installer auprès de lui ?

La pluie s'était arrêtée. Un rayon de soleil se posa sur les faucons dont les yeux de verre prirent un éclat minéral.

— Mon père m'a demandé de l'accompagner à Offémont pour les fêtes de la Pentecôte.

— Voilà une excellente nouvelle. Tu ne le quitteras point et pourras ainsi agir en toute liberté. Il n'y a pas à hésiter : si tu as du courage, l'affaire sera faite en quelques semaines. Tu désires qu'il ne souffre pas ! Eh bien, il ne souffrira plus.

— Donne-moi à boire, murmura Marie-Madeleine.

Jean-Baptiste prit sur une étagère une bouteille de vin épicé et deux petits verres de cristal dans un coffret d'ébène. Il les remplit lentement et regarda sa maîtresse.

— Le feras-tu ?

Elle ne répondit pas.

— Fais-le pour l'amour de moi.

Marie-Madeleine s'approcha de lui, le défiant du regard.

— Doutez-vous de mon attachement ? Je vous obéis

en tout. C'est cela que vous voulez, n'est-ce pas, être le plus fort toujours et partout !

Il se mit à rire.

— Je veux ce que tu désires au plus profond de toi sans vouloir le reconnaître. Lorsque je te dis : « Va et finis ce que nous avons commencé », je sais que tu iras parce que je ne fais qu'exprimer ton souhait.

Marie-Madeleine s'était reculée. Elle était devant la porte et l'ouvrit. Sainte-Croix tenait à la main le verre de vin épicé et dans la lumière du soleil le liquide ressemblait à du sang. Il répéta : « Tu espères la mort de ton père parce que c'est moi que tu as choisi. »

Elle était sur le palier, mais ses yeux ne pouvaient se détacher de ceux de Jean-Baptiste.

— Il n'y a pas de place pour nous deux. Tu auras ton père et la misère, ou moi et les plaisirs de la vie. L'un ou l'autre, Marie-Madeleine.

Elle referma la porte. Nicolas l'attendait. Elle monta dans son carrosse et appuya son front contre la vitre. Un par un les mots de Sainte-Croix lui revinrent en mémoire. Elle savait qu'il avait raison. La pluie s'était remise à tomber, faisant déborder les égouts qui se répandaient jusqu'au pied des maisons, et les enfants pataugeaient en riant dans cette boue fétide où ils avaient grandi et qu'ils ne voyaient plus tant elle leur était familière.

CHAPITRE XXXI

Offémont, juin 1666

L'orage menaçant avait éclaté avec une très grande violence. Les yeux ouverts dans la nuit, Marie-Madeleine entendait les coups de tonnerre. La lumière étincelante et rapide des éclairs traversait les volets clos. Le château était silencieux, séparé du monde, cerné par la forêt et entouré de ses hauts murs. Depuis quelques jours elle était arrivée avec son père et ses enfants à Offémont, dans le même carrosse, avec pour tous domestiques le cocher, une cuisinière et le précepteur de Claude-Antoine et de Louis. Dreux d'Aubray avait rejoint sa fille au faubourg Saint-Martin en face du couvent des Récollets, et ils avaient passé la nuit à Senlis chez un vieil ami. Il faisait beau à Offémont lorsqu'ils étaient arrivés. Marie-Madeleine y retrouvait intacts tous ses souvenirs, la longue allée menant au château, la pièce d'eau devant la grille où, enfant, elle venait jeter de petits cailloux pour éveiller cette princesse qui, disait-on, s'y était noyée en rentrant tard d'un bal et attendait d'être éveillée par une personne au cœur pur. Elle revit également la façade ancienne du château, moyenâgeuse avec ses tourelles et ses étroites fenêtres, puis en le contournant, la partie moderne construite par les Montmorency juste avant que les d'Aubray achètent le domaine. Elle redécouvrait avec ravissement tous ces noms familiers : le Bonnet-Noir, juste après le hameau de Saint-Crépy-aux-Bois, la Fontaine-des-Charmes, la Plaine-aux-Biches, le Mont-des-Singes. Elle les citait à ses enfants, leur désignant de la voiture un étang, un détail du paysage qui lui redonnait leur âge.

Un coup de tonnerre plus violent fit se redresser Marie-Madeleine dans son lit. Elle dormait peu malgré les potions préparées par Jean-Baptiste, et d'un sommeil lourd, brutalement interrompu, qui la laissait fatiguée, hébétée. Le matin, elle apportait elle-même à son père le lait chaud dans lequel elle avait versé trois pincées d'une poudre donnée par Gascon. Elle les mesurait avec précision, mettant dans cette tâche légère une grande attention d'esprit pour ne point laisser libre son imagination. Lorsque son père avait bu, elle rinçait promptement la tasse comme on le lui avait recommandé, puis prenait un ouvrage de broderie et s'installait à côté de lui jusqu'à l'heure du dîner. Le premier jour, fatigué par le voyage, son père avait sommeillé, le lendemain il s'était assis dans son lit et l'avait contemplée longuement en silence.

— Nous voici à Offémont, avait-il murmuré enfin.

— Êtes-vous heureux, mon père ?

Il hocha la tête.

— Heureux ? Est-ce que je connais seulement le sens de ce mot !

Marie-Madeleine ne le regardait pas. Les yeux baissés sur son ouvrage elle tirait les fils de soie multicolores qui s'emmêlaient, s'enchevêtraient, s'assemblant pour faire éclore des fleurs, des feuilles et de longues tiges fragiles.

— Je n'ai vécu que pour accomplir mon devoir dans l'honneur et la dignité. Maintenant la vieillesse est là, la maladie, peut-être la mort, et je me demande si je n'ai pas été abusé.

La jeune femme leva la tête. Son père était très pâle, il avait des larmes dans les yeux.

— La vie est si courte. Enfant, je rêvais de plaisirs que je n'ai point eus.

— Vous avez été en Italie, mon père !

Le visage de Dreux d'Aubray s'éclaira.

— Cela est vrai, ces trois années à Rome ont été les seules de liberté et de jeunesse que j'aie connues. J'avais vingt-trois ans. Je cherchais pour M. de Thou et pour M. de Peiresc des manuscrits et des antiquités. Cette quête m'a fait découvrir des merveilles. Lorsque j'ai dû quitter Rome pour rejoindre Paris, il me semblait que rien d'autre ne pourrait désormais m'émouvoir et j'ai désiré alors entrer dans les ordres.

Marie-Madeleine posa son ouvrage. Cette période de la vie de son père dont il parlait peu la captivait.

— Pourquoi n'êtes-vous pas resté davantage ? Vous étiez jeune, sans charge de famille, pour quelle raison écourter votre bonheur ?

Dreux eut un sourire, le premier qu'elle lui voyait depuis bien longtemps.

— Je peux te le dire maintenant, mon enfant, car tu es une femme mûre qui connaît la vie. J'avais rencontré dans une réception le cardinal Deti del Monte, doyen du Sacré Collège, neveu du pape Clément VIII, qui me témoigna aussitôt les preuves d'une vive amitié. C'était un vieil homme cultivé, charmant, et je fus flatté de son intérêt. Il m'invita à maintes reprises sans que je soupçonne rien, puis un soir où nous étions tous les deux dans le merveilleux jardin de son palais, il me prit la main et me regarda avec des yeux qui me firent croire qu'étant dans la peine il avait besoin de mon aide. Lorsque je compris ce qu'il attendait de moi, la situation était déjà fort embarrassante pour l'un et pour l'autre... Je résolus de partir aussitôt.

Marie-Madeleine riait ; à aucun moment son père ne lui avait parlé avec autant de liberté. Ils se retrouvaient enfin alors qu'ils étaient déjà séparés.

Assise sur son lit, les yeux grands ouverts, la jeune femme songeait à ces conversations. Elles ne l'attristaient point. Les jours passés avec son père représentaient ce précieux cadeau refusé par la vie, accordé au moment du trépas. Si elle n'était pas venue à Offémont pour couper définitivement le fil de ses jours, jamais elle ne l'aurait rejoint, comme si l'amour et la mort ne trouvaient de signification, de force, qu'unis l'un avec l'autre. Son père allait mourir, elle aussi d'une certaine façon et dans ses cauchemars elle se voyait enlacée à lui, tombant dans un gouffre sans fond.

L'après-midi, lorsque le temps était beau, elle se promenait avec lui dans les allées du parc. Ils avançaient lentement pour ne pas le fatiguer. Parfois, d'une détente, une biche traversait le chemin. Dreux d'Aubray s'arrêtait, pesait sur l'épaule de sa fille.

— Regarde, disait-il, tant de beauté !

Souvent ils ne parlaient pas, marchant du même pas, l'un contre l'autre.

— Mon père, avait dit un soir Marie-Madeleine, alors qu'installés ensemble sur la terrasse ils admiraient le coucher du soleil, pourquoi ne nous sommes-nous pas connus plus tôt ?

— Parce que les hommes font l'erreur de croire que tout est acquis, que tout dure. Je vais mourir et nous allons nous quitter, c'est pour cela que nous nous regardons enfin et que je m'aperçois que je t'ai aimée sans te l'avoir jamais dit.

Un éclair plus violent encore fut suivi d'un grondement de tonnerre. Dans le château il y eut un cri d'enfant, Nicolas probablement qui avait peur de l'orage. La jeune paysanne engagée pour les vacances s'occuperait de lui. Marie-Madeleine n'était pas une bonne mère, comment l'aurait-elle été ? Elle éprouvait le besoin d'être elle-même protégée, rassurée sans cesse. Ces petites mains, ces regards qui se tendaient vers elle l'effrayaient, elle ne supportait pas de se sentir responsable. Pieds nus, la jeune femme se dirigea vers la fenêtre, ouvrit les volets. Une senteur de feuilles et de terre mouillées venait de la forêt. Elle respira profondément, c'était une odeur grisante, une odeur remontant du plus lointain de son enfance, forte et caressante comme les mains d'un homme.

La pluie mouillait son visage, sa chemise de nuit collait à sa peau, entourant son cou d'une dentelle légère que le vent soulevait. « Jean-Baptiste, dit-elle doucement, je ne vous aime pas », et elle se mit à rire. Le vent fit claquer un volet, le refermant brusquement ; elle recula et se recoucha. Pour la première fois depuis son arrivée à Offémont elle eut un sommeil paisible, sans cauchemars.

Ce fut une servante qui l'éveilla au matin. Son père s'étonnait de ne point la voir et la demandait.

Dreux d'Aubray s'affaiblissait. Les brûlures d'estomac intolérables qu'il avait ressenties s'étaient apaisées pour faire place à un malaise permanent. Il avait renoncé à ses promenades dans le parc et restait sur la terrasse devant la demeure, à l'ombre, assis dans un fauteuil, une couverture sur les genoux. Ses petits-enfants le fatiguaient, même Louis avec ses questions incessantes et son affection exubérante. La servante les faisait jouer de l'autre côté du château près des écuries, et ils devaient ne faire aucun bruit lorsque le temps ne permettait pas de rester à l'extérieur.

Depuis la maladie de son grand-père, Marie-Madeleine, la fille aînée, témoignait à nouveau à sa mère des marques de tendresse. Elle la voyait sombre et essayait de la dérider par ses attentions. A quinze ans elle était déjà très belle, avec les cheveux blonds de son père et les yeux bleus de sa mère. D'une taille élancée, d'un maintien un peu rigide, elle était empreinte d'une pudeur et d'une réserve qui agaçaient la marquise. L'assiduité de sa fille auprès d'elle l'irritait. Louis était la réplique de Jean-Baptiste, il avait les mêmes yeux volontaires, un nez fin, une bouche charnue, cette façon insolente de regarder les autres comme s'il les défiait. Elle le considérait parfois, étonnée, et le baisait sur les lèvres. L'enfant l'attirait sensuellement. Ils se parlaient gravement, comme des amis. Louis se posait déjà en protecteur, jaloux, tyrannique, dominant son frère Claude-Antoine d'un an plus âgé que lui, donnant des ordres à ses sœurs d'une manière impérative. Son grand-père l'aimait avec passion.

Lorsque Dreux d'Aubray dormait après le dîner qu'il prenait vers la demie de onze heures en compagnie de sa fille, Marie-Madeleine allait marcher seule dans la forêt. Elle prenait le chemin Henri-IV, la route de Tracy ou se rendait parfois jusqu'au prieuré de Sainte-Croix élevé dans une enclave du parc. Une petite communauté de célestins y vivait, exploitant la ferme attenante, cultivant un potager, élevant quelques bêtes. Ils ne regardaient personne, toujours perdus dans un grand songe intérieur qui rendait leurs yeux transparents. Marie-Madeleine ne les approchait pas. Ces hommes sans passions, sans désirs, ressemblaient à des morts sous leur capuchon de bure. Elle se signait pour écarter sa peur, parce que le signe de la croix faisait s'enfuir le diable et que ces moines, parfois, lui ressemblaient.

En rentrant de promenade, Marie-Madeleine montait dans sa chambre, écrivait à Jean-Baptiste des lettres qu'elle déchirait aussitôt. Les expressions en étaient toujours les mêmes. Elle le suppliait d'abord de ne plus chercher à la revoir, de la laisser en paix. Puis peu à peu les termes changeaient, d'implorants ils devenaient tendres, enfin passionnés. Il lui manquait, elle avait envie de son corps, de ses gestes, de ses exigences et elle traçait des mots précis, ardents, qui la faisaient trembler. Marie-Madeleine jetait alors sa plume, se levait et sortait de sa commode un flacon de liqueur qu'elle buvait parfois sans même prendre le temps de la verser dans un verre.

Lorsque la cloche du souper sonnait, elle se rajustait, déchirait sa missive et descendait dans la salle à manger. Son père la regardait entrer, courbé au-dessus de son assiette, une couverture sur les jambes, et elle allait vers lui comme on va vers un enfant malade, avec un sourire apaisant pour qu'il ne comprenne point la gravité de son état. Marie-Madeleine avait résolu d'accomplir tout ce qui était en son pouvoir pour le réconforter, lui donner une fin paisible et douce. C'était une revanche sur sa propre lâcheté et sur la fatalité, un effort permanent qui primait sur tout. Chaque parole, chaque geste tendre pour son père la faisait souffrir et elle se punissait en inventant des prévenances délicieuses, des gentillesses infinies. Lui était heureux, jamais sa fille n'avait été ainsi attentive à son égard. S'il n'était pas dupe de la gravité de son état, il pensait qu'au moins sa maladie lui aurait permis de retrouver sa fille. Son mari ne l'avait pas aimée, son amant l'avait ruinée, il plaignait l'un, il méprisait l'autre, c'était à son côté que sa fille retrouvait maintenant la paix. A Offémont, elle était à lui sans partage. Souvent ils parlaient de la Provence. Marie-Madeleine l'écoutait, attentive, silencieuse, enregistrant chacune de ces images du passé afin de ne pouvoir les oublier.

— As-tu le souvenir de ta mère ? lui demanda un soir Dreux.

La jeune femme brodait. Elle revit le visage de la morte et ressentit une grande émotion. Marie d'Aubray l'avait abandonnée trop tôt, elle avait laissé seule une petite fille qui se sentait, par son silence, coupable de sa mort. Dieu l'avait punie de ses secrets en lui prenant sa mère, c'était peut-être à cause de cette injustice que, maintenant, elle le bravait.

— Oui, mon père, j'allais avoir mes onze ans lorsque maman nous a quittés.

Dreux hocha la tête. Depuis Marie il n'avait connu aucune autre femme, s'étant consacré à sa charge comme s'il entrait en religion. Sa chasteté l'avait fait souffrir parfois, le tenant éveillé des nuits entières, les yeux ouverts, priant Dieu de l'aider, puis peu à peu la quiétude était revenue. Son corps avait oublié celui des femmes, les gestes et les mots de l'amour, le souvenir même des plaisirs ou des émotions ressenties et, quoique sans pruderie, aucune image trouble ne venait plus le déranger.

Les yeux mi-clos dans son fauteuil, Dreux considérait sa fille à son ouvrage. Jour après jour il hésitait à lui parler de ce Sainte-Croix, à la conjurer de se séparer de lui, mais il craignait que, refusant ses remarques, elle ne le quittât aussitôt. Que ferait-il sans son sourire, ses attentions ? Il voulait mourir en paix.

Alors, Dreux renonça à adresser des remontrances à Marie-Madeleine et songea à un autre moyen de la protéger malgré elle. Lorsque tout le monde le croyait assoupi, il préparait par la pensée son testament ; puisqu'il n'avait pas le courage d'imposer une rupture à sa fille, il était résolu à ne pas lui laisser de quoi subvenir aux besoins de cet aventurier. Séparée de Sainte-Croix, Marie-Madeleine aurait été riche ; subjuguée par lui au point d'avoir perdu toute raison, elle recevrait par héritage de quoi vivre simplement sans pouvoir entretenir un amant. Elle ne posséderait peut-être pas de fortune mais au moins elle serait libérée de lui, et cette pensée était un apaisement dans l'angoisse du départ. A Antoine et François reviendrait la majeure partie de son héritage ; Thérèse n'avait d'exigences que pour ses pauvres et Marie pour sa communauté de religieuses. Il laisserait à Marie-Madeleine dix mille livres de rente, la mettant juste à l'abri du besoin, condamnant tout luxe et dépenses inutiles. Ces réflexions l'occupaient sans cesse et plus elles se précisaient plus il les trouvait justes et sages.

Parfois il souriait, et son sourire rendait Marie-Madeleine heureuse. Elle le baisait au front et il prenait sa main entre les siennes, la pressant affectueusement.

CHAPITRE XXXII

Paris, janvier 1667

Le dîner était juste terminé. Pendant tout le repas les valets s'étaient poussés du coude, s'encourageant les uns les autres à demander les gages qui ne leur avaient point été versés depuis plusieurs mois. Aucun d'entre eux n'avait osé, finalement, et ils se querellaient à la cuisine tandis que Marie-Madeleine montait dans sa chambre. Elle était en grand deuil. Le 10 septembre précédent, après une longue agonie, son père s'était éteint. Toute une journée et toute une nuit il avait râlé à côté d'elle, l'observant parfois les yeux grands ouverts avec un regard déchirant. Elle n'était plus hantée que par une seule pensée : peut-être savait-il. Les obsèques, l'ouverture du testament, la décision de son père de ne pas lui donner une part d'héritage égale à celle de ses frères n'avaient pas éveillé chez Marie-Madeleine la moindre émotion. Elle n'était plus touchée par rien.

Jean-Baptiste avait éprouvé un vif dépit de la voir lésée et ils s'étaient affrontés violemment pour la première fois, échangeant des paroles de reproche, s'accusant l'un l'autre de la précarité de leur situation. La jeune femme ne pouvait oublier cette explosion de colère, elle revoyait les yeux de son amant, des yeux durs, terribles, ses gestes brutaux, elle entendait sa voix l'accusant avec des mots blessants et méprisants. Comme elle le traitait de gueux, il l'avait saisie par le bras, la meurtrissant. Elle crut qu'il allait la frapper et à cet instant une énergie nouvelle, farouche, la gagna. Puisqu'on l'attaquait, elle se défendrait, tous les moyens seraient bons, Jean-Baptiste n'aurait plus sur elle que le pouvoir de la violence, celui de lui rappeler à chaque instant le combat. Elle se moquait du diable et de Dieu. Les créanciers, apaisés par l'espérance d'un héritage, étaient revenus, présentant des billets à ordre oubliés, des mémoires exorbitants. Comment avait-elle pu engager de telles dépenses ? Elle ne se souvenait de rien, oubliant les toilettes, les bijoux, les soupers, le jeu, les prêts à son amant jamais remboursés, l'entretien des domaines, le train de sa maison. Les mots, les chiffres n'avaient plus de signification, elle les parcourait sans y rien comprendre, signait encore pour obtenir des délais de paiement sans même jeter un regard pour les taux usuriers des intérêts demandés. Dreux d'Aubray lui avait laissé dix mille livres de rente. Cette somme était dérisoire. Elle décida alors de réaliser le capital, de vivre, d'épuiser ces deux cent mille livres pour que le monde à aucun moment ne puisse soupçonner sa ruine. Penautier l'aiderait. Cet argent pouvait devenir une somme considérable entre ses mains, elle serait riche, se répétant le mot par habitude sans y croire davantage. Elle n'y attachait plus de réelle importance, ce qui était encore essentiel pour elle était de garder la tête haute, de ne point paraître faible devant sa famille.

Parvenue dans sa chambre, Marie-Madeleine s'installa dans un fauteuil au coin de la fenêtre. Elle croisa les mains sur sa robe, se redressa sur son siège. Il lui fallait garder de la dignité, même seule, ne pas se laisser aller à l'abandon.

Le grincement de la porte cochère que le concierge

ouvrait la fit sursauter. Par habitude elle vérifia l'ordonnance de sa coiffure et pencha la tête pour apercevoir son visiteur. C'était le carrosse de son père. Un instant elle eut l'espoir de le voir en descendre, un peu voûté comme il l'était à la fin de sa vie, et s'avancer vers le vestibule à petits pas. Elle n'était pas retournée rue du Bouloi, l'idée que désormais Antoine en fût le maître lui était insupportable. Tout avait été une méprise, c'était Dreux qui devrait être le vivant, son frère le mort, et Marie-Madeleine lui vouait une grande rancune de se trouver si bien portant. Antoine possédait tout désormais, l'hôtel, Offémont, les domaines des Aubray, le titre de comte.

Il avait repris la charge de leur père, mais le roi, qui attendait la mort du vieux lieutenant civil pour exécuter ce projet, avait séparé de sa fonction celle de lieutenant de police confiée à Nicolas de La Reynie devenu lieutenant général du prévôt de Paris. Antoine avait été largement dédommagé de ce partage, mais il gardait contre La Reynie une rancune et une jalousie très vives.

Pourquoi son frère venait-il la voir, que pouvaient-ils encore se dire ? Marie-Madeleine appuya sa tête sur le dossier de son fauteuil et ferma les yeux. Elle était si lasse ! Depuis la mort de son père, depuis cette agonie terrible, elle avait perdu le sommeil. Les drogues de Jean-Baptiste ne lui procuraient plus qu'un engourdissement troublé de cauchemars et d'angoisses, et qui ne lui apportait pas de repos. Elle se redressait en sueur, buvait un verre d'eau, appelait Geneviève, sa servante, pour entendre sa voix. Les esprits malfaisants qu'elle rejetait dans la journée revenaient la nuit la harceler, poser sur elle leurs mains visqueuses et glacées pour l'entraîner dans d'affreuses sarabandes au milieu de sorcières et de damnés sans refuge. Le monde lui faisait peur, elle ne se sentait bien que chez elle, dans le laboratoire de Sainte-Croix et dans les cercles de jeux.

Là, elle perdait la mémoire, elle n'était plus que regard, geste, silence, machine parfaite sans rires et sans larmes, figée dans un instant qui enfermait le temps. La veille, un homme ne l'avait pas quittée des yeux, il était assis en face d'elle, seul vivant dans le monde des morts, et il lui souriait. Lorsqu'elle s'était levée à l'aube, très droite, sans le saluer, il l'avait suivie. Le vestibule était obscur et les chandelles presque consumées ne jetaient plus qu'une clarté ténue. Un laquais lui tendait son manteau.

— Vous êtes belle, madame, avait-il murmuré.

Sa voix était tremblante, elle eut pitié de lui, de ses espoirs, de sa foi et de cet enthousiasme que la vie allait promptement lui ôter. Il y avait des siècles qu'elle n'avait rencontré de vivants. Elle avait répondu :

— Merci, monsieur, sans même le regarder.

— Puis-je connaître votre nom ?

Lentement Marie-Madeleine avait tourné la tête vers lui et avait rencontré ses yeux, y décelant une ardeur qui l'avait vaguement émue.

— Marie-Madeleine de Brinvilliers.

Sainte-Croix se tenait là, debout devant la porte donnant sur le salon.

L'homme s'inclina :

— Je suis François de Madaillac. Me permettriez-vous, madame, de vous faire visite prochainement ?

Marie-Madeleine mettait son masque. Jean-Baptiste s'avança et la prit par le bras.

— Nous permettons, monsieur, venez chez la marquise de Brinvilliers quand bon vous semblera. Elle vous réservera le meilleur des accueils.

La jeune femme était sortie sans se retourner, elle avait oublié M. de Madaillac.

Antoine d'Aubray poussa la porte de la chambre de Marie-Madeleine sans se faire annoncer. Il portait à la main quelques papiers et souriait.

— Je vous souhaite le bonjour, ma sœur !

Elle ne répondit pas.

Antoine demeura un instant immobile, puis il ferma la porte et s'avança vers la jeune femme.

— Vous voilà encore un visage morose et je désespère de vous voir sourire un jour. Cela est sans importance, car je ne suis point venu pour me divertir mais pour vous faire signer ces quelques documents relatifs à la succession de notre père.

Marie-Madeleine eut un petit rire.

— Voilà donc notre nouveau lieutenant civil courant les rues de Paris comme un notaire ! Cela ne m'étonne pas de vous, mon frère, car vous avez toujours eu le comportement bourgeois.

— Ne nous querellons pas, Marie-Madeleine. J'étais venu pour te voir car depuis la mort de notre père tu ne te rends plus rue du Bouloi.

— Qu'aurais-je à y faire ?

— Visiter ta famille. Mais laissons cela. Mes fonctions m'occupent désormais tout le jour et je n'aurais pas même le temps de causer avec toi. As-tu de l'encre et une plume ?

Marie-Madeleine se leva. Antoine était venu certainement pour la dépouiller davantage, mais elle s'en moquait. Elle saisit les documents et sans les lire y mit sa signature. Son frère debout la regardait, il avait de l'embonpoint maintenant comme son père et lui ressemblait de plus en plus. La jeune femme tendit les papiers.

— Si vous étiez venu me voir vous disputer quelques écus, vous voilà déçu, mon frère. Vous êtes riche, je ne le suis plus guère, mais n'ai pas le caractère d'une personne mesquine. A ce propos, comment se porte votre femme ?

Antoine avait pâli. Il avait décidé de lui rendre coup pour coup les blessures reçues. Prenant les papiers, il considéra sa sœur avec mépris.

— Si vous voulez insinuer que vous avez été lésée par notre père, je n'en suis point responsable. Il avait sans doute la crainte de vous voir dilapider en un instant un argent qu'il avait mis une vie à amasser. Lui en feriez-vous reproche ? Votre conduite passée, votre liaison scandaleuse, vos dépenses insensées le tourmentaient, et il nous en parlait sans cesse à François et à moi. Je suis plus riche que vous, il est vrai, mais je n'ai jamais entamé la fortune de notre famille ainsi que vous l'avez fait.

Marie-Madeleine eut un mouvement brusque, les paroles de son frère la frappaient dans son orgueil, le seul sentiment pouvant encore l'animer. Sa voix était coupante.

— La façon dont je dispose de mon bien ne vous regarde en rien. Je ne vous demande pas la charité et je vous interdis de me juger. Je vis comme je l'entends et avec qui je l'entends. Le chevalier de Sainte-Croix est le seul être qui m'ait porté de l'intérêt dans la vie, il m'a rendue heureuse pendant que vous me haïssiez tous.

Antoine s'était reculé, il serrait sous son bras les documents comme pour les protéger.

— Vous n'avez plus de sens commun, ma sœur ! Votre famille vous a toujours aimée alors que cet aventurier vous abuse et vous dépouille. Ouvrez les yeux et écoutez autour de vous ce que dit le monde. Vous qui êtes si imbue de votre honneur et de votre dignité en serez fort dépitée.

Marie-Madeleine s'avançait vers lui, son regard était glacial mais sa voix tremblait maintenant.

— Sortez, mon frère, et ne revenez plus. M. de Sainte-Croix vous méprise et n'a que faire de vos jugements sur lui. Il est brillant, intelligent, audacieux, vous êtes médiocre et poltron.

Antoine l'interrompit, il était presque devant la porte mais lui faisait toujours face.

— Je suis peut-être ainsi que vous le dites, madame, mais je suis lieutenant civil et j'ai le pouvoir de faire embastiller pour longtemps ce bel amant qui est la honte de notre famille. Ne l'oubliez pas. A la moindre extravagance de votre part...

Il s'arrêta, fit un geste et sortit.

Antoine tremblait en descendant l'escalier. Il était venu pour retrouver sa sœur, lui parler, une fois de plus elle le chassait comme un laquais. Sa perturbation était telle qu'il dut se tenir à la rampe.

Il était dans le vestibule lorsque Sainte-Croix y pénétra. Les deux hommes s'arrêtèrent en face l'un de l'autre. Jean-Baptiste esquissa un salut mais Antoine, le repoussant, sortit de l'hôtel.

Marie-Madeleine s'était versé un verre de liqueur et elle allait le boire lorsque Sainte-Croix pénétra à son tour dans la chambre. Il jeta son chapeau sur le lit et s'avança vers la jeune femme. De la cour parvint le bruit de la porte cochère qui se refermait. Marie-Madeleine était immobile, l'alcool lui faisait du bien, arrêtait le tremblement de ses mains. La voix de Jean-Baptiste la fit sursauter.

— La visite de ton frère semble te rendre rêveuse. Est-il venu t'offrir sa fortune ?

— Ne me parle pas de lui, veux-tu ? Je préférerais périr que d'emprunter un écu à Antoine !

Sainte-Croix se mit à rire.

— Cela est dommage, car je venais justement te demander de m'avancer quelques livres.

— Alors laisse-moi, car je n'en ai point. Tu espérais un héritage considérable, il fut médiocre. Je ne peux plus rien faire pour toi.

Sa voix calme, douce, inquiéta Jean-Baptiste. Il lui prit la main et la baisa.

— Ne te fâche pas, mon cœur. J'ai perdu au jeu la

nuit dernière, mon créancier ne veut pas attendre. Que puis-je faire ?

— Vends quelques poudres. N'espérais-tu pas en tirer la fortune ?

Sainte-Croix prit une chaise et s'installa à côté de Marie-Madeleine. Il se pencha tendrement vers elle.

— J'ai en effet quelques espérances précises de ce côté-là, mais les choses ne se font pas en un jour. Le fils du banquier Hervart est impatient d'hériter car son père n'entend rien aux aspirations des jeunes gens. J'ai le projet d'expédier chez lui ce La Chaussée dont j'ai fait la connaissance chez un baigneur de Grenelle où il travaille. Ce sera là une tâche à la mesure de son savoir-faire et de ses ambitions. J'attends que le fils Hervart soit en état de me verser dix mille livres ; mais le vieux est si avaricieux qu'il ne fait rien pour avancer les fonds nécessaires à son trépas !

Jean-Baptiste rit, Marie-Madeleine le regarda : comment pouvait-il ironiser ainsi ! Elle se leva, prit le flacon de liqueur et en versa une deuxième fois dans son verre. Sainte-Croix l'observait : depuis la mort de son père, sa maîtresse lui échappait parfois et cette indépendance nouvelle lui faisait l'apprécier davantage. Plus que de la voir soumise, il aimait l'affronter pour susciter ce climat de violence dans lequel il se plaisait. La douceur l'ennuyait. Il la voulait obéissante mais par la force.

— N'en parlons plus, je n'aurai guère de peine à trouver une dame généreuse qui acceptera de m'aider.

— Pourquoi cherchez-vous sans cesse à me blesser ? Que vous ai-je fait ?

Jean-Baptiste prit le flacon de liqueur et se servit un verre à son tour.

— Nous n'avons plus les moyens, madame, de manifester ce genre de délicatesse. J'ai des dettes. Je prendrai désormais l'argent où il se trouve et je vous conseille d'agir pareillement.

Il se retourna, son regard était décidé, amical cependant.

— Vous et moi nous sommes toujours considérés comme différents des gens du commun. Nous n'avons ni leurs préjugés, ni leurs embarras de conscience qui les font agir ainsi que des enfants grondés. Nos liens sont au-delà des opinions préconçues, des principes ; on peut les trouver étranges, incompréhensibles, mais ils sont. Cela est suffisant. Si une femme a la sottise de me prêter quelques livres pour voir mes mains sur son corps, quelle importance ! Agis de même, moi qui t'aime, je te le demande, car c'est un moyen de prendre l'argent des sots.

Marie-Madeleine ne bougeait pas. A travers la liqueur rouge sombre, elle voyait la bouche de son amant et la trouvait aussi attirante qu'au premier jour. Elle écoutait à peine ses paroles, n'ayant que l'envie d'aller vers lui et de caresser ses lèvres.

— Ainsi hier soir vous avez subjugué ce M. de Madaillac. Je me suis renseigné sur lui. C'est un gentilhomme de province très aisé et, comme tous les provinciaux, fort vaniteux. Il vous sera facile de lui soutirer quelques centaines de livres.

Marie-Madeleine avait compris. L'idée de demander de l'argent à cet inconnu était étrange mais envisageable. Son détachement la rendait prête à tout.

— Tu es assez rouée pour lui donner tes faveurs en proportion de ses cadeaux. Ceci est un jeu, comme le pharaon, le hoca ou la dupe. Seulement la dupe ce sera lui. Ce campagnard a perdu d'avance contre toi.

Marie-Madeleine opina, Jean-Baptiste avait raison, tout était jeu et elle aimait jouer. Ils étaient l'un contre l'autre, s'effleurant sans se toucher. Leurs yeux mieux que des mots exprimaient leur connivence. Un laquais gratta à la porte. La jeune femme s'écarta.

— Qui est-ce, Laville ?

— Le marquis de Madaillac demande la faveur d'être reçu, Madame.

— Faites-le monter, dit Sainte-Croix.

Quelques instants plus tard, François de Madaillac saluait cérémonieusement. Il était vêtu d'une façon voyante en provincial monté à Paris et embarrassé de lui-même.

Jean-Baptiste répondit à son salut.

— Je me retirais, monsieur, et vous laisse en compagnie de Mme de Brinvilliers. Elle me parlait justement de vous.

Madaillac salua à nouveau et resta debout près de la porte sans savoir quel comportement adopter. Marie-Madeleine s'avança vers lui les mains tendues.

CHAPITRE XXXIII

Mai 1669

Après deux années, le capital de deux cent mille livres laissé par Dreux d'Aubray à sa fille se trouvait épuisé. Marie-Madeleine ne contrôlait plus rien. L'argent allait et venait, comme si la jeune femme voulait se débarrasser de cet or, ne s'en servir que pour oublier, se détruire jour après jour. Maintenant, elle se trouvait ruinée à nouveau et s'en moquait, empruntant, signant d'autres billets à ordre, d'autres reconnaissances de dettes. Pour rembourser les premières échéances Marie-Madeleine s'était rendue chez Penautier avec, dans une cassette, tous ses diamants pêle-mêle, ceux de sa mère, de sa belle-mère, ceux également achetés sur un coup de cœur pour la pureté de leur eau ou l'originalité de leur taille. Pierre-Louis s'était approché d'elle, avec beaucoup d'affection il avait pris ses mains et après l'avoir longuement regardée avait demandé doucement : « Pourquoi, Marie-Madeleine ? » Puis il s'était rendu à son bureau, avait pris un papier et une plume : *Donnez à la marquise de Brinvilliers dix mille livres contre les diamants qu'elle vous remettra en nantissement.* Il avait signé, plié le billet et mis le nom de Belleguise. « Vous serez payée demain. »

Marie-Madeleine semblait absente. Elle s'était emparée du papier et voulait sortir. Penautier l'avait attrapée par le bras.

— Ne vous arrêtez pas en chemin, vous êtes une femme intrépide, active, nous avons tous dans nos vies des moments de doute. Surmontez-les. Ce que vous voulez vous l'aurez si vous le désirez vraiment, le reste est sans importance. Le plus fort est toujours vainqueur.

Elle était sortie. Avec Pierre-Louis tout aurait été faisable, mais lutter seule contre tous les autres, contre les êtres réels et ceux qui hantaient sa mémoire était impossible. Sa course désordonnée ne l'avait menée à rien qu'à la lassitude et au découragement.

Le mois de mai s'annonçait magnifique. Paris se retrouvait à nouveau au Cours après avoir suivi dans l'enthousiasme les sermons de carême de M. Bourdaloue à Saint-Louis-des-Jésuites. Les fêtes, les divertissements n'avaient jamais été aussi nombreux. A Versailles, le roi, pour les beaux yeux de Mme de Montespan, était devenu magicien, et la Cour vivait de surprise en surprise, émerveillée, mais enchaînée. La France entière se mettait au travail, les manufactures se multipliaient, des mines se trouvaient exploitées, de grands travaux étaient sans cesse entrepris. Au milieu de la misère, des épidémies, de la tension, le royaume se développait comme un arbre au-dessus des ombres. Aux rires de ceux qui goûtaient les plaisirs de la vie, répondait le regard sans espérance des misérables jetés sur les chemins par les famines, les impôts trop lourds et cette force impitoyable du malheur les poussant droit devant eux. D'immenses fortunes se créaient, tout était possible, le royaume de France était à prendre.

Marie-Madeleine allait jouer encore. Rien ne la retenait chez elle, ni ses enfants, ni son mari, ni la mine renfrognée des domestiques n'osant pas réclamer leurs gages. Au début de la soirée elle faisait préparer son carrosse et son départ ressemblait à une fuite. Le loyer de l'appartement de la rue de Bièvre ne pouvant plus être payé, elle en avait résilié le bail et retrouvait Sainte-Croix dans son laboratoire, à moins qu'il ne vînt chez elle. Entre la vente de ses poudres et ses petites affaires traitées avec Martin ou Belleguise, Jean-Baptiste survivait sans l'aide de sa maîtresse, et cette indépendance ôtait un peu de la tension qui s'était installée entre eux. De sa brève liaison avec Madaillac, Marie-Madeleine avait tiré quelques centaines de livres et s'était trouvée enceinte à nouveau. Elle n'avait même pas eu le courage, la force de retourner chez la Lepère. L'enfant ne valait pas ces souffrances, elle l'avait, aussitôt né, confié à une nourrice hors de Paris et oublié.

On donnait à jouer à quelques pas de chez elle, dans un de ces hôtels neufs qui s'édifiaient sur l'île Notre-Dame[1]. L'hôtel Lambert, l'hôtel de Bretonvilliers venaient d'y être achevés ainsi que celui de Comans d'Astry, de Charron et la merveilleuse demeure de Jean-François Ogier, président du Parlement, construite pour un fils de cabaretier enrichi. En quelques années les architectes les plus renommés avaient transformé un endroit inhabité en un quartier élégant où résidaient parlementaires, magistrats, conseillers du roi, financiers. L'île était à la mode, Philippe de Champaigne s'était installé quai de Bourbon, l'architecte Louis Le Vau quai d'Anjou et le peuple parisien venait y flâner, admirant les jardins, enviant les gens de qualité qui pouvaient habiter ces merveilles.

Le carrosse de Marie-Madeleine prit le quai Saint-Paul et pénétra dans l'île par le Pont-Marie. La soirée était superbe, douce, et le soleil qui se couchait donnait aux pierres des hôtels neufs des tons rosés que l'eau

1. Île Saint-Louis.

dispersait entre les voiles des bateaux. De chaque côté du fleuve, des barges amarrées les unes aux autres allaient de droite et de gauche selon le mouvement du courant. Un instant Marie-Madeleine, derrière la vitre, contempla le soleil mais il était encore éblouissant et elle ferma les yeux. Son masque la dissimulait. Elle ne sortait plus à visage découvert, non par crainte d'être reconnue mais pour se détacher du monde. Elle allait jouer avec d'autres ombres comme elle, des silhouettes anonymes qui se perdraient dans l'aube.

La soirée s'achevait, Marie-Madeleine avait tout perdu. En face d'elle son partenaire ne disait rien, il observait ses mouvements, la pression des doigts sur les cartes, son regard dans les fentes du masque. La jeune femme jeta les cartes sur la table, elle se tenait très droite.

— J'ai perdu, monsieur, et ne peux vous payer. Je sais que vous êtes gentilhomme, qu'une dette de jeu fait partie de l'honneur. Je ferai ce que vous me direz de faire.

Sa voix était calme, détachée.

L'homme la considérait d'un regard hardi. Il posa ses cartes à son tour.

— Madame, nous pourrons trouver un arrangement car je ne manque pas de cœur. Les jolies femmes disposent d'arguments parfois très convaincants. Voulez-vous me les exposer ?

Il se leva.

— Montons dans mon appartement, nous serons plus tranquilles pour causer. Je suis disposé à vous écouter avec la plus grande attention.

Marie-Madeleine le regarda. Étant toujours assise, elle devait lever la tête vers lui. Le gentilhomme tendit la main.

— Venez, madame.

Elle le suivit.

La lueur des bougies s'effaçait dans la clarté du soleil levant et la flamme n'éclairait plus que les bougeoirs de cuivre où la cire fondue était épandue. Sur le lit, Marie-Madeleine, toujours masquée, était allongée, le jeune homme à ses côtés. Ils ne bougeaient pas. Leurs vêtements dispersés sur le sol ressemblaient à des dépouilles abandonnées. Lentement l'homme se tourna vers Marie-Madeleine, il n'avait pas plus de trente ans mais son regard était sans âge, d'une tristesse si grande qu'il en était émouvant. D'un doigt il caressa les épaules, les seins de la jeune femme.

— Vous parlez bien, madame, dit-il d'une voix très douce, et j'ai aimé vos arguments. Oublions cette dette de jeu.

Marie-Madeleine bougea la tête et rencontra ses yeux. Elle avait chaud et des mèches de ses cheveux dénoués étaient plaquées sur son front et ses tempes. Une soif très vive la tourmentait et elle songeait à une fontaine d'eau pure où elle pourrait s'abreuver.

— Pourrais-je savoir, madame, qui est cette interlocutrice qui m'a charmé ?

Le silence était complet. A cette heure de la matinée tout dormait dans la maison et les rues se trouvaient encore désertes. Marie-Madeleine ne répondit rien. L'homme remonta lentement le doigt vers son visage, s'arrêta au-dessus de la bouche, sembla un instant hésiter puis lentement fit glisser le masque. La jeune femme ne bougeait pas, elle avait les bras le long de son corps, un peu écartés, dans une attitude d'offrande, sa figure était indifférente et lasse. L'homme murmura :

— Madame de Brinvilliers !

Il n'était point capable d'être davantage surpris. Marie-Madeleine se leva, prit sa chemise au pied du lit.

L'homme sur un coude la contemplait. Fatigué, il allait dormir jusque dans l'après-dîner, puis attendrait que le temps s'écoule comme chaque jour, avec résignation, avant de jouer encore.

Marie-Madeleine sortit. Il l'accompagna jusqu'à la porte et s'inclina.

— Je vous remercie, madame, et suis votre serviteur !

A pas lents le jeune homme revint vers le lit, s'y assit et posa son visage entre ses mains. La première messe sonnait à la nouvelle église Saint-Louis.

L'après-midi se trouvait déjà avancé. Geneviève avait hésité à réveiller sa maîtresse pour le dîner, mais l'ayant entendue rentrer à six heures passées le matin, elle songea qu'il valait mieux la laisser reposer. Marie-Madeleine avait pris en se couchant trois pilules préparées par Sainte-Croix. Couchée à plat ventre, sans conscience, sans rêves, elle dormait encore lorsque Jean-Baptiste se présenta à son hôtel vers trois heures. Geneviève l'empêcha de monter, elle ne voulait pas qu'il voie sa maîtresse dans l'état où elle l'avait aperçue, quelques instants plus tôt, semblable à une morte.

— Je vais réveiller Madame la marquise, elle n'aimerait pas se montrer à Monsieur sans être apprêtée.

Marie-Madeleine sortit lentement du sommeil et but d'un trait le verre d'eau fraîche apporté par Geneviève. Les veilles, les liqueurs avaient empâté son visage, elle avait les yeux cernés, un pli autour de la bouche, mais son regard et ses cheveux restaient admirables. Geneviève les lui brossait longuement au réveil, ce rituel et le bien-être qu'il entraînait la tiraient de sa torpeur.

— Vous devriez vous coucher plus tôt, Madame, murmura la servante, car sans vouloir vous offenser vous faites peine à voir le matin.

Marie-Madeleine ne répondit pas, elle se laissait brosser et se sentait peu à peu revivre.

— Fait-il beau aujourd'hui ?

— Très beau, Madame.

— Veux-tu sortir tout à l'heure ?

— Je vous remercie, Madame. Peut-être vais-je sortir en effet pour faire une surprise à quelqu'un que j'aime.

— Un homme ?

Marie-Madeleine souriait lorsque ses servantes lui racontaient leurs simples histoires d'amour. Elle les écoutait volontiers comme on écoute de la bouche des enfants des récits naïfs et charmants.

— T'aime-t-il ?

Geneviève soupira, et tout en parlant elle continuait à brosser énergiquement la chevelure de sa maîtresse.

— Sait-on jamais si un homme vous aime ? Il me le dit, mais ne sont-ils pas tous menteurs ?

Elle se tut un instant, semblant réfléchir.

— Madame ?

— Oui, Geneviève.

— Puis-je vous demander librement un conseil ?

Marie-Madeleine eut un petit rire. Comment pourrait-elle diriger les autres, elle qui ne savait pas où elle allait ?

— Voilà dix ans que M. de Sainte-Croix vous aime. Que dois-je faire pour garder un homme aussi longtemps ? Y a-t-il un secret que je pourrais connaître ?

Geneviève avait cessé son mouvement régulier et, sa maîtresse gardant le silence, elle s'en fut chercher dans le cabinet un déshabillé de taffetas.

Marie-Madeleine s'était levée et attendait sa servante devant son lit, près d'un grand bouquet de tulipes jaunes.

— S'il y avait un secret, ma pauvre Geneviève, je ne te le dirais pas car il me vient souvent le regret d'être savante. Reste donc comme tu es, ferme tes yeux et tes oreilles, tu n'en seras que plus heureuse.

Elle passa le déshabillé, alla se contempler dans le miroir. Sa beauté s'estompait, elle se détourna.

— M. de Sainte-Croix n'est pas arrivé ?

— Il vous attend, Madame.

— Dis-lui de monter.

La servante sortit. Marie-Madeleine eut un dernier regard dans le miroir, puis elle le saisit et le retourna vers le mur.

Aussitôt entré, Jean-Baptiste qui semblait épuisé s'assit sur le rebord du lit.

— J'ai des nouvelles qui vont t'étonner, ma chère. Écoute-moi bien, car je viens de courir tout Paris pour m'assurer de leur exactitude et n'ai plus désormais aucun doute.

Marie-Madeleine, par la fenêtre ouverte, regardait ses enfants jouer dans le jardin. Le petit Nicolas, si fragile à sa naissance, était fort maintenant et vif comme ses frères, mais sa préférence allait toujours à Louis. Il était le seul de ses enfants qu'elle prenait parfois avec elle et le garçonnet, âgé de neuf ans, l'aimait passionnément. Plus intrépide que Claude-Antoine, il tirait déjà bien à l'épée, montait à cheval, faisait des vers mais décourageait les uns après les autres ses précepteurs par son indocilité et son inattention. « Il sera soldat, leur disait Marie-Madeleine en riant, ce métier n'exige pas de savoir. Claude-Antoine reprendra la charge de mon frère et Nicolas entrera dans les ordres. »

Les garçons riaient et se poursuivaient. Leurs sœurs aînées, assises sur un vieux banc, veillaient sur eux. A plusieurs reprises déjà Marie-Madeleine avait demandé à sa mère l'autorisation d'entrer au carmel avec sa tante Marie. Son père l'en décourageait. Il voulait marier sa fille, avoir des petits-enfants, mais à dix-sept ans elle fuyait le monde et ne sortait de l'hôtel que pour se rendre à la messe ou pour visiter des pauvres avec sa tante Thérèse. « Nous sommes ruinés, mon père, lui avait dit un soir très calmement la jeune Marie-Madeleine, qui donc nous épouserait ? » Sa sœur depuis peu exprimait elle aussi le désir d'être religieuse, et l'idée de perdre ses deux filles désespérait Antoine. Il s'attendrissait facilement sur lui-même maintenant, devenait sentimental avec des instants de désespoir où il s'enfermait dans ses appartements, refusant toute nourriture.

La marquise regarda Sainte-Croix.

— Je vous écoute.

Jean-Baptiste attendit un instant, comme pour mieux savourer les paroles qu'il allait prononcer.

— Notre ami Pierre-Louis vient d'être nommé receveur général du clergé !

La jeune femme éprouva une vive surprise. Comment Penautier avait-il pu obtenir une charge si enviée, récemment attribuée à un certain Saint-Laurent, cousin et successeur d'Adrien de Hanyvel qui avait démissionné pour devenir secrétaire des commandements du duc d'Orléans ? Sainte-Croix observa son visage.

— Tu sembles beaucoup plus étonnée à cette nouvelle que je le fus moi-même lorsque je l'appris.

— Connaissais-tu ses projets ?

Jean-Baptiste sourit.

— Il m'en avait parlé.

La pensée de Marie-Madeleine ne s'attarda pas sur cette réponse. La nouvelle l'intéressait bien davantage. Cette charge de receveur général du clergé était extrêmement honorifique et lucrative, rapportant soixante mille livres par an avec la considération des hommes les plus importants du royaume. Comment Penautier avait-il été élu et pourquoi Saint-Laurent s'était-il démis ?

— Qu'est-il arrivé à M. de Saint-Laurent ?

Jean-Baptiste la considéra avec ce regard ironique et perçant qu'elle lui connaissait dans les moments de défi ou d'insolence.

— Il est mort.

— Mort ? Mais comment cela ? Il était jeune et fort bien portant.

— Sait-on comment on meurt ? Il rentrait de voyage, fatigué par la course mais de bonne humeur, dormit, se sentit fort las et souffrant dans la journée du lendemain, et quitta ce monde le soir même. Sa famille l'a enterré et sa veuve a ratifié le choix de Penautier. Le voilà désormais un personnage important et plus riche encore qu'il ne l'était.

— Cela est étonnant, murmura Marie-Madeleine.

— Je n'ai point fini mon récit, madame, et le plus surprenant est encore à venir.

Marie-Madeleine s'assit sur son lit, regardant Sainte-Croix qui restait debout.

— Je t'écoute.

— Tu n'ignorais pas que Penautier partageait ses revenus d'une part avec son beau-père, M. Le Secq, qui lui avait avancé lors de son mariage des fonds considérables et, d'autre part, avec son associé parisien Dalibert, auquel il donnait un pourcentage sur ses affaires.

— Je le savais.

Marie-Madeleine avait la certitude que les mots allaient la blesser.

— Ils sont morts l'un et l'autre. Dalibert était si pressé de partir qu'il n'a même pas eu le temps de mettre ses affaires en ordre. Quant à Le Secq, son décès a tant contrarié sa fille qu'elle refuse désormais de voir son mari. Penautier se trouve ainsi fâché avec sa femme. Cela n'a guère d'importance car les avantages qu'il tire de ces morts sont bien plus considérables que leurs inconvénients. Le voilà seul bénéficiaire de sa charge et tant mieux pour lui, n'est-ce pas ? C'est Dieu probablement qui l'a voulu.

— Taisez-vous, murmura Marie-Madeleine.

Ce qu'elle éprouvait était étrange, mélange d'admiration pour le courage de Penautier et de déception de le voir soudain semblable aux autres.

— Je suppose que vous voilà riche !

— J'ai en effet eu la chance de recevoir une somme importante tout à fait providentielle par l'intermédiaire de personnages dont je n'avais jamais entendu parler mais que j'estime infiniment pour cette générosité soudaine et gratuite. J'ai surtout un papier, un seul, qui vaut de l'or car je me méfie des puissants. L'ingratitude est une imperfection fort répandue et il faut savoir se prémunir contre elle. S'il venait par hasard à M. de Penautier, mon excellent ami, l'idée de vouloir me chasser un jour de ses pensées, je saurais me rappeler à lui afin qu'il me garde intacte son estime.

— Que voulez-vous dire ?

— Je veux dire, madame, que Pierre-Louis n'a pas de meilleur ami que moi.

Il eut un rire moqueur qui fit peur à Marie-Madeleine. Son amant était courageux mais implacable et, lorsque son tour viendrait de l'affronter, elle ne pourrait compter sur aucune pitié de sa part. L'idée d'une toile d'araignée se tissant autour d'elle lui vint pour la première fois ce jour-là.

CHAPITRE XXXIV

Octobre 1669

Le souper tirait à sa fin. Sur la table dressée dans le petit salon de l'hôtel des Brinvilliers demeuraient quelques confitures, des assiettes pleines de raisins et de noix, des restes de gâteaux. Antoine, Marie-Madeleine et Jean-Baptiste s'attardaient en buvant des liqueurs. Les domestiques avaient été renvoyés. Ils restaient seuls, la jeune femme entourée par les deux hommes, comme de vieux amis. Le feu jetait parfois quelques craquements auxquels répondait le bruit sec des noix cassées par Antoine de Brinvilliers. Entre Jean-Baptiste et lui, après le temps des jalousies et des rancunes, une sorte de complicité s'installait. Marie-Madeleine, loin de les séparer, les liait désormais l'un à l'autre, attache étrange qui les faisait se rechercher tout en se méprisant. Marie-Madeleine songeait à Pierre-Louis. Il avait eu l'intelligence d'agir seul jusqu'alors, et pour cette raison il était invincible. Pourquoi avait-il soudain commis l'erreur de se fier à Jean-Baptiste ? Un mot de celui-ci et ils étaient l'un et l'autre perdus. « Pas Pierre-Louis, pensa-t-elle, il ne peut être vaincu par Sainte-Croix, pas lui. » Son regard se posa sur son amant. Il buvait en jouant avec une rose posée sur la nappe. Son corps restait parfait, son visage très beau mais si désabusé, si amer qu'il n'avait plus aucune ressemblance avec celui qu'elle avait tant aimé dix années auparavant. Tout était corrompu désormais, tout s'effilochait comme une étoffe usée par les jours, un tissu somptueux dont il ne restait plus que des lambeaux.

— Je vais me rendre à Sains-en-Amiénois, dit Antoine, la saison de la chasse va commencer et je me sens mieux dans ma demeure campagnarde qu'à Paris. J'y oublierai mes ennuis, les créanciers, les hypothèques, toutes ces choses désagréables qui gâchent ma vie ici.

Sainte-Croix prit un grain de raisin qu'il laissa tomber dans son verre de liqueur.

— Vous vous retirez donc pour ne plus vous battre. Qu'avez-vous à faire de ces créanciers ! Ils sont comme des chiens, jetez-leur un os et ils se tairont.

— Et quel os, je vous prie ? Je n'ai rien, ma fortune a été dévorée et vous avez bien aidé, monsieur, à donner quelques coups de dents.

Sainte-Croix leva son verre.

— A toi, mon ami ! N'est-ce pas le plus important ?

Il but d'un trait puis essuya sa fine moustache d'un revers de main.

— Tu as raison de partir à Sains, l'air y est meilleur qu'à Paris. Depuis que je fais des affaires je me sens parfois incommodé par des émanations nauséabondes et si j'étais délicat j'en aurais le cœur soulevé.

Marie-Madeleine sourit.

— Votre sensibilité est fort connue en effet et lorsque l'endroit est corrompu on ne sait guère d'où vient l'odeur.

Jean-Baptiste leva vivement la tête.

— En effet, madame, on ne le sait guère.

— Servez-vous à boire, dit Antoine.

Il détestait les propos railleurs et était prêt à tout pour conserver un semblant d'harmonie entre eux. Sa maîtresse l'avait quitté, il n'avait plus d'argent pour en entretenir une autre et cherchait avec acharnement à ne point se retrouver seul tout à fait.

— On vous dit riche maintenant. Peut-être consentiriez-vous à être généreux envers moi, ne vous ai-je pas donné ce qui m'était le plus précieux ?

Il y eut un instant de silence. Mlle Anaïs, qui était fort âgée pour un chat et dormait la journée entière, se redressa, s'étira et s'allongea à nouveau devant la cheminée. Jean-Baptiste prit une noix et l'écrasa entre ses doigts.

— Si tu veux de l'argent, mon ami, demandes-en à Penautier. Il a maintenant cent mille livres de rente par an. Seulement le voilà tellement grand seigneur, désormais, qu'il fait fi de ses anciens amis, et cela n'est pas bien. Je lui en ferai le reproche à l'occasion car je n'aime guère les oublieux.

Il saisit une deuxième noix et la garda dans sa main.

— Tu peux également aller voir ton beau-frère, Antoine d'Aubray. Voilà un homme qui a la chance avec lui depuis que son père lui a laissé la majeure partie de ses biens. Il lui reste peut-être quelques sentiments familiaux.

Antoine avait appuyé un bras sur la table et ses dentelles reposaient parmi les miettes et les coquilles de noix.

— Oublie mes beaux-frères, ce sont des égoïstes et des avares. Ces coquins-là ont hérité de toute la fortune de mon beau-père et ils crachent sur nous ! Seulement M. le lieutenant civil n'a pas d'enfants et ce sera mon fils, Claude-Antoine, qui reprendra la charge après lui.

Marie-Madeleine eut un geste comme si elle voulait parler, mais se reprit. Antoine poursuivit ; il semblait que cette conversation lui permettait enfin d'exprimer des rancœurs gardées jusqu'alors enfermées en lui.

— Nous relèverons l'honneur de notre maison, cela est sûr, car nous valons mille fois mieux qu'eux.

— Si vos frères venaient à mourir, vous pourriez espérer huit mille livres de rente. Ce n'est pas beaucoup, mais vous auriez la possibilité de sauver quelques domaines, de doter vos filles et d'établir vos fils. Je suppose que Thérèse Mangot, votre belle-sœur, garderait l'usufruit d'une partie de la fortune d'Antoine, mais il reste François.

Antoine se mit à rire. Il avait déjà beaucoup bu.

— Il me semble, monsieur, que vous les voyez un peu tôt dans un autre monde, car ils sont jeunes et fort décidés à vivre, malheureusement pour nous tous.

Il se leva en chancelant.

— A moins que notre ami Jean-Baptiste, qui me semble disposer de certains pouvoirs, puisse aider la nature.

Sans même regarder Sainte-Croix il salua.

— Il me faut partir de bonne heure demain afin de rejoindre Sains aussi vite que possible. Je vais me coucher et vous souhaite le bonsoir, chevalier, à vous aussi, madame.

Jean-Baptiste esquissa le geste de se lever, mais Antoine l'arrêta.

— Restez, restez, ne dérangez pas vos habitudes pour moi.

Il sortit.

Marie-Madeleine n'avait pas bougé. La voix de Jean-Baptiste était dure.

— J'espère, madame, que vous ne parlez à personne de nos affaires. Ce qu'Antoine vient de dire me déplaît beaucoup.

— Il devine plus qu'il n'en sait, mais ne parlera pas. Il est bien trop lâche pour cela et bien trop heureux de profiter de nos derniers écus.

— Vous avez encore reçu de l'argent de lui cependant !

Marie-Madeleine ne bougeait pas, elle semblait fascinée par le feu.

— Cela est vrai, il m'a donné des titres que j'ai pu vendre. Au fond, il m'aime bien et je l'aime bien également quoique nous n'ayons guère été heureux ensemble.

Elle eut un petit rire et prit son verre.

— Mais qu'importe désormais tout cela ! Je ne porte plus d'intérêt à rien.

— Même pas à moi, Marie-Madeleine ?

— Pas même à toi, parfois. Il me semble que nous sommes trop étroitement liés l'un à l'autre.

— Tu as besoin de moi.

La voix de la jeune femme était lente et basse comme si elle s'appliquait à répéter des mots auxquels elle ne croyait pas :

— Oui, Jean-Baptiste, j'ai besoin de toi encore.

— Et plus tard ?

— Je ne sais pas, non je ne sais pas. Il me vient parfois l'envie de me retirer dans quelque couvent et d'y finir mes jours dans une paix que je ne connais plus.

— Vous iriez vous enfermer parmi des religieuses, vous soustraire à la vie pour un Dieu imaginaire !

— Pas pour Dieu, Jean-Baptiste, pour la paix. Allons, ne parlons plus de cela. Venez au coin du feu avec moi et causons amicalement car je ne vous aime pas en colère, je ne suis pas d'humeur ce soir à me battre.

— Voulez-vous que je vous prépare quelque potion pour dormir ?

Elle haussa les épaules. Les causes de son insomnie étaient sans remède.

— Vous semblez songeur, murmura Marie-Madeleine.

— Je pensais en effet à ce que nous venions de dire. Obtenir huit mille livres de rente permettrait un nouveau départ, ce serait également un acte de justice car votre père n'aurait point dû vous léser. Il paraît que votre frère Antoine proclame partout qu'il va à son tour me faire embastiller !

La jeune femme avait beaucoup bu. Au nom d'Antoine, une vive rougeur lui monta aux joues. Il lui avait écrit la veille encore une lettre menaçante, pleine de conseils insupportables.

— Il est vrai que mes frères sont des coquins et ne méritent pas de vivre. Pourrai-je m'appuyer sur toi ?

Elle s'empara du carafon. Sainte-Croix l'arrêta en la prenant par le poignet.

— Cela suffit, Marie-Madeleine ! Oui, tu peux compter sur moi mais il reste peu de biens et il nous faudra les partager.

— Comment cela ?

Ils étaient l'un et l'autre immobiles et se regardaient. Sainte-Croix tenait toujours le poignet de la jeune femme.

— Je prends des risques que tu ne prends pas.

— N'as-tu plus confiance en moi, Jean-Baptiste ?

Il lâcha sa main.

— Certains jours je me demande qui tu es réellement. J'avais foi en toi, une foi entière, totale. Là où tu voulais me mener j'allais.

— Et maintenant ?

Sainte-Croix prit le flacon de liqueur, en versa lentement dans un verre et, d'un geste précis, jeta le contenu dans la cheminée. Il y eut une flamme haute, rapide, orange et bleu.

— Voilà la vie, murmura-t-il. Nous sommes ensemble, Marie-Madeleine, comme deux loups se méfiant l'un de l'autre mais solidaires pour survivre. Tu as besoin de moi, j'ai besoin de toi, nos règles se transforment, le jeu demeure. Donne-moi trente mille livres et je te fais hériter.

Marie-Madeleine ne réagit pas. Toutes les paroles de Sainte-Croix étaient exactes.

— Vous êtes gourmand.

— Trente mille livres ou les créanciers te dépouillent de tout : tu n'as pas le choix !

Il y eut un instant de silence.

— Viens, demanda doucement Jean-Baptiste.

Marie-Madeleine se leva.

— Mets-toi à genoux.

Elle s'agenouilla devant lui.

Sainte-Croix passa les mains dans la masse de sa chevelure, et sous la caresse de son amant Marie-Madeleine baissait la tête, fermait les yeux. L'amour physique comme le jeu la faisait revivre. La bouche de Jean-Baptiste était sur sa nuque, descendait la courbe douce entre le cou et l'épaule. Il murmura :

— Demande-moi de te prendre.

— Prends-moi, dit Marie-Madeleine à voix basse.

Sainte-Croix la releva, l'appuya contre le dos du fauteuil. Elle était entre ses mains comme une poupée de chiffon. Le corps de Jean-Baptiste rejoignit le sien et elle poussa un cri léger comme un gémissement. Il chuchota :

— Dis-moi : « Je t'appartiens. »

Marie-Madeleine était loin, en dehors d'elle-même et ne l'entendit pas.

Il redemanda.

— Dis : « Je t'appartiens. »

Alors, sans réfléchir, elle répéta : « Je t'appartiens, je t'appartiens. » Les flammes étaient proches de son visage, leur chaleur était celle du soleil.

Les domestiques n'avaient pas osé venir allumer les bougies et le petit salon n'était éclairé que par les chandeliers posés sur la table et par la cheminée.

— Je vais retirer La Chaussée de chez le fils Hervart où je l'avais momentanément placé. C'est un excellent garçon, très dévoué, qui tuerait père et mère pour quelques écus. Tes frères ont certainement besoin d'un domestique sûr.

Marie-Madeleine ne tourna pas la tête vers lui. Son corps maintenant était las et solitaire. Sainte-Croix allait la quitter et elle ne dormirait pas. Rien ne lui importait plus que de trouver le sommeil, par tous les moyens ; le reste lui était égal. Elle dit doucement :

— Ils en auront besoin, cela est évident.

— Me signerez-vous demain une reconnaissance de dette de trente mille livres ?

Elle répéta :

— Cela est évident.

Un domestique gratta à la porte. Le bruit ne la fit pas bouger.

— Entrez, dit Sainte-Croix.

L'homme semblait embarrassé.

— Madame la marquise désire-t-elle que j'allume les chandelles ?

CHAPITRE XXXV

Juin 1670

Le notaire ôta ses bésicles et les posa sur le bureau. Il avait procédé à la lecture du testament dans le cabinet de travail d'Antoine d'Aubray et occupait le siège sur lequel celui-ci avait l'habitude de s'asseoir. L'assistance se taisait. Ils étaient tous en grand deuil, Thérèse la veuve, Antoine de Brinvilliers, Marie-Madeleine, sa sœur Thérèse et François, tassé dans un fauteuil, pâle et grelottant. Près de la porte, debout dans une attitude déférente et pleine de réserve, La Chaussée ne quittait pas le malade du regard, prêt à intervenir au moindre signe de défaillance.

— Il y a un addendum au testament, ajouta le notaire. Le défunt Antoine d'Aubray, comte d'Offémont, désire que soient versés cent écus à son serviteur La Chaussée en remerciement de son dévouement et des soins attentifs qu'il lui a prodigués.

L'officier public considéra un instant le domestique toujours immobile et se leva, sa serviette de cuir sous le bras.

— Je vous demande la permission de me retirer car il me faut aller procéder à la lecture d'un autre testament. On meurt beaucoup à Paris en ce moment et c'est fort dommage, l'été s'annonce superbe.

Il fit quelques pas, considéra François pensivement, puis, serrant ses documents contre lui, se dirigea vers la porte.

— A vous revoir, dit-il.

La Chaussée, qui avait ouvert la porte, la referma derrière lui.

Le temps était magnifique. Il ne faisait point trop chaud. Dans le jardin de l'hôtel d'Aubray, la roseraie en pleine floraison mêlait les jaunes aux rouges, les blancs à toutes les gammes de roses. Les branches d'un cerisier franchissaient le mur mitoyen de l'hôtel de Sagonne, attirant des volées de moineaux qui se disputaient les fruits en piaillant. En face du salon, contre un cèdre bleu, le jardinier avait appuyé un râteau où était resté accroché un chapeau de paille. François regardait le jardin, il savait qu'il allait mourir lui aussi, qu'il vivait son dernier été. Pourquoi lui, après son père, après Antoine ? C'était la volonté de Dieu. Ses yeux quittèrent la roseraie, les massifs et leur harmonieuse ordonnance pour chercher La Chaussée. Sans cesse il avait besoin de lui, de son dévouement, de sa gaieté, de cette façon un peu familière qu'il avait de le rudoyer tout en le réconfortant. Lui non plus ne l'oublierait pas dans son testament. Le froid à nouveau le saisit et fit claquer ses dents. Il avait perdu en deux mois plus de vingt livres et refusait maintenant toute nourriture, n'acceptant de La Chaussée qu'un peu de bouillon, de vin chaud sucré au miel ou de tisane. Le domestique sentit le regard de son maître et accourut aussitôt.

— Monsieur désire-t-il quelque chose ?

— Ramène-moi dans ma chambre, murmura François.

Il voulait se coucher, oublier les souffrances intolérables en prenant les potions à base d'opium préparées par son médecin et qui l'entraînaient dans des rêves étranges où il se voyait mort déjà, désincarné, flottant au-dessus de son corps avec l'horrible certitude d'en être séparé à jamais. Il se réveillait en sueur, hurlait. La Chaussée accourait à toute heure du jour ou de la nuit, remontant ses oreillers, essuyant son visage. Il allait même jusqu'à prier avec lui lorsque François le lui demandait ; ensemble, ils égrenaient des litanies à voix basse, se répondant l'un l'autre comme s'ils se murmuraient des confidences.

L'assistance regarda en silence s'éloigner François, presque porté par son serviteur. Thérèse Mangot d'Aubray se leva la première.

— Nous avons eu ce matin les résultats de l'autopsie pratiquée par le Dr Bachot et les chirurgiens Delvaux et Dupré, dit-elle d'une voix forte en regardant Marie-Madeleine. Tous trois ont la quasi-certitude qu'Antoine a été empoisonné.

La marquise sentit son cœur se contracter violemment. Elle demeurait parfaitement immobile, comme si l'inertie de son corps pouvait la soustraire à cette situation nouvelle et effrayante. Antoine de Brinvilliers s'était raidi également sur sa chaise, mais son sourire ne l'avait pas quitté. Il se tourna vers Thérèse.

— Que dites-vous, ma sœur ? Ces médecins n'ont pas trouvé le moyen de le soigner lorsqu'il était malade, comment maintenant peuvent-ils connaître les causes de son décès ?

Les yeux de Thérèse Mangot étaient froids, vindicatifs. Convaincue que son mari avait été empoisonné, elle voulait le venger par tous les moyens. Ses soupçons allaient à l'évidence vers sa belle-sœur Marie-Madeleine qu'elle avait toujours abhorrée, mais ne pouvant réunir aucune preuve elle attendait son heure.

— L'autopsie, monsieur, a montré des lésions anormales. Antoine n'avait pas quarante ans, il n'était ni gros mangeur, ni buveur et je ne lui connaissais pas de vices. Les désordres constatés n'avaient aucune raison d'être.

Marie-Madeleine s'était reprise. L'idée de se battre la grisait maintenant, son énergie, sa volonté revenaient.

— Connaît-on, madame, les vices de son mari ? Mais laissons cela. Vous venez de prononcer quelques paroles fort dangereuses car tous les membres de notre famille vont s'en trouver inquiétés. Qu'Antoine n'ait pas péri de vieillesse, personne ne le conteste, mais vos médecins n'ont fait qu'établir ce que nous savions tous. A Villequoy, lors de leur séjour de Pentecôte, mes frères ont absorbé une tourte aux béatilles [1] qui était gâtée et les a rendus extrêmement malades. Antoine ne s'en est point remis, François en guérit lentement. Il n'y a pas d'autre vérité.

Thérèse sursauta.

— Selon vous peut-être, mais mon mari jouissait d'une santé robuste, meurt-on uniquement de l'absorption d'une nourriture corrompue ? Aucun de nous dans ce cas ne serait vivant.

Marie-Madeleine quitta son siège. Antoine de Brinvilliers ne bougeait pas, Thérèse d'Aubray s'était levée à son tour, avait rejoint sa belle-sœur pour lui prendre la main.

La marquise ouvrit son éventail et se rafraîchit à petits coups. Le danger ne pouvait pas venir de cette sotte, elle l'anéantirait.

— Vous oubliez, madame, d'annoncer le diagnostic complet de ces médecins. Je les ai vus moi-même de bonne heure ce matin avant qu'ils ne se rendent chez vous, et je les ai entendus fort clairement. Antoine avait une maladie de cœur non décelée, responsable de la gangrène qui s'est répandue dans les membres. La suffocation et l'oppression que mon frère ressentait avant sa mort n'avaient point d'autre cause. L'empoi-

1. Tarte aux oignons, crêtes de coq, ris de veau, champignons et crème.

sonnement accidentel a tout simplement détérioré un état général pas tout à fait aussi bon que vous l'énonciez à l'instant.

Thérèse Mangot resta un moment silencieuse. Elle était très pâle, ses yeux brillaient. Marie-Madeleine avait osé se rendre chez les médecins pour connaître avant elle le résultat de l'autopsie ! Avec ses fards, ses parfums, ses boucles, son sourire, cette femme était redoutable.

La colère fit trembler sa voix :

— Vous oubliez les vomissements noirs comme de l'encre, les sensations de feu à l'estomac qu'il ressentait continuellement, la soif inextinguible le rongeant, tous ces maux qu'il endurait depuis ce fameux séjour à Villequoy en avril dernier. Souffre-t-on pendant deux mois d'un empoisonnement dû à une tourte de béatilles ?

— Madame, François en souffre toujours. Il s'en remettra sans doute. Antoine a succombé parce qu'il était déjà malade et gravement. Ce ne sont pas des poisons imaginaires qui l'ont tué, mais sa maladie de cœur.

Elle se tut un instant, tout en continuant de s'éventer. Une grande exaltation l'animait et elle allait enfin parler de ce qui l'avait révoltée quelques instants plus tôt. Le reste avait finalement peu d'importance et elle se moquait des soupçons de Thérèse.

— De quoi vous plaignez-vous ? Vous voilà veuve et riche. Antoine vous a laissé l'usufruit de ses biens et ce qu'il vous a ôté, il l'a donné à François. Je me trouve une fois de plus spoliée et n'hérite que de quelque cinquante mille livres. Si vous me soupçonnez du forfait, vous voilà rassurée. Je n'aurais pas attenté à la vie de quelqu'un avec tous les dangers que cela comporte pour cet héritage dérisoire.

— Taisez-vous, cria Thérèse, comment osez-vous parler d'argent ?

Elle promena son regard autour d'elle, vit Antoine Gobelin impassible, Thérèse d'Aubray effrayée. Personne ne la soutenait. Elle sortit.

— Sa méchanceté est révélatrice de ses mauvais sentiments, dit doucement Marie-Madeleine, laissons-la.

Sa sœur s'approcha.

— Peut-être n'aurais-tu pas dû évoquer son héritage. Le moment en était mal venu. Ne vaut-il pas mieux songer à faire dire des messes pour notre frère ?

Marie-Madeleine baissa la voix. Il lui fallait l'amitié de sa sœur qui possédait de l'argent qu'elle ne dépensait point.

— J'ai peut-être eu des propos un peu vifs, mais Thérèse me met hors de moi avec sa méchante humeur. Il est vrai que mes soucis demeurent après la lecture du testament que nous venons d'entendre. Tu n'ignores pas que ma maison, mes enfants me coûtent cher, et j'en suis arrivée à ne plus être sûre de pouvoir tenir mon rang. Quelque secours de ta part, provisoire, me serait indispensable.

Marie-Madeleine avait parlé vite. L'idée d'implorer de l'aide avant la mort de François lui était odieuse, mais elle ne pouvait plus reculer. Les cinquante mille livres de l'héritage d'Antoine étaient d'ores et déjà absorbées par ses dettes. Elle avait espéré le double.

Thérèse hocha la tête, sortit de sa poche un petit mouchoir parfumé à la lavande et le passa sur son front.

— Je n'ai point de fortune, Marie-Madeleine, et tu le sais. Mon ambition n'est pas de m'enrichir mais de permettre aux pauvres de l'être un peu moins. Je ne garde que le strict nécessaire pour le couple qui me sert et notre nourriture. Tu mènes une vie que je réprouve sans la condamner, car je ne suis pas ta conscience, mais je serai là pour t'aider si tu manques de pain, toi, ton mari ou tes chers enfants. C'est la seule promesse que je puisse te faire. Maintenant si la nécessité te presse, emprunte quelque argent à François, il ne te le refusera pas quoique son inimitié pour ton ami le chevalier de Sainte-Croix soit grande. Il est bon et il t'aime.

— Il m'aime ? s'écria Marie-Madeleine.

Elle avait envie de rire. Ce mot était dérisoire et la blessait. L'amertume, la détresse remontaient en elle et la souffrance ressentie était si vive qu'elle dut serrer les poings pour ne pas crier.

— Comme notre père t'aimait, ajouta Thérèse, tu étais sa préférée. Je pensais à toi parfois au fond du couvent où il m'avait enfermée avec Marie, et je t'enviais. Tu étais celle qu'il avait voulue auprès de lui, moi j'étais l'exclue. As-tu imaginé un instant notre effroi et notre chagrin lorsque notre père nous a déposées au carmel de la rue Saint-Jacques ? J'avais cinq ans, Marie deux, notre enfance a été entourée de murs et d'affecction, jamais d'amour. Seul le Christ a tendu les bras.

Marie-Madeleine était figée. Elle respirait vite et sa gorge se serrait à suffoquer. C'était un désespoir total, aussi vieux qu'elle, aube et terme de sa vie, que seule la mort ôterait.

— Tais-toi, murmura-t-elle. Je t'en supplie.

Thérèse ne parut point l'entendre et continua :

— Nous priions Dieu toutes deux en ta faveur. Le bonheur, la gloire, l'amour qui nous étaient refusés, nous les voulions pour toi.

— Je t'en supplie, je t'en supplie, répétait Marie-Madeleine.

Elle avait froid, si froid, comme sur les genoux de l'homme en noir, comme à Arras, comme dans sa chambre de jeune fille dans cet hôtel, comme lors de sa nuit de noces. Pourquoi n'était-elle pas morte ? Le visage de Sainte-Croix apparut dans la lumière de septembre où elle l'avait vu pour la première fois. Le destin de ses sœurs avait été d'épouser Dieu, le sien de s'unir à Jean-Baptiste. Leurs vies à toutes trois avaient été vaines et misérables. Thérèse se taisait. Elle passait maintenant le mouchoir de dentelle sur ses yeux. Antoine, qui détestait les scènes d'attendrissement, était sorti dans le jardin, parcourant à petits pas les allées, songeant qu'il y avait encore du bien dans cet hôtel et qu'à la mort de François ils en auraient leur part. Il n'avait plus d'ambitions pour lui-même, s'imaginant installé à Sains avec ses enfants, en gentilhomme campagnard, chassant avec ses voisins, mettant la main à l'occasion aux travaux des champs. Pour réaliser ce rêve, il lui fallait peu de choses, dix mille livres de rente, être débarrassé de sa femme et de ses dépenses folles. Si Sainte-Croix désirait la prendre un jour avec lui, non seulement il ne s'y opposerait pas mais il leur souhaiterait encore beaucoup de bonheur.

Un instant, Marie-Madeleine fut tentée d'aller vers sa sœur et de l'embrasser. C'était la première fois qu'elle la voyait pleurer et étrangement, les larmes de la vieille fille avaient arrêté les siennes. L'émotion se dissipant, elle la trouva un peu ridicule de s'abandonner ainsi et haussa les épaules.

— Je ne demanderai rien à François, ma sœur, vous divaguez en parlant d'amour. Ce mot est inconvenant. N'avez-vous pas d'orgueil ?

Elle fit demi-tour et rejoignit Antoine dans le jardin.

— Allons-nous-en, dit-elle, en prenant son bras, ma sœur est une bigote et François ne vaut guère mieux qu'elle.

Brinvilliers saisit sa main qu'il tapota affectueusement.

— Soyez indulgente pour lui, ma chère, il est bien malade.

— Je suis heureuse de partir dès demain pour Sains, les horizons de la campagne me feront oublier, je l'espère, les petitesses parisiennes.

— Allons prendre congé de votre sœur, nous ne la reverrons de l'été.

Thérèse n'avait pas bougé. Elle ne pleurait plus, mais son visage déjà flétri paraissait s'être encore fané. Dans ses vêtements noirs, elle ressemblait à une petite fille vieillie. Les sœurs s'embrassèrent. D'avoir été sincères un instant l'une en face de l'autre les séparait encore davantage.

— Prévenez-moi, demanda Marie-Madeleine, si notre frère allait plus mal, je reviendrais auprès de lui.

— Je le ferai. Partez tranquille. La Chaussée et moi veillerons sur lui autant que nous le pourrons et si Dieu le veut nous le guérirons.

Antoine posa sa main sur son épaule.

— Si vous désirez passer quelques jours à Sains, vous serez la bienvenue.

Thérèse ne répondit pas. Ni sa sœur, ni son beau-frère n'avaient l'envie de l'accueillir. Seuls ses neveux allaient lui manquer. Elle ferma elle-même la porte derrière eux et se retrouva enfin sans compagnie. Tout était en paix. François devait dormir, veillé par La Chaussée. Le jardin demeurait désert comme elle l'aimait. C'était dans cet univers de silence et d'absence qu'elle se sentait le mieux.

CHAPITRE XXXVI

Sains, juillet 1670

Quoique le nouveau précepteur ne fût attendu que dans l'après-midi, Claude-Antoine et Louis s'étaient éveillés de fort bonne heure, tout excités à l'idée de son arrivée. Les Brinvilliers se trouvaient à Sains depuis la fin du mois de juin et les enfants avaient déjà des teints hâlés et des joues rebondies de petits campagnards. Le village était tranquille, la maison point trop grande. Marie-Madeleine s'y plaisait.

Après le dîner servi vers onze heures à la campagne, les enfants se mirent à courir vers la grille pour surveiller la route. Louis, pourtant plus jeune, était plus rapide que son frère : il avait huit ans, des boucles brunes, un air effronté, tandis que Claude-Antoine, blond, rond et calme restait timide et modeste. La nécessité d'un nouveau précepteur se faisait pressante, les garçons redevenant sauvages, et tous attendaient avec impatience Jean Briancourt, recommandé chaleureusement par Mme Bocager, la femme du célèbre professeur de droit ami de Sainte-Croix : le jeune homme était modeste, instruit, ami des enfants sur lesquels, malgré sa douceur, il possédait une grande autorité. S'il n'avait pas prononcé ses vœux, il se destinait à la prêtrise et portait le petit collet.

Marie-Madeleine se réjouissait d'avoir un compagnon à qui parler. Malgré sa jeunesse — il n'avait que vingt-sept ans — ses connaissances devaient en faire un interlocuteur agréable. Il aurait le mérite d'écourter les après-souper lorsque Antoine sommeillait dans son fauteuil et qu'elle se sentait solitaire.

Elle sortit avec son mari sous le berceau de tilleuls. La marquise, vêtue de cotonnade claire, sans maquillage, semblait calme et heureuse. Elle avait quitté Jean-Baptiste pour deux mois, sans larmes ni regrets, lui écrivant de longues lettres tendres, amicales, auxquelles il répondait par quelques billets brefs et autoritaires qui ne la touchaient plus.

— J'ai fait conduire un cheval pour ce garçon au coche de Montdidier, annonça Brinvilliers, afin qu'il ne soit point obligé de gagner Sains à pied.

Il s'assit sur une chaise d'osier tressé et prit du tabac.

— Il est vrai qu'à son âge, un peu de marche ne devrait point l'effrayer...

— Vous avez eu raison, je veux que ce jeune homme sache que nous l'attendons avec bienveillance. Claude-Antoine et Louis ont grand besoin de lui et j'espère qu'il se montrera ferme.

— Je l'espère également.

Le soleil filtrait à travers les arbres, donnant aux feuilles une transparence lumineuse. Marie-Madeleine avait pris un ouvrage de broderie, le premier qu'elle entreprenait depuis de nombreuses années. Ses mains tremblaient encore un peu bien qu'elle eût diminué les quantités de liqueurs et qu'elle se contentât désormais d'une seule tisane pour dormir. Lorsque le sommeil se refusait, elle se levait, ouvrait sa fenêtre sur le jardin et restait accoudée des heures entières à regarder la nuit, y découvrant des lueurs, des bruits minuscules, des odeurs entêtantes, tout un monde grouillant et feutré qui excitait sa curiosité.

A l'aube, Marie-Madeleine regagnait son lit, apaisée

par le jour et elle somnolait jusqu'au dîner, distinguant vaguement les rumeurs de la maison, les cris des enfants, rassurée par ces bruits familiers qui rompaient sa solitude. Geneviève, sa servante, ne dormait plus à côté d'elle.

Deux heures sonnèrent à l'horloge de l'église. Antoine se leva.

— Il me faut aller à Amiens avec notre métayer pour acheter quelques tonneaux. Si je le laisse seul, ce drôle ne regardera pas à la dépense et nous devons désormais être vigilants. Attendez-moi pour le souper. Désirez-vous que je vous rapporte quelque chose ?

Marie-Madeleine secoua la tête. Son mari l'amusait avec ses prétentions nouvelles à devenir campagnard. Il courait en tous sens, inutilement cela était sûr, et devait heurter les fermiers avec ses observations et ses conseils incessants. Il l'embrassa sur le front et s'éloigna. La marquise considéra un instant sa silhouette alourdie gravir la marche menant au salon, puis elle reprit son ouvrage. Claude-Antoine et Louis étaient auprès d'elle, essoufflés, transpirant sous leur chemise de batiste. Louis s'empara de son bras, l'obligeant à poser son aiguille.

— Notre nouveau précepteur va-t-il enfin arriver ? Nous avons été cent fois jusqu'à la grille sans l'apercevoir.

— Il ne va pas tarder, le coche est attendu à Montdidier à l'heure du dîner. M. Briancourt doit prendre le cheval et venir jusqu'à nous. Je suppose qu'il est fatigué et qu'il ne se presse point.

— Cela est ennuyeux, maman, nous avons hâte de le connaître...

Marie-Madeleine posa sa main sur la tête bouclée, Claude-Antoine les regardait.

— Vous aurez le loisir de le juger tranquillement car il doit demeurer tout l'été à Sains. J'espère qu'il sera content de vous.

La brise déplaçait les ombres sous les tilleuls, les posant au hasard sur le visage des enfants, les pâquerettes le long de l'allée ou sur les mains de Marie-Madeleine. Elle tenait encore le mouchoir de linon qu'elle brodait, mais ne travaillait plus. Ses filles étaient à l'église du village afin de composer des bouquets pour l'office du dimanche. Nicolas dormait encore. Jamais elle ne songeait à l'autre enfant, celui de Madaillac, le temps peu à peu l'avait ôté de sa mémoire et elle se contentait d'acquitter les frais de la nourrice par l'intermédiaire de son homme d'affaires comme n'importe quel paiement. Louis avait passé son bras autour du cou de sa mère.

— Il ne sera pas trop sévère, maman ?

Une branche de tilleul qui se soulevait libéra un rayon de soleil, éclairant le visage bruni de l'enfant sur le col de dentelle. Sa ressemblance avec Jean-Baptiste était si grande que Marie-Madeleine ressentit une émotion légère ; elle était heureuse que ce petit garçon fût de lui. Certains jours, elle ne désirait plus revoir son amant, à d'autres moments son visage, son corps devenaient si nets dans ses pensées qu'elle en éprouvait de la souffrance. Il ne fallait pas qu'il vienne, pas encore, ses forces devaient s'affermir auparavant.

— Maman ! cria Claude-Antoine, voici un monsieur à cheval au bout de notre allée.

Louis partit en courant. Marie-Madeleine posa son ouvrage sur une petite table d'osier et redressa la tête. Du fond du parc avançait une silhouette vêtue de noir sur le cheval qu'Antoine avait fait mener à Montdidier le matin même. Le cavalier s'arrêta à la hauteur de la marquise. Il avait un visage d'adolescent, souriait et paraissait un peu embarrassé de lui-même.

— Monsieur Jean Briancourt ? demanda Marie-Madeleine.

Il descendit de cheval. Claude-Antoine et Louis l'entouraient avec curiosité.

— Soyez le bienvenu, dit-elle encore.

Jean Briancourt était de taille moyenne, avec des traits fins et des cheveux d'un joli châtain doré qui encadraient son visage et adoucissaient l'austérité du costume noir d'abbé. Il s'inclina d'une façon charmante, un peu gauche, d'homme ne connaissant guère le monde. Marie-Madeleine en fut touchée. La beauté fragile de ce jeune homme, sa douceur, la vivacité de son regard la charmèrent aussitôt. Elle eut envie qu'il fût heureux chez elle. Le groupe se mit lentement en marche et il semblait qu'ils étaient poussés par la brise vers la demeure bâtie moitié en pierre, moitié en torchis, qui se dressait au bout de l'avenue. Marie-Madeleine et Jean Briancourt parlaient à voix douce. Louis et Claude-Antoine les suivaient, encadrant le cheval, chuchotant leurs premières impressions sur ce nouveau maître qui paraissait trop jeune pour être redoutable. Le précepteur racontait son voyage sans familiarité ni embarras, tournant les yeux parfois vers la marquise, évitant toutefois de trop attarder sur elle son regard. Il la trouvait extrêmement belle, séduisante avec son assurance, son sourire bienveillant, son élégance et cet air déterminé qui impressionnaient le jeune clerc qu'il était. Jamais il n'avait vu de femme plus attirante. Les enfants les rejoignirent devant les marches de pierre et il posa une main sur la tête bouclée de Louis.

— Voulez-vous me montrer ma chambre? demanda-t-il.

— Nous irons ensemble, dit Marie-Madeleine.

Il y avait en ce jeune homme calme et modeste une fraîcheur enfantine qui la troublait. Elle n'en avait jamais rencontré de semblable chez personne. « Il n'a point encore connu de femme », pensa-t-elle, et cette réflexion la fit sourire.

Les garçons les précédèrent dans l'escalier de bois sentant la cire, entre les portraits des Gobelin qui gardaient obstinément leurs regards fixés sur le vide et la jolie rampe de fer forgé que Marie-Madeleine venait de poser. La demeure construite par Balthazar Gobelin ressemblait davantage, avec son pigeonnier de torchis, à une belle maison bourgeoise qu'à un château. On y vivait librement sans embarras, en campagnards, et les Brinvilliers l'avaient toujours aimée. Aux confins du village commençait la forêt. Antoine y chassait le chevreuil, le sanglier et parfois le loup en hiver. Chaque jour ou presque, il parcourait les allées à cheval pour en vérifier la bonne ordonnance, marquant les arbres à abattre et ne se déplaçant plus qu'avec une serpette pour débroussailler. Il commençait à reconnaître les oiseaux à leur chant, le passage des bêtes d'après leurs empreintes.

Le bâtiment ne comportait qu'un étage. Marie-Madeleine et ses enfants prirent le couloir un peu sombre, recouvert d'un parquet fait de lattes très larges, et s'arrêtèrent tout au fond devant la dernière porte.

— Vous voilà chez vous, dit Marie-Madeleine, le cocher va vous monter votre bagage et ira chercher demain votre malle à Montdidier. Installez-vous. Nous nous reverrons pour le souper qui est servi à sept heures.

— Nous permettez-vous d'entrer avec vous ? demanda Louis.

Leur mère les prit par les épaules.

— Laissez tranquille M. Briancourt. Il a fait depuis Paris une longue route et désire se reposer.

Le précepteur avait ouvert la porte. La chambre était vaste, claire avec une fenêtre sur le jardin, des meubles commodes, une jolie tapisserie de cotonnade fleurie. Depuis qu'il était arrivé dans cette maison un étrange bonheur s'était emparé de lui. La fatigue, l'embarras n'existaient plus.

— Merci, Madame, murmura-t-il, vous êtes très

bonne de vous inquiéter de moi. Si ces enfants désirent rester, je les garde très volontiers, nous ouvrirons mon sac ensemble et ferons connaissance.

— Je vous mènerai à la ferme, dit Claude-Antoine.

— Et moi à l'église de notre village, ajouta Louis.

— Je vous laisse donc, dit Marie-Madeleine.

Elle s'éloigna. Jean Briancourt regarda un instant sa robe bleue frôler les murs du couloir étroit, effleurer les lattes du plancher. Puis il se retourna vers les deux garçons qui déjà ouvraient sa fenêtre pour lui montrer la campagne.

Marie-Madeleine gagna sa chambre. La pureté du regard de ce jeune homme, l'affabilité de sa voix l'étonnaient. Comment pouvait-on demeurer ainsi dans ce monde ? Il devait être bien isolé ou bien naïf. L'impression qu'elle avait faite sur Briancourt ne lui avait pas échappé et elle se réjouissait d'être admirée, de pouvoir jouer le rôle de la mère attentive, de la femme du monde sereine que le précepteur attendait. Dans les yeux de Briancourt elle était celle qu'elle rêvait de devenir lorsqu'elle avait dix-huit ans, comme si tout un pan de sa vie disparaissait, s'effondrait. A ce personnage nouveau apparu dans le plein jour des émotions d'un homme pur, elle ne croyait plus, mais elle avait besoin de feindre d'y croire encore.

Sa chambre aux volets fermés était obscure. Elle l'avait fait retapisser d'une soie à petits bouquets, dont le lit était également recouvert ainsi que les fauteuils et la chaise devant sa table de toilette. Un paravent peint de laque noire masquait la cheminée. Devant la fenêtre donnant sur l'allée des tilleuls, elle avait disposé son bureau afin de pouvoir regarder le parc tout en écrivant.

Le matin, Marie-Madeleine avait reçu une lettre préoccupante de Thérèse. François se portait fort mal et la famille s'alarmait. Les médecins eux-mêmes ne pensaient plus pouvoir le guérir et il déclinait dans d'affreuses souffrances, admirablement soigné par La Chaussée. Thérèse l'avait vu à l'œuvre et s'étonnait de ce dévouement qui faisait se lever le valet dix fois dans la nuit pour abreuver son maître, changer son oreiller, retourner son matelas. Dans la chaleur de l'été à Paris, le malade transpirait beaucoup et il fallait sans cesse lui rafraîchir le front avec du vinaigre ou des eaux de senteur. François était patient malgré ses souffrances, il priait avec sa sœur et recommandait son âme à Dieu. Quant à leur belle-sœur, la veuve d'Antoine, elle devenait de plus en plus sombre, accusant La Chaussée d'être un coquin, avec une haine attisée par le mari d'une de ses servantes, le sergent Cluet, gendarme au Châtelet, qui lui était tout dévoué. Ce Cluet menaçait de prendre des renseignements sur le valet que les d'Aubray avaient été fous, disait-il, d'engager. Elle, Thérèse, prenait sa défense. C'était un bon garçon, poli, déférent, connaissant ses prières parfaitement, plein de petites attentions charmantes. Ainsi, il avait la délicatesse de fleurir tous les jours l'oratoire qu'elle avait fait installer dans sa chambre rue du Bouloi, voulant veiller elle-même son frère et tenir compagnie à leur belle-sœur qui ne se remettait pas de la mort de son époux. Le chagrin l'aigrissait et lui faisait voir des assassins partout. Thérèse concluait en invitant Marie-Madeleine à se tenir prête à partir. La fin de François était imminente. « Je t'embrasse, disait-elle, et suis heureuse de te savoir à Sains avec ton mari et tes enfants. Tu vis maintenant comme tu aurais toujours dû le faire, mais Dieu ne pardonne-t-il pas nos erreurs ? »

Marie-Madeleine relisait pour la troisième fois la lettre et l'angoisse que les mots faisaient naître était la même ! Thérèse Mangot se montrait dangereuse. Et si elle renvoyait La Chaussée ? Le sourire de Briancourt était déjà oublié, elle n'avait pas le temps de s'attendrir, la vie la poursuivait, la rattrapait jusque dans sa retraite. Il lui fallait se raidir encore, se battre, continuer la route. Elle était folle d'avoir pensé pouvoir s'arrêter enfin.

Marie-Madeleine considéra un instant l'allée désertée, les petits bouquets de myosotis et de pâquerettes jaillissant de l'herbe au hasard d'un rayon de lumière, puis elle saisit une feuille de papier, une plume.

Ma sœur, écrivit-elle, *j'ai bien reçu votre lettre et suis fort inquiète pour notre frère. Tout rétablissement me semble improbable en effet et j'espère qu'il plaira à Dieu de le rappeler promptement auprès de lui afin que ses souffrances se trouvent abrégées. Je viendrai aussitôt que vous me le demanderez. Il ne faut pas écarter de lui La Chaussée qui est sa dernière consolation, et le laisser périr à l'abandon. Je réponds de ce serviteur comme de moi-même...*

Le souper avait été agréable et les enfants, exceptionnellement à cause de l'arrivée de Briancourt, avaient eu l'autorisation de demeurer avec leurs parents. Antoine demanda aux domestiques de servir les liqueurs devant la maison. Du parc, avec les odeurs du crépuscule, venait une fraîcheur légère donnant l'envie de causer. Briancourt, assis entre Antoine et Marie-Madeleine, avait refusé la liqueur, la marquise après un instant d'hésitation en accepta un verre qu'elle but lentement pour ne point être tentée d'en demander un autre. Les deux filles jouaient aux dames, et les garçons, un peu ensommeillés, écoutaient sagement la conversation afin de ne point attirer sur eux l'attention.

— Chassez-vous, monsieur Briancourt ? demanda Brinvilliers.

Il prenait du tabac que le précepteur avait également refusé.

— Je n'ai point eu l'occasion d'essayer encore car je suis né à Paris et n'ai guère quitté cette ville, mis à part quelques promenades dans les faubourgs, endroits qui ne sont guère hantés par les cerfs et les loups.

— Je vous y ferai prendre goût. A Sains, il faut chasser et vous y voilà pour plusieurs mois.

— Si vous le voulez bien, Monsieur.

Marie-Madeleine l'observait. Dans la douceur de la soirée, la lumière déclinante rendait toutes choses caressantes et harmonieuses.

— Vous destinez-vous à la prêtrise ? demanda-t-elle.

Briancourt posa les yeux sur elle.

— Oui, Madame, je n'ai jusqu'à présent rencontré aucun être qui puisse m'attirer autant que Dieu. Il se tut un instant et rougit légèrement : Il faut dire que je n'ai guère connu le monde.

— On vous le fera découvrir, murmura la marquise.

Le précepteur ressentit une violente émotion. Son corps réagissait étrangement à côté de cette femme, et il avait l'impression de ne plus en être le maître. Afin de reprendre contenance, il se leva et se dirigea vers les enfants.

— Allons visiter la salle d'études avant de nous coucher. Nous sommes tous las à ce qu'il me semble.

Puis, se tournant vers M. et Mme de Brinvilliers :

— Je ne veux point vous importuner davantage par ma présence. Permettez-moi de vous remercier et de me retirer.

Il avait pris la main de Claude-Antoine. Louis, d'une bourrade, écarta son frère pour prendre sa place. L'aîné, surpris, faillit tomber. Antoine considéra pensivement Louis et, reprenant du tabac, dit lentement :

— Cet enfant ne me ressemble guère. A son âge, j'étais fort sage. Bonsoir, monsieur. Ayez, je vous prie, de l'autorité sur ces garçons.

Briancourt pénétra dans le salon. La fille aînée des Brinvilliers leva la tête, le suivit un instant du regard, puis ses yeux se portèrent sur la terrasse et s'arrêtèrent sur sa mère.

— Montons, murmura-t-elle en laissant ses pions, je n'ai plus le cœur à jouer.

Marie-Madeleine avait repris de la liqueur. Antoine du tabac. Tous deux se taisaient et contemplaient les roses.

CHAPITRE XXXVII

Début septembre 1670

— Pourquoi maman et M. Briancourt tardent-ils ? N'ont-ils pas entendu la cloche du souper ?

Louis était devant son père qui l'écarta avant de sortir. Depuis un quart d'heure il faisait ainsi l'allée et venue entre le parc et la salle à manger et semblait fort irrité. Que sa femme soit en compagnie du précepteur lui importait peu, mais il détestait que les repas fussent servis avec retard. Sa fille aînée jetait de temps à autre un regard vers la pendule.

— Sans doute maman donne-t-elle des instructions à M. Briancourt en vue de son voyage. Elle peut être absente longtemps si les souffrances de notre oncle se prolongent encore.

— Le diable l'emporte ! Elle peut donner tous les ordres du monde à ce garçon après souper ! N'attendons plus, le potage va être froid et je ne le supporte pas ainsi.

Les enfants s'assirent autour de leur père. Au bout de la table, les places de la marquise et du précepteur demeuraient vides. Brinvilliers sonna.

Dans le parc, Marie-Madeleine et Jean Briancourt marchaient à pas lents, si proches l'un de l'autre que leurs épaules se touchaient presque. C'était leur premier tête-à-tête depuis l'arrivée du jeune précepteur deux mois auparavant, et cette promenade avait été provoquée par la marquise. La vie de la maison les rapprochait à chaque heure du jour, rendant cependant toute intimité impossible. Ils devaient se satisfaire de paroles banales, de regards rapides, de gestes à peine esquissés. Marie-Madeleine recherchait le jeune homme, se trouvait sans cesse sur son chemin, élégante, volontaire et douce. Pour lui, elle avait des mots à double sens, prononcés d'un ton léger que le précepteur se répétait pendant des heures, y trouvant tantôt des motifs de bonheur intense, tantôt des causes de chagrin. Parfois la marquise pénétrait silencieusement dans la salle d'études et, sous le prétexte de contrôler le travail des enfants, se penchait sur eux, laissant apercevoir un peu de sa poitrine dont la vue le troublait profondément. Elle ne le regardait point cependant et s'amusait de le quitter perturbé, cherchant ses mots pour poursuivre sa leçon, ce qui faisait sourire Claude-Antoine et Louis.

Le soir parfois elle sortait du parc en sa compagnie et celle des enfants. Ils partaient dans les champs, parlaient doucement au milieu des blés mûrissants. Au passage, Marie-Madeleine se penchait et cueillait quelques fleurs que Briancourt attachait à son chapeau de paille. Ses mains ne la touchaient jamais, mais son visage était près du sien et elle pouvait percevoir son souffle sur sa bouche. Tout était irréel, cet été-là à Sains. Le temps n'avait plus le même mouvement, les mots la même signification, et les souvenirs se perdaient quelque part dans un passé vaporeux qui les rendait flous, incertains. La marquise avait reçu à la fin du mois d'août une lettre de sa sœur la suppliant de venir au plus vite : François était à la dernière extrémité. Cette nouvelle l'avait sincèrement attristée, elle qui, pourtant, se trouvait à l'origine de cette agonie.

Mais à force de ne point vouloir y penser, elle s'en trouvait libérée. La présence de Briancourt avait fait d'elle, l'espace d'un été, une femme neuve et elle mettait à se recréer l'énergie qu'elle avait eue à se détruire. Elle oublierait, elle inventerait encore des rêves et de nouvelles espérances.

— Ne partez pas, murmura Briancourt, que vais-je devenir sans vous ?

Depuis longtemps il voulait prononcer ces mots et le voyage imminent de Marie-Madeleine le décidait enfin.

La marquise prit sa main. Ce premier contact était une émotion et cette caresse insignifiante la bouleversait davantage que d'autres bien plus savantes.

— Ne dites pas cela, je ne vous manquerai sans doute que quelques heures et après-demain vous ne songerez plus à moi.

— Madame, Madame, s'écria le jeune homme.

Il aurait voulu se mettre à ses pieds mais il n'osait pas. Son trouble était tel qu'il se trouvait sur le point d'éclater en sanglots.

— Vous êtes un enfant, murmura la marquise, un enfant pur qui m'émerveille. Si l'un de nous pouvait éprouver quelque fierté de plaire, ce serait moi à l'évidence.

Briancourt s'était arrêté. Il avait abandonné pour les vacances l'habit austère d'ecclésiastique et portait une culotte de drap brun, une jolie chemise de batiste. Il faisait plus jeune encore que lorsque Marie-Madeleine l'avait vu pour la première fois.

— Vous êtes un enfant, répéta-t-elle.

Elle tendit la main et caressa sa figure très doucement, s'attardant sur les pommettes, la mâchoire et la bouche. La cloche du souper s'était tue depuis longtemps, elle l'avait à peine entendue et aussitôt oubliée. Le jeune homme se trouvait sans force entre les mains de cette femme mais désirait cependant la prendre contre lui, l'embrasser, laisser aller son corps qui ne savait rien et devinait tout. Il n'avait pas l'audace de le faire. Alors Marie-Madeleine, devinant son trouble, en tirant un plaisir infini, s'approcha encore et le baisa sur les lèvres. Tout un monde de sensations légères surgissait en elle, il n'y avait point de violence, de désir précis : simplement une tendresse lui donnant l'envie de caresser cet homme pour voir ses yeux et son sourire. Briancourt avait fermé ses bras autour d'elle. Son baiser était maladroit, enfantin et ardent. Il tremblait.

— Marie-Madeleine, dit-il seulement. C'était la première fois qu'il l'appelait par son petit nom.

— Viens, murmura la marquise.

Elle lui prit la main et se dirigea vers le potager qui était tout près. Une sorte de hâte s'emparait d'elle maintenant, elle voulait tout de cet homme, tout de suite. Il poussa la porte et ils se retrouvèrent dans l'espace dénudé où le soleil, frappant les murs, donnait aux plantes, à la terre, des teintes ocrées presque rouges. L'un en face de l'autre, ils se regardaient. La marquise était émue, Briancourt bouleversé.

— Je vous aime, dit-il, et il tomba à genoux devant elle, enfouissant son visage dans ses jupes, enserrant ses hanches, baisant le bas de son ventre à travers l'étoffe.

Marie-Madeleine posa sa main sur la tête du jeune homme.

— Redresse-toi, Jean, je t'en supplie.

Elle vit qu'il pleurait et se pencha pour sécher ses larmes. Elle était amante et mère enfin dans le même moment. Briancourt se remit debout et, accrochés l'un à l'autre, ils s'embrassaient au hasard sur les yeux, les joues, la bouche. Marie-Madeleine, malgré son désir, s'éloigna. Il leur fallait attendre un peu encore.

— Rentrons, dit-elle. Nous ne pouvons demeurer ici.

Ils quittèrent le potager et reprirent l'allée sans trop savoir comment. Lorsqu'ils furent en vue de la grande demeure leurs mains se séparèrent.

— Je dois partir demain à l'aube, dit Marie-Madeleine, mon frère ne peut m'attendre. Mais je reviendrai vite car assurément je ne penserai qu'à toi à Paris.

Le précepteur voulut répondre, mais il était ému au point de ne pouvoir proférer un son.

— Oui, je reviendrai vite, poursuivit Marie-Madeleine. Elle s'animait, recommençait à être volontaire, décidée, Briancourt devenait la seule préoccupation de sa vie.

— Quand cela, Madame? murmura le jeune homme.

— Bientôt. L'attente sera longue mais auparavant je veux des souvenirs de toi, je veux pouvoir t'imaginer contre moi, je veux ton odeur, ta peau, ta force en moi. Nous allons nous quitter, mais cette nuit nous la passerons ensemble.

Les mots de la marquise bouleversaient le jeune homme jusqu'à la souffrance. Il dut s'arrêter un instant; elle continuait à parler d'une voix rauque, répétant des phrases comme des litanies, toujours chargées d'espérances.

Devant le château ils s'écartèrent encore un peu l'un de l'autre, et leur expression était si lointaine qu'on aurait pu les croire indifférents.

Le souper s'achevait. Marie-Madeleine et Briancourt avaient rejoint la table et pris le repas où il en était. Antoine n'avait posé aucune question, les enfants se taisaient. Après les compotes, une servante mit sur la table un panier de raisins, les premiers de la saison, dont les grappes violettes et dorées se superposaient dans l'osier. Louis, qui s'endormait, mit ses bras sur la table et y posa la tête.

— Les enfants doivent aller se reposer, dit Brinvilliers, et sa voix résonna étrangement dans le silence de la salle à manger. Louis sursauta et se redressa, le regard incertain.

— Venez m'embrasser, demanda la marquise, car je ne vous verrai point demain. Il me faut quitter Sains de fort bonne heure.

L'un après l'autre, ils baisèrent leur mère au front.

Marie-Madeleine, l'aînée, se présenta la dernière.

— Bonsoir, ma mère, murmura-t-elle seulement, faites un bon voyage.

Elle ne l'embrassa pas.

— Soyez honnêtes et polis envers M. Briancourt, recommanda encore la marquise. J'y attache la plus extrême importance.

Le précepteur eut un mouvement pour se lever à son tour.

— Restez, je vous prie.

Sa main vint se poser sur la cuisse du jeune homme, l'effleurant doucement sous la nappe. Briancourt se sentit rougir et but un peu de vin pour dissimuler sa confusion. La main le caressait toujours, frôlant les genoux, remontant les cuisses sur le drap souple de ses chausses. Si elle avançait un tant soit peu encore, il ne pourrait s'empêcher de tressaillir, mais elle le quitta et revint sur la nappe.

Marie-Madeleine regarda Brinvilliers.

— Vous nous excuserez, dit-elle d'une voix douce et mesurée, mais M. Briancourt et moi avons à parler de ses élèves. J'ai quelques recommandations à lui faire sur la conduite qu'il doit tenir envers eux durant mon absence. Permettez que nous nous retirions.

Brinvilliers se servit sans hâte un verre de vin, puis, les considérant l'un et l'autre :

— Allez, répondit-il, puisque vous avez à faire.

Briancourt s'apprêtait à suivre la marquise lorsque Antoine l'interpella.

— Monsieur Briancourt !

Le précepteur se retourna.

— Je suis bien aise de l'amitié que ma femme a pour vous. Je n'étais pas habitué à la voir choisir ses relations avec tant de goût. Bonne nuit, monsieur.

Marie-Madeleine avait ouvert la porte.

— Venez, dit-elle d'un ton bref, avant que le jeune homme ait pu répondre.

Il la suivit.

La chambre rose dans la pénombre prenait des teintes brunes. Briancourt avait une peau laiteuse, des formes graciles d'adolescent et il enlaçait Marie-Madeleine, cherchant à baiser tantôt sa bouche, tantôt son cou, tantôt ses épaules, tandis qu'elle restait les bras écartés, sa chevelure répandue autour d'elle, murmurant des mots sans suite que le jeune homme n'entendait pas. Dans l'inexpérience de Briancourt, dans sa maladresse tendre et impatiente, elle retrouvait un monde fragile, délicat, oublié depuis des années, qui jaillissait à cet instant, intact, bouleversant d'intensité. L'image de Jean-Baptiste surgit soudain extraordinairement claire, il la regardait en riant, de son rire ironique et cruel qui la laissait sans espoir. Elle ouvrit les yeux, l'image disparut mais le rire était toujours présent. Il ne fallait pas y attacher d'importance, ce qu'elle faisait à cet instant était un rêve, la vie lui offrait un cadeau et elle en jouissait. « Ne m'ôte pas cela, murmura-t-elle, je t'en supplie. »

CHAPITRE XXXVIII

Paris, septembre 1670

L'odeur de la mort était partout, dans la chambre du malade, dans le cabinet attenant, jusque sur le palier et dans l'escalier, une odeur âcre de sueur, de drogues, de putréfaction. Une chandelle brûlait nuit et jour près du lit que François ne quittait plus. Il avait un visage transparent, des cernes bruns sous les yeux, le nez et la bouche déjà pincés comme dans la mort. Il respirait vite, par petites saccades avec de temps à autre une longue inspiration accompagnée d'un râle. Marie-Madeleine et La Chaussée n'avaient pas quitté son chevet depuis la veille au soir. Il était neuf heures du matin.

— Voici l'heure de sa potion, murmura le laquais.

La marquise, qui somnolait, sortit de sa torpeur. Seule la pensée de Jean Briancourt pouvait l'apaiser. Il était l'avenir, tous ces moments de chagrin, de honte, de peur seraient abolis par lui, pour lui. Rien d'autre n'était important, ni François, ni la ruine, ni la déchéance, ni la mort de sa foi en Jean-Baptiste. Elle avait signé le papier promettant trente mille livres et cette reconnaissance de dette seule avait fait disparaître un amour que ni la violence ni l'humiliation n'avaient pu achever. L'argent acquittait de tout et le document jeté sur la table de travail, rue des Bernardins, était le paiement de onze années. Sainte-Croix était parti à Montauban pour l'été, régler la succession de sa mère. Ses lettres ne lui parvenaient peut-être pas, elle n'en recevait plus de réponse.

François les regardait.

— Une seconde, Monsieur, dit le valet d'une voix claire, presque joyeuse, puis il se pencha vers la marquise :

— Le bougre nous a fait languir, mais c'est la fin maintenant. J'aurai eu bien du mal avec lui !

Et s'approchant du malade, il lui souleva très doucement la tête pour le faire boire lentement. La Chaussée était sorti. François regardait toujours sa sœur, mais au seuil de la mort ils ne se trouvaient pas unis davantage que sur le chemin de leurs vies. Le malade voulut parler ; il n'y parvint pas et laissa retomber sa tête sur l'oreiller. Il aurait désiré remercier Marie-Madeleine pour sa présence, lui dire qu'il allait mourir et qu'il la regretterait, lui demander de prier pour lui, mais il n'en avait plus la force. La souffrance tenaillait son corps, le dégageant de sa propre chair déjà abandonnée, telle une dépouille, sur ce lit qu'il ne quittait plus. Mourir, il voulait mourir désormais pour rejoindre un lieu sans remords et sans honte où il n'aurait plus à se punir, à se mortifier pour ce goût étrange qui le faisait se détourner des femmes et regarder les hommes. Dieu l'avait châtié par cette agonie terrible. Il se sentait pur désormais.

La porte s'ouvrit à nouveau. Un domestique annonça le médecin et Guy Patin entra presque aussitôt, saluant la marquise avec civilité. Le célèbre praticien avait soigné Dreux d'Aubray lors de sa dernière maladie, et était venu au chevet d'Antoine à la mort duquel il avait exigé une autopsie. Le déclin de François, analogue à celui de son frère, le préoccupait beaucoup. Il se rendait chaque jour rue du Bouloi, curieux de constater l'évolution de ce mal étonnant dont les manifestations ne provenaient d'aucune altération organique visible.

Il s'approcha du malade et l'examina longuement. La Chaussée l'aidait à le retourner, à le redresser, avec des mots gentils, rassurants, traitant François comme un tout petit enfant.

Enfin Guy Patin rangea lentement ses instruments et considéra la marquise, songeur. D'un ton ferme et sec et s'enquit.

— Madame, que mange et que boit cet homme-là ?

Marie-Madeleine avala sa salive.

— Ma foi, monsieur, peu de chose je crois. Il refuse presque tout et se nourrit présentement de bouillon.

— Qui le lui prépare ? Êtes-vous sûre de ses domestiques ?

La marquise se raidit, que voulait dire ce médecin ? Croyait-il pouvoir l'embarrasser ? Elle se sentit étrangement forte et résolue. Excepté Briancourt, elle était désormais l'ennemie de tous.

— Tout à fait sûre, monsieur. Ne l'approchent que ma sœur, moi-même et ce domestique à notre service depuis de nombreuses années.

Guy Patin prit son chapeau.

— Bien, madame, mais ce que je peux observer ne me plaît guère. Si M. d'Aubray meurt, sachez que je demanderai une autopsie.

Il salua froidement et sortit. Le vent déplacé par la porte en se refermant fit vaciller la chandelle posée au chevet du malade. Un instant la lueur éclaira le visage en sueur de François qui claquait des dents. La Chaussée remonta une couverture, essuya son front d'un mouchoir parfumé à la lavande et s'approcha de la marquise.

— N'ayez pas de crainte, Madame, l'autopsie de

Monsieur Antoine n'a rien indiqué, celle-ci sera tout aussi peu compromettante.

François eut un mouvement brusque qui rabattit ses draps, ses mains cherchaient à repousser quelque chose et agrippaient l'espace vide avec une sorte de désespoir qui contractait sa figure tout entière. La Chaussée, qui s'était assis auprès de Marie-Madeleine comme un familier, se leva aussitôt. Son visage s'était métamorphosé subitement et d'indifférent il était devenu extraordinairement bienveillant.

— Je suis là, Monsieur, calmez-vous, je ne vous quitte pas.

Dix heures sonnèrent, François était retombé sur son oreiller et semblait dormir. Le regard de Marie-Madeleine qui se promenait sur les objets meublant la pièce se posa soudain sur la chandelle et, étrangement, elle songea aux yeux de Mlle Anaïs, morte quelques mois plus tôt, comme si la chatte n'était plus qu'un regard venu des ténèbres pour les contempler.

— Mademoiselle Anaïs, dit-elle à voix haute, allez-vous-en !

Les jours et les nuits de veille accumulés l'épuisaient, elle perdait la mémoire, se parlait à elle-même ; ses yeux bleus s'égaraient quelque part entre la réalité dont elle ne voulait plus et les rêves qui reculaient sans cesse. Elle ne se fardait pas, ne se poudrait plus, l'ovale de son visage si mince autrefois s'était arrondi, donnant à ses traits une douceur étonnante que démentait son regard.

A nouveau on frappa à la porte. Thérèse d'Aubray entra, vêtue de gris, avec un petit paquet qu'elle déposa à côté de Marie-Madeleine.

— Je t'ai apporté un peu de brioche et des confitures. Demande du lait chaud et restaure-toi. On a faim lorsque l'on a veillé toute la nuit.

Puis, sans attendre de réponse, elle s'approcha de son frère qu'elle baisa au front, sortit un chapelet d'une poche et s'agenouilla devant le lit. Marie-Madeleine la contempla un instant et se leva. Elle avait un désir presque physique de Briancourt, il fallait qu'elle lui écrive aussitôt.

— Je suis en effet épuisée, dit-elle doucement, et vais prendre quelque repos chez moi. Je vous laisse et serai là demain à l'aube.

Thérèse tourna la tête et fit un signe d'assentiment sans arrêter ses prières. La marquise sortit, suivie de La Chaussée. Son carrosse était dans la cour, le cocher avait dormi rue du Bouloi. Tandis qu'on attelait les chevaux, elle s'assit au soleil sur une borne pour respirer. L'atmosphère dans la chambre de François était suffocante, et elle fut surprise de trouver dehors autant de douceur. La Chaussée debout devant elle lui parlait. Elle l'entendait à peine tant sa lassitude était grande.

— Ne vous dépêchez point trop demain, Madame, pour nous venir voir car tout sera fini et c'est tant mieux. J'ai grand-hâte de revenir chez M. de Sainte-Croix. La Mangot me déteste et je ne peux pas la souffrir non plus. Elle est toujours à tourner autour de moi et si un jour vous voulez vous en débarrasser, par Dieu, je serai votre homme !

Marie-Madeleine ne répondit pas. Une sensation de tiédeur, de confiance la pénétrait et elle ferma les yeux.

— Madame, dit La Chaussée d'une voix forte, votre carrosse est prêt.

Chez elle Marie-Madeleine fit infuser quelques herbes pour s'apaiser, chasser ce qu'il restait d'angoisse, puis elle s'assit à son bureau. Elle avait ouvert grand la fenêtre, passé un déshabillé de taffetas, fait brosser ses cheveux par Geneviève et elle était belle avec ses formes rondes de femme de quarante ans. Son hôtel se trouvait calme, tous les domestiques — excepté le cocher, une fille de cuisine et Geneviève — ayant été congédiés. A Sains, dans sa maison rustique, éloignée de tout, elle faisait des économies. Elle n'avait plus le choix d'ailleurs, ce qui lui restait de sa fortune ne pouvant supporter le train de vie imposé par les châteaux ou la vie à Paris. La mort de François lui rendrait tout cela.

Sa main courait sur le papier, ne le quittant que pour plonger la plume dans l'encrier. Elle n'avait pas de nouvelles de Penautier. Pourquoi songeait-elle à lui ? Peut-être parce qu'elle écrivait à Briancourt et qu'elle était heureuse. Il lui fallait maintenant aller au-delà des mots passionnés jetés en tête de sa missive phrase après phrase, et, elle raconta tout : la première rencontre avec Sainte-Croix, l'exaltation, la folie, ce vertige qui faisait danser le monde autour d'elle, ses chimères de fortune, de gloire, d'amour, pour oublier la vie, l'indifférence, la solitude et le regard implorant, impitoyable d'un homme devant une petite fille. Elle dit la montée de l'espoir, Pierre-Louis Reich de Penautier, la volonté terrible de défier son destin, puis les désillusions, la pression implacable des autres, ses luttes sans espoir pour l'honneur et la dignité. De son père, d'Antoine, de François elle ne parla pas, elle n'avait pas encore accepté de les regarder en face et ils demeuraient dans un espace d'ombre dont elle se détournait.

Elle écrivait, et dans sa mémoire l'image de Sainte-Croix se faisait de plus en plus nette, de plus en plus précise, ravivant ce désir brutal mêlé de violence et de désarroi qui l'avait habité depuis onze années et qu'elle croyait mort. La plume s'était arrêtée sur le papier. Jean Briancourt était entièrement opposé à Jean-Baptiste, et cependant elle ne trouvait point de mots différents à lui dire. Ses sentiments étaient autres, la façon de les exprimer identique, et d'être ainsi prisonnière d'elle-même la désespéra.

Elle posa sa plume. La fatigue faisait naître en elle l'envie physique de Briancourt, elle songea à leur nuit, à son corps mince, son regard et sa voix. Il était fragile comme un objet précieux entre ses mains. C'était elle qui détenait le pouvoir et cette puissance nouvelle l'émouvait.

CHAPITRE XXXIX

Sains, début novembre 1670

Le long de la voie romaine traversant Sains, quelques paysans rentraient chez eux assis sur leur cheval ou cheminaient, leurs outils sur l'épaule. La force de la bise les faisait ployer et leurs visages étaient flétris par le temps, les peines, les espérances disparues qui y avaient laissé leur empreinte jour après jour. Il n'était que quatre heures mais le crépuscule tombait.

Près du feu, dans le salon, Marie-Madeleine lisait à côté de sa fille aînée. Louis et Claude-Antoine étudiaient avec Briancourt, Nicolas jouait avec une servante, Thérèse était allée se confesser à l'église, Antoine chassait. L'isolement, le silence étaient presque irréels et la marquise avait la sensation d'être si éloignée de son existence passée qu'elle se sentait sur ses gardes, inquiète, comme devant l'imminence d'un danger. Tout était trop paisible, Briancourt l'aimait simplement, avec pureté. Il la croyait fragile, blessée, alors qu'elle était désabusée, pervertie. Elle était hantée maintenant par le besoin de lui parler, de se confier à lui, pour qu'il la voie dans sa vérité. S'il ne se détournait pas, alors elle serait victorieuse.

De temps à autre sa fille, fugitivement, la regardait. Elles n'échangeaient plus que des paroles insignifiantes, ne s'embrassaient pas. La jeune fille s'abstenait de saluer Briancourt, refusait de s'asseoir à côté de lui. Il semblait ne pas s'en apercevoir mais évitait sa compagnie, préférant demeurer avec les garçons. En présence de la marquise, son attitude était pleine de réserve et Antoine de Brinvilliers, peu habitué à cette discrétion, lui accordait en échange son estime ; ensemble, ils commençaient à chasser.

Au bout de la maison une porte claqua. Les voix des enfants se rapprochèrent. Marie-Madeleine posa son livre. Briancourt allait entrer, elle verrait son visage, ce regard passionné et franc sous lequel elle se sentait coupable. Dans l'amour le jeune homme avait des mots confiants, émerveillés, qu'elle étouffait de la main et lui, se méprenant sur ce geste, la croyait modeste et pudique, et l'en aimait encore davantage.

Les enfants étaient devant elle et, à quelques pas, devant la porte déjà refermée, se tenait Jean Briancourt.

— Maman, demanda Claude-Antoine tout agité, permettez-vous que nous allions dans le parc ?

Marie-Madeleine leva la tête et croisa le regard de son amant. Lorsque la marquise se détourna elle vit que sa fille l'observait.

— Il est déjà tard, mon enfant, et dans une heure la nuit sera là. Ce ne serait guère raisonnable.

— Maman, je vous en supplie. Nous irons jusqu'au bout de l'allée et regarderons par la petite porte. La cuisinière vient de nous apprendre à l'instant qu'un tombereau de choux a versé sur la route de l'autre côté de notre parc, et que le fermier cherche de l'aide. Tous les enfants du village sont là-bas.

Louis avait pris la main de sa mère et la baisait.

— S'il vous plaît, maman, allons-y. Nous ne pouvons point laisser ce pauvre homme dans l'embarras. Et comme Marie-Madeleine hésitait encore, l'enfant ajouta : Venez avec M. Briancourt.

Le précepteur n'avait pas bougé.

— Madame, nous pourrions faire en effet quelques pas dehors en compagnie de ces enfants, si cela vous plaît.

Le ton de sa voix restait déférent, mais la marquise perçut clairement le désir qu'il éprouvait de se promener seul avec elle.

— Allons-y, dit-elle doucement.

Elle se leva, demanda un manteau et sortit. Les enfants couraient déjà dans l'allée. Briancourt était à son côté. Sans le toucher elle ressentait la force qui l'entraînait vers lui. Leurs épaules se frôlèrent, provoquant aussitôt chez l'un et l'autre le même désir. Dans le salon, sa fille Marie-Madeleine posa son livre sur ses genoux et suivit d'un regard hostile le couple que formaient sa mère et le précepteur.

— J'espérais le bonheur de cet instant depuis des siècles, murmura Briancourt.

La marquise eut un rire léger.

— Vous êtes fou, n'avons-nous pas été ensemble la nuit dernière ?

— La nuit dernière est un passé déjà lointain. D'ailleurs vous ne m'y avez point parlé et je n'ai pas trouvé le temps de vous interroger.

Le regard du jeune homme était si joyeux, si ardent que Marie-Madeleine ressentit à nouveau un remords. La confiance qu'il lui donnait devenait une offense à Dieu. La dignité n'était plus de se taire mais de parler. Il n'y aurait ni honte, ni bassesse à se remettre entre ses mains, seulement le désir de s'arrêter un instant pour poser sa tête contre lui. C'était la paix qu'elle désirait, et le silence, pour reprendre son honneur enlevé par un homme de feu et de cendres qui l'avait consumé.

— Jean-Baptiste, dit-elle doucement.

Briancourt s'arrêta.

— Je m'appelle Jean, pas Jean-Baptiste.

Il était très pâle, ses yeux ne se trouvaient plus aussi joyeux.

— Cela n'a pas d'importance, murmura Marie-Madeleine, ce que j'ai à te dire lui le sait.

Les deux petits garçons revenaient en courant à leur rencontre, frôlant des branches d'arbres d'où se détachaient les dernières feuilles.

— Avez-vous la clef de la porte, maman ? cria Louis d'aussi loin qu'il put.

Marie-Madeleine prit la clef dans sa poche, l'enfant arrivait auprès d'elle.

— Allez vite, mais ne vous éloignez pas sur la route et ne gâtez pas vos vêtements avec ces choux.

— Ne vous souciez de rien, maman, affirma Louis d'un ton grave. Déjà, il repartait en courant.

— Allons, dit Marie-Madeleine, et ne m'interrompez pas car je n'aurai peut-être pas le courage de poursuivre.

Ils reprirent leur marche, se dirigeant vers le mur qui clôturait le parc au bout de l'allée.

— Avez-vous de la tendresse pour moi ? demanda la marquise.

Le jeune homme ferma les yeux. Comment trouver des mots pour exprimer ce qu'il ressentait ? Elle était devenue la substance de sa vie, sa brûlure et son remords. Il avait d'elle un besoin incessant qui le tourmentait et l'exaltait, besoin de l'entendre, de la toucher, de la voir.

— Je vous aime, dit-il seulement, n'en doutez pas car vous me feriez mourir. Je ne vis que de vous.

— Alors écoutez-moi, Jean, pour l'amour de Dieu et si vous ne m'ôtez pas votre estime après que vous m'aurez entendue, je serai à vous pour toujours. Il ne restera rien de moi qui m'appartienne en propre car nous ne pourrons plus être séparés.

— Madame... dit Briancourt.

L'émotion l'empêchait de parler davantage.

— Moi aussi je t'aime, Jean, je t'aime trop pour te mentir. Ce que je vais te révéler, non seulement je n'en ai parlé à quiconque, mais j'évite même d'y penser. Je ne me sens plus la force de retenir ces mots, Jean, car ils me blessent et vont assurément me tuer. Ta pureté sera sans doute leur refuge, je te les donne, prends-les et ne les retourne pas contre moi car je n'ai plus le pouvoir de les affronter.

— Je t'écoute, murmura Briancourt. Il passa son bras autour des épaules de Marie-Madeleine.

— Je ne t'ai rien caché, dit lentement Marie-Madeleine, de mon amour pour Jean-Baptiste de Sainte-Croix ; tu sais la passion qui nous a unis, une passion totale, folle, démesurée. J'ai tout attendu de cet homme, tout espéré, il était la lumière qui animait ma vie, la force d'où naissait la mienne. Qu'est-ce donc aimer si ce n'est rechercher désespérément d'être plus grand ? Mon corps s'est usé à cette course folle qui ne menait nulle part, j'y ai perdu mon âme.

— Madame ! dit encore Briancourt. Il avait resserré son étreinte et elle sentait son épaule contre ses cheveux.

— Laisse-moi, Jean, je vais creuser ma blessure pour guérir ou pour mourir tout à fait. Aide-moi.

Elle appuya la tête sur lui.

— D'aussi loin que je me souvienne, j'ai été une enfant seule, blessée, avec la volonté désespérée de défier cette solitude et ces blessures. Ce que j'aimais m'a été pris ; de mes tendresses, de mes aspirations, de ma foi, il ne reste rien. J'ai bu les jours un par un comme un poison pour me tuer, en tuant ceux qui me blessaient.

— Tuer, Marie-Madeleine ?

Briancourt avait légèrement relâché son étreinte.

— J'ai voulu la mort des autres. J'ai voulu gagner

sur tous, et ne reculer devant rien. Dieu était absent et je riais de mon indépendance. Mon père m'avait aimée puis il m'avait oubliée, je ne pouvais pas l'accepter : mes frères étaient les témoins de mon humiliation. J'espérais leur or, signe de leur puissance, il ne m'est resté que de la souffrance.

Briancourt s'était écarté.

— Qui vous a poussée à ces... à cela, Madame ? M. de Sainte-Croix ?

Marie-Madeleine était très pâle, très droite, enroulée dans son manteau.

— Jean-Baptiste a été ma croix, mon ombre, ma nuit et mes silences. Lisant au fond de ma conscience, il a dit à voix haute les mots que je pensais, il a fait les gestes que je n'osais faire. Maintenant j'ai payé ma servitude, je suis libre.

Elle se tourna vers lui, leurs yeux se rencontrèrent, ceux de Briancourt étaient pleins de larmes. Longtemps ils se regardèrent sans bouger, puis le jeune homme s'avança, ouvrit ses bras et elle vint s'y blottir.

— Jean, dit-elle d'une toute petite voix, peux-tu encore m'aimer ? Veux-tu encore de moi ?

Elle le serrait contre elle avec une force incroyable comme si elle voulait le prendre, le faire pénétrer en elle. Sa voix était étrangement détachée.

— Mon père m'a regardée en mourant, Jean, je ne sais pas s'il avait deviné qui le tuait, par Dieu je n'arrive pas à le savoir. Ses yeux ne m'ont pas quittée un seul instant...

Briancourt mit sa main sur la bouche de la marquise. Elle tremblait.

— Taisez-vous, Madame, je vous en supplie, je ne veux pas en connaître davantage, ces secrets ne me concernent pas.

Briancourt desserra son étreinte, mais il demeurait si proche d'elle que sa peau la frôlait.

— Marie-Madeleine, ta vie passée ne m'intéresse pas, c'est le présent qui compte pour moi.

Marie-Madeleine ne pleurait plus. Elle aurait voulu effacer la honte des mots et le regret d'avoir été lâche.

— Oubliez mes paroles, dit-elle, ces aveux sont une faiblesse causée par mon amour pour vous.

— Cela seul compte, Marie-Madeleine, je me souviens simplement de ta confiance, rien d'autre n'a de réalité.

Ils s'embrassèrent encore, le désir physique chassait l'angoisse, l'un et l'autre se prenaient pour exorciser le mouvement de recul qui, un instant, les avait séparés. Il y eut un courant de lumière, un rire et la porte s'entrouvrit. Suivi de Claude-Antoine, Louis une lanterne à la main, pénétrait dans le parc. L'enfant riait, ses yeux, sa bouche étaient ceux de Sainte-Croix.

CHAPITRE XL

Fin novembre 1670

Pendant tout le repas, le marquis de Brinvilliers avait parlé de la chasse au loup qu'il était en train d'organiser. Le début de l'hiver s'annonçait froid et la veille, pendant la nuit, la première neige était tombée, une neige légère que le vent avait soulevée et déposée haut sur les ramures des arbres. Les cheminées fumaient dans le village et les paysans demeuraient près de l'âtre, réparaient les outils avec des gestes lents, tandis que les femmes, au coin de leurs fenêtres, dans le jour gris sans lumière, regardaient venir ces nuits sans fin où leur existence semblait se fondre.

La voix d'Antoine de Brinvilliers était joyeuse. Il s'était tout à fait accoutumé à la vie de la campagne, portait de grosses bottes, des gilets de laine, riait haut et affectait une grande sympathie pour les gentilshommes des environs, personnes assez frustes qu'il aurait méprisées quelques années auparavant. L'état de leur fortune ne permettait pas encore aux Brinvilliers de regagner Paris, la succession de François s'avérant difficile. Il avait légué une partie de ses biens à des œuvres, fait une donation importante à sa sœur Marie pour son couvent et laissé quelques rentes à ses neveux ; Thérèse Mangot — qu'il estimait pour son bon sens — en serait l'administratrice durant leur minorité. Marie-Madeleine héritait d'un capital dérisoire, trente mille livres, somme due à Sainte-Croix. La marquise avait fait opposition au testament ; l'affaire se jugeait, elle n'en espérait rien. Elle avait reçu une lettre de Jean-Baptiste lui annonçant son retour de Montauban et la pressant de rentrer à Paris.

Comment pouvez-vous demeurer, disait-il, *entre votre mari qui est un niais et ce petit curé que vous avez pris à votre service ? Assurément votre place n'est pas avec ces êtres pitoyables et vous me décevriez en trouvant quelque plaisir en leur compagnie. Vos finances ne sont point bonnes ? Eh bien, oubliez-les et ne vous encombrez pas l'esprit avec ces choses de rien. Vous, en campagnarde ? Laissez-moi rire, ce que vous appelez votre désir de paix est un manque de courage. Comment, madame, vous qui disiez mépriser les gens ordinaires, vous voilà des leurs ? Nous avons entre nous des souvenirs que même votre volonté ne peut effacer. Vous êtes à moi et vous l'êtes pour longtemps encore. Nos âmes, nos corps ont brûlé dans le même feu, nous faisant durs comme de l'acier. Contre l'arme que nous sommes vous et moi, personne ne peut rien.*

Viens, mon cœur, je t'attends, as-tu oublié les caresses de ton petit Gascon et sais-tu que, lorsque je te possède, nous sommes toi et moi une muraille contre laquelle le monde vient se briser ? Ne laisse personne pénétrer dans notre domaine, Marie-Madeleine, n'ouvre aucune brèche, aucune porte. Que tu fléchisses, cela est ton affaire, mais je ne te laisserai pas me gêner en quoi que ce soit. Je sais, moi, ce que je veux, et je l'obtiendrai. Rejoins-moi et continuons ensemble à défier l'adversité.

Marie-Madeleine avait lu la lettre de Jean-Baptiste, puis elle l'avait brûlée. Que soupçonnait-il, que savait-il ? Les liens qui l'unissaient à lui n'étaient point brisés, elle les avait simplement écartés. Il était gravé en elle comme un sceau et elle ne pouvait pas ôter sa marque. Le papier se consumait ; les mots n'étaient plus rien que des flammèches bleutées qui se tordaient et disparaissaient, semblables à des pensées errantes. Marie-Madeleine répétait à mi-voix : « Ne laisse personne pénétrer dans notre domaine. » Elle l'avait fait, elle avait eu le besoin de se raconter, d'expliquer des sentiments si fugitifs, si changeants, que les mots, en les figeant, les parodiaient.

— Les chiens pour le loup, disait Brinvilliers, doivent être vite et perçants, plutôt petits que grands pour pénétrer dans les fourrés. Nous ne prendrons pas la meute mais seulement les plus combatifs. Je souhaiterais qu'il neigeât, l'animal laisse des traces en plaine et se replie sur la forêt. L'en débusquer est un plaisir.

Briancourt écoutait sans bien l'entendre car s'il avait accompagné le marquis une ou deux fois à la chasse au chevreuil, il n'y avait point trouvé un grand contentement. Il n'osait pas regarder Marie-Madeleine de peur de lui montrer son trouble. Pourquoi n'était-elle pas venue le rejoindre la nuit précédente ? Qu'avait-il pu dire ou faire pour lui déplaire ? Elle se tenait assise à quelques pas de lui, lointaine et inaccessible, tandis que sa fille aînée l'observait sans cesse, cherchant à déceler en lui le signe quelconque d'un amour qu'il ne voulait pas afficher. Douze coups sonnèrent au clocher de l'église. Geneviève, assistée d'une fille de cuisine, apportait les desserts.

Dehors la pluie commençait à tomber, lavant la légère couche de neige, noircissant à nouveau les branches qui s'entrecroisaient sur le ciel bas. Marie-Madeleine interrompit son mari.

— Vous ennuyez M. Briancourt avec vos histoires de chasse.

Le jeune homme tressaillit, enfin il pouvait la regarder.

— Madame, dit-il lentement, ce qui concerne la vie quotidienne de cette maison, ses plaisirs et ses peines me concernent et ce serait m'attrister que de penser le contraire.

Le cocher, qui faisait office également de valet, servait à boire, prenant les verres sur la desserte et les apportant à table lorsqu'un convive le lui demandait. Le marquis de Brinvilliers avait beaucoup bu et il était très rouge, un peu renversé sur sa chaise. Ses cheveux qu'il portait naturels grisonnaient maintenant. Il avait de l'embonpoint et commençait à souffrir de la goutte. Marie-Madeleine l'observa un instant, revit le jeune homme en costume de soie fauve venu la courtiser rue du Bouloi avec ses cheveux blonds ondulés et ses dentelles. Il se tenait debout près de la cheminée entre Antoine et François et elle savait qu'il la désirait. Tous avaient disparu, rentrés dans l'ombre comme les personnages de ces horloges complexes et charmantes, qui vont et viennent avec le mouvement des heures.

— Je suis touchée de l'intérêt que vous prenez pour notre famille, murmura-t-elle.

Elle savait qu'elle blesserait Briancourt et elle avait parlé quand même. Cependant, elle l'aimait et la nuit prochaine irait le rejoindre.

— Madame, répondit le jeune homme, si je ne considérais pas votre famille comme la mienne je ne serais point ici.

Sa voix tremblait légèrement, il redoutait cette sensibilité qui lui mouillait si facilement les yeux.

— Laissez ma femme, intervint Antoine, elle est d'humeur maussade comme à l'accoutumée. Voulez-vous un conseil ? Entrez dans les ordres et ne vous mariez point.

— Je ne me marierai en effet jamais, murmura Briancourt.

La pluie tombait fort maintenant, se heurtant aux carreaux selon la poussée du vent. Le feu s'assoupissait et les convives ne parlaient plus. Il y eut à la grille un violent coup de cloche, puis le claquement de la porte ouverte par le cocher, enfin un bruit de sabots de chevaux. Brinvilliers se redressa. Personne n'avait dit un mot mais tous les regards se dirigèrent vers la fenêtre pour essayer de voir quels étaient ces visiteurs insolites. La pluie empêchait de les distinguer. Des pas sonnèrent dans le vestibule, nets, pressés, puis la porte de la salle à manger fut poussée avec force et deux hommes enroulés dans leurs manteaux se présentèrent. Le cœur de Marie-Madeleine s'était mis à battre violemment.

L'un des arrivants ôta son chapeau, il était dégouttant de pluie.

— Jean-Baptiste de Sainte-Croix ! s'exclama Brinvilliers.

Briancourt saisit le verre qui était devant lui, mais sa main tremblait si fortement qu'il ne le put garder et le vin se répandit sur son gilet comme une balafre. La fille aînée des Brinvilliers quitta sa place et sortit, suivie de Thérèse.

— J'arrive à temps pour boire un verre de vin en votre compagnie, dit Jean-Baptiste. Lapierre et moi avons couché dans une mauvaise auberge, un peu de réconfort sera le bienvenu.

Sa voix était claire, joyeuse, celle d'un homme heureux de rentrer chez lui et d'y retrouver sa famille. Brinvilliers, après le premier moment de surprise, se sentit à la fois heureux et humilié, heureux de retrouver un compagnon spirituel, humilié parce que dès l'instant où Jean-Baptiste avait pénétré dans sa maison il ne s'y sentait plus chez lui. Briancourt fixait son assiette, Marie-Madeleine ne bougeait toujours pas.

Sainte-Croix rit à nouveau.

— Ma foi, vous semblez, mes amis, par trop abattus et l'air de la campagne ne vous vaut rien.

Il se tourna vers le cocher :

— Donne-nous des verres et avance des chaises.

Geneviève avait rallumé la chandelle, le parc sous la pluie était à nouveau gris et silencieux.

Sainte-Croix s'assit à côté de Marie-Madeleine.

— Vous ne semblez guère joyeuse de me voir, madame, et j'en suis surpris. Je m'attendais à être accueilli par vous avec un peu plus de chaleur. Ne sommes-nous pas de vieux amis ?

Marie-Madeleine revenait de sa stupeur. Sainte-Croix était apparu à l'instant même où elle pensait à lui. Le revoir était une émotion violente, le temps s'était arrêté comme si le jour et la nuit se confondaient soudain. Elle le regarda et dans ses yeux ne vit pas d'amour, seulement une expression de complète possession.

— Avez-vous besoin des mots, monsieur ? Même lorsque je me tais vous savez très bien ce que je pense.

Son bras effleura celui de Jean-Baptiste qui eut envie de prendre sa main et de la serrer jusqu'à la souffrance, mais il contrôla cet élan.

— Je m'ennuyais à Paris et ai décidé de vous faire visite. Il paraît qu'à Sains le déroulement des jours est bucolique et charmant.

Antoine de Brinvilliers se leva.

—Venez au coin de la cheminée, Jean-Baptiste, et causons. Que se passe-t-il à Paris présentement ? Le roi aime-t-il toujours la belle Athénaïs ? Fait-il encore pour elle des folies ?

— Le roi s'amuse. Ses amis s'ennuient. Jamais les cercles de jeux n'ont été plus fréquentés et il se donne des fêtes assez tristes où l'on fait semblant de se divertir. Penautier s'enrichit ainsi que ceux qui, comme lui, restent vivants parmi les morts. La tâche leur est facile, ce sont des charognards sur des dépouilles que le soleil a brûlées. Pierre-Louis joue un jeu bien plus grisant que ces jeunes gens autour de leurs tables de pharaon et il n'a point besoin comme eux d'opium ou de belladone pour se sentir vivre.

Sainte-Croix qui tendait ses bottes au feu se tourna vers Marie-Madeleine. Elle voyait sa bouche qui souriait et retrouvait dans son contour, dans la forme de ses lèvres, tout un monde de désirs et de plaisirs violents.

— Savez-vous, madame, que l'on dit notre ami amoureux ? Il n'a plus avec sa femme, depuis la mort de son beau-père, qu'un commerce d'intérêt et il serait tombé sous le charme d'une jeune comtesse pour laquelle il oublierait parfois jusqu'à ses affaires.

La marquise avait pâli. Sainte-Croix possédait le droit de faire l'amour à d'autres, mais l'idée même que Pierre-Louis puisse désirer une femme lui était intolérable.

Jean-Baptiste posa son verre. Il regardait toujours Marie-Madeleine dont le trouble était manifeste. Il eut un rire bref, l'expression de ses yeux devint dure.

— J'ai une autre nouvelle, madame, plus captivante que les amours de Pierre-Louis.

A cet instant la marquise sut que Sainte-Croix était venu pour la reprendre. Elle observa Briancourt toujours à table, muet, immobile. Tout était dit. Une sorte de joie s'était emparée d'elle, celle de ne pas être devenue dépendante du jeune homme.

— Christophe Glazer est mort.

Brinvilliers se redressa, le tisonnier que Marie-Madeleine avait saisi tomba avec un bruit sec.

— J'aurais à ce propos quelques mots à échanger avec Marie-Madeleine, nous permettriez-vous d'aller nous promener un instant dans le parc ?

Sa voix était si déterminée que la marquise s'était déjà levée. Elle l'avait désiré, aimé, admiré, haï, méprisé, elle le craignait désormais. Brinvilliers fit un geste d'autorisation ou plutôt d'indifférence. Sainte-Croix demanda son manteau et celui de Marie-Madeleine. L'allée était humide, obscure avec une buée froide montant de la terre et des odeurs fortes de bois et d'eau dormante.

— Pourquoi m'avez-vous menti ? demanda Jean-Baptiste.

Il ne tournait pas même la tête vers elle.

— Je n'ai rien affirmé, rien nié. Ne me laisses-tu pas le droit de rêver ?

— Rêver signifie dormir. Je te veux éveillée, vivante.

— Pourquoi, Jean-Baptiste, pour évoquer mes souvenirs ? Ne vois-tu pas qu'ils sont comme un carcan qui m'enserre et m'empêche de bouger ?

— Ils sont toi, Marie-Madeleine, la chair est un linceul, tu y étais ensevelie dès ta naissance. Pourquoi es-tu la maîtresse de ce petit précepteur ? Quels rêves exaltants fait-il naître en toi pour que tu perdes la mémoire ? Jamais je ne t'ai interdit un homme, mais jamais je ne t'ai permis d'aimer.

— Qui vous a dit cela ? Je ne vous ai pas parlé de lui.

— Je sais tout, Marie-Madeleine. Que crois-tu, qu'espères-tu ? Tu m'étonnes parfois, je te croyais forte, décidée et je te découvre faible, pusillanime.

Au bout de l'allée, ils prirent le chemin longeant le mur. Leurs pas s'enfonçaient dans la terre molle, y laissant des empreintes parallèles. La voix de Sainte-Croix était toujours douce.

— Vous ne pourriez me quitter, même si vous le désiriez. Je tiens dans mes mains le fil de vos jours. Éloignez-moi, le fil cassera et vous ne serez plus rien. Vous le savez, n'est-ce pas ?

— Jean-Baptiste, pourquoi es-tu revenu ?

— J'étais jaloux, inquiet.

— Inquiet ?

— Je vous connais bien, Marie-Madeleine, et je sais que vous avez parfois la faiblesse des femmes, quoique vous possédiez le courage des hommes les plus endurcis. Vous étiez bien impressionnable ces derniers temps, et poursuivie par je ne sais quelle idée d'un Dieu vengeur qui m'inquiétait. Vous n'ignorez pas que ce qui nous unit doit rester dans le plus profond secret. Si vous parlez, je tomberai, mais vous m'accompagnerez dans ma chute.

Elle ne répondit pas et Sainte-Croix sut ce que signifiait son silence.

— Vous avez parlé, madame ?

La marquise pleurait et ses larmes se mêlaient à la pluie.

— A ce Briancourt ?

Le nom même de Jean la fit se redresser. Il était comme un enfant entre ses mains et elle ne voulait point le blesser.

— Il ne dira rien. Ce que je lui demanderai de faire il le fera, mais ne l'attaquez pas, je vous en prie. Contre vous il serait sans forces.

Jean-Baptiste avait reculé d'un pas. La violence était dans ses yeux, dans l'expression de sa bouche et dans le raidissement de tout son corps.

— Je m'en doutais, madame, et c'est pour cette raison que je suis accouru jusqu'à vous. Il était donc déjà trop tard ! Seulement sachez une chose, et sachez-la très clairement : vous êtes attachée à moi bien solidement et toute parole qui me nuit vous fera le plus grand tort. Croyez-vous que je sois un naïf et que je me laisserai perdre par les bavardages d'une femme égarée ? J'ai chez moi, Marie-Madeleine, vos lettres, les poisons que nous avons utilisés, la reconnaissance de dette que vous m'avez signée avant le décès de vos frères. Tout ceci vous appartient. S'il m'arrive quoi que ce soit, on trouvera cette cassette et vous serez perdue.

Il se tut un instant. Ce silence était l'extrémité du chemin et la marquise comprit qu'elle ne pouvait plus se porter en avant. Désormais son énergie ne servirait qu'à lui faire trouver une issue, une faille où elle pourrait se glisser pour ne point rester prisonnière. Elle s'enroulerait à son amant comme une sirène, elle l'ensorcellerait et il serait son esclave avant de mourir. Il lui fallait vaincre cet homme pour reprendre la cassette, elle se sentait assez forte pour cela. Briancourt n'était plus qu'un être charmant qui l'avait distraite, étourdie pour un temps comme un verre de liqueur douce et sucrée. Il lui fallait boire le vitriol maintenant.

Sainte-Croix vit dans le regard de Marie-Madeleine passer la peur et le désir fou de le réduire à sa merci. Cette femme qu'il avait tant admirée, tant aimée, il la considérait maintenant avec amusement. Il était plus fort qu'elle, plus puissant, il la verrait s'abaisser jour après jour. Désormais il était le maître. Antoine de Brinvilliers, qui avait au temps de leur amitié à l'armée payé pour leurs plaisirs, était bafoué ; Penautier lui-même était à sa merci, le grand, le prudent, le méprisant Pierre-Louis qui avait cru pouvoir se servir de lui. Il rit à nouveau.

— Vous êtes en bonne compagnie dans ma cassette, madame, il se trouve avec vous un homme dont j'ai fait la fortune et qui croit pouvoir désormais se passer de moi ! Je le gêne, voyez-vous, je lui remets en mémoire de mauvais souvenirs. C'est un homme avisé qui ne signe rien, qui n'envoie jamais le moindre billet à ses connaissances, pour qui en affaires parole vaut acte, tout se fait à travers des prête-noms, sans traces. J'ai pu cependant me procurer quelques documents fort compromettants, et la place qu'il occupe dans cette cassette à côté de la vôtre suffirait à le perdre.

— Pierre-Louis, murmura Marie-Madeleine.

Elle ne posait pas de question, s'étonnait juste de voir son rêve de fortune avec Penautier s'achever à cet instant. Elle n'aurait plus à monter vers lui désormais puisqu'il descendait jusqu'à elle.

— Oui, Marie-Madeleine, tu es enfermée bien sagement avec un homme que tu admires à la manière d'un dieu. Seulement là où vous êtes tu ne lui tourneras pas la tête comme à ce petit Briancourt.

Les noms de Pierre-Louis et de Jean accouplés étaient insupportables. Ils étaient ce qu'elle avait en elle de plus vulnérable, peut-être sa dignité et son innocence. D'un mouvement rapide elle se retourna et se mit à courir dans l'allée, vers la maison ou vers nulle part. Son manteau balayait les feuilles pourpres ou dorées, faisant s'égoutter les branches les plus basses des arbres et l'obscurité était si grande que l'on aurait pu croire l'heure du crépuscule venue.

Lorsque Marie-Madeleine sentit la main de Jean-Baptiste, elle s'arrêta aussitôt.

— Marie-Madeleine ?

Il y avait de la douceur dans son regard maintenant, et cette détermination annonciatrice du désir.

— N'es-tu pas aise de me revoir ?

Elle tremblait, elle ne voulait pas être prise encore.

— Ne me touchez pas, allez-vous-en !

Il rit et la prit dans ses bras.

— Ton petit abbé est-il de force contre moi ? Te connaît-il comme je te connais ?

Marie-Madeleine ferma les yeux. Elle avait cru si fort en sa liberté qu'elle s'était affranchie de tous, persuadée d'être celle qui décidait. Les mains de Sainte-Croix, semblables à une toile tissée autour d'elle, lui montraient avec évidence que depuis toujours elle avait été manipulée.

— Nous sommes un, toi et moi, comme le corps et l'esprit.

La nuit tombée, le souper s'achevait. Sainte-Croix avait beaucoup parlé, les autres beaucoup bu, Marie-Madeleine surtout qui contemplait le feu en songeant au corps de Jean-Baptiste et à sa façon brutale de prendre le sien qui la faisait gémir. Il y avait des mois qu'elle ne l'avait eu en elle et d'avoir cru que Briancourt le lui ferait oublier lui semblait maintenant ridicule. Elle aurait voulu les avoir l'un et l'autre à ses côtés comme une reine de la nuit entre le crépuscule et l'aube.

Le valet apportait les liqueurs, Jean-Baptiste se leva, prit Marie-Madeleine par la taille et, considérant tour à tour Antoine de Brinvilliers puis le jeune précepteur :

— Je vous souhaite le bonsoir car nous allons nous coucher.

La marquise le suivit. Immobile, le valet restait près de la desserte, son flacon à la main. Brinvilliers tendit son verre, puis celui de Briancourt.

— Buvez, monsieur, il faut parfois oublier sa sobriété comme on oublie sa dignité. Je ne connais pas de plus grand ennemi que cet aventurier qui est la cause de la perte du bien et de l'honneur de ma famille !

CHAPITRE XLI

Sains, début décembre 1670

La lueur des torches éclairait les pavés de la cour et les bâtiments de brique servant d'écuries et de remises. Il neigeait, des flocons lourds, épais, couvraient peu à peu le sol. Les chevaux sellés secouaient la tête pour se débarrasser de la neige, et les six chiens attachés les uns aux autres ne quittaient pas le valet de meute du regard, semblant attendre un mot de lui pour s'élancer. De la maison nul ne sortait encore. Les quatre piqueurs et les deux valets de chiens devisaient sous une torche accrochée au mur de l'écurie et la clarté allongeait sur la neige leurs ombres que le souffle du vent faisait se tordre comme des serpents.

Briancourt, une lanterne à la main, se dirigea le premier vers son cheval. Il accrocha son fusil à la selle et resta immobile, le regard vers le chemin où le suivaient Sainte-Croix, le marquis et la marquise de Brinvilliers. Ils ne se parlaient pas, Marie-Madeleine et Jean-Baptiste marchaient en tête, Antoine venait juste derrière eux. Les valets se séparèrent, le chef piqueur se porta à la rencontre de ses maîtres et prit les fusils, tandis que les chiens, sentant que le départ était proche, commençaient à gémir. Briancourt fit un effort pour détourner la tête et se mit en selle. Le premier piqueur ôta son bonnet :

— Désirez-vous partir, monsieur le Marquis ?

— Oui, allons, dit Brinvilliers.

Les chiens maintenant aboyaient, tiraient sur leur laisse. Un valet enleva la torche du mur et s'approcha de la meute.

Sainte-Croix aida Marie-Madeleine à s'asseoir sur sa selle d'amazone et regarda le précepteur.

— Les loups sont impatients, monsieur Briancourt.

Le jeune homme soutint son regard.

— C'est donc qu'ils ont une grande hâte à mourir, monsieur le Chevalier.

La neige déjà recouvrait les bonnets de fourrure et les épaules des cavaliers. Marie-Madeleine portait un chapeau de feutre noir où était plantée une plume rouge.

Tour à tour elle considéra les deux hommes.

— Les loups sont des sots et leur mort ne sert à rien qu'à divertir les hommes.

Elle éperonna son cheval qui, le premier, franchit le portail, son mari la suivait. La neige fondait sur les pavés de la voie romaine mais recouvrait déjà les bas-côtés de la route. Les chiens, tenus fermement par le chef de meute, fermaient la marche. Ils furent vite en dehors du village et se dirigèrent vers la forêt en coupant à travers champs.

— Là, monsieur le Marquis, dit d'une voix brève le premier piqueur.

D'un doigt il montrait des traces dans la neige.

— Découplez les chiens, ordonna Brinvilliers.

Les bêtes s'élancèrent en silence, le nez sur le sol, suivant la trace qui les menait vers les bois, accompagnés par leur valet les encourageant de cris brefs.

A la lisière de la forêt, les marques semblaient disparaître, les chiens hésitèrent, puis le plus vieux s'engagea sous un couvert de pins. Une forme noire se lança en avant, jaillissant du taillis vers l'allée qui ouvrait la futaie.

— Sonnez, ordonna Brinvilliers.

Il avait lancé son cheval au galop. Sainte-Croix le suivait à côté de Marie-Madeleine, Briancourt se trouvait le dernier. Les chiens, excités par la trompe, volaient sur la neige. Jean-Baptiste allait rattraper Brinvilliers, il était déjà à quelques toises devant la marquise lorsque, se ravisant, il modéra l'allure de son cheval pour se trouver de nouveau à sa hauteur. La trompe venait de se taire. On entendit la voix nette d'Antoine.

— Allez, allez, sonnez la *dauphine*.

Jean-Baptiste retenait son cheval, il ne tourna même pas la tête vers la marquise.

— N'oubliez pas votre résolution, Marie-Madeleine, il y va de votre vie.

Il lâcha les rênes et sa monture prit le galop. Lapierre le suivait et le flambeau qu'il portait éclairait le manteau noir de son maître et son bonnet de fourrure.

La marquise mit son cheval au pas ; maintenant elle sentait derrière elle la présence de Briancourt. Il avait laissé son fusil accroché à la selle. Se trouver proche de Marie-Madeleine le faisait frémir mais son visage n'exprimait rien. Il avait éprouvé ces jours derniers des souffrances si aiguës qu'il était comme insensibilisé. La trompe ne sonnait plus et l'on ne percevait qu'indistinctement l'aboiement de la meute. Ils étaient seuls.

— Ne chassez-vous plus, Madame ? J'espère que vous ne vous gênez en rien pour moi.

La voix de Briancourt était douce, très calme, leurs regards se rencontrèrent et le jeune homme vit dans les yeux de la marquise une expression de fatigue et de tristesse. Les chevaux soufflaient et donnaient des coups de tête pour se débarrasser de la neige qui se mêlait à leurs crinières.

— Monsieur, dit Marie-Madeleine lentement, vous attendez certainement de moi quelques explications sur ma conduite envers vous.

Les larmes montèrent aux yeux de Briancourt. Il avait pu résister à l'indifférence, à la solitude, mais la voix de la marquise le bouleversait. Il ne put rien répondre. Marie-Madeleine ne détourna pas son regard. Cette détresse silencieuse, semblable à celle d'un enfant solitaire, la touchait.

— Je vous avais parlé de M. de Sainte-Croix et de notre liaison déjà fort ancienne. Je ne crois plus éprouver de l'amour pour lui, mais il a sur moi un pouvoir que je ne peux nier. Il est arrivé et m'a, non pas reprise, mais fait sentir les droits qu'il possède sur moi. Ne doutez pas de mon attachement pour vous ! Je vous l'ai prouvé en vous confiant des secrets dont ma propre vie dépend. Ne sachant pas si cette foi en vous est justifiée, je regrette de vous avoir fait des confidences qui vous donnent à vous aussi un pouvoir sur moi.

Ces derniers mots avaient chassé l'émotion. Le ton de sa voix devenait dur ; si elle s'attendrissait devant Briancourt elle n'avait plus rien à espérer. Le regard de Marie-Madeleine se fit implacable.

— Je déteste penser que vous avez ce pouvoir.

Les larmes ne coulaient plus sur le visage de Briancourt. Que voulait dire cette femme, qu'il pouvait la trahir ? La marquise de Brinvilliers avait le droit de lui demander de mourir pour elle, comment pourrait-il révéler un seul mot de ce qu'elle lui avait confié ?

— Madame, si vous doutez de moi et de mon silence, renvoyez-moi à Paris. Je partirai dès demain, vous n'avez qu'un mot à dire.

Marie-Madeleine ne répondit rien. Ce mouvement de révolte lui plaisait, elle avait envie à nouveau de se l'attacher, de le faire implorer pour qu'il sache qu'avec elle, jamais il n'aurait le dernier mot. Elle vit son regard brillant, et sourit. Sa force et son pouvoir de séduction étaient intacts, rien n'était perdu.

Les aboiements de la meute se faisaient plus précis, la trompe à nouveau retentit.

— Ils sonnent *la petite royale,* murmura-t-elle, le loup n'est plus loin.

Elle tira sur les rênes, retenant un instant son cheval qui voulait s'élancer.

— Ne partez pas, monsieur, nous sommes enchantés de vos services.

Puis, donnant un coup de talon, elle laissa aller sa monture. La neige sous les sabots étaient une gerbe d'écume.

Marie-Madeleine ne pensait plus à rien, une sorte de griserie s'était emparée d'elle dans la course, elle aimait le contact froid des flocons sur son visage, le crissement des branches écartées, le bruit sourd du galop et la certitude que bientôt elle referait l'amour avec Briancourt.

La lumière des torches se rapprochait. Les chasseurs avaient pris une allée étroite où ils chevauchaient les uns derrière les autres. La marquise les rattrapa, ils bifurquèrent à la suite des chiens et se trouvèrent à nouveau dans un chemin rectiligne bordé d'un fourré si impénétrable que le loup ne pouvait y trouver refuge. L'allée débouchait sur la plaine, il n'y avait point d'autre issue possible. Marie-Madeleine était maintenant à la hauteur de Sainte-Croix. Il tourna le visage vers elle et lui sourit. Leurs mains se rejoignirent en même temps, ils n'avaient pas besoin de parler.

Juste avant les labours un large fossé longeait la lisière du bois. Les ronces, les fougères, les orties y poussaient en abondance et émergeaient de la couche de neige comme des doigts momifiés. Le loup était arrivé devant cette tranchée qui arrêtait sa course.

C'était un mâle encore jeune que la chasse avait surpris alors qu'il cherchait sa nourriture vers le village. Un instant il hésita puis, ramassé sur lui-même, d'un bond franchit l'obstacle et fila dans la plaine. Les chiens eux aussi s'étaient immobilisés, aboyant avec rage ; le valet de chiens derrière eux poussa un cri sauvage et d'une seule masse, la meute sauta. Un par un les chevaux s'élancèrent. Sainte-Croix sauta le dernier, Briancourt n'était pas apparu.

Soudain, sentant les chiens se rapprocher de lui, le loup fit volte-face, chercha une retraite possible et fila à nouveau vers la forêt où il espérait trouver le salut. Il était épuisé et son allure se faisait moins vive. Le fossé ne le stoppa point cependant et il le franchit sans même s'arrêter, d'un élan désespéré.

Jean-Baptiste, tournant bride aussitôt, se trouva alors en tête de la chasse. Il allait forcer seul ce loup, le suivre là où il espérait se replier. Comme le valet de chiens, il poussa un cri et la sonnerie d'un piqueur lui fit écho. Il sauta. N'ayant pas de torche, l'obscurité l'enveloppait. Il se sentait libre et fort avec la sensation d'échapper à tous, d'être invincible.

— Va, va ! cria-t-il au cheval.

L'animal semblait craindre la nuit, faisait des écarts parfois, s'approchant d'une branche que Jean-Baptiste évitait en se couchant sur l'encolure. Au détour d'un chemin il y eut une lueur jaune ; Sainte-Croix tira sur les rênes, arrêta net son cheval, et se retrouva en face de Briancourt. Le jeune homme s'était immobilisé lui aussi et les deux hommes se considérèrent en silence, séparés de quelques pas. Lentement Jean-Baptiste sortit des fontes de l'arçon de sa selle un pistolet que la clarté de la lanterne rendait brillant et poli comme un bijou. D'un geste sûr, il mit Briancourt en joue. Si celui-ci avait fait le moindre geste, prononcé le moindre mot, Sainte-Croix aurait tiré mais le jeune précepteur resta parfaitement immobile, impassible. Son regard lui-même était impénétrable, semblant regarder au-delà du chevalier sans le voir. Jean-Baptiste sourit, il aimait passionnément détenir le pouvoir, la mort n'était rien et il aurait tiré Briancourt sans qu'un muscle de son visage ne bougeât, sans perdre ce sourire équivoque que les femmes aimaient passionnément.

La meute était toute proche, les aboiements forts et clairs. D'un mouvement lent, Sainte-Croix abaissa son arme, ses yeux toujours fixés sur Briancourt. Il remit le pistolet à l'arçon puis, talonnant brutalement son cheval, sans avoir dit un mot, reprit sa course. Ce n'était pas le loup qu'il avait trouvé mais une autre proie, plus excitante. Il avait le temps de la forcer jour après jour, elle ne lui échapperait pas.

Le loup était acculé contre une pièce d'eau dormante, une mare remplie de plantes aquatiques et de branches d'arbres brisées. Ses pattes s'enfonçaient profondément dans la neige, il avait la tête basse, la langue pendante. La meute, à quelques pas de lui, aboyait avec rage. Le chien le plus vieux s'avança, cherchant à mordre, mais d'un grognement le loup s'éloigna. Les piqueurs étaient descendus de cheval. Ils demeuraient immobiles, leurs torches à la main, et la lumière s'enfonçait dans l'eau noirâtre.

— Sonnez l'*hallali,* dit la voix brève de Brinvilliers.

Il était resté à cheval, ainsi que Sainte-Croix, Marie-Madeleine et Briancourt qui les avait rejoints.

— Comment monsieur le Marquis désire-t-il servir le loup ? demanda le chef piqueur.

Il tendait une dague.

— Je le tirerai au pistolet, répondit Brinvilliers.

Il mit pied à terre. A cet instant de la chasse, il ressentait les seules joies de sa vie. C'était un moment rare où il pouvait enfin donner ce que l'on attendait de lui. La bête allait mourir ; en la tuant il se délivrerait lui-même et la paix qu'il ressentirait demeurerait en lui quelque temps.

Antoine de Brinvilliers s'avança vers le loup ; la bête gronda, retroussa les babines mais il la voyait à peine et il marchait vers elle au milieu des aboiements de la meute et des derniers appels pour l'hallali. Écartant d'un coup de dents un chien qui s'était approché, le loup bondit soudain. Brinvilliers n'avait pas encore levé son pistolet.

Un coup partit très vite. La bête fit une culbute, roula sur elle-même et resta immobile, entourée par la meute qui donnait de la voix sans plus approcher.

Brinvilliers se retourna, ainsi que Sainte-Croix et Marie-Madeleine. Briancourt, son fusil à la main, était pâle et ne bougeait pas. Ses yeux ne semblaient voir que Jean-Baptiste. Il le fixait étrangement, comme s'il le défiait, puis il fit faire demi-tour à son cheval et se dirigea vers le village.

Sur un ordre bref du valet, les chiens se précipitèrent pour la curée, et la lueur des torches coulait sur la neige mêlée aux viscères du loup.

CHAPITRE XLII

Paris, janvier 1671

— Je promets de t'obéir et parlerai dès ce soir à Briancourt. Pars maintenant, laisse-moi car je souffre affreusement de la tête.

Sainte-Croix se dirigea vers la porte. Il avait repris ses habitudes à l'hôtel des Brinvilliers, venant à tout moment à l'improviste afin de ne laisser aucun répit au précepteur. Devant Jean-Baptiste la marquise cédait peu à peu. Ses insomnies, ses angoisses, les terreurs qu'elle éprouvait continuellement avaient raison de sa volonté d'épargner Briancourt. Elle était enceinte encore une fois, d'un enfant conçu dès le début de ses amours avec le jeune homme. Longtemps, elle avait refusé cette évidence, mettant sur le compte de son âge les signes d'une grossesse qui en était à son sixième mois.

Marie-Madeleine regarda Sainte-Croix sortir, puis s'assit à son bureau et reprit la lettre adressée à son époux que l'arrivée de Jean-Baptiste avait interrompue. Brinvilliers se trouvait toujours à Sains, pour y chasser, disait-il, et parce que Paris désormais lui était indifférent. Elle avait regagné la rue Neuve-Saint-Paul en décembre, avec ses enfants, Geneviève sa servante et Briancourt. Elle souhaitait s'informer de la succession de François, mais d'abord par tous les moyens récupérer la cassette de Sainte-Croix. C'était une idée fixe, une obsession de tous les instants. Elle avait hésité à aller voir Penautier et à lui confier l'affaire, mais à la pensée qu'il pourrait tenter un coup de force, échouer et la perdre avec lui, elle y avait renoncé. Elle devait agir seule avec habileté, et s'il fallait sacrifier Briancourt elle le sacrifierait. Seule importait la cassette. Lorsqu'elle l'aurait en sa possession, ses cauchemars s'évanouiraient.

Marie-Madeleine trempa sa plume dans l'encrier et raconta à son mari comment leur fille avait durant tout le trajet de retour, refusé de lui adresser la parole. Elle n'était sortie de son silence qu'une fois franchies les barrières de Paris, pour demander à être déposée au carmel de la rue Saint-Jacques où était sa tante Marie. Elle refusait de regagner la rue Neuve-Saint-Paul ; elle s'enfuirait, disait-elle, si on la contraignait. Briancourt avait essayé de la raisonner, mais elle l'avait fait taire aussitôt par des paroles si blessantes que le jeune précepteur en avait eu les larmes aux yeux. Ils avaient été contraints de céder, et Marie-Madeleine se trouvait présentement au couvent. Sœur Marie de Jésus avait écrit une longue lettre, assurant que la vocation de sa nièce était sincère, et qu'elle allait l'envoyer à Beauvais pour accomplir son noviciat. La jeune fille était en paix, elle ne parlait jamais de sa mère, parfois de son père et de son frère Claude-Antoine qu'elle souhaitait revoir avant son départ. « Écris-lui, demandait la marquise, peut-être la persuaderas-tu de revenir quoique sa place soit sans doute au couvent. »

Geneviève entra dans la pièce et annonça :

— Madame, La Chaussée désire vous voir, il m'a dit que vous l'attendiez.

Marie-Madeleine sursauta. Elle craignait ce garçon presque autant que Sainte-Croix. Il en avait conscience et venait chez elle en familier, avec dans le regard une expression d'intelligence qui l'humiliait profondément. Jamais La Chaussée n'évoquait la mort de ses frères, mais chacune de ses paroles, chacune de ses attitudes faisait d'elle sa complice.

La voix de La Chaussée, moqueuse et désinvolte, avait des intonations de Parisien dégourdi. Il riait sans cesse, crachait sur Dieu et sur diable, étranger à tout sens de la moralité ou de l'honneur. Pour lui la terrible agonie des frères d'Aubray avait été une besogne comme une autre, et il avait mis à l'accomplir la même désinvolture qu'à laver les étuves lorsqu'il était garçon baigneur à Grenelle. A l'hôtel de la rue Neuve-Saint-Paul, les domestiques lui faisaient bon accueil. Toujours prêt à boire, à rire et à dire aux filles des mots lestes, donnant volontiers un coup de main à droite et à gauche, il se trouvait aussi à l'aise à la cuisine que dans la chambre de la marquise.

— Laisse-nous, dit Marie-Madeleine à Geneviève.

Elle posa sa plume et se retourna. Ses cheveux, soigneusement arrangés, étaient bouclés au-dessus de son front et retombaient sur son déshabillé, dégageant parfaitement le visage. Hormis du rouge sur ses pommettes pour tenter d'atténuer sa pâleur, elle n'était pas maquillée. La grossesse, l'angoisse qui l'habitait depuis qu'elle connaissait l'existence de la cassette, ses quarante ans éteignaient peu à peu ce feu intérieur qui avait fait d'elle une femme éblouissante. Elle était toujours belle cependant, avec cette fierté qui la tenait à l'écart des autres. Mais la ruine des Brinvilliers était complète désormais. Les créanciers ne se contentaient plus d'attendre dans le vestibule et commençaient les procédures.

— Bonjour, Madame, dit La Chaussée d'une voix claire, je suis fort content de vous voir et, sans vous offenser, je vous trouve très belle ce matin.

— Laisse cela, La Chaussée, pourquoi es-tu ici ?

Si Marie-Madeleine n'était pas en mesure de le renvoyer, elle pouvait encore le commander.

— Pourquoi, Madame ? Pour vous voir, cela est sûr, et pour bavarder en amis.

La marquise eut un geste vif qu'elle maîtrisa.

— Je t'écoute mais fais vite, car j'écris présentement au marquis de Brinvilliers et je souhaite que cette lettre parte tout à l'heure.

— Monsieur le Marquis a bien de la chance ! Enfin je ne suis pas venu, il est vrai, pour parler de lui mais plutôt de moi. Depuis que j'ai quitté le service de M. de Sainte-Croix, mes affaires vont à moitié et le baigneur chez lequel je travaille ne me traite pas aussi bien que je le mériterais.

— Il te maltraite ?

— Me maltraiter ? Non, Madame, il a de l'aménité et du respect pour moi, mais peu de générosité.

— Que veux-tu dire ?

— Eh, Madame, que l'on ne vit pas à Paris de l'air du temps et que, pour ne pas prendre quatre chemins à la fois, j'ai grand besoin de quelques écus.

Le sentiment d'être prise dans un étau qui se resserrait autour d'elle lui procura aussitôt cette sensation coutumière d'angoisse qui l'étouffait.

— Je n'ai rien, mon pauvre La Chaussée, et tu le sais bien. Demande au chevalier de Sainte-Croix.

— Madame, ce serait s'adresser au désert, je lui ai prêté dernièrement quelques sols qu'il me doit toujours et n'en espère plus le retour. N'ayez crainte, je n'ai pas de grosses exigences, cent écus me conviendraient.

— Je ne les ai pas, répéta la marquise. Elle respira profondément. Tôt ou tard le cercle allait l'étreindre et la broyer.

— Faites un effort, Madame, vous retrouverez bien quelques pièces d'or pour que je ne retrouve pas la mémoire, n'est-ce pas ?

Il cligna de l'œil.

— Apporte-moi un peu de liqueur, demanda Marie-Madeleine.

Il lui fallait boire à l'instant quelque chose pour arrêter les battements de son cœur et le tremblement de sa main.

La Chaussée eut un rire gentil, alla chercher un flacon, prit deux verres et s'installa sur un tabouret à côté d'elle sans y avoir été invité.

Il se servit le premier et lui tendit l'autre verre.

— A votre santé, Madame.

Marie-Madeleine but d'un trait, elle se moquait à cet instant de la présence de La Chaussée.

— Cent écus, Madame, cela n'est rien pour une marquise. J'ai servi de mon mieux votre famille et mérite quelque reconnaissance.

— Tu as été payé.

— L'office que j'ai rempli, Madame, ne possède pas de prix. Je ne vous demande pas la charité, seulement une preuve de gratitude.

L'enfant bougeait dans son ventre, Marie-Madeleine ne l'aimait pas, lui aussi était un être qui s'emparait d'elle contre sa volonté.

— Pour quand les veux-tu ?

La Chaussée eut un large sourire.

— Je ne suis pas à deux jours près, Madame. Disons à la fin de cette semaine. Dieu vous les rendra, car j'appelle sur vous depuis que je vous connais toutes ses bénédictions.

— Tais-toi, ordonna Marie-Madeleine.

La Chaussée parut ne pas l'entendre.

— Sur vous et votre famille. A ce propos, Monsieur de Sainte-Croix m'a parlé d'un nouvel engagement possible chez Mademoiselle votre sœur. En tant que jardinier à ce qu'il paraît. Je n'y vois pas d'inconvénient car aucune sorte d'ouvrage ne me fait peur.

Il rit. La marquise avait encore pâli. Elle dit à nouveau :

— Tais-toi !

— M. de Sainte-Croix a dû lui-même vous en parler, je l'ai croisé alors qu'il sortait d'ici. Il m'a dit que l'affaire était en bonne voie et je serais fort aise de quitter ce baigneur pour reprendre du service chez vous. J'ai toujours été sentimental.

Marie-Madeleine prit le flacon, sa main tremblait encore légèrement.

— Que t'a dit le chevalier ?

— Que le petit précepteur allait me faire engager chez Mademoiselle d'Aubray et qu'il faciliterait mon travail. Ce freluquet a plus de cœur que je ne le pensais et cette détermination me fera lui pardonner peut-être le chagrin qu'il cause à mon maître.

— Il ne connaît rien encore de ces projets.

— Vraiment ? Dans ce cas, Monsieur de Sainte-Croix est bien patient et j'admire cet homme-là de supporter sa peine avec autant de dignité. Il est fort malheureux à cause de vous, de ce Briancourt et du petit cadeau que ce dernier vous a fait.

La Chaussée eut un regard pour le ventre de Marie-Madeleine. La marquise ne trouvait rien à dire. Elle devrait répéter les mots de La Chaussée dans un instant à Jean, et le convaincre d'aller chez Thérèse puisque telle était la volonté de Sainte-Croix : faire du jeune précepteur leur complice pour qu'il se taise.

— Va, dit-elle, tu auras tes écus.

La Chaussée se leva.

— A bientôt, madame la Marquise.

La tête lui tournait un peu. Elle sortit de sa manche un mouchoir parfumé et le passa sur ses tempes. Lorsqu'elle se trouvait à Offémont, l'air avait au printemps cette senteur de violette. Le château était devant elle avec ses tours anciennes et sa terrasse. Son père la regardait.

— Non, non, dit-elle à voix haute.

Briancourt était derrière sa chaise. Il posa une main sur son épaule et la vision disparut aussitôt. Lorsqu'elle avait besoin de sa présence il était toujours là. Comment lui apprendre aujourd'hui ce que Sainte-Croix exigeait, comment user d'autres mots que ceux de La Chaussée ? Elle ne pouvait se taire, il lui fallait être souple entre les mains de Jean-Baptiste afin qu'il ne la rompît point. Marie-Madeleine se tourna vers Briancourt et appuya sa tête contre lui tandis qu'il refermait ses bras.

— Je pensais à toi, murmura-t-elle.

Le jeune homme se mit à rire.

— En disant ainsi « Non, non ! » Cela ne me semble pas une pensée recevable et je vous prie désormais de ne plus vous souvenir de moi.

Marie-Madeleine s'écarta.

— Tu ne sais pas ce que tu dis, mon Jean. Si tu n'étais pas là je n'aurais plus de courage pour vivre.

— Tu vivrais pour notre enfant.

— Oui, dit la marquise.

Jamais elle n'avait voulu de cet enfant. Il ne servait à rien qu'à l'épuiser encore davantage. Elle l'oublierait comme tous les souvenirs qu'elle voulait refuser.

— J'ai eu la visite de Jean-Baptiste.

Elle regardait en parlant les objets de sa chambre, ces choses familières et belles qui semblaient immuables. Tout cela lui serait ôté si elle ne se procurait pas de l'argent très vite, elle ne garderait rien, pas même la tendresse de Briancourt. Quelle importance avait Thérèse ? Sans lever les yeux vers lui, elle expliqua longuement au précepteur les exigences de Sainte-Croix. Le jeune homme ayant essayé de parler, elle l'interrompit.

— Laisse-moi achever. Jean-Baptiste a raison, nous

sommes désormais liés les uns aux autres et tu ne peux te tenir éloigné de nous. Il faut me prouver maintenant ton attachement.

Briancourt s'éloigna d'un pas et s'appuya contre le bureau de Marie-Madeleine. Elle reprit :

— Thérèse peut mourir, cela lui importe peu, elle ne vit que pour Dieu. Elle est la dernière de notre famille à posséder le bien de notre père dont j'ai un besoin pressant, pour moi, pour mes enfants, pour garder mon rang dans le monde et mériter ton amour. Que m'importe sa vie ! Elle me juge et me considère comme si j'étais damnée. Son regard m'est insupportable.

Une exaltation presque démente la poussait à prononcer ces mots terribles.

Briancourt avait saisi le rebord de la table et le serrait si fortement que le sang s'était retiré de ses doigts. Marie-Madeleine continuait :

— Vous allez gagner la confiance de ma sœur, devenir son familier. Ce sera une tâche facile, car elle n'a de goût que pour la religion dont vous êtes friand vous aussi. Puis, vous ferez engager La Chaussée comme jardinier.

Le nom même de La Chaussée donnait une telle répulsion à Briancourt qu'il eut un mouvement de refus.

— Mademoiselle votre sœur ne me recevra jamais, vous n'ignorez pas qu'elle me hait, qu'elle a écrit une lettre à M. de Brinvilliers et une autre au curé de notre paroisse dans lesquelles elle me traitait de fripon et de débauché...

Marie-Madeleine souriait.

— Vous gagnerez sa confiance. Je dois terminer ce qu'il me reste à faire. Après...

— Après, Madame ?

La marquise ne répondit pas de suite, comme s'il lui avait fallu un certain temps pour comprendre la question.

— Après, Jean ? Je ne sais pas, non je ne sais pas. Je ne m'intéresse guère à moi-même, pourquoi les autres le feraient-ils ?

— Parce que certains t'aiment, Marie-Madeleine. Que fais-tu de moi ? Crois-tu que je vais accepter ainsi de te voir te perdre ? Te damner pour l'éternité ?

Marie-Madeleine sursauta, le mot « damner » était comme une blessure.

— Ne dis pas cela !

— Pourquoi aurais-tu peur des mots plus que de l'enfer ? C'est lui qui est à craindre, car tu n'en sortiras pas.

Marie-Madeleine se mordit les lèvres. Briancourt vit son trouble et sentit qu'il avait gagné.

— Tu n'es pas cruelle, Marie-Madeleine, fais un effort, je t'en supplie, échappe à ce Sainte-Croix qui te perd. Tu seras pauvre peut-être, mais tu garderas ton honneur et mon amour.

La marquise s'apaisait. Briancourt l'empêcherait de chuter plus bas. Elle pouvait peser sur lui, il la soutiendrait.

— L'enfer existe-t-il ?

— S'il n'existait pas, Marie-Madeleine, tu n'aurais pas cette frayeur. Tu sais très bien au fond de toi-même qu'il n'y a pas à en douter, n'est-ce pas ?

Il s'était écarté du bureau et la regardait calmement.

La marquise pensa soudain au loup épuisé, acculé contre l'étang dans la forêt de Sains et au fusil entre les mains du jeune homme. Dans le regard de la bête, apparaissait la volonté de mourir, le chasseur était seulement un moyen.

— Je veux la paix, murmura-t-elle, la paix. Le châtiment, il me semble l'avoir déjà subi sur cette terre. Le diable se moque de moi.

— Alors, renonce à ton projet.

Elle fit un demi-tour sur elle-même légèrement et s'approcha de sa table de toilette.

— Aimes-tu l'odeur des violettes ?

Briancourt secoua la tête, il était surpris de cette question.

— Viens sentir ce parfum et dis-moi si tu n'imagines pas les sous-bois d'Offémont au printemps.

— Je n'ai jamais été à Offémont.

— Quel dommage ! Je t'y emmènerai un jour. Tu ne vas pas me quitter, n'est-ce pas ?

— Je ne te quitterai pas si tu renonces à ce projet.

— Ne parlons plus de cela, veux-tu ? Je souffre tant de la tête ! Ouvre la fenêtre un instant et brosse-moi les cheveux.

Briancourt s'approcha. Il se serait mis à ses genoux si elle le lui avait demandé.

CHAPITRE XLIII

— Va ouvrir, dit Sainte-Croix.

Lapierre tendit le soufflet qu'il tenait à la main au prince de Mecklembourg. Celui-ci continua à attiser le feu tandis que Jean-Baptiste, son masque de verre sur le visage, surveillait l'évaporation d'une cornue où bouillonnait un liquide jaune d'or. Malgré sa protection, l'âcreté des vapeurs le faisait tousser de temps à autre.

— Attendez-vous quelqu'un ? demanda Mecklembourg.

— Pas que je sache.

Sainte-Croix s'écarta d'un pas et retira son masque.

Lapierre ouvrit la porte. Marie-Madeleine enveloppée de son manteau pénétra dans le laboratoire, regarda les deux hommes et parut déçue de ne pas trouver Jean-Baptiste seul. Lapierre la débarrassa de son manteau, et elle resta debout dans son ample robe de velours cerise.

— Je vais me retirer, dit Mecklembourg. Il ôta son tablier de cuir, l'accrocha au mur et salua Sainte-Croix.

— A demain, mon ami.

— A demain, répondit Jean-Baptiste. Il n'avait pas quitté Marie-Madeleine du regard.

Le prince de Mecklembourg, en passant devant la

marquise, la salua et voulut faire un compliment, mais elle s'avançait déjà sans se préoccuper de lui vers le fond du laboratoire.

— Je n'ai plus besoin de toi, dit Jean-Baptiste à son valet, tu peux rentrer à la maison.

Sainte-Croix ne bougeait toujours pas. Lapierre enleva à son tour son tablier et suivit le prince.

C'était après avoir quitté Briancourt dans l'après-midi que Marie-Madeleine avait résolu d'aller voir Sainte-Croix. Il ne pouvait exiger que le jeune homme supprimât sa sœur, elle ne le ferait pas non plus, non à cause de Thérèse mais parce qu'un héritage quelconque serait insuffisant pour sauver sa situation.

La voix de Jean-Baptiste, familière dans son timbre comme dans l'ironie qu'elle exprimait, la fit sourire.

— Que me vaut le plaisir de ta visite, mon cœur, tu t'ennuyais de moi peut-être ?

Marie-Madeleine se sentait étrangement calme.

— Je suis venue pour te parler de Briancourt.

Il ne servait à rien de l'endormir, avec Jean-Baptiste il n'y avait point à feindre.

Elle entendit son rire.

— Vraiment, le petit abbé a-t-il accepté d'aller prêcher chez ta sœur ? Il n'est pas impossible qu'il la séduise, la proie n'est pas facile mais le chasseur est rusé.

— Il n'ira pas, dit Marie-Madeleine.

Sainte-Croix la considérait avec un regard si perçant, si glacial que sa résolution faiblit à l'instant. La peur à nouveau s'emparait d'elle, une peur totale devant cet être qui ne lui laissait aucune chance. Dans le four de combustion, le feu ne jetait plus que de brefs éclats qui venaient mourir sur le tablier de cuir de Jean-Baptiste.

— Et comment cela ?

La voix était douce, indifférente.

— Il refuse absolument.

Sainte-Croix avança d'un pas. La jeune femme fut tentée de reculer. Elle songea alors à la cassette et la fermeté lui revint.

Jean-Baptiste était devant elle. Marie-Madeleine resta droite, le regard dans le sien.

— Nous n'avons pas le choix, madame, cet homme est un témoin insupportable. Un seul mot de lui et la police nous recherchera, moi d'abord, certes, mais je leur donnerai la cassette.

— Taisez-vous, vous me tuez avec cette cassette. Faut-il que je me mette à genoux devant vous pour que vous me la rendiez ?

Marie-Madeleine était prête à tout, à l'humilité, à la soumission, à renoncer à ses dernières fiertés afin que cet homme la libérât. Le combat était perdu, il fallait maintenant implorer sa grâce.

Marie-Madeleine sentit les doigts de Jean-Baptiste sur son bras et ne bougea plus, les liens à nouveau se resserraient. Il était tout proche d'elle, pourquoi ne la prenait-il pas dans ses bras pour l'apaiser ? Que voulait-il de plus que la victoire ?

— Rien de ce que tu pourras dire ou faire, ma belle marquise, ne me fera changer ma décision. Me comprends-tu ?

Marie-Madeleine eut un étourdissement ; cet enfant dans son ventre était lourd comme un poids. Sainte-Croix la prit dans ses bras.

— Assieds-toi, mon cœur, tu ne sembles pas bien et je ne supporte pas de te voir ainsi. Viens, ne te soucie de rien, repose-toi, je ne te veux aucun mal, tu le sais, n'est-ce pas ? Si tu m'aimes tout se passera bien, très bien. Désires-tu de l'eau, du vin ?

— Du vin, dit-elle doucement pour ne point l'irriter à nouveau et qu'il reste ainsi bienveillant.

Sainte-Croix se dirigea vers une étagère, prit une bouteille et un verre qu'il lui apporta.

— Tu sembles bien lasse, mon cœur, n'es-tu pas heureuse ?

Marie-Madeleine prit le verre. Ce mot de bonheur l'étonna, savait-elle ce qu'il signifiait ? Peut-être aurait-il pu avoir le visage de Briancourt ?

— En ce qui concerne ton petit abbé, dit lentement Sainte-Croix, il commence à devenir par trop gênant. Ta sœur vivra peut-être, mais lui doit disparaître.

CHAPITRE XLIV

Mai 1671

L'enfant de Marie-Madeleine de Brinvilliers et de Jean Briancourt allait mourir. Né trop tôt, il était petit, chétif, insignifiant, ignoré de tous excepté de son père qui, lui aussi, était condamné. Le jeune homme, pressentant cet arrêt de mort, se méfiait désormais de tous, des domestiques, des amis de passage, des inconnus. Il avait tant maltraité le nouveau portier, Bazile, un cousin de La Chaussée, que celui-ci, malgré ses efforts, avait dû renoncer et abandonner la place. Le jeune précepteur ne demeurait rue Neuve-Saint-Paul que pour protéger Marie-Madeleine qu'il croyait solidaire de lui.

Mai était revenu, un mois de chaleur et de fraîcheur avec une lumière passagère, des pluies neuves et l'écume des fleurs sur les arbres du jardin. Les jours, en s'allongeant, faisaient naître le muguet et les premières roses. Thérèse à son tour était partie au couvent, Antoine de Brinvilliers demeurait à Sains et Claude-Antoine se trouvait au collège d'Harcourt. Ils s'en étaient allés les uns après les autres, laissant seuls dans le grand hôtel Marie-Madeleine, les deux fils de Sainte-Croix, Jean Briancourt et son enfant. Jour après jour la procédure de saisie suivait son cours.

Sept heures sonnaient d'horloge en horloge.

Sainte-Croix était auprès de Marie-Madeleine qui s'était tournée un instant vers la fenêtre, observant le vol de martinets, haut dans le ciel. A la mort de Briancourt elle refusait absolument de penser ; comme toujours lorsqu'on la violentait, elle opérait un repli sur elle-même, une séparation complète d'avec la réalité, n'opposant à la violence que l'orgueil et l'opiniâtreté.

Une première tentative d'empoisonnement menée contre Briancourt par le portier Bazile avait échoué, mais Jean-Baptiste n'avait pas renoncé.

— Écoute-moi, Marie-Madeleine, dit-il d'une voix calme, écoute-moi attentivement. Si tu respectes strictement ce que je vais te dire, tout se passera bien et ce soir toi et moi serons sauvés pour toujours.

Les martinets dessinaient dans le ciel de vastes cercles, portés par le vent, sans jamais s'attendre. La marquise tourna la tête vers Sainte-Croix. Elle était très pâle, ses yeux profondément cernés brillaient comme si elle venait de pleurer.

— Doutes-tu de moi ?

Marie-Madeleine était résolue. Elle ferait ce qu'il lui dirait.

— Lorsque les domestiques seront couchés, tu ouvriras ta porte à Briancourt. Demande-lui d'être discret. Je serai, moi, derrière ce paravent, ensuite faites ce que bon vous semblera, mais faites-le vite. Aussitôt qu'il sera endormi je me chargerai de lui. Ne te mêle de rien, je ne te demande pas de m'aider, ferme les yeux et les oreilles, ce sera fait promptement. Lapierre me rejoindra alors, nous porterons le petit abbé dehors et le laisserons au coin de la rue après avoir coupé sa bourse. Le guet l'y découvrira en peu de temps, tiens-toi prête.

Prête... Marie-Madeleine eut un geste de la main. N'attendait-elle pas depuis toujours ? Doucement son front se posa sur un carreau de la fenêtre. La sensation de fraîcheur lui fit fermer les yeux. Jean-Baptiste avait posé une main sur son épaule et parlait doucement, presque avec tendresse.

— Il le faut, Marie-Madeleine, es-tu prête à affronter la prison, l'infamie et la mort pour ce jeune homme ?

La marquise se redressa. Elle se tourna vers lui et le regarda.

— Me rendrez-vous la cassette si je vous obéis ?

Jean-Baptiste sourit. L'offense faite lorsqu'elle l'avait éloigné pour s'attacher à Briancourt était irréparable. Il aimait pourtant ces exigences, ces soubresauts de volonté.

— Nous verrons, madame, nous verrons... Je ne me sens pas dans un pays assez sûr pour déposer encore mon bâton. Il se peut très bien, si vous le voulez, qu'il ne serve jamais.

L'angoisse revenait et le doute qu'elle puisse un jour gagner contre cet homme. Elle sut à cet instant qu'elle ne survivrait pas à Briancourt, et tout devint aussitôt sans importance. Là où elle irait, Sainte-Croix n'aurait plus de moyens d'agir sur elle. Elle rit. Les martinets tournaient toujours et le soleil déclinant donnait au ciel des teintes rosées.

Elle posa sa joue sur la main du chevalier.

— Jean-Baptiste ?

Il prit ses cheveux et y enfonça les doigts. Le corps de cette femme lui donnait encore une exaltation voluptueuse. Il ne pouvait accepter que la source de ce plaisir puisse se refuser à lui.

— Et quoi donc, mon bel amour ?

— Je vous obéis parce que je ne peux rien contre vous, votre corps a rendu mon corps mendiant et votre volonté s'est emparée de la mienne. Vous me vouliez à vous, je le serai jusqu'à ma mort puisque vous m'ôtez Briancourt. Avec vous j'ai brûlé jusqu'à n'être plus que braises et cendres, il m'a rafraîchie et m'a fait croire que la pureté pouvait exister. Dieu, je l'avais oubliée ! Depuis mon enfance on me prenait, lui s'est donné, savez-vous ce que ce mot veut dire ?

Sainte-Croix l'écoutait attentivement.

— Madame, il me semblait que vous aviez aimé ce que nous avons vécu. Vous n'étiez pas la dernière à désirer cette vie et, sans fatuité de ma part, à me désirer moi, votre serviteur.

Un instant il la revit dans sa robe bleue du premier jour, étonné que ce souvenir le touchât encore. Sa main s'attardait dans les cheveux de Marie-Madeleine, qui avaient conservé leur beauté et ce parfum d'iris dont il s'était enivré lors de leur première étreinte. Il avait vingt-neuf ans... Marie-Madeleine parlait, d'une voix grave, sensuelle.

— Je t'ai aimé de passion et je t'ai aimé d'amour, mais cet amour était celui que je vouais à la mort. Que Dieu me pardonne !

Sainte-Croix fit un effort, il ne fallait point se laisser attendrir.

— Ne mets pas Dieu où il ne doit pas être et sa place n'est assurément pas ici ce soir. Allons, Marie-Madeleine, je vais dans ton cabinet. Appelle Briancourt, dis-lui que tu désires le voir vers minuit et congédie tes domestiques.

Il se dirigea vers la petite pièce jouxtant la chambre. Au moment où il en ouvrait la porte il se rendit compte qu'il devait ajouter quelque chose, des mots point encore prononcés mais se trouvant en lui depuis très longtemps déjà. L'instant était venu de les dire, plus tard il les aurait peut-être oubliés.

— Marie-Madeleine, ne crois pas que tu as été ma servante, assurément j'étais bien plus ton serviteur et ce que j'ai fait, je l'ai entrepris pour toi. Si tu m'avais demandé d'ôter la poussière de tes chaussures, je l'aurais accompli à l'instant. Allons ! il y a dans la vie d'étranges moments.

La porte ne fit aucun bruit en se refermant, mais la marquise sut qu'elle se trouvait seule. Elle allait mourir et Sainte-Croix venait de justifier sa vie. Une émotion très forte l'avait gagnée mais elle fit un effort pour ne point pleurer. Il fallait que Briancourt voie la femme sereine et digne qu'il aimait.

— Faites venir M. Briancourt, demanda-t-elle au laquais.

Elle l'attendit devant sa fenêtre, les martinets avaient disparu et le ciel s'obscurcissait, fanant peu à peu les couleurs du jardin.

— Vous me demandez, Madame ?

La voix de Briancourt la fit sursauter.

— Je m'ennuyais de toi.

Marie-Madeleine marcha vers lui mais le désir était absent. Sainte-Croix l'avait ôté d'elle pour toujours.

— Viens ce soir, je serai seule, viens vers minuit.

— Et vos domestiques ?

— Ils seront tous couchés, mais j'ai à voir auparavant ma cuisinière et à faire des comptes avec elle.

Briancourt serrait Marie-Madeleine dans ses bras. Il aimait sa réserve de grande dame qui ne se donne point à l'instant. En s'écartant, il prit les mains de la marquise qu'il baisa l'une après l'autre.

— Je dois aller, Louis et Nicolas m'attendent pour se coucher. Je leur ai promis la lecture d'une fable d'Ésope.

Marie-Madeleine referma la porte derrière lui, puis se dirigea lentement vers le cabinet où se trouvait Sainte-Croix.

Briancourt avait essayé de lire dans sa chambre sans parvenir à fixer son attention. A onze heures, il eut envie de faire quelques pas dans le jardin.

La nuit était belle. Le jeune homme avait pris une lanterne et resta un instant contre le petit mur qui séparait la cour du jardin où s'accrochaient des églantiers. Marie-Madeleine les aimait et le jardinier ne les avait point ôtés. Une branche retint sa veste, il l'en détacha et leva les yeux. Les rideaux de la chambre de Marie-Madeleine se trouvaient clos. La marquise devait, ainsi qu'elle le lui avait dit, faire des comptes avec sa cuisinière. Les autres domestiques dormaient, à moins qu'ils n'aient quitté discrètement l'hôtel avant d'y rentrer au petit matin. Maintenant qu'ils n'étaient plus payés, ils considéraient la maison des Brinvilliers comme une simple commodité.

Petit à petit, l'anxiété du jeune homme disparut et il ne ressentait plus que la joie de retrouver Marie-Madeleine. Il savait désormais qu'elle n'avait plus d'amour pour Sainte-Croix, elle le lui avait juré.

Briancourt se dirigea vers les écuries. Il aimait les chevaux, leur odeur et l'éclat mat des cuivres contre le bois ciré. Sa lanterne à la main, il poussa la porte, vit les quatre animaux côte à côte puis, tournant la tête, il aperçut le carrosse. Il caressa les naseaux d'un cheval et s'apprêtait à ressortir lorsqu'il s'arrêta. A droite, tout au fond de l'écurie, dans un compartiment fermé par une cloison plus haute que les autres et où l'on mettait autrefois les juments ayant pouliné, il avait entendu un bruit sec, régulier comme celui d'un sabot sur la paille. Il s'approcha et à travers la grille vit la monture de Sainte-Croix.

La stupéfaction lui fit abaisser sa lanterne et il s'appuya un instant contre le mur pour se raffermir. Si Jean-Baptiste était dans l'hôtel des Brinvilliers, le danger se trouvait partout. Briancourt regagna la cour, leva à nouveau la tête, mais derrière les rideaux rien ne bougeait. Où était la cuisinière ? La demie de onze heures sonnait, à l'étage des domestiques, l'obscurité était complète. Soudain il aperçut chez une fille de cuisine la lueur d'une bougie, et il se précipita dans le petit escalier menant aux combles. Franchissant les marches deux par deux, il fut en un instant devant la porte, frappa et entra aussitôt. La fille poussa un petit cri en le reconnaissant, mais ne bougea pas.

— Monsieur Briancourt !

— Où se trouve la cuisinière ?

Le jeune homme était essoufflé, sa voix hachée.

Un instant la fille sembla ne point comprendre, puis une lueur de méfiance s'alluma dans son regard.

— Madame la Marquise la demande ?

— Non. Je veux juste savoir où elle est.

— Vous avez quelque chose à lui ordonner ?

— C'est cela.

La servante parut embarrassée.

— Elle est sortie pour la nuit mais je vous en prie, ne le dites pas à Madame la Marquise.

La fille aurait volontiers continué à bavarder, mais Briancourt était déjà dehors.

Jean était à nouveau dans la cour. La sensation d'un danger imminent se précisait. Il pensa se réfugier dans sa chambre et réalisa aussitôt que cette issue n'était point la bonne. On l'y viendrait chercher. Où était Sainte-Croix exactement ? Il lui fallait le savoir afin de se préparer à l'affronter. Tôt ou tard ce moment devait arriver. Gagnant le vestibule il monta silencieusement le grand escalier, dépassa les appartements de la marquise et prit les quelques degrés assez raides qui permettaient d'atteindre la galerie. A pas feutrés il avança, tendant le cou vers les carreaux donnant sur la chambre. La surprise le cloua sur place, les rideaux n'étaient pas tirés. Il vit d'abord le flambeau posé sur la cheminée puis, à quelques pas du paravent qui en fermait le manteau, Marie-Madeleine en déshabillé, debout devant un homme vêtu de drap sombre portant un poignard : Sainte-Croix. Briancourt fit un pas en arrière et se colla contre le mur. Son cœur battait si fort qu'il en sentait les coups dans sa poitrine. Le jeune homme respira profondément, il n'était pas question de reculer. S'il se montrait lâche à cet instant, sa vie ne serait désormais qu'un simple sursis.

La complicité de sa maîtresse était tellement stupéfiante qu'il ne l'avait pas encore saisie. A cet instant il ne pensait qu'à Sainte-Croix.

Comme un automate, il redescendit le petit escalier et se trouva devant la porte de Marie-Madeleine. Tirant sa montre de son gousset, il y jeta un coup d'œil, il était minuit moins le quart, elle ne l'attendait pas encore. Le moment était venu de la surprendre. Il gratta et le bruit sur le bois lui étreignit le cœur. Rien ne bougeait dans la chambre, ses mains transpiraient. Enfin, il y eut un bruit de pas et Marie-Madeleine ouvrit.

— Je vous ai entendu, venez vite.

Sa voix était calme, elle gardait une main sur la porte.

— Vous êtes en avance, mais j'en suis fort heureuse.

Briancourt hésita une seconde. Les paroles qu'elle prononçait ressemblaient à un texte récité.

— Qu'avez-vous donc, est-ce que vous ne voulez point entrer ?

Il était dans la pièce, elle referma doucement la porte. Le flambeau posé près du lit éclairait la tapisserie qui le recouvrait. Marie-Madeleine suivit le regard de Briancourt, elle eut un sourire affecté.

— Vous admirez mon lit. N'est-il pas beau ? Je viens de récupérer cette tapisserie que Sainte-Croix m'avait fait gager et je l'aime fort. Venez la voir de plus près.

— Je la trouve en effet très belle, Marie-Madeleine.

Il la regardait et ne comprenait point.

— Viens, murmura la marquise, couchons-nous. Elle avait une voix tendre et persuasive comme une petite fille faisant une prière.

Le jeune homme ne parvenait pas à bouger. Il lui semblait que debout il verrait mieux venir l'attaque. Marie-Madeleine l'observa un instant, les yeux inquiets, puis elle se mit à rire et ôta son déshabillé, découvrant ses formes rondes et blanches sous la lumière. Nue devant lui elle tendait les bras.

— Viens, viens, répéta-t-elle. Elle recula et sans le quitter des yeux s'assit sur le lit.

— Déshabille-toi et éteins la lumière bien vite.

Il ne pouvait pas demeurer là sans l'alarmer, il avança de quelques pas, vit un tabouret près du lit et s'y laissa tomber. Chacun de ses gestes devenait une défense et son être tout entier était tendu vers le paravent derrière lequel Sainte-Croix devait se dissimuler. Lentement il retira un de ses souliers, il ne savait pas encore très bien ce qu'il allait entreprendre.

Marie-Madeleine l'observait. Le trouble de Briancourt lui semblait inhabituel.

— Qu'avez-vous donc, je vous vois tout triste ?

Cette fausseté, ce ton affectueux de la voix firent frémir Briancourt. Croyait-elle qu'il allait se laisser égorger comme un mouton ? Il marcha vers le lit et saisit le poignet de la marquise.

— Ah ! Marie-Madeleine, que vous êtes cruelle et qu'ai-je fait ? Vous voulez me faire poignarder ?

Il la lâcha brutalement et alla vers la cheminée, écartant le paravent. Instinctivement il savait qu'il ne pouvait espérer de salut que dans l'attaque.

— Vous êtes un scélérat, monsieur, et vous ne me poignarderez pas. Je vais appeler les gens de cette maison au moindre geste de votre part. Tuez-moi, dans trois minutes il y aura dix personnes dans cette pièce et le guet dans moins d'une demi-heure s'emparera de vous.

Sainte-Croix demeurait interdit. Tout était perdu. En silence il remit son poignard à sa ceinture, toisa avec haine le jeune homme et sortit. Briancourt se retourna. Marie-Madeleine se tenait debout, affreusement pâle ; elle voulait parler mais ne le pouvait, faire un pas mais son corps semblait refuser de lui obéir.

Elle resta ainsi en face du jeune homme puis tomba soudain, en proie à une violente crise de nerfs.

Lorsque Briancourt vit sa maîtresse à terre, il éprouva de la compassion. Il lui restait une tendresse pour cette femme perdue et qui avait encore besoin de lui. Il s'agenouilla à côté d'elle, prit sa main, lui parla doucement, caressa son front, ses cheveux. Marie-Madeleine ne tremblait plus.

— Ne te soucie pas, rien n'est arrivé, le vois-tu ? Je suis à côté de toi et te supplie de me regarder.

La marquise n'ouvrit pas les yeux. Elle pleurait doucement. Elle se sentait fragile, exténuée, mais les doigts de Briancourt sur son front l'apaisaient.

— Jean-Baptiste, murmura-t-elle.

C'était sa jeunesse, son bonheur qu'elle appelait. Briancourt crut à de la peur et il serra doucement sa main.

— Je sais que tout vient de lui, ne t'avais-je pas dit qu'il te perdrait ?

Elle se redressa, maintenant elle était prête à entreprendre la dernière période de son existence, celle de la solitude et de la souffrance.

— Je ne le reverrai de ma vie, dit-elle lentement.

Sa résolution de ne plus voir Jean-Baptiste était pire que la mort. Une détresse immense la saisit. Elle se releva tout à fait.

— Je veux mourir, dit-elle, et elle se dirigea vers sa table de toilette. La mort était la seule victoire possible contre Sainte-Croix. Elle prit un flacon, l'ouvrit. Briancourt lui saisit le poignet.

— Je ne veux pas, dit-il.

La marquise fit un effort pour se dégager mais n'y parvint pas.

— Laissez-moi, ordonna Marie-Madeleine.

Elle réussit à s'emparer du flacon avec son autre main mais il l'avait prise aux épaules et l'empêchait de bouger. Un instant ils luttèrent, puis elle ouvrit la main, la fiole tomba à terre et se brisa.

— Toi aussi tu veux me laisser cette vie que je hais. Tu ne m'aimes donc pas ?

Il l'entoura de ses bras et leurs têtes s'appuyèrent l'une contre l'autre en un ultime rapprochement.

— Repose-toi, Marie-Madeleine, dit doucement Briancourt, tout cela est fini. Si tu ne veux plus de moi, je serai parti dès demain matin. Maintenant, couche-toi, je resterai à ton côté.

Il la prit par la taille et la conduisit à son lit. Le candélabre avait déposé des taches de cire sur le guéridon, les bougies fumaient.

Briancourt tira les couvertures et s'assit sur le tabouret.

— Jean ?

— Oui, Marie-Madeleine.

— Tu ne partiras pas, tu ne me laisseras pas ?

Briancourt prit la main posée sur le lit, elle était froide. Il ne savait que répondre.

— Ne t'en va pas, répéta la marquise.

Il serra un peu ses doigts. Il partirait bientôt, cela était certain, mais le moment n'était pas encore venu.

— Je ne partirai pas, dors tranquille.

Il resta ainsi avec cette main dans la sienne, qui ressemblait à celle d'une morte.

CHAPITRE XLV

Mai 1671

Le tintement de la sonnette produisit un son clair qui se répercuta dans le silence. Briancourt n'attendit qu'un instant, la porte s'entrouvrit presque aussitôt.

— Je suis Jean Briancourt et je désirerais rendre visite à M. Bocager.

La servante le reconnut et ouvrit grand la porte.

— Entrez, monsieur, je vais prévenir mon maître de votre présence.

Dans le vestibule on ne voyait aucun objet de luxe. Seul un buste d'Homère sur une colonne de bois se dressait en sentinelle au pied de l'escalier.

Le jeune homme demeura quelques instants à observer les murs nus, le sol recouvert de carreaux noirs et blancs, les portes closes soigneusement cirées. Les événements de l'avant-veille l'avaient profondément bouleversé. Il s'était résolu à en parler à son ancien professeur de droit, vieil homme en qui il avait confiance, et dont il attendait les conseils. Sainte-Croix était un assassin, il avait pernicieusement profité de son influence sur Marie-Madeleine pour la pousser à ces crimes afin d'en tirer lui-même le plus large profit sans se compromettre. Le temps pressait de l'empêcher de nuire davantage. Briancourt fit quelques pas et s'arrêta devant le buste d'Homère dont le visage farouche paraissait au-delà de tout sentiment. Ses yeux rencontrèrent le regard absent de la statue. S'il était demeuré, ainsi qu'il en avait eu le dessein, au couvent des oratoriens, il ressemblerait à ce visage, vide de toute passion et de toute colère. Il n'y aurait point eu Marie-Madeleine et l'émerveillement de son corps contre le sien, ces éclats permanent d'elle. Jamais, même en priant avec exaltation, il n'avait eu ces emportements.

L'arrivée de la servante le fit sursauter.

— Mon maître vous attend, monsieur.

Briancourt gravit l'escalier et se trouva devant une porte restée entrouverte. Il gratta.

— Entrez, mon ami, dit une voix bienveillante.

Le cabinet de travail du vieux professeur était parfaitement simple, meublé d'un grand bureau, d'une armoire et de deux chaises d'une mode déjà passée à haut dossier recouvert de velours grenat. Le soleil pénétrait à peine à travers les volets mi-clos et la clarté tamisée donnait une impression de calme et de recueillement. Bocager se leva et embrassa son visiteur.

— Le vieux monsieur que je suis est fort sensible aux marques d'attention et votre visite en est une. Asseyez-vous et causons. Vous venez, n'est-ce pas, me parler de cette excellente famille où j'ai eu le bonheur de pouvoir vous recommander ? Y êtes-vous heureux ?

Briancourt tournait son chapeau entre ses mains. En venir au motif de sa visite l'embarrassait. Son professeur le regardait avec aménité. Ses cheveux gris tombaient sur un col de batiste, seul ornement d'un costume austère de drap noir.

— Je voulais tout d'abord vous dire combien le décès de Mme Bocager m'avait peiné.

Le vieil homme ne bougea pas, il continuait à sourire.

— Dieu est immanent au monde mon ami, nous ne

sommes qu'une partie de lui-même et devons lui revenir. Ma femme était parfaite et je suppose qu'elle se trouve présentement heureuse.

— Elle est morte bien vite cependant et la séparation doit être rude.

Bocager eut un hochement de tête.

— Il faut demeurer philosophe, mon ami et accepter les événements comme ils se présentent, avec fermeté et résignation. Parlons plutôt de vous. Dites-moi ce qui se passe chez les Brinvilliers. On leur prête des embarras de fortune. Est-ce exact ?

Briancourt se raffermit sur sa chaise, le sourire de son vieux professeur l'encourageait.

— Mme la marquise de Brinvilliers n'a point que des soucis d'argent. Ce serait peu de choses et je ne viendrais pas vous importuner pour vous en entretenir. Le plus grand de ses désagréments se trouve être M. de Sainte-Croix.

Il avait parlé d'un trait. Bocager ne souriait plus. Il avait saisi une plume et la tournait entre ses doigts.

— Que voulez-vous dire ?

Briancourt maintenant se sentait tout à fait résolu. Avoir prononcé ce nom était suffisant pour qu'il ressente de la colère.

— Cet homme, monsieur, est un aventurier sans scrupules et il a sur la marquise de Brinvilliers la plus funeste des influences. Je le suspecte de vivre entièrement à ses dépens et cela depuis fort longtemps, il l'a ruinée et a sans doute commis des crimes dont l'horreur me tourmente au point que j'ai résolu de me confier à vous.

Bocager serrait la plume si fortement que des veines bleues saillaient sur le dos de ses mains.

— Des crimes ?

— Oui, monsieur. Le seul tort de la marquise est d'en avoir eu connaissance et par faiblesse envers lui de n'en avoir point parlé. Je soupçonne cet homme-là d'être un empoisonneur.

Il avait prononcé la dernière phrase lentement, les yeux dans ceux de son professeur, afin d'en accentuer le poids. Le vieil homme soutint ce regard mais il n'avait plus la moindre bienveillance. Briancourt était si absorbé par son affaire qu'il ne remarqua pas le changement d'expression de son maître.

— N'accusez pas cet homme sans preuves. Cela est fort grave.

Briancourt eut un sursaut. Son hostilité envers Sainte-Croix le rendait inaccessible aux sentiments de modération.

— Je possède des preuves, monsieur, et les preuves les plus accablantes, ayant moi-même manqué d'être assassiné par ses mains. Pour MM. Dreux, Antoine et François d'Aubray, il est vrai que je n'ai que des soupçons.

Le sourire revint sur les lèvres de Bocager, il se renversa sur sa chaise et posa la plume.

— En avez-vous parlé à d'autres que moi-même ?

— Non, monsieur. Vous êtes la seule personne à Paris vers laquelle je puisse me tourner. Je suis venu vers vous sachant que vous fréquentez la maison de M. le Premier président à la cour. Pourriez-vous lui dire un mot de notre conversation et lui faire part de la défiance que je porte au chevalier de Sainte-Croix ?

Bocager considéra un instant le jeune homme. Il avait les yeux à demi fermés et semblait réfléchir. Enfin il se redressa et posa ses deux mains sur la table.

— Ne dites rien de cet entretien à qui que ce soit. De mon côté, je vais voir ce qui pourrait se faire. Oubliez tout cela pour l'instant, la hâte est mauvaise conseillère, demeurez chez les Brinvilliers et si vous désirez une autre place je m'en occuperai. Faites-moi confiance.

Il se leva.

— Je suis désolé de ne pouvoir profiter plus longtemps de votre présence, mais j'ai là un mémoire à présenter à la faculté aussitôt que possible. Revenez me voir, j'aime à garder avec mes élèves des liens d'amitié.

Briancourt se leva à son tour, étonné que ses révélations aient pu laisser à ce point indifférent ce vieux maître si sévère.

Les deux hommes se serrèrent la main, celle de Bocager n'était point ferme. « Il a peur, pensa Briancourt, pourquoi ? »

La servante avait ouvert à nouveau la porte.

— Raccompagnez M. Briancourt.

Ils descendirent l'escalier, un instant plus tard le jeune homme se trouvait dans la rue.

La stupéfaction laissa Briancourt immobile sur le milieu de la chaussée. Il tenait toujours son chapeau à la main et son trouble était si grand qu'il ne savait de quel côté porter ses pas. Soudain la certitude que Bocager protégeait Sainte-Croix s'imposa, il revit l'expression de son regard, une foule de petits détails auxquels sur le moment il n'avait pas prêté attention mais qui traduisaient l'embarras, la frayeur même de son maître.

« Jusqu'où cet homme effroyable a-t-il ses complices ? » pensa-t-il. Il se sentait parfaitement impuissant. Que pourrait-il faire désormais ?

Le jeune homme se mit en marche, un peu au hasard, reconnaissant soudain des rues familières qui le menaient vers l'hôtel des Brinvilliers. Le temps était superbe, une foule de promeneurs flânaient, écoutant les mille cris des petits métiers parisiens, découvrant les étals des marchands, les vitrines, s'arrêtant devant les camelots et les bateleurs. Briancourt, lui, ne cessait de marcher, si absorbé par ses pensées qu'il ne voyait rien.

Déjà il était arrivé rue des Prêtres, tout près de

l'église Saint-Paul, leur paroisse dont le curé l'avait si fermement réprimandé à la suite d'une lettre de Thérèse d'Aubray. Dans cette rue étroite le soleil entre les murs humides ne donnait qu'un peu de lumière sans chaleur ; il n'y avait point de commerces donc peu de passants. Briancourt entendait ses propres pas sur les pavés. Un chat le fit tressaillir et il comprit que, désormais, la peur était présente partout. Ce fut au moment où il levait les yeux, frappé par un éclat de soleil sur un carreau au dernier étage d'une maison ancienne haute et étroite, que les deux coups de feu partirent, si rapprochés l'un de l'autre qu'il n'eut pas même le temps de faire un écart. A nouveau tout fut silencieux et le chat seul observait Briancourt au milieu de la chaussée, comme s'il se trouvait étonné par ce bruit inconvenant dans la quiétude de la rue. Le vent apportait une odeur de poudre.

Briancourt s'adossa à un mur. Il lui fallait un appui afin de ne pas tomber. Il porta une main à son chapeau, l'ôta et le vit transpercé de deux trous. Après la peur, la rage gagna le jeune homme, le fit se redresser et faire demi-tour. Sainte-Croix le poursuivait, mais lui aussi pouvait faire face et attaquer. D'un pas ferme, Briancourt se dirigea vers la rue des Bernardins, certain d'y trouver Jean-Baptiste qui devait attendre le résultat de son entreprise. L'effet de surprise allait jouer contre lui et il n'aurait point le temps d'inventer des fables.

Ce fut Madeleine de Sainte-Croix qui ouvrit la porte. Elle voulut arrêter le jeune homme, mais déjà il se trouvait dans l'escalier. Lorsqu'il fut sur le palier il vit un étroit couloir, une porte qu'il poussa. Sainte-Croix était là, face à son cabinet. En voyant Briancourt il ne manifesta aucun signe d'étonnement comme s'il se fût attendu à cette visite.

— Vous voilà donc, dit-il d'une voix claire. Vous êtes bien tenace.

Briancourt avait pénétré dans la pièce et son regard

se trouva attiré par une série de pistolets accrochés au-dessus de la cheminée. Jean-Baptiste s'en aperçut et sourit. Il affichait la bienveillance d'un hôte recevant un invité pour la première fois.

— Ce sont des souvenirs de l'armée où j'étais capitaine au régiment de Tracy.

Sur le manteau de la cheminée le jeune homme avait vu les deux faucons empaillés, leur regard fixe et tragique de bêtes asservies.

— Monsieur, je ne suis pas venu vous écouter évoquer des souvenirs mais vous dire que vous êtes un scélérat. Vous serez un jour rompu vif comme tous les assassins.

Sainte-Croix n'avait pas bougé. Son expression était amusée, méprisante.

— Mon petit abbé, je n'ai jamais tué personne, mais si vous voulez aller derrière l'hôpital général avec des pistolets, je vous donnerai satisfaction.

Briancourt eut un rire nerveux. Il n'était pas gentilhomme et se moquait de ces coutumes donnant à l'offenseur le droit de tuer.

— Je ne suis pas homme d'épée, monsieur, mais si l'on m'attaque sachez que je me défendrai.

Le jeune homme se détourna pour sortir, quand ses yeux tombèrent sur un bouquet de fleurs séchées dans un vase d'étain. Un nœud de satin bleu fané y était encore attaché.

Dans la rue, Briancourt se sentit retourné par la brutalité de l'entretien. Une foule de mots tus lui venaient à l'esprit et il s'en voulut d'avoir été si bref. « Je vais écrire une lettre, pensa-t-il, il faut qu'il sache qu'au cas où il m'arriverait quelque chose, les soupçons se porteraient immédiatement sur lui. » Ses plans se précisaient, il allait se protéger en menaçant. Si

Sainte-Croix croyait que Briancourt avait confié à un ami une accusation contre lui signée de sa main, il ne pourrait plus rien tenter ; sa position était trop précaire pour qu'il puisse prendre le moindre risque. Tout en marchant le jeune homme se calmait. Cette solution était la bonne. Le souvenir de Bocager lui revint en mémoire et lui serra le cœur. Pourquoi son vieux maître après Mme de Brinvilliers ? Étaient-ils tous des êtres corrompus ?

Briancourt s'arrêta devant la boutique d'un armurier. Il entra, acheta deux pistolets qu'il glissa à sa ceinture et revint rue Neuve-Saint-Paul. Les enfants l'attendaient pour étudier, et il devrait leur donner la leçon comme s'il revenait d'une simple promenade.

Il croisa dans le vestibule Marie-Madeleine qui sortait. Vêtue de taffetas aurore, elle portait des perles et une légère étoffe de gaze sur les cheveux afin de les protéger de la poussière. Désormais, chaque fois qu'elle quittait cette maison tant aimée, l'angoisse de ne plus la revoir l'habitait et elle ne songeait plus qu'à regagner cet endroit de repos où elle se sentait protégée. Elle sourit à Briancourt, il était son passé, un passé proche et doux qui ne reviendrait point. Devant le grand escalier, il lui fit le récit de son après-dîner. Qu'y pouvait-elle ? Elle prit son éventail et se rafraîchit. Il faisait chaud et le Cours serait empoussiéré.

— Les enfants vous attendent, monsieur, allez les rejoindre.

Il s'écarta, elle ne vit pas la pâleur de son visage. Dans la clarté douce du vestibule elle se retourna, des boucles châtain entouraient ses joues et le bleu de ses yeux semblait plus vif près de la gaze blanche semée de petites perles. Elle eut un mouvement pour se porter vers lui mais ne bougea pas.

— J'irai voir M. de Sainte-Croix et j'aurai avec lui

une explication définitive. Pour Bocager, oubliez-le, il n'est pas si honnête homme que vous croyez.

Marie-Madeleine sortit. Le jeune homme ne vit plus qu'un bout de jupe de taffetas frôler l'encadrement de la porte avant de disparaître.

CHAPITRE XLVI

Fin mai 1671

Un vent sec soufflait du nord, jetant la poussière sur les vêtements, les visages, arrachant aux égouts des détritus de toutes sortes qu'il déplaçait sur la chaussée en mouvements brusques et irréguliers.

Marie-Madeleine fit arrêter son carrosse place Maubert, elle était enveloppée dans un manteau et portait un masque. Chaque borne, chaque pavé lui étaient familiers, elle connaissait les portes, les judas, les enseignes, les visages même des habitants de ce cul-de-sac.

Sainte-Croix devant son four allumé ne travaillait pas. Il lisait, les pieds sur la table. Lorsqu'il vit la porte s'ouvrir, il leva simplement les yeux pour apercevoir son visiteur.

— C'est moi, dit Marie-Madeleine.

Depuis longtemps il savait qu'elle allait venir et sa vue ne lui causait pas de surprise. Il aurait voulu pourtant éviter ce dernier tête-à-tête.

— Je suis venue vous dire adieu, murmura-t-elle.

Le chevalier posa son livre et se leva.

— Il ne faut point, mon cœur, remuer le temps passé, nous allons nous y embourber et assurément cela sera déplaisant. Allez-vous-en.

Marie-Madeleine ôta son chapeau, son masque et les posa sur la table. Elle était belle, soigneusement maquillée, coiffée comme pour une fête.

— Les mots doivent être dits, Jean-Baptiste, ou je mourrai de leur absence. Avez-vous peur de souffrir ?

Sainte-Croix posa sa main sur la joue de la marquise, doucement, presque tendrement.

— Je n'ai eu de joies et de souffrances que par vous et ne l'ai jamais regretté.

Marie-Madeleine ferma les yeux.

— Quel genre d'êtres sommes-nous, Jean-Baptiste ? Le savez-vous ?

Sainte-Croix ôta sa main.

— Nous sommes des fous ou des baladins, les deux peut-être, fils et fille de la lune et du vent. Nous avons toujours été de passage, et l'on nous a jeté des pierres. Vous et moi mourrons seuls, mais nous nous sommes tenu la main un instant de notre vie et avons connu ce que nos ennemis n'auront jamais, la liberté et l'amour.

— Dieu, comme je vous ai aimé ! murmura Marie-Madeleine.

Elle pleurait et il la regarda sans rien pouvoir faire.

— Taisez-vous, mon cœur. Ces mots sont inutiles et malfaisants, je ne veux pas les entendre.

— Je vous ai aimé, poursuivit-elle, comme j'aurais pu aimer Dieu, et si les souvenirs pouvaient faire périr, assurément je mourrais à l'instant.

— Nous étions semblables et nous voilà différents. Maintenant, partez.

Jean-Baptiste s'était détourné. Il se dirigea vers son four de combustion et saisit un soufflet.

Son émotion l'irritait. Marie-Madeleine était comme une écharde plantée dans sa chair, qu'il lui fallait arracher.

— Nous n'avons plus rien à nous dire. Pars. Si tu es venue pour la cassette, sache que tu ne l'auras point et rien ne sert de tenter de me charmer.

Marie-Madeleine sursauta. Elle songeait en effet à la cassette et était venu avec l'espoir fou qu'il la lui rende enfin puisque désormais ils ne se verraient plus.

— Vous pensez que je suis ici pour cela ?

Jean-Baptiste se mit à rire. Il activait vigoureusement le feu, faisant jaillir de hautes flammes bleutées.

— Je te connais trop bien, mon cœur. Mais tu ne l'auras point. Cette cassette est ma sauvegarde.

Sainte-Croix s'était éloigné légèrement du four, ils étaient l'un devant l'autre. La marquise s'agenouilla. Jean-Baptiste n'eut pas un geste pour l'arrêter.

— Je te supplie, murmura Marie-Madeleine, au nom de ce qui fut entre nous, au nom de nos deux enfants, de me rendre cette cassette, et je te jure que tu n'entendras plus parler de moi. Ma vie est entre tes mains, tu as eu mon bonheur, tu as eu ma détresse, ne veux-tu pas me donner la paix ? Que puis-je dire pour t'émouvoir ? Donne-moi la cassette et notre passé sera lavé, beau, intact. Je t'adjure de le faire pour que toi et moi ne mourions pas déchirés. Sinon, par-delà la mort je viendrai te hanter et rien ne pourra te débarrasser de moi.

Marie-Madeleine avait mis son visage entre ses mains. Elle ne trouvait plus de mots à dire. Jean-Baptiste la laissa ainsi à ses pieds quelques instants puis, se penchant, la releva. Marie-Madeleine était vieillie, ses fards gâtés par les larmes coulaient en rigoles blanches et rouges comme des stigmates. L'idée de mourir revint alors dans son esprit comme elle le faisait sans cesse désormais. Elle se redressa. Le moment était venu sans doute. Elle eut un sourire triomphant qui, un instant, la rendit belle.

— Je vais prendre du poison, Jean-Baptiste, et vous allez me voir mourir.

Il eut un sourire.

— Faites, madame. Vous savez où se trouvent mes fioles.

Elle n'attendait pas d'autre réponse. S'emparant d'un flacon, elle ôta le bouchon et le leva à hauteur de sa bouche. L'homme en noir se trouvait devant elle.

— Pour vous, monsieur, murmura la marquise.

Elle but d'un trait le liquide blanchâtre et posa la bouteille. Sainte-Croix était tout proche, le visage bouleversé. Il la saisit par les épaules et la pression de ses mains était extraordinairement forte. Sa voix tremblait.

— Folle, tu es folle, Marie-Madeleine, je ne veux pas te voir mourir, ce serait assurément voir ma propre mort. Tu es moi et tu me tues.

Il s'empara d'un autre flacon, arracha le bouchon avec ses dents et appuya brutalement le goulot sur les lèvres de sa maîtresse.

— Bois, vite !

Elle voulut reculer, détourner la tête mais il ne la lâchait pas et elle ne put que serrer les lèvres afin d'empêcher Sainte-Croix de lui faire boire le contrepoison par la force. Il était extrêmement pâle.

— Bois, dit-il encore, je t'en supplie.

Elle fit non de la tête.

— Que veux-tu que je te dise ? Que je t'aime ? Marie-Madeleine, tu as été plus que ma vie, tu as été mon espérance et ma déraison.

Marie-Madeleine ferma les yeux. Le repos lui était refusé, il lui faudrait vivre encore un peu. Elle but. Il passa la main dans la masse de ses cheveux bouclés, en un geste familier. Sa voix était douce, triste.

— Pars, je sais que nous ne nous reverrons plus. Ne me demande rien, ne me donne rien, ta présence ne m'est plus nécessaire, il y a longtemps que je m'étais préparé à cet instant. Va !

Il se détourna, s'approcha à nouveau de son four et attisa le feu. Marie-Madeleine le considéra longtemps, sa vie à cet instant précis se rompait et partait à la dérive, puis elle remit son manteau, son masque, se retourna une dernière fois vers cet homme silencieux qui était sa propre dépouille et sortit.

CHAPITRE XLVII

Juin 1671

Geneviève pénétra dans le salon de l'hôtel de Brinvilliers sans avoir frappé. Elle tenait dans une main une lettre et de l'autre retroussait sa jupe afin de pouvoir marcher plus rapidement. Son visage rond était tout animé.

— Madame, la poste vient à l'instant de faire déposer ce billet qui est arrivé par la malle de Saint-Flour.

— Briancourt ! s'écria Marie-Madeleine. Donne vite !

Geneviève tendit la lettre à sa maîtresse. Depuis son déjeuner, celle-ci n'avait pas quitté le salon, ne sachant plus quoi tenter désormais, quoi espérer. Arrivés à huit heures le matin les huissiers avaient envahi son hôtel, faisant l'inventaire des meubles, décrochant les tableaux, soupesant les flambeaux d'argent. Les domestiques s'en étaient allés, seuls demeuraient Geneviève, une vieille cuisinière et le portier qui trouvait commode d'être logé gratuitement. La veille, le carrosse avait été enlevé ainsi que les chevaux ; Marie-Madeleine n'avait pas quitté sa chambre, tournant le dos à la fenêtre afin de ne point voir leur départ. Elle avait essayé de lire, de travailler à un ouvrage, mais toujours le visage de Jean-Baptiste revenait à sa mémoire, et elle tendait parfois la main dans le vide comme pour le toucher encore.

— Est-ce de M. Briancourt, Madame ? A-t-il trouvé quelque argent pour éviter cette honte ?

Un commis la bouscula en s'emparant des girandoles de bronze émaillé posées sur la cheminée. Marie-Madeleine avait ouvert l'enveloppe et lut debout devant une fenêtre. Depuis quelques jours elle attendait fiévreusement des nouvelles du jeune homme, envoyé par elle en Auvergne implorer un ultime secours auprès de M. de Madaillac. Peut-être celui-ci se laisserait-il attendrir par le souvenir de leur liaison et par l'existence de leur enfant, pourtant jamais déclaré. Marie-Madeleine elle-même l'avait oublié, la pension n'était plus payée à la nourrice, mais pour contraindre Madaillac elle n'avait pas hésité à supplier en son nom.

Madame, écrivait Briancourt, *mon voyage se termine car à peine arrivé je vais repartir. Vous n'ignorez pas que j'avais quitté Paris assez inquiet car la mission que vous m'aviez confiée se trouvait des plus hasardeuses. J'ai néanmoins volé vers M. de Madaillac, prêt à tout pour le convaincre et essayer de vous sauver. Pour le persuader, j'ai supplié, parlé de cet enfant, de votre propre détresse et de l'amitié que vous aviez conservée envers lui. Tout d'abord il a paru embarrassé, puis il s'est raffermi et m'a dit qu'il ne pouvait rien faire, ayant lui-même une femme, des enfants et une fortune moins conséquente qu'on ne la lui prêtait généralement. « Par ailleurs, m'a-t-il confié, on ne donne pas un verre d'eau à la rivière. » « Monsieur, ai-je répliqué, une simple gorgée peut rafraîchir quelqu'un mourant de soif. » Il a détourné la conversation et m'a fait visiter son parc et son potager, par ailleurs fort beaux. J'y ai vu d'admirables arbres fruitiers...*

Marie-Madeleine cessa un instant sa lecture, elle aurait dû courir elle-même en Auvergne, se jeter aux pieds de Madaillac. Il aurait bien été contraint de l'écouter. Pourquoi avait-elle fait confiance à ce nigaud de Briancourt qui lui parlait d'arbres fruitiers ?

Je prendrai donc le coche dès demain matin, au désespoir, et serai bientôt auprès de vous pour vous faire mes adieux. Les oratoriens de Notre-Dame-des-Vertus à Aubervilliers m'attendent. Je dois commencer mon enseignement auprès de leurs élèves dès que possible et aspire à cette retraite. Soyez forte, vous m'avez montré maintes fois la fermeté de votre caractère et je vous ai aimée pour cela. Vous m'oublierez, moi je me souviendrai toujours de vous.

Marie-Madeleine replia la lettre. Les paroles de tendresse de Briancourt ne la touchaient point, elle n'éprouvait que du dépit à l'annonce de son échec.

— Le sot, murmura-t-elle.

La voix de Geneviève s'éleva, anxieuse :

— Alors, Madame, avez-vous de bonnes nouvelles ?

Marie-Madeleine respira profondément. Elle devait réprimer cette colère qui l'aurait entraînée à briser elle-même ses meubles, ses objets plutôt que de se laisser dépouiller. On l'assaillait de toutes parts, elle devait pourtant demeurer calme.

— Tout est perdu, Geneviève, Briancourt n'a rien pu faire.

La servante demeura silencieuse. Elle avait pour sa maîtresse un attachement si profond que leurs sorts se trouvaient liés. Elle l'avait vue heureuse, amoureuse, comblée, et l'esprit, la résolution, la beauté de la marquise de Brinvilliers l'éblouissaient. Être sa servante était un bonheur, avec elle rien ne se trouvait austère ni ennuyeux, les jours ne se ressemblaient point. Plutôt que de quitter la marquise maintenant elle se serait fait tuer.

— Nous partirons donc, Madame, et j'ai pensé à un arrangement au cas où la mission de M. Briancourt échouerait. Remettez-vous-en à moi. Vous m'avez suffisamment secourue dans le passé pour que je veuille vous aider à mon tour.

Marie-Madeleine tourna la tête vers sa servante, tout secours était le bienvenu.

— Qu'as-tu arrangé, ma pauvre Geneviève ?

— Je connais à Picpus une brave femme, Marie Leclerc, qui nous louera pour presque rien un gentil petit appartement. L'air est pur là-bas et la vie bon marché. Nous pourrons y voir venir.

« Voir venir quoi ? » songea la marquise. Elle avait pris deux tisanes le matin après son déjeuner et se sentant étrangement détachée. Que pouvait signifier la pauvreté ? Bien souvent elle l'avait constatée autour d'elle, mais toujours avec indifférence. Allait-elle devoir mendier son pain, elle, Marie-Madeleine d'Aubray ? Cela était inimaginable, tout s'arrangerait et ses amis la secoureraient. Elle eut un rire amer.

— Je n'ai pas de quoi payer une logeuse, je n'ai plus rien.

Elle considéra le parc, les fenêtres closes. Que devait penser le monde de sa ruine ? La honte était insupportable, il fallait demeurer à Picpus, ne plus croiser un seul regard où elle puisse déceler du mépris. Le temps était beau à nouveau, le grand vent des jours précédents avait laissé un ciel intact, d'un bleu très doux tacheté de petits nuages. Dans cette nature vivante à jamais, elle était une ombre de passage. « Morte aussitôt que née, pensa-t-elle. J'ai vécu d'illusions. »

— Madame, dit Geneviève d'une voix assurée, votre sœur, Mlle d'Aubray, n'a-t-elle pas proposé de vous aider ? Je l'ai entendue moi-même l'autre jour dire qu'elle ne vous abandonnerait point. Je vais aller la voir, elle payera bien le prix de la pension qui est de peu de conséquence et, s'il faut se contenter d'une chambre, eh bien ! ce sera toujours un toit sur notre tête.

Maintenant deux commis emportaient le clavecin, un autre prenait le portrait de Dreux d'Aubray accroché au-dessus de la porte. Marie-Madeleine le vit et fit un geste pour l'arrêter. A ce moment son regard croisa celui de son père. Le moribond était devant elle, pâle, la sueur coulant sur son visage. « Mon père », murmura-t-elle. Il était à Offémont, parmi les jacinthes sauvages, en paix, heureux enfin. Bientôt elle irait le rejoindre. Il lui dirait « Viens, tout est oublié », et elle connaîtrait près de lui le repos ultime.

Marie-Madeleine allait pleurer et il ne le fallait pas, pas devant ces hommes qui étaient dans sa demeure pour l'en chasser. Elle posa la main sur l'épaule de sa servante.

— Fais comme tu l'entends, Geneviève, tu es une brave fille.

Un homme s'approcha d'elle, un homme comme les autres, vêtu de sombre, austère.

— Avez-vous trouvé des appuis, madame la Marquise ? Pourrez-vous faire face aux échéances maintenant ? Gardons-nous l'hôtel ?

Marie-Madeleine le regarda, il avait chaud et des rigoles de transpiration coulaient de sous sa perruque.

— Vendez-le.

Elle avait parlé fermement.

— Même votre hôtel ?

— Oui, monsieur. Vous êtes mon homme d'affaires depuis suffisamment de temps pour savoir qu'il ne me reste plus aucun espoir.

Elle se détourna, le laissa son chapeau entre les mains et se dirigea vers la roseraie. Le lendemain, avec Geneviève, elle partirait à Picpus. Là-bas, Jean-Baptiste ne la retrouverait pas. Elle disparaîtrait, ne laissant derrière elle qu'une image, celle d'une femme belle, désespérée et qui avait aimé l'amour jusqu'à en perdre son âme.

CHAPITRE XLVIII

Picpus, 31 juillet 1672

— Madame veut-elle que je lui apporte un verre d'eau fraîche ?

— Non, brosse-moi les cheveux, s'il te plaît. La chaleur m'incommode et me donne mal à la tête.

Geneviève alla chercher la brosse sur une petite table de toilette installée devant la fenêtre. Cela faisait une année maintenant que les deux femmes logeaient à la campagne, dans cette maison de Picpus, dont Thérèse d'Aubray réglait le loyer. Elles disposaient d'une grande chambre et d'un cabinet où était dressé le lit de Geneviève. Marie Leclerc, leur logeuse, qui occupait le reste de la demeure, était une vieille femme plutôt taciturne ne les dérangeant en rien. Marie-Madeleine ne sortait guère, un voisin possédant une voiture l'avait menée quelquefois à Paris. Elle s'était rendue chez Mme de Marillac, chez sa sœur et au collège d'Harcourt afin d'embrasser ses enfants. La marquise ne pouvait revoir ni Marie-Madeleine son aînée, ni Thérèse, toutes deux au couvent, ni Nicolas, recueilli par la sœur d'Antoine, Mme de La Meilleraie. Elle s'efforçait de ne pas songer à eux et s'appliquait à ne pas se rappeler les événements de sa vie familiale ou mondaine. Son esprit ne revenait que sur Jean-Baptiste, le jeu, les nuits d'excès et de plaisirs, la mort de son père, de ses frères, comme si désormais seuls le feu ou les cendres pouvaient éveiller encore en elle des sentiments.

Geneviève commença à lui brosser les cheveux et elle se détendit. Les volets se trouvaient fermés afin d'atténuer la chaleur de juillet et la chambre était plongée dans une pénombre apaisante. C'était une pièce carrée, au sol recouvert de pavés de terre cuite, commode d'entretien, point trop froide en hiver grâce à une vaste cheminée de pierre. Marie-Madeleine y avait installé quelques dépouilles de sa splendeur, un lit à rideaux de coton fleuri, celui de sa fille aînée, deux chaises recouvertes du même tissu, l'armoire à pointes de diamant donnée par son père, une table de toilette et, sur la cheminée, la pendule avec les deux flambeaux de bronze qui se trouvaient dans sa chambre rue Neuve-Saint-Paul. Elle avait pu également conserver quelques gravures anciennes, un miroir et son nécessaire de toilette en argent. Geneviève couchait sur un lit de sangles avec pour tout mobilier un simple tabouret.

Marie-Madeleine sous la caresse de la brosse ferma les yeux, elle étouffait, enfermée comme une nonne ou une recluse. Le monde lui tournait le dos, sa ruine, les soupçons qui pesaient sur elle depuis la mort d'Antoine et de François, entretenus avec vigueur par sa belle-sœur, avaient fermé toutes les portes. Seule sa vieille cousine la recevait, espérant la sauver. Penautier n'était pas venu la voir et par orgueil elle ne voulait pas se rendre à son hôtel, lui montrer sa déchéance en se présentant dans une pauvre voiture, vêtue en bourgeoise. Elle préférait remuer des souvenirs où, brillante et magnifique, elle recevait le financier à des soupers raffinés dans le luxe de son hôtel. Savait-il qu'il se trouvait à ses côtés dans cette cassette ? Que tentait-il ? Son unique espoir désormais était qu'il la récupérât par la force ou par la ruse et qu'il la détruisît.

On gratta à la porte. La marquise sursauta et ouvrit les yeux. Marie Leclerc entrait.

— Il y a là, Madame, un homme qui désire vous voir.

Lapierre pénétra aussitôt dans la chambre. Le valet de Sainte-Croix semblait retourné.

— Madame, dit-il de suite, en ôtant son chapeau, pouvons-nous être seuls ?

La marquise fit un signe de la main à sa servante qui sortit. Revoir Lapierre était à la fois effrayant et extraordinaire. Elle se leva et alla vers lui comme vers un ami.

— Je suis aise de te revoir, Lapierre. M'apportes-tu des nouvelles ?

— Madame, mon maître vient de mourir.

La marquise resta si interdite qu'elle ne pouvait faire un geste. La tête lui tournait. Elle vit le visage de Jean-Baptiste. Elle s'appuya à un montant du lit.

— Comment est-il mort ?

Le valet la prit par le bras et la fit asseoir.

Elle se sentit mieux, mit ses mains sur ses tempes et se redressa. Une pensée s'imposait soudain, balayant tout, contractant son cœur au point de l'empêcher de respirer.

— Ma cassette ! s'écria-t-elle. Où est-elle ?

Lapierre secoua la tête.

— Je ne sais pas, Madame. Mon maître ne m'a jamais parlé de cela. Voulez-vous connaître ses derniers moments ? Je ne peux rien dire de plus.

Marie-Madeleine serra fortement ses mains l'une contre l'autre. Il lui fallait récupérer cette cassette et l'énergie lui revenait. Cette perspective était un but, désormais sa vie ne se trouvait plus vacante. Elle tourna la tête vers Lapierre.

— Conte-moi cela mon ami.

L'émotion était passée. Cet homme lui donnait

simplement la certitude que le voyageur, parti depuis longtemps déjà dans un pays lointain, n'en reviendrait plus. Le moment où elle avait quitté le laboratoire de Jean-Baptiste plus d'un an auparavant ne pouvait revivre.

— Madame, il s'est éteint près de moi hier au soir, après une maladie fort douloureuse contre laquelle tous les médecins se sont trouvés impuissants. Je l'ai assisté, en compagnie de sa femme, comme je l'ai pu. Il était résigné, calme et, voyez-vous, je pense qu'il ne désirait plus vivre. Depuis un an il n'espérait rien, ne travaillant pratiquement pas dans son laboratoire, se moquant de tout, jouant lorsqu'il avait un peu d'argent. Il avait changé et vous n'auriez point eu de plaisir à le voir.

Marie-Madeleine écoutait Lapierre attentivement. Le jour où Sainte-Croix et elle s'étaient quittés, la force de vie avait disparu pour l'un et pour l'autre.

— M'a-t-il demandée ?

— Jamais, pas une fois, Madame. Il ne parlait de personne sauf de M. de Penautier qui venait le visiter régulièrement lors de sa maladie. Il disait de lui : « Ses civilités tardives ne le sauveront pas » ou « Le drôle croit que je vais céder à ses caresses, c'est mal me connaître. » Ce gentilhomme l'aidait pourtant, lui avançant quelques fonds. Il avait même promis de lui acheter une charge à la Cour et mon maître en montrait beaucoup de contentement. « Vois-tu, Lapierre, me confiait-il, l'âne trotte car il craint le bâton et espère la carotte, je n'ai plus même à élever la voix, cela est bien fait, n'est-ce pas ? Ne suis-je pas habile ? » Vers la fin, lorsque mon maître ne pouvait plus quitter son lit, Belleguise est venu. Il a emporté un coffre bien lourd après avoir fureté partout. J'ai essayé de l'en empêcher, mais il m'a dit venir sur l'ordre de Mme de Penautier qui désirait recouvrer des draps et des couvertures prêtées à Mme de Sainte-Croix.

Sachant la ruine du ménage, elle cherchait à récupérer son bien avant que les créanciers ne s'en saisissent. Le coquin était fort sûr de lui et il n'y avait rien à faire pour l'arrêter.

— Un coffre ? murmura Marie-Madeleine.

Penautier était à la recherche de la cassette, lui n'avait point renoncé, caressant et flattant Jean-Baptiste jusqu'à sa mort. Elle haussa les épaules. Pierre-Louis était un naïf ! La cassette ne pouvait s'obtenir que par la ruse ; si elle avait échoué, Penautier ne réussirait pas. Elle était perdue. A moins que La Chaussée...

Marie-Madeleine s'anima, La Chaussée était le seul capable de l'assister. Son sort n'était-il pas lié au sien ? Il était malin, il connaissait Madeleine de Sainte-Croix, cet abbé Dulong, intime de Jean-Baptiste, le laboratoire et les cachettes du chevalier.

— Geneviève, appela-t-elle.

La servante arriva de suite.

— Cours à Grenelle chez La Chaussée et ramène-le au plus vite. Prends la voiture du père Hase, il te conduira.

Lapierre s'écarta.

— Je dois m'en retourner chez moi, Madame, car il me faut préparer les obsèques de mon maître. Y viendrez-vous ?

— Non, dit Marie-Madeleine.

Elle ne pouvait s'imaginer suivant le cercueil de son amant. Il demeurait vivant, élégant, parfumé, paré à son côté dans le carrosse, pour toujours.

— Au revoir, Madame.

— Demande un verre de vin à ma logeuse, elle te le donnera pour moi. Au revoir, mon garçon.

Elle apprécia de se retrouver seule. Tout était trouble dans son esprit. Se dirigeant vers sa toilette, elle ouvrit un tiroir et prit un flacon plat dont elle but le contenu au goulot. Ses cheveux défaits se plaquaient sur son front, ses tempes, en bouclettes mouillées de transpiration. Elle jeta un coup d'œil dans son miroir et se détourna. Son visage était gonflé par les liqueurs, elle ne se fardait plus, tout lui était égal, elle s'aimait déchue. Sans le regard de Jean-Baptiste rien n'existait plus.

— Il me faut cette cassette, dit-elle à mi-voix, si quelqu'un s'en empare je suis perdue.

Pour la première fois elle songeait à un châtiment, à tout un processus de sanctions intolérables. Cette ultime violence contre elle après toutes celles subies au cours de sa vie était insoutenable. Elle ne pouvait pas même y penser. Penautier l'aiderait. Le moment n'était plus d'éprouver une vanité dérisoire. Elle allait courir chez lui, ensemble ils pouvaient gagner. Penautier était riche, tout s'achetait à Paris. Soudain elle s'avisa de l'existence de Briancourt. Lui aussi la secourrait. Qui douterait de la parole d'un jeune clerc ? En son nom il jurerait tout ce qu'elle voudrait et si sa conscience le blessait un peu n'aurait-il pas sa vie entière pour se réconcilier avec Dieu ? Ce qu'elle voulait, il le voudrait.

D'un revers de main elle débarrassa les brosses et les flacons posés sur la table, s'assit, prit une plume et commença une lettre suppliant le jeune homme dans les termes les plus affectueux de venir dès que possible l'assister pour une affaire urgente et délicate. Elle ne comptait que sur lui. Elle termina en rappelant par d'habiles allusions leur passé de tendresse, et signa fermement d'Aubray comme elle le faisait habituellement. En un instant elle fut dans la rue, courut à l'auberge où s'arrêtait la poste, remit la lettre à l'aubergiste.

Maintenant, elle attendait La Chaussée en allant de son lit à la fenêtre. Les pensées se bousculaient dans son esprit, les plans se succédaient et elle les abandonnait un par un ne les trouvant point bons. On la croyait retirée ? à terre ? elle n'était pas encore vaincue.

La chaleur était épouvantable. Par les volets entrouverts elle jeta un coup d'œil sur la route. Personne, aucune voiture ne s'y pouvait voir. Marie-Madeleine ôta le bouchon d'un flacon d'essence de violette, en mit sur un mouchoir. C'était toute son enfance qui revenait avec cette odeur. Si elle n'avait point été aussi solitaire, tellement blessée, elle serait devenue semblable aux autres femmes, elle aurait élevé sa famille avec rigueur et s'agenouillerait devant Dieu. La Chaussée n'allait plus tarder, à chaque instant l'espoir d'entendre des bruits de roues sur les pavés la faisait courir vers la fenêtre. Ce valet qu'elle avait tenu à l'écart, qui l'irritait par sa familiarité, lui devenait indispensable. Le besoin qu'elle avait de lui le rendait à ce moment fort aimable. Si elle était prise, il serait lui-même roué, un homme comme lui comprenait ce langage et se démènerait pour l'aider.

Enfin elle entendit le roulement d'une voiture, un claquement de portière, des pas dans l'escalier. Geneviève précédait La Chaussée, alerte et souriant comme à l'accoutumée. Il entra dans la chambre, salua ; elle lui fit un signe de tête.

— Madame, dit La Chaussée d'une voix claire, me voilà aussitôt qu'appelé. Geneviève m'a appris pendant notre court voyage la mort de ce pauvre monsieur, et j'en ai été fort affligé. Depuis six mois je ne l'avais revu.

— Laisse-nous, Geneviève, murmura Marie-Madeleine.

Elle s'assit sur le lit. Converser avec un homme debout n'était point commode, elle hésitait à le faire asseoir à côté d'elle lorsque, de lui-même, il s'y vint installer.

— Auriez-vous un verre à me donner, Madame ? La

course et le chagrin m'ont altéré et je ne pourrai point causer avec vous sans m'être rafraîchi.

Marie-Madeleine se leva. Elle allait servir cet homme. C'était la cassette qui était importante, pas son amour-propre. Elle descendit l'escalier, se rendit à la cuisine pour prendre une bouteille et deux verres, et revint dans la chambre. La Chaussée l'observait ironiquement. La marquise lui servit à boire, s'assit et ils demeurèrent côte à côte sur le lit, un verre à la main, comme de vieux amis. Marie-Madeleine lui conta tout, l'existence de la cassette contenant les poisons, ses lettres, sa reconnaissance de dette, le billet de Sainte-Croix affirmant que tout lui appartenait et la présence de papiers concernant Penautier. Il l'écouta sans l'interrompre, se resservant à boire dès que son verre se trouvait vide.

— Tu participes à cette affaire tout autant que moi, car si je tombe, tu ne t'en relèveras pas.

Elle le regarda, souriante. Montrer à La Chaussée qu'il n'avait point la prérogative sur elle était un plaisir.

— Je l'entends bien, Madame, et nous allons tout faire pour retrouver cette cassette. Monsieur nous a joué un méchant tour que je ne méritais pas. Enfin, les regrets et les lamentations ne servent à rien et je n'aurais pas gagné ma vie si j'en avais fait ma compagnie. Cherchons tous deux, nous trouverons bien quelque moyen de nous emparer de cet objet peut-être tout proche.

— Il faut aller rue des Bernardins, forcer la porte, tout retourner.

— Holà ! Madame, ne nous emportons pas, voulez-vous ? La cassette ne doit point y être car mon maître était malin. Madeleine de Sainte-Croix ameutera la rue si nous nous précipitons chez elle et la violentons. Vous m'avez appris il y a un instant que ce coquin de Belleguise avait emporté un coffre alors que mon pauvre maître agonisait. Cela est vilain et Dieu le punira. En attendant, il a peut-être la cassette.

— Si Penautier la détenait présentement, il me l'aurait fait savoir. Il la cherche lui aussi mais il ne l'a point.

La Chaussée se mit à rire et vida son verre.

— Nous voilà donc toute une armée à rechercher cette maudite cassette ! Cela va être amusant.

— Tais-toi, La Chaussée, lorsque tu seras sur la roue tu n'auras plus l'envie de rire.

— Nous verrons cela, Madame, et je ne m'y trouve point encore. Mais soyons un peu graves maintenant car l'affaire l'est, en effet. A mon avis, mieux vaut ne pas bouger avant quelques jours afin de ne point alerter les esprits par trop de hâte. Sous peu, disons après-demain, je me rendrai rue des Bernardins. Madeleine m'aime bien. Je lui demanderai, au cas où on lui apporterait un objet vous appartenant, de vous le rendre aussitôt. Elle le fera. Si elle le trouvait elle-même, elle vous le remettrait, soyez-en sûre.

Pas un instant le visage de La Chaussée n'avait perdu son expression moqueuse, et de le voir ainsi confiant détendit Marie-Madeleine. Dans la solitude tout devenait exagéré et ses angoisses ne reposaient sans doute que sur peu de choses. La cassette allait être rendue à la veuve de Sainte-Croix ; celui qui la possédait ne pouvait ni la conserver ni la remettre à la police puisqu'il n'avait aucun avantage à le faire. Jean-Baptiste ne désirait pas la confondre, il désirait seulement se protéger d'elle, sachant qu'elle était femme à ne pas s'arrêter en chemin.

— Tu as raison, La Chaussée. Je me fie à toi et si tu réussis tu ne seras pas oublié.

Le valet la considéra d'une manière dubitative. Le récompenser ? Avec quoi ? Il était présentement, avec son emploi de garçon baigneur, plus riche que cette pauvre marquise de Brinvilliers et mieux logé. Il observa les quelques meubles et hocha la tête.

— Tout de même, dit-il, vous voilà tombée bien bas ! Quand je songe à vos appartements d'autrefois ! Enfin, c'est la vie, j'ai eu moi aussi des hauts et des bas et je regrette bien Monsieur ! J'irai à son enterrement.

CHAPITRE XLIX

8 août 1672

— Deux flambeaux d'étain, une boîte de fer-blanc servant à enfermer des galettes, trois tabatières, l'une en émail, les deux autres de porcelaine décorée et sertie de vermeil, un bouquet de fleurs séchées entouré de rubans...

— Laissez cela, voulez-vous, dit le commissaire au Châtelet Picard. Est-ce tout, sergent Creuillebois ?

— Oui, monsieur. Je ne vois plus que quelques papiers, une plume et un pot d'encre.

— Dans ce cas l'inventaire sera bientôt terminé et nous serons chez nous de bonne heure.

La chambre de Jean-Baptiste se trouvait dans le plus grand désordre. Le commissaire Picard et ses deux sergents, Creuillebois et Cluet, les deux notaires, le procureur de Madeleine de Sainte-Croix, le procureur de créanciers du sieur Jean-Baptiste Godin dit chevalier de Sainte-Croix avaient jeté pêle-mêle les livres, les armes, les objets curieux, le nécessaire de toilette, tout ce que Jean-Baptiste avait possédé. Les faucons empaillés gisaient sur des couvertures et, au milieu de la laine brune, semblaient enfin retrouver la terre des labours où ils avaient vécu jadis une liberté trop brève. Il fallait rembourser les créanciers, et de la cuisine au grenier les pièces avaient été visitées l'une après l'autre méthodiquement. Madeleine de Sainte-Croix s'était rendue chez une tante. Elle ne voulait point voir le saccage de sa maison, la dégradation de ce qui avait appartenu à cet homme tant aimé, jamais compris. Il avait été porté en terre chrétienne quelques jours auparavant, accompagné d'elle-même, de Lapierre, de La Chaussée et de Belleguise. L'abbé Dulong avait dit l'oraison funèbre, puis chacun s'était dispersé dans cette belle journée d'été, laissant une terre fraîchement retournée qui sentait le sous-bois et la pluie. Madeleine avait essayé de prier mais n'y était point parvenue. Même au-delà de la mort, Jean-Baptiste échappait aux suppliques et il demeurait seul, isolé par sa violence, ses fantasmes et cette volonté de destruction venue du fond de son enfance, du regard triste de sa mère, de sa pauvreté et des moqueries des autres enfants.

— Décrochez cette tapisserie, Cluet, et ce sera tout pour la chambre.

Le sergent Cluet aidé de Creuillebois détacha la tenture. Derrière se trouvait une petite porte.

— Tiens donc ! s'exclama un notaire, voilà quelque chose de nouveau.

La porte se trouvait fermée. Les hommes se regardèrent.

— Avez-vous découvert une clef quelque part ? demanda Picard.

Le religieux carme qui avait administré l'extrême-onction à Jean-Baptiste, quoiqu'il ait refusé de se confesser, se trouvait présent, silencieux derrière le groupe. Il sortit une clef de la poche de sa robe.

— La voici. M. de Sainte-Croix me l'avait remise et tenait à ce qu'elle ne soit donnée qu'après son décès.

Picard s'en empara. Cette porte close l'échauffait. D'un geste décidé il fit jouer la serrure et poussa le battant. Derrière lui chacun se pressait afin de jeter un coup d'œil, mais le cabinet, sans fenêtre aucune, était plongé dans l'obscurité.

— Allumez une chandelle, Creuillebois.

La voix du commissaire au Châtelet était passionnée malgré sa volonté de la garder autoritaire et indifférente. On battit le briquet, Creuillebois s'avança la bougie à la main, il voulut passer le premier mais Picard l'arrêta.

— Donnez, donnez, je la porterai moi-même.

Ils pénétrèrent tous, l'un après l'autre, dans le cabinet éclairé par la lueur chétive de la chandelle. L'air sentait le moisi, le salpêtre, l'alcool.

Quelqu'un alluma un candélabre et l'on put distinguer une table couverte de pots, de fioles, de récipients de toutes sortes, quelques étagères et devant le mur du fond un four de digestion. La lumière diffuse passait sur ces objets figés, poussiéreux et la compagnie eut l'impression glaçante de pénétrer dans un tombeau. Le religieux se signa.

— Voilà un autre laboratoire. Ce chevalier de Sainte-Croix avait la rage de la chimie, remarqua Picard.

Il leva la bougie qu'il tenait à la main, déplaçant les ombres du petit groupe sur le mur simplement passé à la chaux. Un notaire sursauta. Il avait l'impression de voir se lever les morts.

— Examinons cela, dit encore le commissaire.

Il s'approcha de la table. Au milieu des cornues et des flacons vides, un papier enroulé et fermé d'un cachet.

Cluet l'avait aperçu et le montrait du doigt.

— Monsieur le Commissaire, dit-il joyeusement, voyez ceci.

Le sergent Cluet était enchanté de participer à cet inventaire et d'aider à la déchéance de ce Sainte-Croix en qui il voyait l'ami de Mme de Brinvilliers. Fort dévoué à Thérèse Mangot d'Aubray dont il avait épousé une chambrière, il avait pris fait et cause pour la veuve du lieutenant civil, persuadé comme elle qu'Antoine d'Aubray avait été assassiné par sa sœur. Peut-être allait-on découvrir chez cet homme une preuve de sa complicité. Ne murmurait-on pas qu'il fabriquait des poisons ?

Picard s'approcha et saisit le papier. D'une écriture haute, ferme, était inscrit : *Ma confession.*

Le commissaire lut à haute voix, et tous se regardèrent en silence. Que faire de ce document ? Une confession était chose fort privée ne concernant que Dieu et le pénitent. Le religieux s'approcha.

— Monsieur le Commissaire, nous n'avons point le droit de percer les secrets de cette confession. Tout regard étranger sur elle serait une profanation.

— Le pensez-vous vraiment, mon père ?

— Absolument.

Picard hésitait encore. Tant de rumeurs couraient sur le chevalier de Sainte-Croix, n'allait-on pas trouver dans ce document d'irréfutables confirmations de ces soupçons ? Il observa tour à tour chaque personne du groupe. Chacun se taisait.

— Brûlons-le, prononça-t-il comme à regret.

Il déposa le document dans le four et avança la bougie. Chacun put lire alors nettement les mots « Ma confession », éclairés vivement par la flamme. Le papier s'embrasa, se tordit, puis en un instant il ne resta de l'écrit qu'un tas de cendres noires, prenant encore vaguement la forme d'un papier enroulé. La cire du sceau dégageait une odeur âcre qui fit tousser les deux procureurs. Picard considéra ce qui restait du document, hocha la tête et se détourna du four.

— Finissons-en, messieurs. Ce cabinet ne me semble contenir que des objets sans valeur et il ne sera point besoin de nous y attarder.

Il fit le tour de la petite pièce, éclairant les murs nus, et arriva aux étagères. Elles étaient au nombre de trois, sur la plus élevée se trouvaient quelques livres, sur celle du milieu des paquets de tabac desséché, une pipe, une boîte de cuir déchiré, sur celle du bas rien, excepté une cassette de forme oblongue et de couleur rouge où pendait une clef. Picard s'en empara, et débarrassant la table d'un revers de main l'y déposa.

— Ceci n'est pas sacré et nous allons pouvoir y jeter un coup d'œil.

On se pressait autour de lui. Le commissaire prit la petite clef, l'introduisit lentement dans la serrure afin de ne point bloquer le mécanisme et la tourna, éclairé par le notaire qui tenait le candélabre et se penchait pour donner de la lumière. Tous les visages immobiles, tendus, se pressaient les uns contre les autres. En s'ouvrant, la cassette fit un grincement léger.

On vit tout d'abord un billet couvert de l'écriture du chevalier puis deux enveloppes cachetées, sous lesquelles se trouvait une grande quantité de lettres attachées ensemble et une dizaine de flacons fermés par des bouchons de liège.

Picard déplia le billet et le lut à voix haute.

Je supplie très humblement ceux ou celles entre les mains de qui tombera cette cassette de me faire la grâce de vouloir la rendre en main propre à Mme la marquise de Brinvilliers demeurant rue Neuve-Saint-Paul, attendu que tout ce qu'elle contient la regarde et appartient à elle seule, et que, d'ailleurs, il n'y a rien d'aucune utilité à personne au monde, son intérêt à part, et, en cas qu'elle fût plus tôt morte que moi, de la brûler et tout ce qu'il y a dedans, sans rien ouvrir ni innover, et, afin qu'on n'en prétende cause d'ignorance, je jure sur le Dieu que j'adore et tout ce qu'il y a de plus sacré, que je n'expose rien qui ne soit véritable. Si d'aventure, l'on contrevenait à mes intentions, toutes justes et raisonnables en ce chef, j'en charge en ce monde et en l'autre leur conscience pour la décharge de la mienne et proteste que c'est ma dernière volonté.

Fait à Paris, le vingt-cinquième mai, après-midi, 1670.

Signé : *Sainte-Croix*[1]

— Il se trouve un addendum, dit Picard. *Il y a un seul paquet adressé à M. Penautier qu'il faut rendre.*

— Voilà qui me semble intéressant, murmura Cluet au sergent Creuillebois.

Picard posa le billet, prit les enveloppes, l'une était vierge d'écriture, sur l'autre il lut ces mots : *Papiers pour être rendus au sieur Penautier, receveur général du clergé comme lui appartenant et je supplie très humblement ceux entre les mains de qui ils tomberont de bien vouloir lui rendre en cas de mort, n'étant d'aucune conséquence qu'à lui seul.*

Les lettres liées ensemble étaient couvertes d'une écriture de femme, Picard en dégagea une, la parcourut.

— Des lettres d'amour, murmura-t-il, venant de Mme de Brinvilliers.

Il les reposa dans la cassette sur les flacons qu'il n'avait point touchés. L'assistance avait écouté avec le plus grand intérêt. Maintenant chacun commençait à échanger avec son voisin des impressions sur les termes du billet. Picard d'un geste leur imposa silence.

— Messieurs, il faut prendre une résolution. A mon avis la fermeté des propos employés par le chevalier de Sainte-Croix montre quelle importance il attachait à cette cassette. Elle appartient à Mme la marquise de Brinvilliers, cela ne fait point de doute car il le jure sur son salut éternel. Un homme qui, se voyant mourir, a

1. Texte authentique. De nombreux documents rapportant les événements postérieurs à la mort de Sainte-Croix ont été conservés. A compter de cet événement, l'auteur a tenu à les intégrer à son ouvrage sous leur forme originale.

pris la peine d'écrire une confession ne peut se parjurer. Je vois là des lettres, beaucoup de lettres envoyées par cette dame, des fioles pleines et ces enveloppes dont l'une touche à M. de Penautier qui est un personnage considérable. Je ne prendrai point la responsabilité de procéder à l'inventaire de cette cassette. Cet objet-là mérite d'être étudié davantage, et il me semble, en ma conscience, que ce sera à M. le Lieutenant civil de le faire. Nous allons y apposer les scellés. Sergent Creuillebois, apportez-moi de la cire.

L'assistance était un peu déçue de ne point voir ouvertes les enveloppes ni débouchés les flacons. Les lettres d'amour ne leur semblaient pas si importantes, les femmes ayant la manie d'écrire afin d'entortiller leurs galants. Celles d'une marquise ne devaient pas être différentes des autres.

L'air manquait dans le cabinet. Chacun regagna la chambre, le notaire souffla les bougies et Picard demeura seul avec Creuillebois qui faisait couler de la cire. La cassette se trouva scellée.

— Prenez-la, ordonna le commissaire au sergent et gardez-la à votre domicile. Elle y sera en sécurité. Ne permettez à personne d'y toucher ni même de l'approcher. Je vous en tiendrai pour responsable.

Creuillebois fit un signe de tête pour indiquer qu'il avait compris, et prit la boîte sous le bras.

— Puis-je me rendre chez moi afin de l'y déposer, monsieur le Commissaire ?

— Allez, dit Picard, et soyez discret.

Il pressentait qu'il venait là de faire une découverte intéressante.

Il eut un dernier regard pour le cabinet, promena une dernière fois sa bougie autour de lui, ne vit rien d'autre et sortit.

CHAPITRE L

8 août 1672, dans la soirée

La maison de Marie Leclerc se trouvait au fond d'un étroit chemin. Une petite ferme, deux chaumières appartenant à des rouliers, la cabane d'un marchand de peaux de lapins étaient ses plus proches voisins. Marie-Madeleine restait civile, mais n'entretenait de relation familière avec personne. Assise sur un banc devant la maison, elle songeait à l'hôtel de la rue Neuve-Saint-Paul, mais cette pensée était trop cruelle pour qu'elle s'y attardât. C'était mal la connaître que de croire qu'elle allait abandonner la partie. Thérèse Mangot rendrait gorge un jour, elle quitterait Offémont, la rue du Bouloi et elle, Marie-Madeleine, recouvrerait ses biens, s'y installerait avec ses enfants qui avaient le sang des d'Aubray auquel cette femme était étrangère. Elle vit soudain un homme marcher hâtivement dans le chemin. « La Chaussée », pensa-t-elle. C'était Lapierre, le visage angoissé, et l'inquiétude la gagna aussitôt.

— Puis-je entrer un instant, Madame la marquise ?

Marie-Madeleine le précéda dans l'escalier et ferma la porte de la chambre derrière le valet.

— Qu'y a-t-il, mon bon Lapierre ?

— Madame, un inventaire a été fait chez mon

maître et Mme de Sainte-Croix m'a demandé de vous prévenir en toute hâte qu'une cassette à votre nom avait été trouvée dans l'après-midi.

Marie-Madeleine eut un cri léger et porta les deux mains à son visage. Elle s'appuya contre la porte, répétant « mon Dieu ! mon Dieu ! ». Aucune pensée précise ne lui venait encore à l'esprit, seulement une terreur soudaine et violente, le pressentiment d'un malheur irréparable.

Lapierre la regardait sans oser rien faire pour la secourir. Lui aussi devinait un prochain désastre.

— La cassette est sous scellés, madame la Marquise.

Il pensait l'abattre davantage encore mais inversement ces mots semblèrent enflammer Marie-Madeleine. Ses yeux prirent une expression déterminée, froide.

— Vite, vite, Lapierre, allons rue des Bernardins. Il n'y a pas un instant à perdre, as-tu une voiture ?

— Celle qui m'a amené m'attend au coin de la rue.

— Alors partons !

L'énergie montrée par la marquise gagnait le valet qui, à son tour, voulait participer au combat qu'elle entreprenait. Cette femme, petite, fine, avait une autorité, un ascendant exceptionnels et il pensa, en redescendant l'étroit escalier, qu'elle aurait fait un grand homme de guerre.

Aussitôt arrivée rue des Bernardins, la marquise laissa une pièce au cocher et sauta sans attendre dans la rue. Aucune émotion ne la saisit devant cette porte familière. Il n'était plus temps de se souvenir. Madeleine de Sainte-Croix ouvrit, et ne sembla point étonnée de voir la marquise de Brinvilliers.

— Entrez, dit-elle seulement.

Les deux femmes suivies de Lapierre se retrouvèrent dans le petit salon. Les huissiers avaient tout emporté, excepté une table ronde, deux fauteuils, un tapis et quelques gravures appartenant en propre à Madeleine de Sainte-Croix. Marie-Madeleine ne remarqua point le changement, inaccessible à toute sensation.

— Asseyez-vous, dit la jeune femme.

La marquise se laissa tomber sur un fauteuil.

— Où est la cassette ?

Madeleine, qui s'était assise sur l'autre siège, hocha la tête.

— Le commissaire Picard l'a emportée.

— Emportée ? Il est bien plaisant qu'il se soit permis de prendre un objet m'appartenant.

— Cela est vrai cependant, madame, et la cassette n'est plus ici.

Marie-Madeleine était debout.

— Lapierre, cours à l'instant chez ce Picard et dis-lui que je désire lui parler.

Lapierre sortit aussitôt. Marie-Madeleine resta debout devant la fenêtre donnant sur la rue. Elle vit le valet courir dans la rue des Bernardins en direction de la Seine et se tourna vers Madeleine de Sainte-Croix qui n'avait pas bougé.

— La cassette a-t-elle été ouverte ?

La jeune femme n'aimait point se trouver ainsi bousculée, mais contre Marie-Madeleine elle n'avait pas de pouvoir.

— Je ne le sais pas, répondit-elle. Je n'étais pas ici lors de cet inventaire, ne voulant pas voir des étrangers retournant ma maison. La Chaussée m'a demandé de vous prévenir si on trouvait un objet vous appartenant, je l'ai fait et ne peux rien vous dire d'autre.

— Quand Picard a-t-il eu l'audace de prendre cette cassette ?

— Lorsque je suis rentrée chez moi pour souper il n'y avait plus personne. Lapierre, qui était présent, m'a raconté l'affaire et je l'ai envoyé chez vous aussitôt.

Madeleine de Sainte-Croix se leva. Le regard dominateur de la marquise l'incommodait, cette femme faisait partie d'une catégorie d'individus inaccessibles, incompréhensibles, au comportement étrange pour elle. Son mari appartenait à cette espèce et elle avait été avec lui extrêmement malheureuse. Elle se dirigea vers la porte.

— Je vous laisse, vous vous passerez bien de moi pour attendre Lapierre. J'ai à faire, à tout à l'heure, madame.

Elle sortit. Marie-Madeleine haussa les épaules. Cette fille de rien, qui n'avait été la femme de Jean-Baptiste que par son bon vouloir, montrait un orgueil stupide. Elle l'oublia à l'instant et son esprit fut accaparé à nouveau par la cassette. Qu'allait-elle dire à Picard ? Il fallait exiger, ne pas demander ; ce genre d'individus ne respectaient que la force. « La force et l'argent », pensa-t-elle. De la première elle ne manquait point, le second lui faisait cruellement défaut et elle enrageait de cette impuissance, inconnue jusqu'alors. L'image de Penautier lui apparut soudain et elle eut un mouvement de triomphe. L'argent, il en possédait, beaucoup, de l'or à profusion qui achetait tout, fermait les yeux et les bouches, anéantissait les mémoires. Tout autant qu'elle il avait intérêt à recouvrer cette cassette. Elle pouvait parler et promettre en son nom de l'or, il ne lui refuserait rien.

Le financier n'était pas encore apparu cependant. A Geneviève, envoyée aux nouvelles, on avait fait réponse qu'il se trouvait à la campagne. Apprenant l'affaire de la cassette il n'y resterait pas sans doute et serait bientôt sur les routes.

Marie-Madeleine se détourna de la fenêtre. Le moment n'était pas de rêver mais d'agir. Picard n'allait plus tarder, il lui fallait être lucide, précise, froide. Elle saurait rappeler à cet homme qu'il avait été placé commissaire au Châtelet par son propre père. Un instant elle songea à Briancourt, accouru dès la réception de sa lettre. Il avait promis de l'aider, de faire ce qu'elle lui demanderait et il n'attendait qu'un ordre pour agir. Après celle de Pierre-Louis l'image du jeune homme lui semblait terne et humble, décidément son ambition la portait vers le premier. Marie-Madeleine s'assit à nouveau, prit dans son corsage un mouchoir de dentelle qu'elle serra entre ses mains. Que faisait Lapierre ? Il aurait dû déjà être de retour et flânait sans doute en route !

A cet instant elle entendit le bruit de la porte d'entrée qui s'ouvrait, un pas rapide, le valet était dans le salon.

Elle sauta sur ses pieds.

— Madame, le commissaire Picard m'a fait répondre qu'il était occupé. J'ai insisté, il n'y a rien eu à faire et l'on m'a fermé la porte au nez.

Marie-Madeleine était hors d'elle.

— Avez-vous dit que vous veniez de ma part ?

— Oui, Madame, je l'ai dit et redit mais cela a été sans effet. Toutefois, j'ai pu échanger quelques mots avec une servante qui rentrait dans la demeure alors que je me trouvais moi-même sur le pas de la porte, attendant la réponse du commissaire. Elle m'a appris que la cassette ne se trouvait point chez son maître mais chez l'un des sergents qui l'assistaient lors de sa découverte, soit Creuillebois, soit Cluet.

— Cluet ? s'exclama Marie-Madeleine, je connais cet homme. Il a épousé une chambrière de ma belle-sœur. J'y vais.

Elle écarta Lapierre et se trouva dans le vestibule devant Madeleine de Sainte-Croix. Les deux femmes se considérèrent un instant, tant de souvenirs les unissaient !

La marquise ouvrit la porte d'entrée, se retourna : « Merci », murmura-t-elle. Elle ne pouvait en dire plus, Madeleine resta immobile, son hostilité envers

Mme de Brinvilliers n'était qu'un masque cachant une admiration éprouvée dès le premier jour où elle l'avait vue.

La voiture de remise s'arrêta devant la porte d'une maison étroite louée à chaque étage.

— Allez dire au sergent Cluet, demanda Marie-Madeleine au cocher, que la marquise de Brinvilliers désire lui parler.

Elle n'allait pas se déranger elle-même pour cet homme.

Dix heures sonnaient à Saint-Germain-l'Auxerrois. L'obscurité était tombée. Les lumières dans la nuit faisaient surgir une foule d'images venues d'un autre monde. Marie-Madeleine revit les tables de jeu, les masques, les soirs de danse quand les odeurs de musc, de violette et d'ambre se mêlaient avec les mains, que se posait sur elle le regard des hommes. Il ne lui demeurait que le regret de ne point avoir su jouir suffisamment de ces instants de bonheur.

— Madame la marquise désire me parler ?

La voix de Cluet la fit tressaillir.

Elle se pencha par la portière.

— Oui, mon ami. J'ai en effet une question fort importante à éclaircir avec vous.

Cluet, sous une attitude polie, se moquait de la marquise. Il allait se coucher lorsque le cocher était venu frapper à sa porte, et il avait passé en hâte une culotte sur sa chemise de nuit. Il savait fort bien pourquoi elle se présentait à cette heure tardive et préparait déjà sa réponse.

— Quoi donc, madame la marquise ?

— N'usons pas de détours, mon ami, cette cassette, l'avez-vous ?

Cluet renonça à jouer les innocents. Voir Marie-Madeleine aux abois était un moment singulier qu'il relaterait dès le lendemain à Mme d'Aubray.

— Non, Madame.

Sous la déférence, la marquise percevait l'ironie de cet homme et s'en exaspérait. Elle aurait voulu le souffleter. Sa voix monta d'un ton.

— Vous n'ignorez sans doute pas qu'il se trouve dans cette cassette des papiers de la plus haute importance concernant M. de Penautier. C'est un homme d'une grande influence et il vous donnera cinquante louis d'or si vous la lui rendez. Nous sommes solidaires lui et moi pour cette affaire, ce qui m'atteint le touche aussi et c'est votre intérêt que d'accepter la proposition qu'il vous fait par mon intermédiaire.

Cluet réfléchit un instant. Peut-être disait-elle vrai et Penautier pouvait se trouver prêt à se dessaisir pour cette cassette d'une grosse somme d'argent. Cinquante louis d'or... Il redevint maître de lui dès qu'il vit le visage anxieux de la marquise. Cette femme avait peur. Elle essayait de l'impressionner, mais si elle était une empoisonneuse, comme Mme d'Aubray en était convaincue, il lui faudrait expier. Il ne serait point le dernier à aller lui voir trancher la tête.

— Madame, je ne peux rien sans le commissaire Picard, expliquez-lui votre affaire.

Marie-Madeleine eut un geste d'exaspération.

— Enfin, monsieur Cluet, avez-vous cette cassette ?

Si elle s'emportait, elle n'arriverait à rien. Ce coquin était à la solde de sa belle-sœur. Il devait la haïr. Il lui fallait montrer plus de mépris que de colère.

— Madame, adressez-vous au commissaire Picard.

Le guet à pied passa dans la rue. Les gardes jetèrent un coup d'œil sur le groupe et s'éloignèrent. La marquise, afin de ne point être vue, s'était enfoncée dans la voiture. Elle n'arriverait à rien avec ce Cluet, il lui fallait aller voir Picard elle-même.

Elle rabattit le rideau d'un geste sec, et sans un mot d'adieu pour le sergent, donna au cocher l'adresse du commissaire au Châtelet. Onze heures sonnaient lorsque la voiture arriva devant sa porte.

— Vous voilà rendue, Madame, annonça le cocher, que dois-je faire ?

Elle descendit. A cette heure de la nuit on n'ouvrirait pas à un inconnu et elle devait aller sonner elle-même.

La porte demeurait close, elle frappa à nouveau. Enfin, après quelques minutes une servante en chemise, tenant un bougeoir à la main, entrouvrit le judas. La marquise ne la laissa point même l'interroger.

— Dites au commissaire Picard que la marquise de Brinvilliers est en bas de chez lui et qu'elle lui demande un entretien. C'est d'une extrême urgence.

La fille avait un air ahuri. Le ton de voix décidé de Marie-Madeleine sembla cependant la convaincre et, laissant ouvert le judas, elle s'éloigna d'un pas traînant. Très vite elle fut de retour.

— Madame, Monsieur Picard vous recevra demain, il dort.

— Comment il dort ? Mais réveillez-le, ma fille. Peut-on dormir lorsque l'on s'est rendu coupable d'un détournement de bien !

Elle regretta ses paroles, il n'était pas adroit d'irriter Picard. Son ton de voix s'adoucit.

— Essayez encore. Dites-lui que j'en ai pour un instant seulement.

La servante secoua la tête.

— Non, Madame, mon maître m'a interdit de le déranger encore et je ne veux pas être grondée.

Elle claqua le judas. La marquise entendit ses pas s'éloigner dans le vestibule. Soudain une fatigue immense tomba sur elle, et elle demeura debout devant la porte close sans pouvoir bouger.

— Holà ! Madame, appela le cocher, rentrons-nous ? Il se fait tard et je n'aime guère traîner passé minuit.

Marie-Madeleine revint vers la voiture à pas lents, y monta. Contre Thérèse Mangot, contre Cluet, contre les commissaires, les sergents, les juges, contre tout le monde elle gagnerait, et elle gagnerait seule.

— Ramenez-moi à Picpus, demanda-t-elle.

Déjà elle faisait des plans pour le lendemain.

CHAPITRE LI

9 août 1672, tôt le matin

Jean Briancourt avait reçu le message de la marquise de Brinvilliers à sept heures le matin et était parti à l'instant pour Picpus. Un peu avant huit heures, la voiture de remise louée à Aubervilliers le déposait devant la maison de Marie Leclerc. Il n'avait point donné de motif d'absence au père supérieur tant il redoutait ses admonestations, et s'était échappé du couvent comme un voleur. La tempête qui l'avait tant ébranlé était apaisée maintenant. Le jeune homme n'aimait plus Marie-Madeleine d'amour. De sa retraite il voyait les événements bouleversants de son passé comme le signe de la volonté de Dieu de lui montrer le monde dans toute sa cruauté afin de mieux l'en soustraire. Il lui restait cependant une grande tendresse pour cette femme qui avait perdu son masque devant lui et s'était montrée dans sa faiblesse et son désespoir. En route vers Picpus, sur les routes de campagne où cheminaient quelques paysans, le jeune homme se souvint de leur première nuit d'amour à Sains. Cette pensée le troubla, c'était un feu mal éteint encore et qui le brûlait parfois jusqu'à le faire prier la nuit entière, à genoux sur les carreaux de sa cellule, afin d'apaiser la souffrance. Son corps ne lui obéissait pas toujours ; la douleur persistait et le faisait pleurer.

Lorsque la marquise lui ouvrit sa porte, Briancourt vit dans la chambre Geneviève et un homme rencontré autrefois rue Neuve-Saint-Paul, un procureur du Châtelet, qui s'était chargé des intérêts de Mme de Brinvilliers lors de la liquidation de ses biens. Marie-Madeleine lui souhaita à peine le bonjour, si absorbée par ses desseins qu'elle ne pouvait être disponible pour rien d'autre.

— Vous connaissez M. Delamarre ? Les deux hommes se saluèrent.

La marquise portait la même robe que la veille. Elle s'était allongée quelques heures sans même se dévêtir. Aujourd'hui il lui fallait livrer un combat décisif contre Picard et le gagner. Dans la nuit, elle avait écrit à Briancourt et à Delamarre afin de les convoquer au plus vite. Aller de nouveau elle-même chez le commissaire était une erreur et rendait la démarche trop personnelle. Les deux hommes, inconnus de Picard, lui donneraient un tour officiel. Il s'agissait de récupérer un bien n'intéressant en rien la justice mais qui, vu le caractère très intime des lettres, avait pour elle la plus haute importance. La chambre était paisible, ensoleillée, Geneviève avait disposé sur la table de toilette un petit bouquet de pensées. Un bonnet de dentelle était posé sur une chaise, bien repassé. La marquise ne l'avait point coiffé pour la nuit, et ses rubans se soulevaient dans le souffle d'air qui pénétrait par la fenêtre ouverte.

— Allez de suite tous deux chez le commissaire Picard, dites-lui que cette cassette a pour moi un très grand prix et que je lui donnerai pour la récupérer le prix qu'il voudra. Rappelez-lui également qu'il doit sa fortune à mon père et que j'attends de lui qu'il sache ne pas se montrer ingrat envers notre famille. Cette cassette contient seulement des lettres que je désirerais ne pas voir divulguées.

Marie-Madeleine, en parlant, portait son regard de l'un à l'autre. Elle aurait voulu leur communiquer sa volonté acharnée de réussir. Les deux hommes l'écoutèrent attentivement.

— Madame la marquise, dit Delamarre, nous ferons notre possible pour vous satisfaire.

Elle le poussa dehors. Briancourt demeura un instant.

— Marie-Madeleine, murmura-t-il. Songez à Dieu dans les moments d'alarme que vous vivez présentement, lui surtout peut vous aider.

Elle le considéra un instant puis fit un geste lui demandant de sortir. Qu'avait à faire Dieu dans le combat qu'elle menait ? Dieu s'était détourné d'elle depuis longtemps et ne l'avait jamais secourue.

Elle alla à sa fenêtre. Le blé coupé, dans la cour de la ferme, formait un gros tas que les ouvriers allaient battre. Maintes fois à Offémont, puis à Sains, elle avait vu la danse du fléau sur les gerbes, les grains jaillissants que les femmes mettaient en sacs. C'était un symbole de l'été et elle l'aimait.

Lorsque onze heures sonnèrent à l'horloge de l'église, Delamarre et Briancourt n'étaient pas de retour. Elle descendit l'escalier de bois, se tenant à la rampe tant l'angoisse lui affaiblissait les jambes. Peut-être les verrait-elle venir au bout du chemin ! Geneviève la suivait, impuissante, navrée, n'osant pas même dire un mot de réconfort. Elles marchèrent en silence jusqu'à la route, Marie-Madeleine voyait dans le retard des deux hommes tantôt un motif d'espoir, tantôt une preuve de leur insuccès et elle passait de l'espérance à l'inquiétude, la gorge nouée, le cœur battant. Personne ne se trouvant en vue, elles revinrent sur leurs pas et s'assirent sur le banc entre la vigne et un rosier grimpant.

— Voulez-vous boire quelque chose, Madame ? demanda Geneviève.

Marie-Madeleine arrivait à peine à parler. Elle aurait désiré une liqueur, de l'eau-de-vie, quelque chose de fort qui puisse délier son angoisse, mais elle n'osa pas en demander. Elle secoua la tête.

— Non, non, ma fille, je n'ai besoin de rien. Va encore une fois au bout de l'allée, veux-tu ? Je n'ai pas la force de me lever.

Geneviève repartit d'un pas vif. Arrivée au bout du chemin elle fit un grand signe et revint en courant. La voiture était en vue. La marquise eut une violente contraction au cœur. L'instant était venu.

Delamarre et Briancourt, tous deux vêtus de noir, ressemblaient à des messagers du malheur. Marie-Madeleine eut le pressentiment qu'ils avaient échoué.

Briancourt parla le premier.

— Madame, nous revenons de chez le commissaire Picard. Il nous a fait attendre un long moment dans son antichambre, ce qui explique la durée de notre absence.

Sa mine sinistre était éloquente.

— Il a refusé de vous rendre la cassette, n'est-ce pas ?

Le ton calme de Marie-Madeleine étonna le jeune homme. Ce fut Delamarre qui répondit.

— Oui, madame la marquise. Il n'y a rien eu à faire pour le décider. Cet homme-là n'est sensible ni à la raison ni aux sentiments, et je le crois impitoyable ou indifférent. Il nous a dit que cette affaire n'était point de son ressort mais appartenait désormais à M. le Lieutenant civil. Qu'il vous fallait vous adresser à lui.

Marie-Madeleine haussa les épaules. On la renvoyait de l'un à l'autre pour se débarrasser d'elle. Que le diable emporte ce Picard, c'était l'un des sergents qui détenait la cassette, il fallait essayer encore de les convaincre.

— Courez chez Creuillebois et chez Cluet, ramenez-les, demandez aussi à Madeleine de Sainte-Croix de venir, elle pourra jurer devant eux que les lettres m'appartiennent et que j'y exprime une amitié m'attachant à son mari depuis longtemps.

Les deux hommes se regardèrent. Par cette chaleur, ils hésitaient à reprendre le chemin sans même un verre d'eau pour se désaltérer.

— Allons, dit Briancourt.

Il remplissait sa mission comme une expiation. Chaque effort effaçait un plaisir.

Lorsqu'ils eurent disparu, la marquise monta dans sa chambre, envoya Gevenièvе à la cuisine sous le prétexte de lui préparer une collation légère pour le dîner et, aussitôt seule, but un verre d'eau-de-vie. Que faisait Pierre-Louis, pourquoi la laissait-il se battre seule ? Son dernier espoir résidait en lui, en lui et en La Chaussée... Elle eut un sourire. Comme ses derniers amis se trouvaient disparates, Penautier, Briancourt, La Chaussée ! Quel lien les assemblait si ce n'était elle ! Chacun représentait une partie de sa personne, Pierre-Louis l'ambition, l'intelligence, Jean ce besoin de pureté, de paix, La Chaussée ses souillures, sa perversion. Tous des hommes, elle n'avait point trouvé d'amie parmi les femmes.

Geneviève montait avec un plateau, Marie-Madeleine prit un peu de bouillon, quelques fruits et essaya de lire devant sa fenêtre.

La chaleur, la nuit sans sommeil l'engourdissaient, sa tête se renversa en arrière et elle ferma les yeux. Le livre tomba à terre.

— Madame, dit la voix claire de Geneviève, les personnes que vous avez fait mander sont arrivées. Dois-je leur dire de monter ?

La marquise tressaillit. Elle avait chaud, posa ses mains sur ses joues et se leva.

— Je les attends.

Elle jeta un coup d'œil dans son miroir, se vit rouge et enflée. Il ne fallait pas se montrer ainsi à son désavantage, elle prit un peu d'eau de senteur, la passa sur son visage, rajusta sa coiffure, se redressa. Le groupe pénétrait dans sa chambre. Tous étaient en sueur.

— Apporte-nous à boire, Geneviève, demanda Marie-Madeleine.

L'entretien devait se dérouler dans le calme. Elle leur faisait la grâce de les recevoir et la civilité de ses manières leur montrerait d'une façon évidente qu'ils n'étaient que des subalternes. Il n'était pas question que ces gens croient avoir sur elle la moindre prérogative.

On but le vin frais apporté par la servante en parlant de la chaleur, des moissons et de la santé du roi. Marie-Madeleine posa son verre.

— Je ne vous ferai pas le déplaisir de vous retenir très longtemps. Hier nous avons eu déjà ensemble quelques conversations concernant une cassette découverte chez le défunt chevalier de Sainte-Croix et qui m'appartient. Vous savez donc que je tiens absolument à rentrer en possession de mon bien et que je ne suis point seule à y être intéressée, le receveur général du clergé, M. de Penautier, ayant la même détermination que moi-même. Quant au contenu de cette cassette, vous ne trouverez en ce qui me concerne que des lettres, des lettres écrites par une femme éprise à son amant, toutes de caractère fort privé. Madeleine de Sainte-Croix ici présente pourra en témoigner. Il s'y trouve également une reconnaissance de dette, elle est fausse et ma signature en a été contrefaite, cela sera prouvé aisément.

Cluet l'interrompit. Il n'appréciait guère d'être reçu avec une amabilité qu'il jugeait parfaitement hypocrite et le verre de vin lui paraissait amer. Il ne l'avait accepté que parce qu'il avait grand-soif.

— Madame, si votre conscience est tranquille, ne vous tourmentez donc pas et laissez faire la justice.

La marquise le regarda d'un œil glacial. Cet homme allait tout compromettre. Creuillebois seul aurait peut-être cédé, mais il ne devait point détenir la cassette. Cluet, qui la haïssait, l'avait sans doute réclamée afin de posséder un moyen d'agir contre elle.

— Doutez-vous de ma parole, monsieur Cluet ?

— Non point, madame, la levée des scellés va se faire incessamment et vous serez donc tranquillisée sous peu.

— La justice est lente et vous oubliez M. de Penautier. Lui, n'attendra pas.

Les sergents s'étaient levés.

— Madame, dit Creuillebois, si M. de Penautier a une requête à faire concernant cet objet, il devra la présenter lui-même. Nous n'avons plus rien à nous dire.

Marie-Madeleine s'était levée également ainsi que Madeleine de Sainte-Croix. L'obstination stupide de ces hommes la faisait trembler. Que pouvait-elle encore tenter ? Elle se résolut à les menacer.

— Si vous vous entêtez, vous vous en repentirez car j'ai des amis influents qui vous briseront. Sachez que s'il tombe une goutte sur moi, il pleuvra sur M. de Penautier et le receveur général du clergé ne vous le pardonnera jamais. Maintenant, vous savez où se trouve votre intérêt. Quand doit avoir lieu la levée des scellés ?

Cluet avait pris son chapeau et se dirigeait vers la porte, suivi de Creuillebois.

— Le 11 août, madame, au domicile de M. de Sainte-Croix. On vous y convoquera.

La voix de la marquise était dure.

— La cassette ne devra point y être.

Cluet s'arrêta et la regarda. Il ne souriait pas mais ses yeux exprimaient la joie d'une personne tenant enfin sa vengeance.

— Elle y sera, madame.

CHAPITRE LII

Rue des Bernardins, 11 août 1672

Le commissaire Picard s'était éveillé à l'aube. La levée des scellés de cette cassette en présence de M. le Lieutenant civil le préoccupait fort. Il prévoyait que l'affaire serait importante et suivie de répercussions dont on pourrait beaucoup parler. Des rumeurs se répandaient, affirmant que le poison circulait partout dans Paris, des prêtres disaient recevoir d'étranges confessions. Toutefois le roi était fort accaparé par les débuts de la guerre contre la Hollande, les bruits se perdaient, sans attirer attention du pouvoir. Picard avait fait convoquer un apothicaire, M. Lebel, afin de lui confier les fioles pour un prompt examen. Si, comme il le pensait, elles recelaient des substances toxiques, la marquise de Brinvilliers perdrait de sa suffisance. Picard n'aimait pas Marie-Madeleine ; son arrogance, sa rudesse l'impatientaient. Les femmes pour lui se devaient de ne point quitter leur foyer et de trouver le bonheur auprès de leur famille. Ces grandes dames n'étaient que des perverses.

Il quitta son lit, jeta un coup d'œil à sa montre ; il n'était que cinq heures. Le soleil se levait et donnait à la rue du Petit-Pont où il demeurait une apparence paisible, provinciale. Picard se tint un instant devant la fenêtre, respirant l'air du matin quand il vit un homme à pied, portant un papier enroulé à la main devant sa maison. La sonnette retentit, et il hésitait à aller ouvrir lui-même lorsqu'il entendit les pas de son domestique dans le couloir.

— Qu'était-ce, Gaspard ?

Le commissaire avait entrouvert sa porte et guettait le retour du valet.

— Un mot de M. le Lieutenant civil. On m'a dit que c'était fort urgent et qu'il me fallait vous éveiller au cas où vous dormiriez encore.

— Donne vite.

Picard prit le papier et referma la porte. Toujours en chemise, il portait un bonnet sur la tête.

Devant être dégagé à neuf heures le matin pour une autre affaire portée à ma connaissance tard cette nuit, je vous serais très obligé de vouloir bien vous présenter dès sept heures au domicile de feu le chevalier de Sainte-Croix, sis rue des Bernardins, afin de procéder à la levée des scellés. Vous aurez l'obligeance de faire prévenir les sergents, le greffier, l'apothicaire et les procureurs. Je suis, etc.

Picard replia le papier et sonna vigoureusement. Gaspard qui s'était recouché sauta sur ses pieds.

L'horloge du couvent des Bernardins annonçait sept heures lorsque Picard rencontra au coin de la rue Pavée et de la rue de Bièvre les sergents Cluet et Creuillebois, ce dernier portant sous le bras la précieuse cassette. La porte de la maison des Sainte-Croix était ouverte, ils entrèrent sans frapper et retrouvèrent Lebel en conversation avec Delamarre. Cluet demeura dans le vestibule à attendre le lieutenant civil, Creuillebois déposa la cassette dans le salon sur l'unique table qui y demeurait. La pièce carrée, nue, ressemblait désormais à une antichambre ou à quelque bureau d'huissier. A sept heures et cinq minutes, le lieutenant civil apparut. Il attachait une grande importance à cette affaire, tenant à la mémoire de son prédécesseur Antoine d'Aubray. On avait bien dit lors de son décès que sa mort n'était point naturelle, mais les soupçons se portant sur sa sœur lui avaient semblé alors très exagérés. La découverte de cette cassette pouvait tout remettre en question.

On se salua, on échangea quelques civilités puis le magistrat, qui était fort pressé, demanda qu'on lui montrât cette cassette.

— Elle est là, Monsieur, dit Picard.

Le groupe se retrouva autour de la table. Delamarre était très attentif, devant intervenir aussitôt que possible pour défendre Mme de Brinvilliers. Elle lui avait affirmé que la reconnaissance de dette était un faux, que les fioles ne lui appartenaient point et suppliait M. le Lieutenant civil d'avoir la retenue de ne pas lire les lettres.

— Donnez-moi un canif, demanda le lieutenant civil à Picard.

Le commissaire se tourna vers Cluet qui en tira un de sa poche. D'un geste précis le magistrat fit sauter les cachets de cire, prit la clef que lui tendait Creuillebois et souleva le couvercle de la cassette. Il lut en silence le billet écrit par Sainte-Croix, saisit l'enveloppe vierge et l'ouvrit. C'était en effet une reconnaissance de dette de trente mille livres rédigée en faveur du chevalier, signée par la marquise de Brinvilliers et datée du mois d'avril 1670. Delamarre intervint aussitôt :

— Monsieur, la marquise de Brinvilliers proteste avec la dernière énergie. Elle tient à vous faire savoir par ma bouche que s'il se trouvait dans cette cassette une promesse signée d'elle de la somme de trente mille livres, ce serait une pièce supposée d'elle contre laquelle elle entendrait se pourvoir pour la faire déclarer nulle.

Le lieutenant civil écouta attentivement le procureur. Mme de Brinvilliers avait le droit de se défendre.

— Nous verrons cela. Son écriture sera examinée ainsi que sa signature. La justice prendra alors une décision.

L'enveloppe adressée à Pierre-Louis Reich de Penautier contenait deux billets, l'un daté de 1669 et signé de sa main, faisant Jean-Baptiste de Sainte-Croix débiteur de Mme de Brinvilliers en transfert d'une somme de dix mille livres que ladite dame lui devait antérieurement. Le second, signé également par lui, priant Sainte-Croix de payer dix mille livres à un sieur Cresson, marchand. A ce billet était joint un autre papier, signé celui-ci de Cresson, reconnaissant avoir reçu à titre d'acompte de Sainte-Croix deux mille livres et douze sols.

Le lieutenant civil posa les papiers sur la table. Tout ceci n'était pas des plus compromettants, quoique les dates correspondissent pour le billet de la marquise de Brinvilliers aux mois qui avaient précédé la mort de son frère Antoine, et pour celui de Penautier à celle de Saint-Laurent de Hannyvel, son prédécesseur dans la charge de receveur général du clergé. Laissant de côté les fioles qu'il voulait examiner en dernier, il prit le paquet de lettres attachées ensemble par une simple ficelle et les compta. Elles étaient au nombre de trente-quatre. Le greffier, installé dans un fauteuil, écrivait sur ses genoux ; il fit répéter le chiffre et l'on entendit le grincement de la plume sur le papier.

— Monsieur, intervint encore Delamarre, la lecture de ces lettres est-elle nécessaire ? La marquise de Brinvilliers, vu le caractère intime de leur contenu, préférerait les voir détruites afin de conserver son honneur.

— Conserver son honneur ?

Cette dame qui s'était ruinée, qui avait abandonné

ses enfants et se trouvait présentement retirée à Picpus ne devait point y être trop sensible.

— Je ne les lirai pas présentement, monsieur le Procureur, mais les remettrai à la justice. Rassurez cependant Mme de Brinvilliers, elles ne seront pas divulguées.

Il ne demeurait plus dans la cassette que les flacons et quelques paquets carrés confectionnés avec de simples papiers repliés.

— Monsieur Lebel, appela le lieutenant civil.

L'apothicaire s'avança. Huit heures sonnaient.

La Chaussée avait quitté l'établissement du sieur Gaussin où il était employé comme garçon baigneur et, de Grenelle, s'était hâté vers la rue des Bernardins. Tout était parfaitement clair dans son esprit, il ne doutait pas du succès de son entreprise. S'il mettait beaucoup d'audace et de promptitude dans l'action, nul ne pourrait l'arrêter. L'avant-veille le valet était demeuré tard dans la nuit auprès de la marquise de Brinvilliers. Ils avaient ensemble évoqué plusieurs desseins avant de s'arrêter sur celui qui se trouvait être le plus simple : La Chaussée se rendrait avant la levée des scellés rue des Bernardins, où il guetterait l'arrivée du commissaire Picard et de ses sergents. Se glissant promptement dans la maison à leur suite, il s'efforcerait de repérer la cassette afin de s'en emparer et de s'enfuir aussitôt. Un ami l'attendrait sur le quai avec un tombereau de foin où il dissimulerait l'objet qui serait porté au plus vite à Picpus. Marie-Madeleine le détruirait elle-même.

L'air était encore frais à cette heure matinale. La Chaussée, qui avait fort bien dormi, se sentait dispos. Il avait envisagé soigneusement chacun des empêchements possibles et se sentait prêt à les surmonter. Cette cassette le tourmentait tout autant que Mme de Brinvilliers. Si, réellement, il s'y trouvait des poisons et qu'on puisse prouver leur appartenance à la marquise, on remonterait aisément jusqu'à lui et il n'échapperait point à la roue. Il regrettait, une fois ses missions accomplies, de ne s'être pas retiré à la campagne. Il n'avait pu s'y résoudre, l'air de Paris lui étant indispensable. C'était là qu'on faisait des rencontres, qu'on avait l'opportunité d'affaires intéressantes, là où se trouvaient les tavernes et les filles. En province, il serait mort d'ennui.

La marquise avait été convoquée à neuf heures le matin rue des Bernardins, M. Delamarre la représenterait et défendrait ses intérêts. Il fallait donc que La Chaussée se trouve à son poste dès huit heures, ces messieurs pouvant survenir avant le temps prévu afin de discuter de l'affaire.

La Chaussée quitta la rue Pavée et tourna dans la rue des Bernardins. Il ne se pressait plus et eut même l'envie de s'arrêter chez un marchand de vin afin de se rafraîchir. « Attendons encore un peu, pensa-t-il, dans un moment j'aurai tout mon temps et l'esprit plus tranquille. »

Devant la maison de Sainte-Croix, tout était calme, la porte fermée. Un carrosse attendait au coin de la rue Pavée afin de ne pas gêner la circulation. Il n'y avait pas pris garde sur le moment mais l'aperçut en prenant sa faction. A qui appartenait-il ? Y avait-il déjà quelqu'un chez son maître ? Une vague inquiétude le saisit et il marcha vers le cocher pour lui demander à qui il appartenait. L'homme, d'un air taciturne, se fit prier mais devant une pièce d'un sol consentit à avouer que ce carrosse était celui de M. le Lieutenant civil. La Chaussée sursauta. Le drôle était donc déjà dans les lieux.

— Je devais rencontrer M. le Lieutenant civil à neuf heures, il se trouve bien en avance.

— Le rendez-vous a été changé et si vous voulez le voir, vous feriez bien de vous hâter.

La Chaussée déjà était reparti, ayant oublié dans sa hâte de questionner le cocher sur son heure d'arrivée. Il poussa la porte qui n'était point fermée au verrou et entra furtivement. Des voix parvenaient du salon qu'il devait traverser pour rejoindre le petit escalier montant à la chambre de Sainte-Croix où se trouvait sans doute la cassette.

Un instant, La Chaussée s'immobilisa devant la porte close, puis résolument la poussa. Tous les visages se tournèrent vers lui. Le procureur et l'apothicaire masquaient la cassette, et La Chaussée ne la vit point.

— Messieurs, dit-il d'une voix claire, je viens faire opposition aux scellés.

Il y eut un silence, cette arrivée soudaine surprenait tout le monde. Enfin le lieutenant civil s'avança d'un pas.

— A quel titre, monsieur ?

— Au titre que je me trouve le créancier de M. de Sainte-Croix qui me doit deux cents pistoles et cent écus blancs. Je veux récupérer mon bien.

— Il n'y a rien ici, dit le magistrat, faites une demande à la justice.

— A la justice ? Monsieur le Lieutenant civil veut plaisanter ? La justice se soucie-t-elle d'un pauvre bougre comme moi ? Je sais où mon argent se trouve, mon maître l'a déposé dans le laboratoire qui jouxte sa chambre et je vais de ce pas aller me rembourser.

La Chaussée traversa le salon d'un pas ferme et allait pousser la porte qui le fermait à son extrémité lorsque Picard l'arrêta.

— Je vous suis, monsieur, vous ne trouverez rien vous appartenant et je veux vous empêcher de vous emparer de ce qui n'est point à vous.

Ils montèrent l'escalier menant à cette chambre isolée du reste de la maison où Sainte-Croix travaillait sans être dérangé. Le valet pénétra dans la pièce entièrement vide. N'y apercevant pas la cassette, il se dirigea vers le laboratoire. Picard le suivait.

— Monsieur, appela-t-il.

La Chaussée se retourna.

— Que cherchez-vous exactement, de l'argent ou une cassette appartenant à Mme de Brinvilliers ? S'il s'agit de la cassette, sachez qu'on vient de l'ouvrir et d'y découvrir des choses fort intéressantes.

Picard comprit que ses paroles avaient frappé juste. La Chaussée devint extrêmement pâle. Tout était perdu. Il resta un instant atterré, le regard du commissaire prouvait qu'il disait vrai, cet homme-là ne cherchait pas à l'impressionner. D'un bond La Chaussée fut devant Picard. Il le bouscula, se précipita dans l'escalier, traversa à nouveau le salon en courant et fut dans la rue. Personne ne le poursuivit, Cluet qui s'était avancé avait été arrêté par le lieutenant civil.

— Laissez-le, nous le tiendrons bientôt.

Delamarre qui ne connaissait pas La Chaussée ne s'était point troublé. Il avait hâte d'aller rendre compte de la bonne fin de sa mission à la marquise et de lui annoncer qu'elle pouvait se tranquilliser pour les lettres. Son honneur ne serait pas atteint dans le monde.

— Continuons, messieurs, dit le magistrat.

Picard, qui les avait rejoints, était retourné. L'audace de cette femme allait la perdre : l'acharnement qu'elle mettait à récupérer son bien était une preuve évidente de sa culpabilité. Maintenant il aurait juré que cette cassette contenait effectivement du poison. Un par un le magistrat retirait les flacons, le premier contenait un liquide clair semblable à de l'eau ; le second, qui avait la forme d'une chopine de Rossolès [1], une solution assez transparente mais comportant un

1. Apéritif très prisé à cette époque. Louis XIV en prenait.

sédiment nébuleux ; le troisième renfermait une poudre. Le lieutenant civil les tendit à Lebel qui les serra dans un grand portefeuille de toile. Au fond de la cassette il ne restait plus qu'une demi-douzaine de paquets et une petite boîte de fer-blanc de forme rectangulaire. Lebel referma la pochette qu'il attacha soigneusement avec une sangle de cuir.

— Examinez cela, monsieur, et faites-moi savoir au plus tôt le résultat de vos expériences.

Le lieutenant civil salua et sortit. Il était neuf heures moins le quart. La rue des Bernardins était fort animée, il dut se frayer un passage jusqu'à son carrosse près duquel tournaient des enfants. La culpabilité de la marquise de Brinvilliers n'était peut-être pas si absurde. Il allait devoir faire part de ses doutes à M. de La Reynie, prononcer ce nom si respecté des d'Aubray, et il songea que sa charge comportait parfois de pénibles moments.

CHAPITRE LIII

13 août 1672

— Menez-moi à l'hôtel Galland, ordonna Marie-Madeleine.

Le cocher la considéra d'un air ahuri.

— Madame, je ne sais point où se trouve cette demeure. Dois-je aller au Louvre, au Palais-Royal, au Grand Châtelet ? Je connais ces lieux-là et peux vous y conduire.

— Portez-moi dans le Marais, je vous montrerai ensuite le chemin.

La voix de Marie-Madeleine était irritée. Depuis l'échec de La Chaussée elle n'avait pu trouver le moindre moment de sommeil. Vers qui se tourner désormais ? Elle passait depuis l'avant-veille d'instants de désespoir à des mouvements d'intense colère. Cluet s'était empressé de venir lui conter le coup de main de La Chaussée. Surprise, elle avait rougi, s'était troublée et avait affirmé qu'elle se moquait de cette affaire montée de toutes pièces contre elle par ses ennemis, qui seraient bientôt confondus. « Espérons-le, madame, avait rétorqué le sergent, sinon c'est vous qui serez démasquée. »

Elle l'avait mis dehors. L'insolence de cet homme

était sans limite et elle éprouvait un violent dépit de ne le pouvoir faire bastonner.

La veille au soir, Geneviève dépêchée une fois encore chez Penautier en était revenue toute joyeuse : il se trouvait chez lui. Elle n'avait point demandé à être reçue, n'ayant pour cela pas d'instructions, mais les domestiques qui déchargeaient les malles lui avaient confirmé le retour définitif du receveur général et de son épouse. Il s'était décidé soudainement à regagner Paris pour une raison que sa maison ne connaissait point.

L'espoir revenait. Pierre-Louis la secourrait, donnerait de l'or, ferait disparaître cette cassette qui gâtait sa vie désormais. Cette existence qu'elle avait crue exécrable devenait soudain précieuse devant la terreur d'être arrêtée, jugée et condamnée.

Dans la voiture de remise, vêtue de la seule robe élégante qui lui restât, masquée, coiffée en boucles ramassées derrière la tête et recouvertes par une gaze de soie, elle s'éventait de temps à autre selon le cours de ses pensées. Lorsque celles-ci étaient trop inquiétantes, elle posait l'éventail afin d'y porter une attention plus grande. Il fallait, non point convaincre Penautier d'agir, celui-ci sachant où se trouvait son avantage, mais le supplier d'agir vite. La cassette restait toujours entre les mains du lieutenant civil, les poisons dans celles de l'apothicaire. Si ce dernier avait commencé à les éprouver, il ne pouvait avoir rédigé encore aucun rapport précis. C'était le moment où de l'or judicieusement dispensé rendrait inoffensifs les toxiques les plus venimeux, limpides les eaux, anodines les poudres. L'or était le meilleur des contrepoisons et l'apothicaire, s'il en prenait en abondance, se verrait guéri des soupçons qui auraient pu déranger son esprit.

La voiture franchit l'enceinte de Charles V par la porte Saint-Antoine et longea les fossés de la Bastille.

Marie-Madeleine n'avait pas voulu se présenter trop tôt à l'hôtel Galland, elle voulait surprendre Pierre-Louis mais non pas l'importuner. Le revoir après une longue séparation était un bonheur. Sa présence abolirait les jours d'humiliation et devant cet homme fort, puissant qui était son ami, elle se sentirait à nouveau une grande dame.

— Madame, vous voici rue des Quatre-Fils, est-ce loin ?

— C'est ici. Laissez-moi devant le portail et attendez-moi.

La porte cochère était fermée. Elle aurait voulu attendre un instant afin de se remettre tout à fait, de se préparer, mais le regard du cocher l'obligea à sonner. Le portier qui ouvrit le judas était un vieil homme au service de Penautier depuis fort longtemps.

— Madame la Marquise ! s'exclama-t-il.

Il ouvrit la porte.

Marie-Madeleine se trouvait dans la cour carrée, entourée par les trois corps de bâtiments et décorée d'orangers dans des caisses de bois peint. Le portier la mena jusqu'au perron où un domestique l'attendait. La marquise ôta son masque. Elle vit dans la cage d'escalier un grand portrait de Pierre-Louis assis à son bureau, il devait être récent car elle ne le connaissait pas.

— Madame la Marquise veut-elle entrer un instant au salon ? demanda le domestique. Je vais faire prévenir Madame de sa présence.

— Je suis venue voir M. de Penautier, répondit Marie-Madeleine sèchement.

— Monsieur n'est pas là, madame la Marquise, il est sorti sur le coup de huit heures.

Marie-Madeleine, sur le point de pénétrer dans le salon dont la porte se trouvait ouverte, s'immobilisa.

— Quand sera-t-il de retour ?

— Je ne sais pas, madame la Marquise, il n'a pas

mentionné d'heure. Madame le saura sans doute. Voulez-vous patienter un instant ?

La marquise de Brinvilliers pénétra dans le salon. Cette nouvelle contrariété la fâchait. Qu'avait-elle à faire de Catherine Le Secq ? Elle la prierait de lui apprendre à quel moment Pierre-Louis devait regagner son hôtel et selon sa réponse l'attendrait ou s'en irait aussitôt.

Venant du premier étage, Marie-Madeleine entendit un bruit de voix forte, emportée, puis un claquement de porte, le silence enfin. Elle allait prendre le parti de s'asseoir lorsque la porte s'ouvrit avec fracas, la faisant se retourner vivement. Catherine de Penautier, en tenue du matin, décoiffée sous un bonnet de dentelle, était à quelques pas, les marques de la plus vive colère sur le visage.

— Madame, j'ignore ce qui vous a poussée à venir chez moi, mais assurément votre place ne s'y trouve pas.

La stupéfaction ne rendit muette Marie-Madeleine qu'un court instant. Une rage froide, implacable, la gagnait.

— Je ne suis point venue essuyer vos propos venimeux, madame, mais rencontrer M. Penautier mon ami, qui ne se trouve être votre mari que par le plus malheureux des hasards.

— Taisez-vous, madame, et sortez !

Catherine Le Secq, petite et ronde, semblait sur le point d'exploser en imprécations. La marquise se raidit et considéra son interlocutrice d'un regard glacial. Elle la méprisait trop pour élever la voix.

— Je demeurerai ici à attendre Pierre-Louis.

— Sortez, répéta Catherine.

Elle était rouge et commençait à trembler.

Marie-Madeleine eut un petit rire méprisant.

— Et pourquoi voulez-vous aussi fort vous débarrasser de moi, madame, craignez-vous quelque chose ?

Catherine de Penautier avait reculé d'un pas.

— Votre présence suffit à compromettre une maison. Vous êtes chargée des plus infâmes soupçons que vous désirez faire porter sur mon mari afin de vous disculper. Nous savons fort bien vos manœuvres, comment vous proclamez partout que Pierre-Louis est intéressé autant que vous dans cette affaire ignoble dont tout Paris bavarde et qui cause à mon mari un tort considérable. Vous êtes une menteuse et une misérable. Sortez !

Sa voix monta encore, elle hurlait presque en prononçant le dernier mot. Marie-Madeleine demeurait figée sur place. Elle fit un effort pour se dominer. Braver cette furie ne servait à rien, elle était trop stupide pour comprendre l'importance de sa démarche, qui n'échapperait pas à Pierre-Louis.

— Madame, je m'en vais mais vous regretterez les paroles que vous venez de prononcer, croyez-le. Si je voulais dire ce que je sais à certaines personnes, je vous jure devant Dieu que ce soir vous coucheriez au Châtelet. Maintenant vous ne me reverrez plus mais parlez de ma visite à votre mari, cela est votre intérêt. Ne lui demandez rien, pas même de m'aller voir et vous verrez s'il se montre aussi sensible dans son amour-propre que vous. Adieu, madame.

Marie-Madeleine passa devant Catherine de Penautier. Tremblante de rage, celle-ci prit la marquise par les épaules et la poussa dehors jusque dans le vestibule où les deux valets impassibles la regardèrent sortir.

Dans la voiture Marie-Madeleine se mit à trembler à son tour. Peu à peu, les paroles de Catherine de Penautier lui revenaient en mémoire. Elle avait dit que tout Paris bavardait de son affaire. Comment des inconnus, ces gens du monde hautains et suffisants osaient-ils avoir un jugement sur elle ? Comment une Catherine Le Secq aurait-elle pu la comprendre ?

La voiture arrivée à Picpus, elle paya le cocher et

regagna sa chambre. Penautier viendrait, elle n'en doutait pas, il viendrait parce que, séparés, leurs combats se trouvaient perdus d'avance.

Marie-Madeleine s'assit dans un fauteuil, cherchant le repos, mais ses pensées toujours revenaient sur Cluet, sur Picard, sur Catherine de Penautier ; ils se ressemblaient, ils avaient le même regard dur, le même sourire cruel, le même visage fermé.

Elle devait sommeiller lorsque Geneviève lui toucha l'épaule.

— M. de Penautier est en bas.

« Il n'a pas tardé, pensa Marie-Madeleine, je le savais, Pierre-Louis est un homme d'action. »

La présence de son ami lui donnait un regain d'énergie. Maintenant il se trouvait devant elle et ils se considéraient en silence.

— Voilà longtemps que nous ne nous sommes vus, murmura Marie-Madeleine.

— Trop longtemps.

— Je viens de chez vous.

— Je le sais, pardonnez-moi, ma femme ne parlait pas en mon nom.

Marie-Madeleine tendit les mains et Pierre-Louis les prit dans les siennes. Il était accouru chez la marquise, mécontent de son épouse. Ce que Marie-Madeleine pouvait tenter contre lui était fort dangereux ; il savait qu'elle avait le pouvoir de le perdre. Il fallait l'écarter, se sauver en l'ôtant de Paris. Un rapport reçu dans ses terres l'avait alarmé. Jusqu'alors il ne s'était pas résolu à bouger, tout ne reposant que sur de vagues soupçons. Maintenant l'affaire devenait sérieuse, la cassette se trouvait entre les mains de la justice. De Sainte-Croix, il n'avait pu venir à bout, ayant tout tenté cependant pour le faire revenir sur son entêtement. Comment avait-il pu se fier à cet homme ? Il avait été pressé par le temps et il payait cher cette erreur. La marquise de Brinvilliers devrait être une alliée, ayant les mêmes raisons d'agir que lui-même, mais elle pourrait également être une gêne considérable en associant son sort au sien. Seul, il pouvait se sauver, il avait de la fortune, des relations, mais cette femme se trouvait si gravement compromise que toute tentative de la tirer d'affaire avec lui était perdue d'avance. Le danger devenait grand et il ne pouvait se charger d'elle. Ayant décidé de couper définitivement le lien qui les unissait, il était venu à Picpus dans ce dessein. Penautier était si entièrement occupé par sa résolution qu'il ne remarqua pas l'angoisse et l'espérance mêlées chez Marie-Madeleine. Il voulait seulement la persuader de partir le plus vite possible.

— Sommes-nous perdus ? demanda Marie-Madeleine.

Elle attendait d'être rassurée.

— Madame, je ne connais pas ce mot et vous non plus sans doute. Je sais qu'il court des bruits dans Paris, mais je ne les laisserai pas s'étendre davantage.

La marquise avait envie de poser son visage entre ses mains pour permettre enfin à toutes les peurs qui l'assaillaient depuis des jours et des jours de se calmer. Elle crut qu'elle allait pleurer et fit un effort très vif pour se ressaisir afin de ne point se montrer faible devant son ami.

— Je ferai ce que vous me direz de faire. Ne faut-il pas reprendre cette cassette par tous les moyens ?

Penautier lâcha ses mains.

— La reprendre n'est plus possible, ce que nous devons faire maintenant est de rendre nos ennemis sans puissance contre nous.

— Et comment cela ?

— Laissez-moi agir seul, j'ai les moyens de réussir. L'homme qui me mettra à terre ne s'est point encore présenté.

Marie-Madeleine s'était écartée. Elle se tenait devant son miroir et y jeta un regard triste.

— Que faites-vous de moi ?

— Je vais vous aider à quitter la France. Vous hors du royaume, l'affaire s'apaisera doucement et dans un an ou deux on n'en parlera plus.

Partir ? Marie-Madeleine vit son visage fatigué sous la coiffure élégante, en aurait-elle la force ?

— Je ne saurais où aller, monsieur. Les charges contre moi sont-elles si graves ?

— Des plus graves, madame. Il se trouve dans cette cassette des poisons censés vous appartenir et beaucoup de personnes pour témoigner que votre père et vos frères sont morts bien vite.

— Ne dites pas cela ! s'écria Marie-Madeleine.

Penautier raffermit sa voix, il fallait l'inquiéter afin de la faire céder.

— Madame, ne vous dissimulez pas à vous-même la vérité, ce serait indigne de vous ! Un habile avocat vous tirerait peut-être d'affaire, mais à votre place je ne le tenterais pas. Partez.

Marie-Madeleine considéra longuement Pierre-Louis, qui posait sur elle un regard ferme, bienveillant. Cet homme était réellement son ami.

— Où pourrais-je me rendre, je n'ai point de relations hors du royaume ?

— J'en ai, madame, et ne vous abandonnerai pas. Me donnez-vous votre confiance ?

La voix de Penautier était affectueuse, maintenant qu'il la sentait fléchir. En quelques pas il fut près d'elle.

— Je suis à vos côtés et vous apporterai mon aide. Dans quelques jours tout sera prêt, vous n'aurez qu'à suivre mes instructions et cette cassette ne vous tourmentera plus.

Marie-Madeleine se laissait bercer par la voix de Pierre-Louis. Il s'occuperait de tout, il la sauverait.

— Vous demeurerez quelques mois à l'étranger pendant lesquels j'userai de mon crédit pour nous disculper. Dès que tout danger sera écarté, je vous le ferai savoir et vous pourrez revenir. Nous chercherons alors à vous donner la possibilité de retrouver quelques biens et une vie digne de vous. N'est-ce pas une bonne résolution ?

Penautier avait posé sa main sur la joue de Marie-Madeleine. Il fallait qu'elle parte, absolument.

— Oui, murmura la marquise.

Elle se sentait apaisée. Allait-elle se laisser effrayer par un exil aussi bref ? Cela serait une nouveauté dans l'ennui actuel de sa vie. Les choses qui l'entouraient lui parurent loin déjà. Toujours dans son existence elle s'était portée ainsi en avant sans se retourner.

— Vous ne serez pas inquiétée, affirma Penautier.

La voix était persuasive, la caresse de sa main lui fit fermer les yeux.

Pierre-Louis était heureux. Tout se passait selon ses désirs. Marie-Madeleine partie il commencerait à agir. Colbert était pour lui, ainsi que l'archevêque de Paris, et une quantité de gens fort considérables, portés de son côté par le courant, par la force de son or. La corde le liant à la marquise se trouvait coupée, entraînant des souvenirs dont il ne voulait plus. Il s'écarta.

— Suivez en tout mes instructions. Je vous donnerai de l'argent, des adresses. N'ayez aucune crainte.

— Avec vous, murmura Marie-Madeleine, je ne serais point tombée.

Pierre-Louis la regarda.

— Marie-Madeleine, la vie exige des choix. Je vous ai, depuis le premier instant de notre rencontre, trouvée belle, courageuse. Votre caractère, votre goût pour la lutte m'impressionnaient, mais mon désir à moi était de grandir. J'avais de hautes ambitions et rien ne devait barrer la route me permettant de les atteindre. Sur ce chemin il n'y avait pas de place pour la tendresse, pas même pour l'amitié. Ne regrettez rien en ce qui me concerne, assurément je vous compte parmi mes rares amis, et pour toujours.

Il prit à nouveau ses mains et les embrassa.

— Allons, il me faut partir et ne point m'attendrir. Nous ne nous reverrons plus dans les temps qui viennent mais vous recevrez de mes nouvelles bientôt. Ne m'oubliez pas tout à fait.

Marie-Madeleine pleurait. Elle ne vit pas Penautier sortir, entendit seulement le bruit de la porte qui se refermait.

CHAPITRE LIV

4 septembre 1672

Il était cinq heures trente du matin. Depuis la tombée de la nuit l'officier de police Thomas Régnier suivait un homme dissimulé dans un vaste manteau. Cette surveillance l'avait conduit tout d'abord chez un marchand de vin, puis dans la cour d'une maison de la rue Saint-Antoine où l'homme avait pénétré chez le portier, y demeurant une heure environ, enfin dans une taverne derrière la Bastille qu'il connaissait fort bien pour être une maison de jeu et de débauche. On y rencontrait parfois de grands seigneurs, la plupart du temps des aventuriers prêts à tout pour obtenir quelques écus.

Thomas Régnier attendait le moment propice pour appréhender au corps cet homme et pour le reconnaître formellement. Il l'avait rencontré à plusieurs reprises lorsque celui-ci était garçon baigneur dans l'établissement du sieur Gaussin à Grenelle, et pouvait l'identifier aussitôt.

La nuit n'était pas froide et l'officier de police, adossé sous une lanterne au mur d'une maison proche de la taverne, surveillait le mouvement des clients. Il portait à la ceinture deux pistolets et se sentait en sécurité. Depuis le temps qu'il travaillait pour Nicolas de La Reynie, les rues de Paris ne l'effrayaient plus guère. Il en connaissait toutes les ruelles, les culs-de-sac, les cours, les endroits où l'on était certain de cueillir tranquillement, à son heure, les escrocs, voleurs, assassins, trafiquants de toutes sortes. Rien ne l'impressionnait, ni la morgue des grands lorsqu'ils se trouvaient confondus, ni la soumission des petits, la supplication des filles menacées d'être jetées à Saint-Lazare ou leurs manœuvres afin de l'émouvoir.

Le personnage qu'il surveillait ne lui donnait aucune répugnance particulière. Ses supérieurs l'avaient instruit de l'affaire en insistant sur la volonté des magistrats qu'il soit arrêté le plus promptement possible. Comme il le connaissait, on l'avait tout naturellement chargé de l'appréhender.

Paris s'éveillait. Déjà, avec l'aube, les premiers artisans arrivaient des faubourgs ainsi que les colporteurs et les marchands ambulants, les servantes à la journée, les cochers de voitures de remise, tout un monde de gens à pied, marchant vivement droit devant eux de peur de se trouver en retard. Un chat vint se frotter aux jambes de l'officier de police, il l'écarta d'un coup de botte. Le drôle n'allait plus tarder à sortir maintenant et il lui fallait être vigilant. Sa déposition était capitale, lui avait-on dit, grâce à elle on pourrait procéder à l'arrestation d'une grande dame qui croyait, présentement, pouvoir échapper à la justice. Rien n'étonnait Thomas Régnier. Il avait vu des assassins parmi les grands seigneurs, des tricheurs, des escrocs parmi des financiers respectés, des voleurs chez des magistrats réputés intègres, des bourgeoises prudes et sévères se prostituant. Qu'une marquise ait pu empoisonner son père et ses deux frères ne le bouleversait pas, mais qu'elle puisse ne pas être punie de ses crimes ne se pouvait accepter. Son rôle en quelque sorte était de représenter la main de Dieu et il en tirait de l'orgueil.

La Chaussée jeta un dernier coup d'œil sur l'assemblée et se décida à sortir avant qu'il ne fasse trop jour. Il se sentait mal à l'aise, inquiet, l'homme qui avait promis de l'aider à quitter Paris n'était point venu et on prétendait qu'il venait d'être arrêté. Depuis sa fuite de la rue des Bernardins, La Chaussée vivait dissimulé le jour, ne sortant qu'à la nuit afin de rencontrer les quelques amis susceptibles de le secourir. Jamais il n'avait douté de sa chance, mais la répétition des contretemps, des échappatoires, des refus commençait à le troubler et lui faisait perdre sa belle humeur.

Il prit son manteau, s'enroula dedans et poussa la porte. C'était la marquise de Brinvilliers qui l'avait mis dans cette situation impossible. Depuis le début de l'affaire, elle agissait avec un incroyable désordre, parlant, se taisant, se contredisant sans cesse, proclamant son innocence alors que rien ne lui était demandé. S'il avait refusé de la revoir, s'il s'était résolu à quitter Paris, il ne se trouverait pas dans cet embarras. Pour plus de sécurité, La Chaussée remonta le rabat de son vêtement qui lui cacha le bas du visage ; sous son chapeau on ne pouvait apercevoir que ses yeux.

Sur le pas de la porte il respira profondément. Il faisait doux et il entendit clairement sonner six coups à une horloge. « Il est bien tard, pensa-t-il, je n'aurais pas dû attendre aussi longtemps un gueux qui m'a laissé choir. » Au moment où il portait son regard à droite et à gauche pour voir s'il ne se trouvait pas de péril, Thomas Régnier se jeta sur lui, enfonçant un pistolet dans ses côtes. La Chaussée fit un bond ; sa résolution, son audace lui donnaient une force extraordinaire, il repoussa le policier et allait se dégager lorsque Régnier le frappa d'un coup de poing sur la tempe. Il vacilla et l'instant perdu laissa son adversaire libre pour saisir son deuxième pistolet et le lui appuyer contre la tête. Les passants s'arrêtaient, il n'était plus question de fuir. Les deux hommes avaient perdu leurs chapeaux et se regardaient à visage découvert sans même d'hostilité.

— Allons, dit La Chaussée, vous m'avez eu et ce n'était pas facile.

— J'avais mon temps, répondit le policier, toi tu étais pressé.

Il prit à sa ceinture des menottes et s'attacha au prisonnier.

— Nous allons au Châtelet, tiens-toi tranquille. Cela nous évitera d'appeler le guet et de cheminer sous escorte.

— C'est mieux ainsi, reconnut La Chaussée, dans ma situation un homme n'a guère besoin de curieux.

Les premières dévotes se rendant à la messe ne se détournèrent pas même sur ces deux hommes cheminant calmement côte à côte. Thomas Régnier et La Chaussée parlaient de vin dont ils étaient l'un et l'autre amateurs.

A la demie de six heures, le Grand Châtelet se trouvait déjà dans la plus grande animation, tous les magistrats y étaient présents, officiant au Parc civil ou dans leurs différentes juridictions. Les longs couloirs, les salles voûtées où il faisait un froid glacial en hiver gardaient l'été une agréable fraîcheur. La lumière y était rare, et l'odeur des herbes coupées dont on jonchait le sol, agréable.

Denis de Palluau finissait d'instruire un premier litige lorsqu'un greffier vint lui dire quelques mots à l'oreille. Il se redressa aussitôt : « Appelez mon secrétaire, un procureur et faites venir tout de suite ces messieurs. » Le conseiller au Parlement était fort remué. Depuis que le lieutenant civil lui avait confié l'affaire de la marquise de Brinvilliers, rien d'important n'était intervenu. Le laquais empoisonneur se trouvait en fuite, la marquise se taisait. Il ne l'avait point encore rencontrée, aucun ordre d'arrêt n'ayant été lancé contre elle malgré un rapport accablant de l'apothicaire. On n'avait rien vu d'aussi redoutable que les poisons contenus dans la cassette. Seule la noblesse de cette femme ralentissait la justice, il le regrettait mais pour agir il lui fallait des ordres.

Lorsque La Chaussée se trouva devant lui, le conseiller fut surpris. Il s'attendait à voir le visage d'un coquin et il contemplait celui d'un bon garçon.

— Monsieur, dit-il aussitôt à Thomas Régnier, nous nous souviendrons de votre habileté. Cet homme a pour la justice la plus grande importance.

Il se leva et alla vers l'officier de police qu'il attira dans un coin. La Chaussée les examinait en souriant, retrouvant sa belle humeur. Que pouvait-on prouver contre lui ? Dreux, Antoine et François d'Aubray étaient morts et enterrés, les rapports du médecin ne parlaient pas d'une façon évidente d'empoisonnement. Il n'était qu'un valet et ignorait tout.

— Allez dès ce matin chez Mme de Brinvilliers, dit Palluau, il faut la surprendre avec cette arrestation et l'observer attentivement. Peut-être se perdra-t-elle ? Ensuite, rendez-vous à Aubervilliers chez le dénommé Jean Briancourt. C'est un clerc, un homme qui ne saura dissimuler. S'il croit la marquise perdue il parlera, ne serait-ce que pour la disculper. Je compte sur un rapport dès ce soir.

Régnier sortit. Il avait pensé regagner son logis et de courir ainsi de Picpus à Aubervilliers l'irritait. Il se sentait de fort méchante humeur contre cette dame de Brinvilliers.

Le greffier, le secrétaire, le procureur s'étaient assis autour de M. de Palluau. Le jour venant de deux étroites fenêtres les éclairait, laissant La Chaussée dans l'ombre.

— Dites-nous votre nom, ordonna le conseiller.

— Jean Hammelin.

— Ne vous appelle-t-on pas La Chaussée ?

— Oui, monsieur.

Les questions se succédaient, des questions banales sur son âge, son lieu de naissance, les emplois qu'il avait remplis. La vue de ces hommes sévères serrés derrière une table amusait La Chaussée ; il ne les craignait pas.

— Vous avez été embauché comme valet par le chevalier Godin de Sainte-Croix au début de l'année 1666 et placé aussitôt chez le lieutenant civil d'Aubray.

Les phrases venaient l'une après l'autre, La Chaussée ne les écoutait point, il était décidé à proclamer sa complète innocence. Qu'avait à faire un valet dans une histoire de grands ? On lui avait demandé de remplir certaines fonctions, il s'en était acquitté avec le plus de zèle possible. Les frères d'Aubray, ses maîtres, ne l'avaient-ils pas remercié en le mettant sur leur testament ? Quant à sa démarche rue des Bernardins elle était à l'évidence embarrassante, mais rien ne prouvait qu'il cherchait la cassette. Il pouvait fournir les preuves que son maître lui devait bien de l'argent et qu'il était venu seulement afin de le récupérer. Si on essayait de le lier par trop étroitement à la marquise de Brinvilliers, il saurait l'écarter. Cette femme était désormais à fuir comme la peste.

Palluau parlait toujours et La Chaussée, les yeux sur les pierres du sol, se raffermissait d'instant en instant. L'affaire n'était pas si effrayante.

— Il a été trouvé sur vous lors de votre arrestation un petit paquet contenant une poudre. Quelle est-elle ?

— Du vitriol blanc pour me débarrasser des rats qui pullulent chez moi.

— Bien, j'ai envoyé deux sergents procéder à la fouille de votre domicile. Nous verrons ce qu'ils en rapporteront.

La Chaussée sursauta. Que possédait-il chez lui ? Il

ne pouvait s'en souvenir. Y avait-il quelques poudres ou quelques liqueurs ? Cela se pouvait, tant de poisons étaient passés par ses mains. Il releva les yeux.

— Nous verrons, répéta-t-il.

Sous la politesse des mots, le conseiller percevait une grande ironie. Cet homme était dangereux et malin, il se décida à pousser plus loin les questions.

— Vous n'ignorez pas sans doute que l'examen des fioles contenues dans la cassette de Mme de Brinvilliers a révélé la présence de substances extrêmement toxiques. Ces poisons auraient été utilisés pour abréger les jours de MM. les lieutenants civils Dreux et Antoine d'Aubray et pour François d'Aubray. Nous vous soupçonnons de les avoir vous-même utilisés et vous serez jugé là-dessus.

— Hé ! monsieur le Conseiller, juge-t-on un valet à qui l'on a ordonné de soigner son maître et qui lui administre une médecine ?

— Une médecine ? Ne vous moquez pas, vous pourriez le regretter. Les chiens, chats, poules, coqs qui ont absorbé vos médecines en sont morts.

— Étais-je moi-même censé expérimenter ces potions avant de les donner à mes maîtres ?

La pensée de la marquise de Brinvilliers occupa soudain La Chaussée. Si elle parlait, il ne s'en tirerait pas. Pourquoi n'y avait-il pas pensé plus tôt ? Il était un imbécile, elle aurait dû être morte depuis longtemps. S'il avait la chance d'être relâché il savait ce qui lui restait à faire.

Régnier arriva à Picpus alors que Marie-Madeleine s'apprêtait à aller entendre la messe. Elle n'y priait guère mais s'y sentait en sécurité. Elle communiait poussée par le besoin de se joindre aux autres, de n'être enfin plus seule pour quelques instants.

Le message de Pierre-Louis ne venant pas, la lassitude, l'envie toujours latente de mourir se manifestaient à nouveau. Elle voyait sans cesse désormais le visage de son père. Pour la première fois, une nuit, ce furent les yeux de son frère Antoine qui la fixèrent, non pas hostiles, mais tristes, ceux d'un homme qui ne comprenait point pourquoi il était mort. Le savait-elle elle-même ?

La messe de dix heures avait déjà sonné. Marie-Madeleine prit son missel, posa une pièce de dentelle sur sa tête et se dirigea vers la porte. Geneviève l'accompagnait habituellement, mais n'était pas encore montée la chercher. Elle distingua des voix au rez-de-chaussée sans y prêter attention, s'arrêtant juste sur l'étroit palier afin de mettre ses gants.

— Je vais prévenir Madame, disait Geneviève. Elle se rend présentement à l'église et il vous faudra attendre son retour.

Régnier hésita. C'était une bonne opportunité que d'accompagner à l'office la marquise de Brinvilliers. Dans une situation aussi naturelle, elle ne pourrait point dissimuler.

Marie-Madeleine descendit l'escalier. Elle vit un homme qu'elle ne connaissait pas et s'arrêta, surprise.

— M. Régnier insiste pour vous voir, Madame, expliqua Geneviève. Je lui ai dit que vous sortiez.

Le cœur de la marquise battait plus fort. Cet homme était peut-être l'envoyé de Penautier.

L'officier de police salua. Cette petite femme indifférente, simplement vêtue ne correspondait en rien à ce qu'il avait imaginé de Mme de Brinvilliers.

— Votre domestique m'apprend que vous partez à la messe. Me permettez-vous de vous accompagner ?

— Avec plaisir, monsieur.

Elle se trouvait joyeuse de cette compagnie. Cet homme avenant, civil, allait lui dire enfin que faire et où elle devait se rendre.

Une confiance spontanée lui venait pour lui et elle tendit la main.

— Me donnerez-vous votre bras ?

Régnier le tendit, malgré son embarras, les choses prenaient une tournure avantageuse. Une femme aussi insignifiante ne saurait lui donner la moindre difficulté. Ils firent quelques pas l'un à côté de l'autre en silence. Un tombereau avait soulevé de la poussière sur le chemin, et les grandes herbes du talus grillées par le soleil semblaient elles-mêmes de la terre desséchée poussée là en hauts rejets.

— Madame, dit Thomas Régnier, vous m'accordez votre bras et je ne me suis pas présenté à vous.

— Monsieur, je sais qui vous envoie et cela suffit à me donner de l'amitié pour vous.

— Et qui donc, madame ?

— M. de Penautier, n'est-ce pas ?

Régnier sursauta. Le financier était compromis dans l'affaire de la cassette, les deux accusés entretenaient donc des relations ?

Il jugea plus habile de ne rien répondre, il ne fallait point l'effaroucher. D'assister ensemble à la messe achèverait de lui donner confiance.

— Nous voici arrivés, madame, dit-il simplement.

L'office était déjà commencé. Régnier tendit en silence à la marquise de l'eau bénite. Elle fit un signe de tête pour le remercier. Marie-Madeleine ne réussit pas à fixer son attention sur un seul mot de la cérémonie. La présence près d'elle de cet homme qui lui semblait un secours lui faisait sentir avec plus de force encore sa solitude. Pourquoi Pierre-Louis ne lui avait-il point fait de communication ? Pas un être ne la retenait, pas un souvenir, pas une espérance. De ses enfants elle n'avait pas de nouvelles ; son mari, tout d'abord réfugié dans son ancienne propriété de Sains, avait disparu un jour sans laisser de traces afin d'échapper aux créanciers. Il lui avait écrit deux lettres, puis s'était tu.

Le prêtre donnait la dernière bénédiction, l'office était dit.

— Me raccompagnez-vous, monsieur ?

Sur le chemin du retour, Mme de Brinvilliers se serrait un peu contre l'officier de police. Celui-ci jugea le moment venu de parler.

— Madame, il me faut vous apprendre la raison de ma présence auprès de vous. Je suis envoyé par M. de Palluau, conseiller au Parlement.

Marie-Madeleine lâcha le bras de Régnier.

— Qu'est cela, monsieur, et que voulez-vous dire ?

— Cela veut dire que je suis chargé de vous apprendre une nouvelle fort récente et qui est susceptible de vous intéresser.

Marie-Madeleine se sentait prête à se défendre.

— Laquelle, je vous prie ?

Elle avait envie de partir, de fuir ces traquenards, ces sourires qui cachaient des ennemis.

— Madame, un certain Jean Hammelin, dit La Chaussée, a été arrêté par moi ce matin.

Marie-Madeleine rougit violemment, elle était si surprise qu'elle dut s'arrêter un instant : La Chaussée pris ! Il fallait que Penautier le sache aussitôt afin de hâter son départ.

— Qu'y a-t-il, madame, vous ne dites rien ?

Thomas Régnier l'observait attentivement. La nouvelle avait bouleversé la marquise, cela était évident.

— Il est soupçonné d'empoisonnement et sera jugé sur ce chef d'accusation dans des délais très proches.

« La Chaussée ne parlera pas, pensa Marie-Madeleine, il n'est pas homme à se laisser intimider. »

Ils étaient presque arrivés. Marie-Madeleine se tourna vers l'officier de police qui fut surpris par son expression déterminée. Cette femme n'était pas aussi inconsistante qu'il l'avait tout d'abord pensé.

— Je ne suis pas, monsieur, en position de nier mon embarras en ce qui concerne les poisons découverts dans la cassette appartenant au chevalier de Sainte-Croix. Vous m'apprenez à l'instant l'arrestation d'un homme que j'ai connu comme étant le domestique de mes frères et l'affaire me touche.

Régnier était immobile devant elle, son regard ne la quittait pas.

— Hé ! pourquoi, madame ? Seriez-vous complice ?

La marquise serra les lèvres. Elle devait se dominer comme toujours, paraître sereine, avoir une voix posée, malgré les contractions qui nouaient sa gorge.

— Je n'ai aidé personne, monsieur, à commettre de crime, nous sommes plusieurs à nous trouver injustement soupçonnés et nous allons agir afin de faire cesser cette infamie.

— Plusieurs, madame ? Vous voulez parler de M. de Penautier ?

— Il est innocent tout autant que moi, mais il est vrai que je suis sans défense alors que lui vous brisera. Nous n'avons plus rien à nous dire maintenant. Adieu, monsieur.

Marie-Madeleine se détourna et marcha d'un pas vif vers sa maison. La conviction de Régnier était établie. « Penautier et elle sont associés, se dit-il, cela est clair. Quant à La Chaussée, étant le plus petit, il sera le premier sacrifié. Allons voir maintenant du côté d'Aubervilliers. »

Briancourt achevait son repas en compagnie des pères oratoriens. Il s'apprêtait à regagner la bibliothèque afin de préparer une leçon de latin pour ses élèves, lorsqu'un frère vint le prévenir qu'un homme l'attendait au parloir. La figure de Thomas Régnier ne lui rappelait aucun souvenir. Il salua. L'officier de police était pressé d'en finir maintenant. Il avait eu chaud entre Picpus et Aubervilliers et aspirait à faire son rapport avant de regagner sa maison. De toute la nuit il n'avait dormi et la fatigue lui rougissait les yeux. Le bruit courait qu'il avait existé des liens amoureux entre ce petit abbé et Mme de Brinvilliers. En voyant apparaître Briancourt il se prit à en douter.

Régnier rendit le salut.

— Monsieur, je n'irai pas par quatre chemins. Nous allons parler des grandes difficultés que rencontre Mme de Brinvilliers.

— Comment cela, monsieur ?

— La Chaussée a été arrêté. Il a fait des révélations complètes sur les empoisonnements.

Briancourt sentit le sang se retirer de ses veines. Il ne put que s'écrier :

— Alors, voilà une femme perdue, tout ce que je lui avais prédit est arrivé.

« Très bien, pensa l'officier de police, nous y voilà. »

— En effet, monsieur, sa position est désormais extrêmement périlleuse. Si elle avoue tout ce qu'elle sait, il lui en sera tenu compte. Pourriez-vous la persuader ? Il paraît que vous êtes son ami.

Le policier avait cueilli avant de quitter Picpus un brin d'herbe séchée qu'il mâchonnait toujours.

— De quels poisons vous parlait-elle ?

— Elle ne me donnait pas de noms.

— Elle en détenait chez elle, n'est-ce pas ? Les avez-vous vus ?

— Non, je connaissais leur existence, mais ne désirais pas les avoir sous les yeux.

— Il paraît qu'il s'en trouvait une dizaine d'espèces différentes.

— Non, monsieur, seulement trois ou quatre mais, en ma conscience, je serais incapable de vous dire comment ils étaient faits.

« Cela n'a pas d'importance, pensa Régnier, je peux partir maintenant, tout est dit. »

— Monsieur, essayez de faire jouer votre influence auprès de Mme de Brinvilliers, si elle se repent, son âme sera sauvée, n'est-ce pas cela qui importe ?

Il sortit. Briancourt demeura saisi, puis chercha à se souvenir des mots qu'il venait de prononcer. Le doute d'avoir trop parlé venait de s'emparer de lui. Il avait envie de pleurer tant il se sentait dupé.

Le jour même, Marie-Madeleine écrivit un billet à Penautier de qui elle reçut en réponse une ligne : *Tenez-vous prête.*

Le lendemain, à l'aube, une voiture s'arrêta devant sa porte. Le cocher descendit, sonna, prit une simple malle que lui désigna Geneviève et la mit sur le toit. Derrière la servante se tenait la marquise de Brinvilliers dans un manteau de voyage. Les deux femmes montèrent dans la voiture. Le soleil se levait à peine sur la campagne terne et grise. Marie-Madeleine se retourna, regarda la maison et leva les yeux vers le cocher.

— Où vous a-t-on demandé d'aller ?

— A Calais pour le bateau de Douvres, Madame.

Il prit place sur son siège et fouetta les chevaux, faisant lever sur le chemin un tourbillon de poussière que le vent étirait vers Paris.

CHAPITRE LV

Février 1673

— Ce jugement est indigne et me fait douter de la justice du roi !

Thérèse Mangot d'Aubray faisait face à Denis de Palluau, conseiller au Parlement, et le considérait avec colère.

— Madame, je ne suis point responsable de cette sentence. L'accusé n'a pu être confondu et des doutes subsistent quant à sa culpabilité. L'arrêt rendu me semble équitable. S'il parle à la question il sera condamné.

— Et s'il ne parle pas ?

— La clause *manantibus indeciis* spécifie que si le condamné ne fait pas de révélation lors de la question, il doit être tenu pour non coupable.

La veuve d'Antoine d'Aubray, qui avait assisté au procès de La Chaussée, était en fureur. Le verdict prononcé signifiait que l'assassin de son mari ne serait pas inquiété car, assurément, cet homme avait la trempe de ne rien avouer, même sous la torture.

— Je ne laisserai pas s'accomplir cette iniquité !

Elle prit son éventail et malgré la fraîcheur qui régnait dans la salle s'éventa à petits coups rapides pour soulager la tension de ses nerfs.

— Vous avez, madame, le droit de vous y opposer, faites appel.

— Je le ferai, monsieur, croyez-le. Mon beau-père, mon mari, mon beau-frère ont été empoisonnés, et vous voudriez que je laisse leur assassin impuni !

Denis de Palluau eut un geste d'impatience. Ce procès long, pénible, l'avait épuisé et les cris de cette femme lui semblaient insupportables. De plus, il était attendu par Mlle de Scudéry à qui il vouait la plus totale, la plus ardente des admirations. Son charme, sa civilité, sa gaieté sauraient lui faire oublier cette triste figure.

— Je ne défendrai pas, madame, ce La Chaussée qui assurément est un coquin, mais il n'est pas le plus coupable dans le crime dont vous me parlez. La véritable fautive est en fuite.

Le conseiller avait touché juste. Thérèse d'Aubray se tut. L'extraordinaire haine qu'elle vouait à sa belle-sœur la suffoquait au point de l'empêcher de trouver ses mots. Denis de Palluau en profita pour la saluer.

— Madame, je suis votre serviteur. Entreprenez ce que vous jugerez nécessaire, et si vous fournissez des preuves nouvelles de la culpabilité de cet homme, il y aura un deuxième procès.

Thérèse d'Aubray, restée seule, demeura un instant immobile puis fit signe à sa chambrière qui s'était retirée dans un coin.

— Allons, ma fille, le climat d'ici m'étouffe et je ne veux pas rester davantage dans un air que respire ce La Chaussée.

Elle regagna son carrosse. Depuis la découverte de la cassette, la preuve établie de la toxicité des poisons qui y étaient enfermés, la fuite de Marie-Madeleine et l'arrestation de La Chaussée, elle ne vivait plus que pour venger son mari. Le rapport des chirurgiens venus l'autopsier avait ôté ses derniers doutes quant à l'origine de sa mort. Désormais, toutes ses forces, son énergie, son désespoir encore vif trois années après la mort d'Antoine, convergeaient en une volonté farouche que la justice soit enfin rendue.

— Madame, murmura la chambrière, vous finirez bien par avoir gain de cause.

La voiture roulait vers la rue du Bouloi. Thérèse regardait vaguement par la portière, songeant à Antoine, à cet époux qu'elle aimait tant et avec lequel elle n'avait jamais eu la moindre querelle. Elle revit son visage de mourant et l'émotion la gagna. Mille fois elle l'avait mis en garde contre sa sœur mais il souriait toujours, la plaisantant de ses craintes. Si elle insistait, il la faisait taire. Marie-Madeleine le fascinait. Il la disculpait, la protégeait, et dans ses yeux Thérèse lisait parfois une tendresse si grande lorsqu'il parlait de sa sœur qu'elle se sentait exclue. Il l'aimait presque d'amour et cela était inacceptable. C'était peut-être à cause de cet attachement sensuel, de la séduction que Marie-Madeleine exerçait sur lui qu'elle avait haï immédiatement sa belle-sœur.

Dans le mois qui suivit le procès de La Chaussée, Thérèse Mangot d'Aubray fit appel au Parlement, se remua tant qu'elle put rédiger un nouveau factum où des preuves de la culpabilité du valet se trouvaient réunies. Le premier président fut troublé, puis convaincu. Ce deuxième procès allait s'ouvrir en mars et La Chaussée, qui jusqu'alors était certain de pouvoir échapper à la justice, commença à s'alarmer. Sa condamnation à la question préparatoire avait été un soulagement. Il était sûr qu'aucune parole ne lui serait arrachée sous la souffrance et, n'ayant rien avoué, de se trouver libéré. Lorsqu'on lui apprit la révision de son procès, le valet sentit le vent tourner. Cette Thérèse d'Aubray l'avait toujours excédé, il n'arriverait donc pas à se débarrasser d'elle ? Dans la salle d'audience, il avait croisé à plusieurs reprises son regard et s'était mis à sourire afin de l'impatienter et de lui montrer qu'il ne la craignait point. Peut-être n'aurait-il pas dû la braver ainsi ? Enfermé dans sa cellule, le valet envisageait le pire. Mais si on décidait de le faire périr, il saurait se venger. La marquise de Brinvilliers, Belleguise pourraient trembler à leur tour.

Mars s'écoulait, et La Chaussée avait préparé soigneusement sa défense. Les preuves ne devaient pas être si évidentes puisqu'on tardait tant à le faire comparaître. Les bras croisés derrière la tête, allongé sur sa planche dans la solitude de son cachot, il préparait des réponses, des attaques, les répétant cent fois afin de ne les point oublier, trouvant sans cesse une remarque plus fine, une contestation plus énergique. N'ayant rien à perdre désormais il se défendrait avec âpreté.

A sept heures trente un matin, dans le milieu du mois de mars, on le vint chercher afin de le conduire à l'audience.

La salle austère, grise avec de hauts murs, avait des fenêtres plombées. Le jour ne s'était pas encore levé et des flambeaux posés dans des anneaux scellés au mur jetaient leur lumière comme un filet, prenant tantôt un visage, tantôt une main, tantôt la croix de bois appliquée sur le mur ou la nudité de la pierre. La Chaussée eut l'impression de pénétrer dans le domaine de la mort. Les juges le regardaient et la croix qui les dominait devenait la figure symbolique de la souffrance et du trépas. Thérèse d'Aubray n'était pas là. Le temps passait, l'accusé avait soif. Ses arguments se heurtaient au silence, ses accusations ne faisaient pas même vibrer les juges. De temps à autre l'un d'eux le considérait sans qu'il puisse discerner en rien ses pensées, puis abaissait à nouveau son regard. La Chaussée avait tant et tant parlé, tant invectivé ses accusateurs, tant pris ses juges à témoin qu'il se trouvait soudain seul et désarmé avec l'impression que ses paroles étaient passées comme le vent.

Denis de Palluau tapa sur la table avec un petit maillet.

— Nous remettons la séance à demain.

La deuxième séance fut plus favorable à La Chaussée. Personne ne doutait qu'il fût au service de Sainte-Croix, mais ne pouvait-il avoir accepté plusieurs emplois ? L'argent était rare chez son maître et les domestiques peu souvent payés. Quant aux poisons, il persistait à nier. Il n'avait plus de plan précis, il ripostait là où on l'attaquait.

— Vous pouviez, s'écria Denis de Palluau, voir s'aggraver de jour en jour la santé de vos maîtres. Si par hasard vous aviez du retard à leur faire prendre ces potions leur état s'améliorait, et vous n'aviez aucun doute ? Vous n'avez pas été tenté de montrer ces fioles à leur médecin ? Il jure ne les avoir jamais vues alors qu'il se rendait tous les jours au chevet des malades.

— Cela n'était pas mon rôle.

— Voyons, vous étiez avec vos maîtres dans des rapports de confiance et vous ne cherchiez pas à les secourir ? Qui vous avait ordonné d'administrer ces médecines ?

— On ne me l'a pas fait savoir. Je devais seulement les leur donner.

Un magistrat eut un rire bref.

— Vous êtes un menteur et un coquin. Comment osez-vous nier l'évidence ?

La Chaussée croisa le regard de cet homme qui enfreignait les règles. Une trop grande distance les séparait pour qu'il puisse lui répondre.

Denis de Palluau, renversé sur son siège, le regardait les yeux mi-clos comme on contemple un insecte.

— Connaissez-vous un valet nommé Gascon qui a travaillé avant vous chez le chevalier de Sainte-Croix ?

— Je n'en ai jamais entendu parler.

— C'est curieux, on vous a vus maintes fois ensemble. Des habitants du quartier en ont témoigné.

— Ils se trompent.

— Peut-être. Et Lapierre ?

— Lui, je l'ai connu, a-t-il parlé contre moi ?

— Il est en fuite, introuvable. Aurait-il quelque chose sur la conscience ?

— Je ne suis pas son confesseur.

— La marquise de Brinvilliers vous voyait fréquemment et vous traitait en intime. On vous a trouvé souvent dans son hôtel de la rue Neuve-Saint-Paul, parfois même dans sa chambre. Pourquoi cette curieuse familiarité ? La marquise passait pour une dame fort orgueilleuse.

— Elle aimait à causer avec moi.

— De quoi donc ? de poisons, peut-être ?

La Chaussée regardait à droite et à gauche, cherchant à prévoir d'où viendrait la prochaine question. Il avait l'impression soudain que les juges se rapprochaient de lui, le cernaient. Les mots l'encerclaient, il n'avait que sa haine pour les affronter, une haine absolue qui devenait un refuge.

Le 24 mars, il sut en se rendant au tribunal qu'aurait lieu ce jour-là la dernière séance de son procès. S'il était condamné il n'y aurait point de nuit pour lui, les exécutions se faisant aussitôt. Longtemps il se défendit, avec ardeur, avec ruse, avec parfois une ironie qui lui revenait malgré la peur et qui ne faisait pas même sourire ses juges. Lorsqu'il eut prononcé la dernière phrase, La Chaussée sentit qu'il avait perdu et l'arrêt de mort ne le surprit point. Son corps entier se raidit pour ne pas montrer à ces juges qu'il se trouvait vaincu. « C'est fini, pensa-t-il, mais ces messieurs n'auront point la satisfaction de me faire parler, il faut qu'ils me voient périr comme un innocent. » Toute son énergie se rassemblait désormais sur cette volonté, dans cette ultime résistance.

On l'emmena.

La salle où était appliquée la question au Châtelet ne comportait comme fenêtres que d'étroites fentes ; un feu brûlait dans une cheminée devant laquelle était posé un matelas où après la torture on allongeait le patient, afin de le ranimer. Dans un angle étaient dispersés les appareils du bourreau. Le reste de la pièce était nu, excepté un banc où s'assirent les juges et le médecin. La Chaussée eut un rire bref.

— Messieurs, je suis prêt à me faire mesurer les jambes. Ce sont celles d'un innocent.

Le bourreau ne répondit point. Il avait tant et tant vu de condamnés protester, supplier, blasphémer qu'il ne prêtait plus la moindre importance à leurs propos. Les assistants, immobiles, droits contre le mur de pierre se taisaient. La Chaussée sut que ses angoisses, ses bravades étaient indifférentes à tous. Ici il n'était ni haï, ni plaint, ni même écouté. Il s'allongea sur la planche de torture. La souffrance était encore modérée, le bourreau avait entouré les jambes du valet de quatre planches liées les unes aux autres par des cordes et venait d'enfoncer entre les planches intérieures un premier coin afin de comprimer peu à peu ses membres. Un juge se pencha vers son voisin et murmura un mot à son oreille. Le bourreau enfonça le deuxième coin.

Au cinquième, Denis de Palluau s'approcha de La Chaussée.

— Parlez, vous vous éviterez des souffrances supplémentaires. Je vous écoute.

Le valet détourna la tête. Il était tenté de cracher au visage de cet homme mais n'osait le faire de peur d'être puni davantage. La souffrance devenait atroce maintenant, il crut que ses jambes allaient être tout à fait broyées par les planches. Une sueur glacée coulait sur son visage. Il n'avait plus de pensées, seulement la volonté farouche de ne point parler.

Au sixième coin il perdit connaissance quelques instants. Denis de Palluau, penché sur lui, répétait sans cesse ces mots : « Avouez, avouez... »

Au septième coin La Chaussée hurla. La douleur était intolérable. « Avouez, mais avouez donc », disait toujours le magistrat, en une litanie sans fin. Le valet aurait voulu tuer cet homme qui ne lui laissait pas même la paix dans ses souffrances. Le bourreau regarda le conseiller. Fallait-il mettre le huitième coin ? Palluau fit un geste, le médecin se leva et s'approcha des tréteaux. Il prit le pouls du supplicié, posa la main sur sa poitrine.

— C'est un gaillard, murmura-t-il d'une voix douce.

Le bourreau enfonça le huitième coin.

La Chaussée ne ressentit pas davantage de souffrance, mais il vomit et la bile coulait le long de sa bouche vers son menton.

— Il ne dira rien, dit le bourreau.

On n'avait rien à lui apprendre sur la détermination des hommes, la volonté qu'ils possédaient de parler ou de se taire. En sa conscience il jugeait inutile la torture; elle faisait avouer les faibles, innocents ou coupables, et nier tous les autres.

La Chaussée fut détaché, porté sur le matelas. La chaleur du feu ne le fit que frissonner davantage.

— Laissons-le avec un prêtre, ordonna le magistrat, nous reviendrons dans quelque temps.

Tous sortirent.

Un homme en noir vint aux côtés du supplicié, et lui prit la main.

— Mon fils, le moment est venu de vous préparer à la mort.

L'eau-de-vie qu'on lui avait donnée faisait revenir

peu à peu la conscience de La Chaussée. Il souleva la tête, pour considérer le prêtre et la laissa retomber.

— Laissez-moi seul, je n'ai rien à dire, pas plus à vous qu'aux autres.

La torture était finie et il n'avait point parlé. Une joie amère l'envahit et il eut un sourire que l'ecclésiastique prit pour de la confiance.

— Je suis là pour vous aider, mon fils.

— Je n'ai pas besoin de vous.

L'homme sortit un chapelet de sa poche. Dans le silence de la salle, La Chaussée ne percevait que les craquements du feu et le murmure du prêtre.

— Au seuil de la mort, ne craignez-vous pas le regard de Dieu ? Il faut offrir votre trépas afin de vous racheter.

— Vous plaisantez, mon père, qui veut ainsi ma mort ?

— Dieu pour vous sauver si vous savez pardonner et vous confier à lui.

Comme La Chaussée se taisait, le prêtre continua.

— Vous ne voulez pas avouer vos crimes et vous protégez vos complices. Pensez que vous les privez de la grâce divine en les faisant échapper à la justice des hommes.

Le valet se redressa et le mouvement qu'il fit produisit dans ses jambes d'intolérables souffrances.

— Je ne suis pas coupable.

— Si vous ne l'êtes point, mon fils, d'autres le sont et vivront tranquilles, grâce à votre silence. Maintenant il est trop tard pour échapper à votre sort. Laisserez-vous les véritables criminels vivre paisiblement ? Dieu n'exige pas cela de vous.

La Chaussée considérait fixement le prêtre. Celui-ci avait raison. Pourquoi le torturait-on ainsi alors qu'il n'avait fait qu'exécuter des ordres ?

— Êtes-vous certain que je dois parler ?

— Tout à fait sûr, mon fils, donnez-moi les noms de

ceux qui vous ont ordonné de tuer et la composition des poisons administrés. Dieu vous tiendra compte de votre bonne volonté. Je vous écoute.

Il se pencha vers lui.

Maintenant les mots se précipitaient. La Chaussée parla, raconta son séjour chez les d'Aubray, la fréquence à laquelle il administrait les drogues, le temps qui avait été nécessaire au trépas d'Antoine et à celui de François. Il savait qu'il allait mourir, mais la marquise de Brinvilliers, Belleguise n'auraient point non plus la vie sauve. Le prêtre écoutait calmement, comme si on lui confiait les peccadilles d'une existence ordinaire.

— Qui vous donnait les poisons ?

— Mon maître ou Mme de Brinvilliers.

— Où se les procuraient-ils ?

— La plupart du temps mon maître les composait lui-même, mais il lui arrivait d'aller se fournir chez M. Glazer, rue du Petit-Lion.

— Mme de Brinvilliers s'y rendait-elle ?

— Rarement. Seulement lorsque mon maître était empêché.

— Qui d'autre connaissait l'activité de M. de Sainte-Croix ?

— Belleguise, le caissier de Penautier.

Le prêtre sursauta.

— Vous connaissiez Penautier ?

— Je l'ai vu fréquemment, il venait rendre souvent visite à mon maître, mais en vérité je ne lui ai jamais parlé.

— Et Belleguise ?

— Il travaillait au laboratoire avec mon maître, il savait tout de lui, tout également de son propre maître.

— Où est-il présentement ?

— Je ne sais pas, il se cache probablement.

La Chaussée posa une main sur son front.

— Vous n'auriez pas encore un peu d'eau-de-vie l'abbé ?

Le prêtre saisit un flacon et le tendit au supplicié qui le vida d'un trait. L'ecclésiastique se remémorait ses paroles afin de les rapporter aux juges qui seraient fort intéressés. Par bonheur, le valet qui semblait parfaitement incroyant n'avait pas demandé le secret de la confession.

Il fit un signe de croix et se releva.

— N'avez-vous plus rien à me dire ? Êtes-vous sûr que vous ignorez la composition des poisons ?

La Chaussée ne répondit même pas. Il avait hâte maintenant d'aller à la mort.

Le prêtre sortit. Un instant plus tard, deux magistrats étaient de retour.

— Monsieur, vous avez eu le discernement de ne point vous entêter dans votre silence, nous ne pouvons rien pour votre corps, mais assurément le sort de votre âme s'en trouvera amélioré.

La Chaussée eut un rire bref. Comme il méprisait les hommes !

Quelques heures plus tard on l'amena dans un tombereau à la place de Grève pour le rompre et le rouer. La foule était peu nombreuse : la mort d'un valet n'avait pas beaucoup d'intérêt et le spectacle en était si fréquent que les Parisiens s'étaient lassés. Ne se pressaient autour de la croix de Saint-André où La Chaussée avait été attaché que quelques flâneurs, des ménagères et des vagabonds. Le condamné reçut les coups de barre sans broncher. Il perdit connaissance au dixième coup et ne reprit ses esprits que déjà lié à la roue face au ciel. Le prêtre, qui ne l'avait pas quitté, priait à côté de lui. La Chaussée considéra un instant le ciel, vit les nuages libres et le vol silencieux des oiseaux. Le vent sur son visage le rafraîchit, la souffrance le portait doucement vers la mort et c'était ce qu'il souhaitait le plus, dormir, se reposer enfin après tant d'années où il avait erré et combattu.

Voyant le petit rassemblement à la place de Grève un passant s'arrêta, s'enquit de l'identité du supplicié et reprit aussitôt son chemin. En entendant le nom de La Chaussée, Belleguise avait senti le sol se dérober sous ses pieds. Si le condamné avait parlé, c'en était fini de lui. Tout en marchant il cherchait fiévreusement où il pourrait aller se cacher afin d'échapper à la police de M. de La Reynie.

CHAPITRE LVI

Liège, 25 mars 1676

Près du lit de sangles où elle couchait dans une cellule du manoir de Melkhause, couvent abritant la congrégation de Notre-Dame-des-Anges, Marie-Madeleine avait déposé sa cassette. Elle ne possédait plus rien désormais excepté quelques robes, son miroir, une brosse en argent et cette boîte où elle rangeait le médaillon contenant des cheveux de Claude-Antoine et de Louis, un ruban que Jean-Baptiste avait noué un jour autour de son poignet en symbole du lien les unissant à jamais et, dans une enveloppe cachetée, la confession où elle avait tout relaté de sa vie : espoirs, souffrances, vengeances. Elle l'avait écrite d'un trait lorsqu'elle était errante, fuyant l'Angleterre où un mandat d'arrêt avait été lancé contre elle, pour les Pays-Bas. Un mot de sa sœur Thérèse lui était parvenu annonçant l'exécution de La Chaussée et sa propre condamnation à mort par contumace après les aveux du valet. Le désespoir s'était emparé d'elle.

La vie était monotone dans le couvent des religieuses augustines, mais après sa vie d'errance d'Angleterre à Cambrai, de Valenciennes à Anvers, Marie-Madeleine avait trouvé à Liège une certaine paix. Le grand bâtiment conventuel se dressait au fond d'un parc, entouré par des douves. La marquise s'y était présentée un jour d'hiver avec Geneviève. On lui avait ouvert la porte, attribué une cellule. Depuis, elle partageait la vie des religieuses. Thérèse venait de mourir, c'était Marie sa sœur carmélite qui le lui avait appris. Des d'Aubray elles restaient les deux dernières survivantes. Marie-Madeleine ne pouvait plus s'affliger, rien ne la touchait désormais. Elle demeurait des heures immobiles et Geneviève devait la gronder pour qu'elle fasse quelques pas dans le parc. L'argent, si important pour elle autrefois, lui semblait aujourd'hui dérisoire. Après la mort de Thérèse qui lui faisait parvenir cinq cents livres chaque année pour subsister, elle ne devait plus compter que sur les deux cent cinquante livres offertes par Marie sur son douaire personnel. Sans nouvelles de ses enfants, elle ouvrait parfois le médaillon, touchait du bout des doigts les boucles enroulées et le refermait doucement. L'horloge de la chapelle ponctuait les jours comme les nuits. Elle ne dormait plus, demeurant les yeux ouverts, pleurant en silence ou souriant parce qu'une impression douce lui revenait en mémoire. Elle ouvrit un jour un Nouveau Testament et le lut d'un trait. Jamais elle n'en avait eu connaissance auparavant. Certaines phrases la blessèrent ; celles où l'on parlait d'amour ou de pardon lui semblèrent irréalisables dans le monde des hommes tel qu'elle l'avait connu.

Elle écrivait à Marie, à Antoine, à un ami qui l'avait secourue durant son exil aux Pays-Bas, un certain Théria, riche marchand d'épices et de produits exotiques rencontré sur la route dans le coche d'Anvers et qui lui avait donné son amitié. De temps à autre un de ses hommes d'affaires, M. de Cousté, correspondait également avec elle. La vente des domaines des Brinvilliers était achevée et il espérait, les créanciers réglés, pouvoir assurer à la marquise quelques rentes par des fonds avantageusement placés. Marie-Madeleine repliait les lettres et les enfermait dans un tiroir. Elle ne partageait plus aucun espoir de ce genre.

— Madame, dit Geneviève, il nous faut aller à l'office, il est dix heures.

En longeant le couloir venteux, glacial, Marie-Madeleine se serra dans le carré de laine qu'elle portait sur les épaules.

Geneviève lui prit le bras.

— Je suis là, Madame, ne craignez rien.

La servante savait lire l'effroi dans le regard de la marquise et la rassurer :

— Allons ! Après la messe nous irons au réfectoire puis je vous mènerai dans le parc. Savez-vous que j'y ai vu hier les premières primevères ? Une touffe de fleurs mauves comme celles qui poussaient dans la grande allée de Sains.

La porte de l'église grinça. Geneviève tenait fermement Marie-Madeleine et la conduisit à son banc.

— Mes sœurs, dit le curé après l'homélie, il me faut quand même vous parler des choses de ce monde car tous les habitants de Liège y sont intéressés. Dans la retraite où vous vivez les bruits de la ville ne vous parviennent point et je suis en quelque sorte votre intermédiaire avec les hommes.

Sœur Marie-Élisabeth se pencha vers sœur Barbe.

— Je parie qu'il s'agit de la guerre. J'espère qu'il ne nous faudra point encore une fois quitter ces lieux.

Le curé observa les religieuses qui avaient toutes levé le visage vers la chaire.

— L'occupant français s'en va. Notre ville sera rendue demain à l'Espagne.

Marie-Madeleine se redressa. Les Français allaient quitter Liège et avec eux s'éloignerait le danger.

— Madame, chuchota Geneviève, je savais que tout

allait tourner à votre avantage. Vous n'aurez plus rien à craindre des Espagnols.

— Dieu t'écoute, ma fille.

— Nous chanterons un Te Deum demain soir dans cette chapelle, continua le prêtre, car Dieu n'aime point la guerre, il se réjouit de la voir s'achever.

Marie-Madeleine prit son missel. Ses mains tremblaient, pour la première fois depuis longtemps elle éprouvait un sentiment qui ressemblait à de la joie.

Bruant des Carrières, chargé de représenter la diplomatie française à Liège, tendit un papier déplié au lieutenant de police François Desgrez.

— Prenez connaissance, monsieur, de la lettre que M. de Louvois vous a chargé de me transmettre. Elle est fort précise et il vous faudra agir promptement.

Desgrez saisit la missive. Il venait d'arriver de Paris et avait pris tout juste le temps de changer de vêtements et de se rafraîchir. Il n'ignorait pas que sa mission revêtait une grande importance pour le roi et n'avait mis, dans sa hâte à l'accomplir, que deux jours pour rejoindre Liège. Il lut :

Le roi souhaite fort de pouvoir faire arrêter une personne qui est présentement dans la ville de Liège. Elle vous sera indiquée par l'homme qui vous remettra ce présent billet, afin de la faire mettre dans la citadelle de Liège, pour, de là, être conduite sûrement à Maestricht et gardée jusqu'à nouvel ordre de Sa Majesté.

Vous verrez si, par le moyen du mayeur Goffin, vous pouvez faire arrêter ladite personne après qu'on vous l'aura indiquée, sinon, l'intention du roi est que le commandant de la citadelle prenne des mesures pour l'enlever de force, en sorte qu'on ne puisse manquer de s'en saisir. Je ne lui en écris pas, parce que je suis persuadé que, voyant les instructions du roi dans cette lettre, il travaillera tout de son mieux à les faire exécuter. Lorsque l'on aura exécuté ce que dessus, vous écrirez à monsieur le maréchal d'Estrades pour avoir une bonne escorte du prisonnier jusque dans la prison de Maestricht.

Fait à Paris, le 16 mars 1676.

— Ceci est fort clair, dit Desgrez en rendant la lettre.

Bruant des Carrières, ancien premier commis de Fouquet, se montrait depuis la chute de son maître fort zélé pour le roi, dans son désir évident de rentrer en grâce.

— Vous savez donc où se cache ladite personne ?

Desgrez eut un sourire.

— En effet. Nous avons de bons indicateurs et la chose ne s'est point avérée difficile. Il nous faut maintenant obtenir l'appui du mayeur Goffin sans lequel rien ne peut se faire.

— Nous réussirons sans peine à l'acquérir, il m'est tout dévoué.

— Il nous faudra quelques archers que nous laisserons au-dehors. J'opérerai seul avec le mayeur.

Bruant des Carrières n'y tenait plus.

— Qui donc est cette personne et où se cache-t-elle ?

Desgrez sourit encore. Des Carrières était un personnage beaucoup plus considérable que lui-même, mais à cet instant il s'en trouvait le maître.

— Mme la marquise de Brinvilliers.

Le diplomate tressaillit. Il avait entendu parler de l'affaire et ne soupçonnait pas que cette dame puisse se cacher à Liège.

— Elle s'est réfugiée au couvent des Augustines dans le manoir de Melkhause. Est-ce loin ?

— Juste aux limites de la ville, au fond d'un parc, mais vous ne pourrez y pénétrer, les religieuses ferment leurs portes aux hommes.

— J'ai un ordre du roi pour la supérieure. Voulez-vous le lui faire porter ainsi que votre requête au mayeur ? Nous devons, il me semble, agir au plus tôt. Cette dame a pu déjà grâce à des complicités s'enfuir d'Angleterre alors que le marquis de Croissy, frère de M. de Colbert, notre ambassadeur à Londres, allait la faire appréhender. Il nous faut à présent réussir. Vous partagez mon opinion, n'est-ce pas ?

— Tout à fait, dit des Carrières.

Il se dirigea aussitôt vers son bureau.

— Nous sommes aujourd'hui le 25 mars, ajouta Desgrez, il serait bon qu'elle puisse être appréhendée dans la matinée, car vous n'ignorez pas que le 26 cette ville ne sera plus française. Insistez sur le fait que la coupable ne doit à aucun prix pouvoir nous échapper.

Ordinairement des Carrières aurait été froissé de recevoir d'un simple lieutenant des ordres aussi précis, mais dans l'affaire présente son ambition lui faisait oublier son amour-propre. Il inclina la tête et écrivit.

L'office était terminé, Marie-Madeleine prit le bras de Geneviève.

— Allons au réfectoire, n'est-ce pas l'heure du dîner ?

— Si fait, Madame, et je suis heureuse que vous ayez faim. Cela n'est pas courant.

— La nouvelle que ce curé nous a apprise m'a réjouie. Demain il me semble que j'oublierai ma peur. Nous demeurerons dans ce couvent où je suis bien. J'apprendrai l'amour de Dieu qui me fera oublier les piètres sentiments des hommes.

— Ne dites pas cela, Madame, vous avez encore des amitiés fidèles. Ce M. Théria, n'a-t-il pas soupiré pour vous aussitôt qu'il vous a vue ?

Marie-Madeleine sourit. Quoique l'amour la laissât désormais indifférente, elle aimait plaire encore et le regard du négociant l'avait flattée.

— Si vous étiez libre, Madame, il vous épouserait !

La marquise serra le bras de sa servante. Elle se sentait heureuse en cette matinée de fin d'hiver, son calvaire allait enfin s'achever.

Le réfectoire était une vaste pièce rectangulaire, sur les murs de laquelle étaient accrochées quelques tapisseries à motifs religieux. Une suspension de cuivre pendait du plafond au bout d'une chaîne épaisse, un poêle chauffait le coin où les religieuses prenaient leur repas. La supérieure arrêta un instant son regard sur Marie-Madeleine et fit le signe de la croix.

— Prions, mes filles, afin de remercier Dieu du pain qu'Il nous donne et de Le supplier d'extirper le mal qui se trouve en nous.

Une sœur servit de l'eau. La mère supérieure coupa le pain. Soudain la porte du réfectoire s'ouvrit. Les religieuses stupéfaites tournèrent ensemble leurs visages vers les deux hommes qui pénétraient dans la salle.

— Madame la marquise de Brinvilliers, dit le mayeur Goffin.

Desgrez s'avança. Il connaissait Marie-Madeleine pour l'avoir rencontrée dans Paris. A quelques pas de la table, il s'arrêta et salua la marquise.

— Madame, je suis venu par ordre du roi pour vous arrêter.

Marie-Madeleine sentit à l'instant son corps devenir si pesant qu'elle ne pouvait bouger, absolument frappée de terreur. Il lui fallait trouver une issue, ne pas laisser cet homme s'emparer d'elle. Son bras se tendit, elle saisit le verre posé devant elle et le porta promptement à sa bouche, le brisant de ses dents. Desgrez d'un bond fut sur elle, lui entourant le cou d'un bras tandis que son autre main arrachait le verre cassé, fouillant dans sa bouche pour en extirper les débris. Elle se débattait et il resserra l'étreinte, la faisant suffoquer.

— Ne tentez rien, madame, vous ne sauriez m'échapper.

Goffin s'était approché de la supérieure.

— Ma mère, me laisserez-vous emmener cette dame ?

— Faites, monsieur.

La religieuse n'eut pas un regard pour Marie-Madeleine et les sœurs reprirent leur repas dans le plus profond silence tandis qu'un rayon de soleil faisait briller l'étain de la soupière.

— Allons à votre cellule, madame, dit Desgrez, afin d'y rassembler vos biens.

Désormais Marie-Madeleine désirait mourir. Desgrez ne pourrait l'en empêcher. Derrière eux marchaient Goffin et Geneviève, leurs pas résonnaient sur les pierres, faisant un bruit cadencé semblable à de brefs coups de marteau. Le policier poussa la porte de la petite chambre, fit pénétrer Marie-Madeleine et la suivit. Le mayeur demeura dans le couloir. Déjà Desgrez soulevait le matelas, sortait d'un coffre les effets de la marquise qu'il jetait sur le sol, poussait le miroir et la brosse en argent puis, tendant le bras, saisissait la cassette. Marie-Madeleine se précipita, il la repoussa si violemment qu'elle vint heurter le mur, se blessant au coude.

— Monsieur, dit-elle doucement, en se tournant vers le mayeur resté debout devant la porte, comme si le ton de sa voix pouvait le convaincre, ceci est ma confession et vous savez assez le secret que l'Église y attache pour obliger cet homme à me la rendre sur-le-champ.

Goffin secoua la tête. Il n'aimait guère la violence et il lui semblait que ce Desgrez y avait recours envers cette dame d'une façon répréhensible. Néanmoins il ne pouvait rien faire pour elle. Son affaire ne le concernait pas.

— J'en suis fâché, madame, mais M. Desgrez que voici et qui est lieutenant de police a seul qualité pour veiller sur vos biens et sur votre personne.

La marquise baissa la tête, Desgrez la prit par le poignet.

— Allons, madame, une voiture nous attend dehors, nous n'avons plus rien à faire ici.

— Au nom de Dieu, rendez-moi cette cassette, monsieur.

Le policier eut un rire clair.

— Il est curieux d'entendre dans votre bouche cette supplique, madame, et pour vous dire la vérité cela me déplaît. Vous expliquerez aux juges que cette confession ne les concerne pas, je ne suis moi qu'un exécutant. Ne perdons plus de temps.

Le petit groupe se mit en marche vers la Maison de Ville, « La Violette ». L'horloge de la chapelle sonnait la demie et onze heures.

Les trois hommes [illegible] la [illegible] la [illegible] par la porte.

— Allons, madame, une voiture nous attend dehors, nous n'avons plus rien à faire ici.

— Au nom de Dieu, rendez-moi cette cassette, monsieur.

Le policier eut un rire clair.

— Il est curieux d'entendre dans votre bouche cette supplique, madame, et pour vous dire la vérité, il me [illegible]. Vous expliquerez aux juges que cette confession ne vous concerne pas; je ne sais trop qui ils entendront. [illegible] plus de temps.

[illegible] se mit en marche vers la Maison de Ville, « La Violette ». L'horloge de la chapelle sonnait la demie de onze heures.

CHAPITRE LVII

29 mars 1676

Résoudre le problème du voyage de la prisonnière de Maestricht à Rocroi, à travers un territoire ennemi, était une tâche délicate. Il avait fallu toute l'adresse de Bruant des Carrières pour y parvenir. Deux méthodes pouvaient être envisagées, l'emploi de la force en utilisant une impressionnante escorte ou le recours à la diplomatie en obtenant un passeport de l'état-major espagnol. Des Carrières avait opté pour la diplomatie et demandé deux passeports que M. de Louvois obtint du duc de Villahermosa. L'un stipulait que cent chevaux de la garnison d'Huy, un exempt et dix archers pourraient mener une dame prisonnière à Dinan et s'en retourner à Maestricht, l'autre que cinquante chevaux de la garde de Dinan pourraient la conduire jusqu'à trois ou quatre lieues par-delà Rocroi et s'en retourner ensuite à leur garnison.

Tout étant en règle, le cortège se trouva prêt à quitter Liège pour Maestricht. Marie-Madeleine fut placée dans un carrosse attelé de quatre chevaux et flanqué de huit cavaliers. Desgrez veillerait personnellement sur elle.

Le carrosse avançait lentement, traversant les vignobles des pentes de Herstal puis longeant la Meuse. Il faisait beau, un temps clair de la fin de mars lorsqu'une certaine transparence de la lumière marque l'arrivée du printemps. Assise à côté de Geneviève, Marie-Madeleine appuyait la tête contre une des parois de la voiture. La veille au soir elle avait pu écrire une lettre à Théria, le suppliant de l'aider, indiquant la route qu'elle suivrait et les étapes où elle s'arrêterait. Geneviève avait réussi à porter le message au-dehors en le dissimulant dans son corsage. Cet homme allait peut-être la secourir, faire cesser cette infamie. Elle ne pensait qu'à son père, à Offémont, à son hôtel, au respect qui l'avait entourée depuis l'aube de sa vie, et lorsqu'elle regardait Desgrez elle avait envie de se moquer de lui. Geneviève, de temps à autre, lui prenait une main qu'elle serrait dans la sienne. Le soir elle lui brossait les cheveux, repassait les dentelles de sa chemise. On avait changé tout le linge de sa maîtresse afin qu'elle ne puisse conserver aucun objet susceptible d'être utilisé pour attenter à sa vie ; la femme du directeur de La Violette avait donné une robe de serge grise, une autre de lainage d'un rouge triste, trois cols de dentelle, quelques mouchoirs, des bas de coton, deux jupons, trois caleçons, deux cornettes, deux chemises pour la nuit et deux paires de souliers, l'une de cuir pour la journée et l'autre de velours pour l'intérieur.

— Madame, murmura Geneviève, reprenez courage, je suis sûre que votre ami se montrera. N'a-t-il pas juré qu'il ferait tout pour vous ?

— Ce monsieur ne savait pas que j'avais tant d'ennemis. Il va prendre peur, cela est certain.

— Non, Madame, il vous aime et possède de l'argent. Il est facile d'acheter quelques hommes, de faire arrêter la voiture par la force et de vous délivrer.

— Pourquoi le ferait-il, ma bonne Geneviève ?

— Mais pour votre honneur, Madame !

— La fierté est tout ce qui me reste en effet, mais ne rêvons pas.

Marie-Madeleine n'espérait rien. Elle avait écrit un billet à Théria afin d'avoir tenté tout ce qui était en son pouvoir pour s'échapper, mais elle connaissait trop bien les hommes pour espérer une réponse.

— De Maestricht, j'écrirai à Pierre-Louis. Lui aussi peut me secourir.

La voiture s'arrêta. Desgrez s'avança vers la portière.

— Voulez-vous faire quelques pas, madame ?

Il ne souriait jamais et la considérait toujours avec aversion.

Marie-Madeleine prit le bras de Geneviève et les deux femmes s'éloignèrent. Desgrez appela un archer :

— Suivez-les, Barbier, il ne faut à aucun prix les perdre de vue.

L'homme leur emboîta le pas. Un vent léger soufflait dans les boucles de la marquise. L'archer avait pitié d'elle, il s'était toujours senti attiré par les grandes dames et celle-ci dans son malheur gardait une dignité admirable. Souvent il accompagnait Geneviève aux cuisines, l'aidait à préparer les infusions, donnait quelques fruits, un gâteau ou de la confiture afin d'améliorer le repas de la prisonnière.

Geneviève se retourna.

— Monsieur Barbier, voulez-vous avoir l'obligeance d'oublier vos ordres un instant et de vous écarter ?

— Je ne vous causerai pas de souci, monsieur, dit Marie-Madeleine.

Elle avait une voix douce et calme qui le ravissait. Il se détourna.

— Je vous remercie, monsieur, murmura la marquise lorsqu'elle remonta dans le carrosse.

Maestricht ne devait plus être loin, Desgrez avait assuré qu'on y serait avant la nuit.

— Madame, confia Geneviève, je crois que cet archer pourrait vous aider. Il éprouve à votre égard une grande admiration et j'ai moi-même avec lui un commerce assez amical. Moyennant quelques écus, il pourrait se charger de transmettre vos lettres.

— Le crois-tu ?

De nouveau elle se raccrochait à chaque parole d'espoir.

— Essayons. Je lui parlerai ce soir.

Les premières maisons de Maestricht furent en vue vers sept heures. Depuis le matin personne n'avait mangé.

Dans sa cellule de prison, la marquise attendait le retour de Geneviève qui devait lui apporter à souper. Elle avait dû essayer de convaincre Barbier. Si cet homme était prêt à les aider tout était encore possible. A travers l'étroite fenêtre garnie de barreaux, Marie-Madeleine pouvait voir la rue principale bordée de maisons où les familles devaient se réunir autour d'un repas. Elle songea à Antoine, à ses propres enfants et appuya son front contre le mur.

Un grattement à la porte la fit sursauter.

— Madame, dit Desgrez en lui tendant une lettre ouverte, on vous fait parvenir ceci. J'espère que ce n'est pas une machination de votre part car vous le regretteriez. Dites-vous bien que vous n'avez aucune chance de vous échapper.

La marquise prit la lettre et attendit pour la lire que le policier soit sorti.

Le billet était de Théria.

Madame, j'ai appris par des connaissances la triste situation dans laquelle vous vous trouvez présentement. Je serai à Maestricht le 30 mars et espère que vos gardiens permettront au vieil ami que je suis de venir vous visiter quelques instants. Je suis, madame, et pour toujours, votre dévoué serviteur.

Marie-Madeleine replia le papier le cœur battant. Ainsi, il avait reçu son mot et il venait vers elle. Rien n'était perdu, elle allait peut-être l'emporter sur ce méprisable policier.

Geneviève entra, portant un plateau. Son visage était réjoui, décidément la chance revenait.

— Lis, dit-elle à la servante.

Geneviève posa le repas sur la table et prit connaissance du billet.

— Cela tombe à point, Madame, car j'ai l'assurance qu'Antoine Barbier pourrait nous aider. Si M. Théria a de l'argent, l'affaire est faite.

Les deux femmes mangèrent leur souper avec bonheur. Après le repas, Marie-Madeleine prit un papier, une plume.

— Je vais écrire à Penautier. Théria demain prendra la lettre et la lui fera parvenir. Dès que Pierre-Louis connaîtra ma fâcheuse position, il se démènera pour m'aider.

Marie-Madeleine passa la nuit à bâtir des plans où Théria et Penautier s'alliaient pour la délivrer.

— M. Théria est arrivé, annonça Desgrez, je vous autorise à le voir quelques instants, mais je vous préviens qu'il sera fouillé avant de quitter cette prison. Je dis ceci au cas où vous voudriez lui confier quelque chose mais je peux me tromper, n'est-ce pas ?

— Faites-le entrer, répondit seulement la marquise.

Elle avait dans son corsage la lettre pour Penautier. Son plan se trouvait anéanti, il lui faudrait en élaborer un autre. Théria lui baisa les mains.

— Nous n'avons qu'un moment, murmura-t-elle. Que pouvez-vous faire pour m'aider ?

— Ce que vous me demanderez.

— Pouvez-vous donner mille pistoles ?

— Certainement.

— Faites-les remettre le plus tôt possible à un archer de mon escorte, Antoine Barbier, cet homme est prêt à agir pour moi mais je n'ai point d'argent pour l'intéresser définitivement à ma cause.

— Il en aura, ma chère Marie-Madeleine.

C'était la première fois qu'il l'appelait par son petit nom.

— Je voulais vous remettre une lettre mais je ne le puis, vous allez être fouillé en sortant d'ici. Je la donnerai à l'archer lorsque je serai sûre de sa fidélité.

— Vous le serez dès ce soir. J'aurai ces mille pistoles dans la journée. Quoi d'autre puis-je entreprendre afin de vous aider ?

— Préparez mon évasion. Il faut quelques hommes de main qui arrêteront le carrosse, dételleront deux chevaux, un pour moi, un pour Geneviève, et s'empareront d'une cassette que détient M. Desgrez. S'il résiste ne l'épargnez pas, c'est un misérable.

— Bien, madame, bien madame, répétait Théria.

Le commerçant d'Anvers avait l'impression de vivre un roman. Il accourait vers une marquise parisienne injustement soupçonnée, tendait son bras pour la délivrer et aurait ensuite la dame dans son lit. Sa vie monotone de négociant en était illuminée et il se réjouissait d'une aventure qui stupéfierait les tranquilles bourgeois de sa ville.

Desgrez entrouvrit la porte.

— Cela suffit. Je vais demander à M. Théria de sortir.

— Adieu, mon ami, murmura Marie-Madeleine, je n'oublierai jamais ceux qui m'ont assistée dans la peine, soyez-en sûr.

— Nous reverrons-nous, madame ?

— Cela ne dépend que de vous. Il n'y a pas sur terre une femme qui vous aime plus que moi.

Théria se retira après avoir baisé les poignets de Marie-Madeleine.

— Monsieur, dit le policier d'un ton ferme, si cette dame vous a tenu des propos extravagants sur des projets d'évasion, oubliez-les, elle est bien gardée et le sera jusqu'à Paris. A la moindre tentative suspecte je vous tiendrai pour responsable. A Anvers on ne plaisante pas avec l'honorabilité, n'est-ce pas monsieur Théria ?

Théria baissa la tête. Le roman se trouvait déjà moins excitant. Il se contenterait de faire passer mille pistoles à cet archer qui se débrouillerait avec Mme de Brinvilliers.

— Monsieur, protesta-t-il pour la forme, je ne saurais être soupçonné de quoi que ce soit. Seul un sentiment d'amitié m'a poussé vers cette dame qui me semblait en peine.

— Elle l'est, en effet, et vous n'ignorez certainement pas les raisons de son incarcération.

Théria était arrivé devant la porte de la prison.

— Elles me paraissent légères.

— C'est que vous ne les connaissez point, monsieur. Ne vous a-t-elle pas dit qu'elle avait empoisonné son père et ses deux frères afin de s'emparer de leurs biens ?

Théria sursauta. Il commençait à regretter les mille pistoles promises.

— Je ne vous fouillerai pas, monsieur, car je sais qu'un honorable négociant ne peut accepter d'être le complice d'une aussi effroyable criminelle.

Théria sortit furtivement. Son rêve d'aventure s'écroulait et il avait grande hâte de rentrer à Anvers.

Le soir même Antoine Barbier recevait d'un inconnu mille pistoles et se présentait devant la prisonnière. Il semblait embarrassé.

— Madame, votre servante me dit que je vous dois les fonds importants qui viennent de m'être remis. Dans quel but me sollicitez-vous ?

— J'avais l'espoir que vous pourriez m'aider.

— A quoi, Madame ?

— A faciliter une évasion qu'un de mes amis prépare.

Barbier réfléchissait. Il avait de l'admiration pour la marquise, mais il tenait à son emploi. L'importance de la garde réunie autour d'elle rendait inutile toute tentative de fuite. Il hésitait encore lorsque Marie-Madeleine le prit par le bras.

— Vous êtes mon ami, n'est-ce pas ?

Il éprouva de ce contact, du ton chaleureux de la voix tant de fierté qu'il n'osa se dédire.

Marie-Madeleine prit son silence pour un acquiescement.

— Gardez les mille pistoles, elle vous dédommageront si vous perdez votre place. Ce que je vous demande est simple, fermez les yeux et les oreilles, transmettez également les lettres que je vous remettrai pour un ami parisien aussi intéressé que moi à mon salut. Il est très puissant et saura vous remercier. J'ai ici un billet pour lui, voulez-vous le confier à la poste ?

Elle sortit de son corsage la lettre et la lui tendit. Barbier était extrêmement embarrassé.

— Allez, dit Marie-Madeleine, et soyez certain que je vous suis bien reconnaissante.

Le ton majestueux de la marquise empêcha toute protestation. L'archer s'empara de la lettre et la mit dans sa poche, puis il sortit rapidement. Que devait-il faire ? L'aider ? Garder l'argent et la lettre ? Son intérêt lui commandait en fait d'aller remetttre le tout au lieutenant de police, le seul en position d'aider à son avancement. Il se rendit directement chez Desgrez. Le policier l'écouta attentivement, prit l'argent et la lettre.

— Faites-lui croire que vous êtes son allié et rapportez-moi ses paroles ainsi que les billets qu'elle vous remettra. Je n'oublierai pas vos services.

Barbier quitta son chef tout joyeux. Il avait certainement pris le parti le plus avantageux pour lui.

Le lendemain, le carrosse repartit pour Huy. Aux portes de Maestricht, le maréchal d'Estrades escorté par un escadron de cavalerie vint prendre commandement des troupes. Il avait soixante-dix ans maintenant, mais gardait de ses charges glorieuses un prestige exceptionnel. Il avait été page de Louis XIII, ambassadeur en Hollande et en Angleterre, vice-roi d'Amérique, maire perpétuel de Bordeaux. Ce vieux gentilhomme fort civil regrettait d'avoir à remplir le rôle de geôlier auprès d'une dame de qualité. Il s'avança à la portière du carrosse, le cordon bleu en sautoir, et souleva son chapeau.

— Madame, je suis honoré d'avoir à vous escorter. J'espère que vous ne me tiendrez pas rigueur pour la mission que je dois présentement remplir par ordre du roi.

Marie-Madeleine, après les manières brutales qu'elle avait dû supporter, fut touchée de la politesse du maréchal. Ce gentilhomme incarnait le monde qu'elle aimait. Elle pensa à Penautier, à Théria, à Barbier, il lui restait quand même des amis. Soudain, en se penchant à la portière pour suivre le maréchal d'Estrades des yeux, elle découvrit l'ampleur de la troupe. Au moins cent cavaliers s'étaient joints au groupe qui l'escortait auparavant. Elle poussa un petit cri. Geneviève s'alarma aussitôt.

— Qu'avez-vous, Madame ?

— Regarde. Je suis perdue. Théria ne pourra rien tenter.

De tout le voyage Marie-Madeleine ne prononça plus

un mot. A Huy, lorsque le maréchal d'Estrades vint la saluer avant de la confier à M. de Montal jusqu'à Mézières, elle ne trouva rien à lui dire. La perte de ses espérances, la fatigue du voyage ne lui laissaient ni pensées ni forces, et elle se laissa conduire à sa cellule sans une parole. Lorsque la porte se referma, elle leva les yeux vers Geneviève.

— Va me préparer une infusion, veux-tu ?

Geneviève sortit. Marie-Madeleine retira des épingles de sa coiffure, les contempla un instant, et l'une après l'autre, les avala.

La nuit elle attendit des souffrances qui ne vinrent point. Lorsque la femme chargée de l'entretien de la cellule se présenta au matin pour prendre son vase de nuit, elle y découvrit les épingles et alla aussitôt en informer Desgrez. Le lieutenant de police accourut. Marie-Madeleine ne se défendit point, n'eut pas un geste lorsqu'il fit enlever sa brosse et ses objets de toilette. Sans un regard pour la marquise, il décréta :

— Coupez-lui les cheveux, afin qu'elle n'ait plus à user d'épingles. D'autre part, je ne veux plus voir de couverts ici. Désormais, Mme de Brinvilliers mangera avec une cuillère de bois.

Geneviève pleurait en silence et le soleil de mars éclairait le visage de Marie-Madeleine livide, indifférent.

M. de Montal était un soldat peu sensible aux femmes, il ne salua pas même sa prisonnière et le cortège se remit en marche vers Mézières, en traversant Namur et Dinan. Le 16 avril au crépuscule, la troupe entra dans Mézières où Denis de Palluau attendait Marie-Madeleine pour un premier interrogatoire.

CHAPITRE LVIII

Mézières, 17 avril 1676

L'irritation faisait légèrement trembler la voix de Denis de Palluau. Depuis plus de deux heures il interrogeait la marquise de Brinvilliers sans obtenir d'autres réponses que des négations entêtées. En offensant la justice du roi, c'était Dieu que cette femme outrageait, et le chrétien qu'il était ne pouvait le permettre. Il avait lu la confession de Marie-Madeleine enfermée dans la cassette : son enfance corrompue ; les divers événements de sa vie, le dérèglement de ses mœurs et les effroyables aveux concernant l'empoisonnement de sa famille l'avaient scandalisé mais, depuis cette lecture, son esprit ne se trouvait plus en repos. La confession était une déclaration faite à Dieu seul et d'en avoir, de par ses fonctions, pénétré le secret l'embarrassait extrêmement. Il n'était point certain que ce papier puisse être utilisé contre l'accusée lors du procès et éprouvait de la hâte à voir la question tranchée par un théologien.

Palluau toussa pour raffermir sa voix.

— Vous dites avoir incendié les dépendances de l'un de vos domaines. Duquel s'agissait-il ?

Marie-Madeleine le considéra attentivement. Le magistrat n'avait pas de prise sur elle, il ne lui faisait aucune peur. Qu'espérait ce sot, qu'elle ait confiance en lui ? Qu'elle se soumette comme une femme obéissante ?

— Je ne l'ai point fait, monsieur, et lorsque cette confession a été écrite j'avais l'esprit troublé.

Elle restait parfaitement civile, respectueuse, pour mettre encore plus de distance entre Palluau et elle. Marie-Madeleine ressentait fort bien l'impatience du magistrat et, par opposition, son propre calme devenait une arme. Maintenant qu'elle était prise, elle devait demeurer docile en apparence, ramassée sur elle-même mais toujours prête à s'élancer pour reprendre sa liberté. Vaguement, Marie-Madeleine espérait en un secours de Penautier ou de Théria, peut-être Barbier l'aiderait-il si on lui faisait parvenir encore de l'argent ?

Maintenant, Denis de Palluau lisait d'une voix troublée les articles de la confession. Marie-Madeleine eut un rire méprisant :

— Je ne sais ce que c'est et ne me souviens point de cela.

Palluau serra les lèvres. Tôt ou tard cette femme devrait plier. Depuis qu'il exerçait sa charge, personne ne lui avait tenu tête longtemps. Il s'apprêtait à porter un coup plus rude.

— Avez-vous empoisonné votre père et vos frères ?

Il leva les yeux de son papier et les fixa sur la marquise afin de l'observer. Son visage impassible était celui d'une femme à qui il aurait demandé si elle se portait bien.

— Je ne sais rien de cela.

— Alors, ces empoisonnements sont l'œuvre de La Chaussée. Ce valet a agi sur vos ordres, ne niez pas, il a tout avoué sous la torture.

— Je ne sais rien de tout cela.

Palluau avait envie de la saisir par les épaules, mais il se domina et hocha simplement la tête. Il prit un portefeuille de cuir, l'ouvrit, en tira quelques lettres dépliées.

— Voici huit lettres, toutes écrites de votre main, qui ont pu être interceptées par la justice. Vous les avez fait sortir par l'intermédiaire d'un complice dont nous ne connaissons point encore l'identité. C'est la poste elle-même qui nous les a remises.

Marie-Madeleine tressaillit, elle ne s'attendait pas à cette attaque. Ses lettres à Théria, à Penautier étaient perdues et ils ne pourraient pas la secourir ainsi qu'elle l'espérait encore.

— A qui, madame, écriviez-vous ces lettres ? Je vous somme de le déclarer !

— Je ne m'en souviens pas.

Cette femme était décidément solide. Palluau n'en avait jamais vu possédant ce sang-froid.

— Vous mentez sottement, madame, car nous connaissons leurs destinataires. Les unes sont adressées à M. Reich de Penautier, contrôleur général du clergé, les autres à un certain Théria auquel vous demandez instamment d'enlever votre cassette. Pourquoi cette volonté farouche de soustraire ce bien à la justice ?

— Je ne sais ce dont vous voulez parler.

Palluau haussa la voix.

— Mais, madame, vous dites dans ce billet que vous seriez perdue s'il ne s'emparait de la cassette et du procès-verbal ! Ceci est une preuve absolue de votre culpabilité, vous ne pouvez plus nier !

— Je ne nie pas mais ne me souviens point de ces mots.

Le magistrat remit les lettres dans le portefeuille. Il était trop irrité pour continuer l'interrogatoire.

— A plus tard, madame, sachez seulement que Dieu est le témoin de vos mensonges, que vous pouvez abuser la justice mais que Lui, vous ne Le tromperez pas.

On ramena Marie-Madeleine dans sa cellule. Lorsque la porte fut refermée, elle sentit revenir la souffrance, lancinante, insupportable. On l'avait séparée de Geneviève, permettant cependant à la servante de voir sa maîtresse aux heures des repas que les deux femmes prenaient ensemble. La présence de sa compagne lui manquait mais par-dessus tout, la solitude physique lui était odieuse. La nuit, elle ne demeurait que peu allongée, se levant constamment pour marcher dans sa cellule, écouter les bruits, immobile devant la porte, imaginant toujours un coup de force qui la délivrerait. Marie-Madeleine savait pourtant que tout espoir était vain puisque ni Penautier, ni Théria n'avaient eu connaissance de ses billets. Elle s'assit sur le rebord de son lit et mit la tête dans ses mains. Les mots de sa confession lus par Palluau se détachaient un par un dans son esprit. Comment pourrait-il comprendre ? Il n'était qu'un magistrat au service de Dieu et du roi, il protégeait la société en leurs noms et son devoir était de sanctionner.

Geneviève vint pour le souper. Marie-Madeleine lui conta l'interrogatoire, omettant toutefois certaines questions de Palluau.

— Il détient mes lettres, dit-elle enfin.

La servante se mit à pleurer, elle était lasse elle aussi. Toujours confiante jusqu'alors, elle baissait les bras à son tour.

— Tu peux me quitter, Geneviève, murmura Marie-Madeleine, je ne t'en tiendrai pas rigueur. Va dans ta famille en Berry et oublie-moi.

Geneviève pleurait si fort qu'elle ne pouvait répondre. Marie-Madeleine repoussa son assiette ; devant le chagrin de cette femme, sa dernière amie, elle était brisée.

— Va-t'en, dit-elle doucement. Il ne sert à rien de s'attendrir. Nous nous reverrons demain.

Geneviève se leva, s'essuyant les yeux avec un coin

de sa jupe. Elle connaissait assez bien sa maîtresse pour deviner qu'elle désirait rester seule. La porte allait se refermer.

— Geneviève ?

La servante se retourna.

— Je te remercie.

Marie-Madeleine la considéra un instant avec intensité puis se détourna. Elle venait de couper encore un lien l'attachant à la vie.

Tout se trouvait calme. La marquise avait appris par Antoine Barbier qu'elle serait transférée à Paris dès le lendemain. Cela lui était indifférent.

— Je n'y serai jamais, murmura-t-elle.

L'archer ne l'entendit point. Il ne demeurait jamais longtemps auprès de Marie-Madeleine, un peu honteux de sa duplicité. Ce soir-là il s'étonna qu'elle ne lui remît pas de lettre. Il était sur le point de lui demander si elle désirait du papier, mais prenant peur que son insistance n'attirât des soupçons il s'en alla. Il était presque onze heures. Marie-Madeleine s'agenouilla au pied de son lit, fit un effort pour prier, puis se signa. Elle prit sous son matelas un clou ramassé lors d'une promenade et soigneusement caché dans sa robe, chercha le balai que la femme chargée de l'entretien de sa cellule laissait derrière la porte. Dans une fente du bois à l'extrémité du manche, elle enfonça le clou s'aidant d'abord d'un de ses souliers, puis le frappant contre le mur. D'un doigt, elle vérifia que le clou se trouvait solidement fiché, déposa le balai sur le lit et s'approcha de la fenêtre. La nuit était claire, le ciel semé d'étoiles. Une odeur de bois brûlé venait de la campagne toute proche. Marie-Madeleine ferma les yeux. En Provence, lorsque soufflait le vent, les cyprès se mettaient à danser et leurs silhouettes gracieuses semblaient frôler le ciel, tandis que la poussière rouge courait droit devant elle, franchissant les pierres ocre des murets, les buissons de myrtes et les touffes de romarin sauvage.

Il était temps de s'en aller, le fil de ses jours s'était enroulé sur lui-même et elle ne pouvait plus avancer sans revenir sur ses pas. Elle alla vers son lit, s'y allongea. Dans sa mémoire revenaient d'une façon extraordinairement nette les rangées de légumes plantés dans le potager de la bastide, avec leurs feuilles larges, veloutées, ou minces, nettes comme des couteaux, et l'odeur sucrée des tomates. Elle avait des robes de coton toujours tachées de terre et du jus des mûres sauvages, des cheveux emmêlés que sa nourrice enroulait autour de son doigt en lui contant des histoires de fées ou de géants.

D'une main, doucement, avec infiniment de précaution, Marie-Madeleine souleva sa longue chemise et prit le bâton. Il fallait faire disparaître la petite fille, l'adolescente, la jeune femme. Les yeux clos, elle vit nettement la nourrice et entendit sa voix chantante. « Marie-Madeleine, votre professeur de dessin vous attend. » Elle était légère dans l'allée bordée de géraniums et elle gravissait l'escalier de la bastide, la main sur la rampe de bois pour en sentir la douceur sous sa paume. Sa mère, sa nourrice avaient disparu. Elle était abandonnée, seule devant un homme en noir qui lui souriait. « Le corps d'une petite fille est chose si jolie. » Ses vêtements étaient éparpillés autour d'elle maintenant et il la caressait. Marie-Madeleine pleurait, la main s'approchait encore un peu, c'était là qu'elle avait été blessée pour toujours. De là devait venir la mort maintenant, comme si elle attendait depuis près de quarante ans, tapie entre ses cuisses.

La douleur fit tressaillir Marie-Madeleine. C'était la même que lorsqu'elle avait rejeté son enfant chez la Lepère, le même sang qui s'écoulait d'elle, emportant la vie. L'homme en noir se disloquait, en se tuant elle le tuait aussi.

Elle eut un gémissement, ce n'était plus son maître de dessin qui la regardait, mais Jean-Baptiste de Sainte-Croix. Pourquoi était-il devenu l'homme en noir, pourquoi avait-il pris son visage ? Qui pourrait l'aider maintenant, qui lui tendrait la main, lui dirait de ne point s'effrayer ? Elle tournait la tête de droite et de gauche dans un mouvement incontrôlé, elle allait mourir sans que personne ne l'apaisât. La souffrance était terriblement aiguë, l'isolant tout à fait. Soudain la tête de Marie-Madeleine s'immobilisa, elle avait rencontré le regard de Dreux d'Aubray et elle eut alors la certitude qu'il avait su d'où lui venait sa mort. « Mon père, murmura-t-elle, je vous demande pardon. » Le bâton désormais était un arbre de vie qui la menait ailleurs, là où demeurait la paix.

Le matin, en apportant le déjeuner, Geneviève trouva sa maîtresse inanimée, elle avait perdu beaucoup de sang mais elle vivait. Elle remit vivement de l'ordre dans ses vêtements, avant d'appeler Desgrez. La servante était calme, elle savait que maintenant il lui faudrait lâcher la main de sa maîtresse. Là où celle-ci allait, Geneviève n'avait pas sa place.

On pansa la marquise, on lui donna du vin aux épices et on la réchauffa. A dix heures, on jugea qu'elle était en état de prendre la route.

Le 25 avril la petite troupe arriva dans Paris. Marie-Madeleine fut enfermée aussitôt à la Conciergerie dans la tour Montgomery. La cellule n'était point trop petite, il s'y trouvait de la place pour deux lits à rideaux gris, un pour elle-même, un pour Geneviève, une table, quelques chaises. Le mur peint en jaune était constellé de dessins tracés par les précédents prisonniers. Dans la journée deux archers, dont Antoine Barbier, la surveillaient en permanence, jouant aux cartes ou au piquet. Une femme, Mme du Rus, préparait les repas et entretenait la cellule.

Le 29 avril devait commencer son procès. Son privilège de noblesse la faisait appeler devant la plus haute juridiction du royaume, la Grand-Chambre et la Tournelle réunies, présidées par le premier président, M. de Lamoignon. Le matin du 29 avril, Marie-Madeleine écrivit encore une lettre à Penautier, Barbier lui ayant assuré qu'il avait rencontré le financier auquel il remettait ses billets en main propre.

J'apprends par mon ami, que vous avez dessein de me servir dans mon affaire, vous pouvez croire que ce me sera un surcroît d'obligations dans toutes vos honnêtetés, c'est pourquoi, monsieur, si vous êtes dans ce dessein, il n'y faut perdre aucun temps, s'il vous plaît, et voir avec les personnes qui vous iront trouver de quelle manière vous souhaitez faire les choses. Je crois qu'il serait à-propos que vous ne vous montrassiez pas mais il faut que vos amis sachent où vous êtes, car le conseiller m'a fort interrogée sur votre sujet à Mézières. Vous devez croire que je n'ai rien dit qui ait pu vous porter préjudice, que je ferai toujours les choses que vous jugerez à-propos de me mander, n'ayant dit aucune chose non plus à mon égard.

Barbier remit la lettre à Desgrez qui la versa aux actes de l'instruction ouverte contre le financier. Le filet peu à peu se resserrait autour de Penautier. Son arrestation était une affaire de semaines désormais, et Desgrez savait qu'il en serait chargé. Appréhender un receveur général du clergé ne se présentait pas tous les jours. Le policier attendait avec curiosité la première confrontation entre cet homme et la marquise de Brinvilliers.

CHAPITRE LIX

Paris, 29 avril à fin juin 1676

En levant les yeux, Marie-Madeleine aperçut dans un coin de la salle du Palais de Justice un petit nid d'hirondelles. Il devait être abandonné car on n'y constatait aucun mouvement quoique les beaux jours fussent de retour. Elle considéra un instant la tache brune accrochée à la voûte puis, abaissant son regard, examina à nouveau le président Lamoignon. Elle l'avait rencontré fréquemment dans les salons au temps de sa splendeur. Maintenant ils demeuraient l'un en face de l'autre, lui voulant la perdre et elle l'abuser. Lamoignon portait sa longue robe de magistrat bordée d'hermine, aux manches amples, au grand col drapé, elle, une simple tenue de serge grise avec un col et un bonnet de linon brodé. Geneviève avait laissé quelques boucles libres pour encadrer son visage, sa chevelure était toujours fort belle, épaisse, sans un seul cheveu blanc. Barbier lui en avait fait compliment un jour et Marie-Madeleine s'était réjouie de ses paroles. Malgré sa situation, plaire demeurait pour elle une joie, et le regard d'un homme lui prouvait qu'elle était femme encore.

Le visage de Lamoignon se détachait parmi les fleurs de lys semées sur les murs. A droite et à gauche deux grandes tapisseries l'encadraient. Au-dessus de son fauteuil était accroché un christ en croix.

— Faites entrer le sergent Cluet, ordonna-t-il.

Il avait une voix chaude, douce qu'il élevait rarement.

Marie-Madeleine se montrait indifférente. Son corps était présent dans cette salle du palais, détenu par la justice, mais son esprit demeurait libre et s'échappait constamment. Il lui arrivait de tressaillir lorsque le président l'interrogeait, n'ayant point entendu sa question. Parfois également elle faisait face, répondant d'un ton glacial. Jamais elle ne s'emportait, et la civilité de son comportement était un secours considérable. Un homme du monde comme Lamoignon ne pouvait point traquer une femme qui se trouvait à sa hauteur. Elle voyait souvent dans son regard de l'embarras et cette constatation la remplissait d'aise. Ses dernières victoires résidaient en ces instants-là.

Cluet se trouvait devant elle. Marie-Madeleine reconnut l'expression insolente du petit sergent et eut un sourire. Elle savait les propos qu'il allait tenir et s'en moquait.

— Quand avez-vous commencé à concevoir des soupçons sur les manœuvres criminelles de l'accusée ?

— Lorsque j'ai rencontré pour la première fois La Chaussée chez les d'Aubray. Je savais que cet homme était un coquin et j'ai interrogé à ce sujet Mme de Brinvilliers.

— Que vous a-t-elle répondu ?

— Que La Chaussée avait le droit de gagner sa vie comme un autre et qu'elle en répondait.

— Vous n'avez point prévenu votre maîtresse ?

— Si fait, Mme d'Aubray était fort en colère et a écrit plusieurs lettres pour se plaindre de la présence de cet homme à sa belle-sœur, Mlle Thérèse d'Aubray.

Marie-Madeleine gardait son sourire. Cet homme avait peu de jugement. Tout le monde le savait acquis à l'épouse d'Antoine et ses paroles ne pouvaient impressionner les juges.

Cluet parlait maintenant de la cassette trouvée chez Sainte-Croix. Elle le revoyait à Picpus venant la défier et elle ne se pardonnait pas d'avoir été, sous l'effet de la surprise, à ce point décontenancée.

— Je suis venu après l'ouverture de la cassette auprès de Mme de Brinvilliers qui a semblé indifférente sur le moment. « Elle ne contient que des papiers et des lettres », m'a-t-elle assuré. « Détrompez-vous, ai-je rétorqué, il s'y trouve bien autre chose aussi. » Mme de Brinvilliers devint alors cramoisie et se tut.

Lamoignon fixa Marie-Madeleine.

— Qu'avez-vous à répondre ?

— Monsieur, que cet homme étant tout dévoué à ma belle-sœur, me hait et dit n'importe quoi pour me perdre.

Cluet se redressa et la dévisagea.

— Comment osez-vous, madame, dire cela ? Tout ce que je viens de rapporter est exact et vous le savez. Je suis effectivement fidèle à Mme d'Aubray et, tout comme elle, persuadé que vous avez fait tuer son mari.

— Vous êtes donc son imitation parfaite et répétez les choses sans les comprendre vous-même.

Cluet était si fort en colère qu'il eut un mouvement du corps vers l'avant comme s'il allait se précipiter sur la marquise.

— Cela est bien, sergent Cluet, dit Lamoignon de sa voix calme. Je vous remercie. Faites entrer le témoin suivant.

Les anciens domestiques de Marie-Madeleine se succédèrent, les fidèles comme les envieux, les menteurs comme les naïfs. Depuis que leur maîtresse était accusée d'assassinat, certains voyaient des crimes partout dans la maison où ils avaient servi. Un mot, une attitude qui les avaient offensés devenaient des preuves de sa méchanceté. Le rapporteur appela :

— Françoise Roussel, vingt-cinq ans, servante chez Mme de Brinvilliers.

— Madame m'a appelée un jour dans sa chambre parce que je refusais de l'accompagner à Sains où l'on manque de périr d'ennui. Elle me gronda très fort, me menaça, puis s'adoucit soudain sans que je puisse comprendre la raison de sa mansuétude et m'offrit un morceau de jambon et des groseilles confites. Depuis, je garde un mal constant au cœur et une douleur dans l'épaule.

Marie-Madeleine sourit encore. Il était tellement facile d'user des mots ! Cette fille, si elle le pouvait, affirmerait qu'elle lui avait versé par la force du poison dans la bouche et les juges la croiraient peut-être.

— Ma fille, dit-elle calmement, vous aviez des rhumatismes bien avant que d'entrer à mon service et profitiez de ces maux pour ne rien faire. Depuis quand conservais-je du jambon dans ma propre chambre ? Je n'étais pas malpropre ainsi que vous !

Françoise Roussel était toute rouge, elle ne pouvait plus s'exprimer.

— Faites entrer la femme Grangemont, dit Lamoignon.

Marie-Madeleine eut un serrement de cœur. Qu'allait dire contre elle cette servante demeurée quinze années dans sa maison ?

— Dites ce que vous savez, ordonna le président.

Marguerite Grangemont eut un regard rapide pour sa maîtresse puis baissa les yeux. Elle ne voulait point parler en la dévisageant.

La servante raconta la vie à l'hôtel de Brinvilliers, ses soupçons.

« Le chevalier de Sainte-Croix venait dans la chambre de Mme la marquise à toute heure du jour et de la nuit avant d'être supplanté plus tard par M. Briancourt. Peu après le décès de M. François d'Aubray, le conseiller, j'ai vu, dans la chambre de Madame, cinq ou six sacs de toile contenant chacun la somme de mille livres qui furent apportés par M. Du Châtelet ; ancien maître d'hôtel.

Du Châtelet... Marie-Madeleine revit le tableau qu'il avait fait d'elle avec ses deux filles et Castor juste avant que le petit chien se fasse écraser par une roue de carrosse devant l'hôtel. C'était lui effectivement qui, demeuré fidèle après avoir quitté son service, avait apporté les fonds que Sainte-Croix lui réclamait.

— Pourquoi, demanda un juge, n'avez-vous pas changé de place si vous réprouviez si fort ce qui se passait dans cette maison ?

— Parce que j'espérais toujours, sur des promesses réitérées mais fallacieuses, recevoir l'arriéré de mes gages, arriéré portant sur plusieurs années.

Le rapporteur qui était un homme de cœur prit la parole. « Cette femme, lui semblait-il, n'avait pas un grand souci de la vérité. »

— Vous avez donc assisté imperturbable, quoique prévenue, à l'empoisonnement des trois d'Aubray ! D'autre part le chevalier de Sainte-Croix vous remettait quelques acomptes que vous preniez sans scrupules alors que vous étiez persuadée de ses manœuvres criminelles ?

La femme Grangemont se défendit avec âpreté. Elle avait aimé sa maîtresse tout en la jalousant et se vengeait enfin des quinze années où elle avait été sa servante dévouée.

Le jour déclinait. La séance se prolongeait depuis le matin mais Marie-Madeleine ne se sentait point fatiguée. Ce procès l'animait extraordinairement, elle y voyait à nu l'âme de chacun et ce qu'elle constatait lui donnait un surcroît de dignité. Plus on l'humiliait, plus elle se redressait. C'était son regard qui jugeait les autres et lorsqu'elle voyait ses ennemis détourner les yeux, elle se sentait victorieuse.

Mai s'écoula. Elle vit les arbres fleurir derrière les barreaux de la Conciergerie, et elle songeait aux violettes, aux jacinthes sauvages d'Offémont.

Les dépositions succédaient aux interrogatoires. Elle niait tout, simplement, calmement, avec un regard toujours ferme et une attitude grave. Parfois un geste, une façon de relever la tête, d'affermir sa voix, rappelaient étrangement son père. Marie-Madeleine à ce moment défendait l'honneur des d'Aubray comme le vieux magistrat l'aurait fait lui-même. Dernière survivante de sa famille, avec Marie la carmélite, elle en portait la dignité sur ses épaules.

Après des discussions passionnées, il avait été décidé que sa confession pouvait être utilisée contre elle. MM. Benjamen, du Saussoy, de Lestocq, tous casuistes et théologiens, en avaient tranché ainsi. Lamoignon ne la lut pas devant les juges, mais posa à l'accusée des questions précises sur les articles principaux. Marie-Madeleine comme réponse se contenta de répéter qu'elle n'avait point sa raison lorsque fut écrite cette confession; traquée, solitaire, elle avait cédé à un moment de folie.

Le 15 juin au soir, Barbier annonça à Marie-Madeleine l'arrestation de Penautier. Le financier avait été appréhendé chez lui dans la matinée par l'exempt Desgrez, assisté de l'huissier Masson. Penautier travaillait lorsque le policier fit irruption dans son cabinet. Il déchira alors la lettre qu'il écrivait et tenta d'en avaler les morceaux. Masson le prit à la gorge et les lui fit restituer. Penautier était enfermé à la Conciergerie, tout près de Marie-Madeleine, dans le cachot de Ravaillac.

La marquise demeura une partie de la nuit debout près de sa fenêtre. Elle songeait avec tant d'intensité à

Pierre-Louis qu'elle le sentait à ses côtés. « Il ne peut tomber, cela est impossible. » Pour elle, il ne lui restait plus d'espérance, mais lui, Penautier, était devenu un symbole et elle n'avait d'autre volonté que de le voir libre à nouveau. Toujours elle s'était identifiée à lui : s'il l'emportait, elle aussi, même prisonnière, serait victorieuse.

Un jour elle apprit, toujours par Barbier, que Penautier se laissant mourir de faim, il avait fallu le tirer de sa prison. Il était libre, mais surveillé jusqu'au procès.

Les interrogatoires se poursuivaient, qu'elle écoutait à peine. Après Marie Desquiéré, propriétaire de la maison de Sainte-Croix, à qui n'échappait aucun geste de son locataire, arriva Jeanne Blanchard, une autre servante demeurée peu de temps au service de la marquise.

Le rapporteur fit l'invariable demande : « Dites ce que vous savez. »

La femme ne savait rien en fait, mais décrivait sa maîtresse comme une personne fort étrange et qui faisait peur. Elle ne vivait point ainsi que les autres, se couchait à l'aube, ne prenait aucun soin de ses enfants.

— Une nuit, raconta-t-elle, je fus appelée vers minuit chez Mme la marquise en compagnie de la cuisinière et d'un laquais. M. de Sainte-Croix était dans sa chambre. Alors qu'elle nous donnait des ordres pour le lendemain, ma maîtresse laissa échapper une petite boîte qu'elle tenait entre ses mains. Elle en fut fâchée parce que la cassette contenait des fioles et elle s'écria : « Ma boîte aux successions ! » M. de Sainte-Croix lui fit de vifs reproches à cause de ces paroles.

Lamoignon avait redressé la tête et fixait la servante.

— Mme de Brinvilliers a-t-elle réellement prononcé ces mots-là ?

— Oui, monsieur.

— Cela me semble pour le moins inconséquent.

— Elle pensait peut-être que je ne comprendrais point.

— Que deviez-vous comprendre ? demanda Marie-Madeleine.

Elle était lasse de tous ces gens qui exhumaient les moindres de ses paroles. Une autre domestique, illettrée, n'avait-elle pas assuré qu'elle avait découvert le mot « arsenic » écrit sur un paquet ?

Jeanne Blanchard sortit, on attendait certainement un autre témoin car les juges demeuraient silencieux. Ce fut Antoine Barbier, l'archer, qui entra. Il évita le regard de Marie-Madeleine, se contentant de parler aux magistrats sans tourner la tête. Son rôle se trouvait terminé et comme l'on n'attendait plus rien de lui, il avait été prié de faire sa déposition. Marie-Madeleine eut un mouvement de recul. Cet homme aussi l'avait trompée ! C'était donc lui qui remettait ses lettres à la justice par l'intermédiaire de Desgrez ! Elle songea soudain à Penautier et comprit qu'elle avait aidé à sa perte. Il le savait certainement et l'exécrait désormais. Son impuissance à se justifier la bouleversa. « Je vais demander à le rencontrer, pensa-t-elle, il le faut absolument. » Elle ne se sentait pas en mesure d'affronter la mort s'il la méprisait.

Barbier rapportait ce qu'il savait, parlait des lettres, du nom de Penautier qui revenait sans cesse dans la bouche de la prisonnière. « Il est, disait-elle constamment, intéressé à mon salut autant que moi-même. Je n'ai jamais rien voulu dire aux juges contre lui ayant trop de cœur pour le charger. »

— Un autre jour, ajouta Barbier, elle m'a confié que le cas de M. le Receveur général du clergé n'avait rien d'exceptionnel et que la moitié des gens de condition se trouvaient être eux aussi des empoisonneurs. Combien d'entre eux seraient perdus si elle voulait parler !

— Qu'avez-vous à répondre à cela ? demanda un juge.

— Je ne sais pas ce que cet homme veut dire. Un être aussi méprisable que lui n'est-il pas capable de tous les mensonges ?

Barbier n'osa répliquer. Il avait grande hâte d'être renvoyé afin de ne plus sentir sur lui le regard de la marquise.

— Madame, je ne vous tiens pas quitte pour cette réponse. Nous y reviendrons.

Le président Lamoignon avait préféré ne point insister et questionner lui-même la prisonnière plus tard. Il craignait fort l'énoncé de quelques noms qui pourraient effrayer le roi.

Barbier fut remercié et la séance se trouva levée. Il était tard, la quinzième audience n'apportait rien de décisif. L'énergie de l'accusée était pour Lamoignon un sujet d'étonnement et, bien qu'il s'en défendît, cette femme forçait son admiration.

CHAPITRE LX

De la fin juin au 15 juillet 1676

Marie-Madeleine n'eut pas à demander à voir Penautier. Dans les premiers jours du mois de juillet on vint lui annoncer qu'elle allait être confrontée avec le receveur général du clergé. Elle reçut la nouvelle avec un si grand contentement qu'elle en oublia pour un instant la précarité de leur position. Le matin de la confrontation, Marie-Madeleine demanda à Geneviève de la coiffer avec beaucoup de soin. Elle mit un col de dentelle, regrettant de ne point posséder de rubans pour les nouer à son corsage. Penautier allait la voir ainsi qu'une femme du peuple, mais elle n'en éprouvait pas de déshonneur. Leur relation n'avait plus de petitesse, ils se rencontreraient pour la dernière fois et ce n'était pas de sa toilette qu'il garderait le souvenir.

— Madame, vint annoncer un archer, M. le Président vous fait requérir.

La marquise se leva, son cœur battait, elle se sentait aussi émue que lorsque leurs regards s'étaient pour la première fois croisés chez Mme de Fieubet.

— Je suis prête.

Geneviève prit la main de sa maîtresse et l'embrassa. Le trouble qu'elle lisait dans les yeux de la marquise lui montrait clairement son bonheur.

Marie-Madeleine suivit le couloir, entre deux archers. Elle marchait posément, l'émotion en elle était si forte que sa respiration se trouvait précipitée. Lorsqu'elle fut devant la porte de la salle d'audience, elle dut un instant s'appuyer contre un mur.

— Allons, madame, dit un archer.

Elle s'avança. Tout au fond de la pièce, à une distance qui lui parut considérable, elle aperçut le président Lamoignon encadré d'un autre magistrat et d'un greffier. Ils étaient seuls. Lamoignon la salua, elle répondit à son salut par un signe de tête.

— Madame, dit le président, nous allons procéder à une confrontation entre vous et M. de Penautier, receveur général du clergé. Je vous poserai quelques questions et vous aurez à y répondre devant Dieu qui vous écoute. Si vous dissimulez quoi que ce soit de la vérité, non seulement vous bafouerez la justice du roi mais vous ferez de vous le domaine de Satan. Si les choses de ce monde ne vous concernent point, je vous supplie de songer à votre salut éternel. Vous seule pouvez en être l'artisan.

Marie-Madeleine ne répondit point et regarda bien en face Lamoignon comme si elle se trouvait offensée par ses doutes. Ils restèrent ainsi un instant, puis le président eut un geste vers un archer.

— Faites entrer M. de Penautier.

Une porte s'ouvrit, toute proche. Marie-Madeleine ne l'avait pas remarquée. Elle porta son regard sur l'homme qui marchait vers elle. Pierre-Louis n'avait point changé, mais elle ne vit pas d'amitié sur son visage.

— Madame, murmura-t-il.

Il était pâle, elle eut envie de tendre la main et de caresser sa joue afin de le rassurer. Pourquoi la craignait-il ?

— Vous êtes ici, dit Lamoignon, afin que, de votre confrontation, surgisse la lumière. Mme la marquise de Brinvilliers ici présente, et vous-même, monsieur, donnez à la justice les plus grandes peines. Je vous demande instamment, au nom du roi qui représente Dieu ici-bas, de dire maintenant la vérité.

— Monsieur, interrompit Penautier, je proteste contre votre discours. Je ne sais ce que vous a dit cette dame mais ne puis en aucun cas être mêlé à son affaire.

Penautier ne quittait pas Lamoignon des yeux.

— Vous la connaissez fort bien, cependant.

— Je l'ai rencontrée effectivement dans le monde.

— Vous avez été lié à M. de Sainte-Croix.

— Je lui ai fait confiance à un moment de ma vie et l'ai regretté aussitôt.

— Avez-vous connaissance des travaux suspects qu'il entreprenait dans le secret de son laboratoire ?

— J'ai entendu dire qu'il était chimiste. Tout le monde le savait.

— Votre caissier Belleguise passait chez lui un temps considérable.

— Je ne lui demandais point compte de ce qu'il entreprenait en dehors des services que j'attendais de lui.

Marie-Madeleine écoutait chaque parole, et la joie éprouvée en revoyant Pierre-Louis faisait place à un immense désarroi. Il la haïssait si fort que, non seulement il niait leur amitié passée, mais ne prenait pas même la peine de la regarder. A présent il fallait qu'ils se quittent, elle allait lui permettre de s'éloigner pour toujours, ne plus peser sur lui.

Lamoignon parlait des lettres, des billets écrits en prison où elle l'appelait à son secours.

— Je n'en ai jamais eu connaissance.

— Pourquoi cette dame vous écrivait-elle ?

— Je ne peux vous le dire. Peut-être espérait-elle tirer profit de ma position et de mon influence en mêlant mon sort au sien.

Marie-Madeleine ferma les yeux. Elle se revit au

bord de la Seine, trempée par la pluie le jour où la crue avait emporté le Pont-Marie. Pierre-Louis était devant elle, l'eau ruisselait sur son visage, sur sa bouche et elle avait eu l'envie de poser ses lèvres sur les siennes. Comme elle l'avait admiré ! Il était le seul homme capable de l'avoir étonnée durant vingt ans. Ces souvenirs ne lui seraient point ôtés.

— Monsieur le Président !

Lamoignon tourna la tête vers elle.

— Finissons-en, je vous prie. Vous voulez savoir la vérité, n'est-ce pas ? Je vais vous la dire sur mon salut éternel.

Le magistrat était attentif, la marquise à cet instant lui semblait sincère.

— Dites, madame, je vous écoute.

— M. de Penautier est innocent. Je le considère et le considérerai toujours comme un ami mais il ne savait rien de ma vie, rien de celle du chevalier de Sainte-Croix. Je lui ai écrit plusieurs missives parce que, effectivement, je pensais qu'il pourrait m'aider à faire établir mon innocence. Laissez-le libre, un homme comme lui est l'honneur d'un royaume.

Pierre-Louis se tourna vers Marie-Madeleine, leurs yeux se rencontrèrent. Un instant elle ne lut dans son regard que de l'étonnement, puis peu à peu s'y dessina une expression de tendresse. Il eut comme l'esquisse d'un sourire.

— Le jurez-vous devant Dieu, madame ?

— Oui, monsieur.

Elle se détourna, il ne fallait pas que Penautier vît ses larmes.

— Remmenez-moi, demanda-t-elle à un archer.

Lamoignon la regarda partir.

— Monsieur, dit-il à Penautier, vous êtes assurément fort estimé par cette femme et son témoignage vous est précieux qui vous aidera beaucoup dans votre affaire.

Il se dirigea, suivi du greffier qui avait pris note de l'interrogatoire et de l'autre juge, vers la porte de côté par laquelle était entré le financier. Avant de sortir il s'adressa à nouveau à Penautier, immobile entre deux gardes.

— Vous avez de la chance, monsieur, espérons qu'elle vous restera.

Le 13 juillet eut lieu une séance fort attendue du procès de Mme de Brinvilliers. Ce jour-là un témoin d'importance allait déposer, Jean Briancourt, ancien précepteur des enfants de la marquise. On était venu le questionner à plusieurs reprises chez les oratoriens, lui proposant même une somme de huit mille livres pour témoigner contre Penautier. Il avait refusé, répondant dignement qu'il n'avait pas de parti à prendre pour de l'argent. D'autre part, on l'avait menacé de mettre le feu au couvent s'il ne disculpait pas formellement le financier, et depuis ce jour le jeune homme n'osait plus sortir dans les rues tant il craignait de se trouver provoqué. Se montrer au procès de Marie-Madeleine lui avait fait horreur tout d'abord, et lorsqu'un huissier lui avait remis l'ordre de comparaître il avait eu envie de ne point y répondre. Il résolut d'en parler à son supérieur afin que le religieux le soutînt dans sa décision de ne point témoigner et un soir, après le souper, se rendit dans son bureau. Le père l'écouta attentivement, il avait un visage mince, un regard pénétrant. Il éprouvait de l'affection pour Jean Briancourt et connaissait son tempérament tendre et émotif. Le jeune homme tendit l'ordre de comparaître au religieux. Il y jeta un regard, le posa sur la table et considéra Briancourt avec attention.

— Vous avez eu raison de me venir voir car vous alliez faire une erreur en décidant de ne point obtempérer à la justice, une erreur et un péché grave.

Briancourt pâlit.
— Que voulez-vous dire, mon père ?
Le supérieur eut un sourire, comme s'il entendait la question d'un enfant jeune et naïf.
— Mme de Brinvilliers me semble être une grande pécheresse, vous savez sur elle beaucoup de choses et ne pouvez protéger le mal. Vous feriez de vous, mon fils, l'auxiliaire de Satan.
— Puis-je accabler une personne ayant eu pour moi tant de bontés ?
— Vous le devez absolument. Il ne s'agit pas d'écraser un être humain mais le diable. N'espérez point de salut si vous ne dites pas à ce procès tout ce que vous savez.
Briancourt mit son visage entre ses mains.
— Je ne le pourrai, mon père.
— Songez, mon enfant, à l'humiliation du Christ, à sa lutte dans le jardin des Oliviers, vous estimez-vous supérieur à lui ? Ce qu'il a enduré ne pouvez-vous le supporter ?
Le religieux se leva et posa affectueusement la main sur l'épaule de Briancourt.
— Je prierai pour vous et pour cette dame. La mort n'est rien, en lui faisant expier ses crimes vous l'aiderez à gagner la vie éternelle.
Briancourt se redressa et croisa le regard ferme de son supérieur. Il avait raison, Marie-Madeleine se repentirait avant sa mort grâce aux prières de ceux qui l'aimaient. Il fallait que la contrition entre dans son cœur. Rien d'autre n'avait d'importance.
— J'irai, mon père.
— Cela est la volonté de Dieu.
Le religieux fit un signe de croix. Briancourt fléchit le genou, il se sentait déterminé maintenant.

— Faites entrer M. Briancourt, dit Lamoignon.
Sous leurs perruques les magistrats transpiraient

malgré l'heure matinale. Les hauts murs du Palais enfermaient la chaleur qui depuis quelques jours écrasait Paris. Les baigneurs abondaient dans la Seine et les marchands de vins, rendus tout joyeux par la bonne marche de leurs affaires, plaisantaient avec leurs clients. Les femmes découvraient leurs épaules, retroussaient leurs jupes, ignorant, dans les carrosses comme dans les rues, les mots lestes des laquais, des soldats ou des écoliers. Dans les salons du Marais, on parlait du temps et du procès de la marquise de Brinvilliers. « Cela fait tort aux affaires de la guerre », écrivait Mme de Sévigné.

Lorsqu'elle vit entrer Briancourt, Marie-Madeleine baissa les yeux. Jusqu'au bout elle avait espéré qu'il ne se présenterait point, et de l'apercevoir à quelques pas était une grande déconvenue. Saurait-il tenir tête aux juges ? Il connaissait tout d'elle, son sort se trouvait entre ses mains. Qu'il résistât à cette épreuve était une nécessité. Elle leva son regard vers le jeune homme afin de lui communiquer sa volonté de ne point céder à ces juges qui la violentaient.

On fit dire à Briancourt son état et dès que le jeune homme prit la parole, la marquise sentit au son de sa voix qu'il n'était plus le même. Elle eut un mouvement de recul et se raidit. Allait-il déposer contre elle ?

— Vous avez été au service des Brinvilliers durant une année en qualité de précepteur de leurs fils. Durant ces mois vous avez pu voir, entendre, constater bien des choses. La justice de Dieu et du roi attend de vous que vous les exposiez présentement sans rien en ôter ni dissimuler. Votre témoignage est fort important, monsieur, et nous ferons tout pour vous aider à établir la vérité.

Lamoignon posa devant lui la liasse des feuillets sur lesquels étaient inscrites les questions qu'il désirait poser. Briancourt ne le quittait pas des yeux. Il n'avait point dormi de la nuit précédente et la fatigue le rendait plus sensible encore, altérant sa voix, lui donnant envie de pleurer. Si Marie-Madeleine à cet instant l'avait apostrophé il n'aurait pu contenir davantage son émotion. La marquise se taisait, écoutant apparemment le président, mais il sentait son regard sur lui et savait qu'elle le méprisait.

Question après question la vie des Brinvilliers, leur lutte pour surmonter une ruine inévitable, leur rapide déchéance se trouvèrent exposées devant les magistrats.

— Lorsque commencèrent vos fonctions dans cette famille, François d'Aubray était-il encore vivant ?

— Il se trouvait à l'agonie.

— Mme de Brinvilliers évoquait-elle cette maladie devant vous, s'en inquiétait-elle ?

Le jeune homme parlait d'une voix si basse que le premier président dut le prier de hausser le ton afin d'être audible.

Mot après mot, Jean Briancourt racontait son existence auprès d'elle, leur été à Sains, son voyage à Paris. Durant deux heures le président l'écouta attentivement, lui demandant de répéter quelques phrases afin de le bien comprendre tandis que deux greffiers écrivaient sans relâche. Marie-Madeleine, au fur et à mesure du récit de Briancourt, rentrait en elle-même. Cet homme en lequel elle avait eu foi se trouvait son ennemi et le pire de tous. Puisqu'il l'attaquait, elle ne l'épargnerait pas.

— Vous avez rencontré le chevalier de Sainte-Croix ?

— Cet homme a perdu Mme de Brinvilliers.

Briancourt reprenait de l'assurance, accabler Jean-Baptiste le disculpait. Il parla de l'arrivée à l'improviste du chevalier à Sains, de sa violence, des diverses tentatives d'assassinat menées contre lui. Puis Lamoignon lui fit évoquer les angoisses de la marquise lors de la découverte de la cassette, les démarches qu'elle entreprit aussitôt afin de la récupérer, démarches tentées par le jeune homme lui-même.

— Mme de Brinvilliers vous parlait-elle de M. de Penautier ?

Le cœur de Marie-Madeleine se serra. Ce misérable n'avait pas le droit de parler de Pierre-Louis.

— Elle m'a confié à plusieurs reprises que le chevalier de Sainte-Croix avait fait sa fortune.

La marquise sursauta. Sa voix était ironique, cassante :

— J'aurais déclaré, du moins vous le prétendez, que M. de Sainte-Croix fit la fortune de M. de Penautier ? Il n'y a pas d'apparence que, gueux comme il était, il eût été capable de faire la fortune de personne !

Briancourt baissa la tête, chaque parole de Marie-Madeleine le troublait si fort que ses pensées s'en trouvaient embrouillées.

— L'avez-vous rencontré à Picpus chez elle ?

— Il n'y est jamais venu.

Marie-Madeleine n'avait point laissé Briancourt répondre.

Lamoignon observa la marquise, garda le silence puis porta à nouveau son regard sur le témoin.

— Parlez-nous de vos relations avec Mme de Brinvilliers. Nous savons tous ici que leur caractère en a été fort intime, aussi ne craignez rien.

La marquise n'écoutait plus, elle était dans sa chambre avec Jean pour la première fois, à Sains, son corps serré contre le sien. Comme les mots, les gestes, se trouvaient dérisoires ! Elle avait inventé Briancourt avec sa tendresse, sa pureté, sa fidélité. Il n'existait pas, la faute venait d'elle et de ses chimères.

On fit entrer une servante qui attesta avoir surpris le précepteur au lit avec sa maîtresse. Briancourt ne répondit point. Marie-Madeleine s'en défendit, mais il était évident que les juges ne la croyaient pas.

— Comment aurais-je pu partager l'intimité d'un laquais ?

Elle cherchait des mots blessants, que Jean ne pourrait oublier.

La voix du premier président était toujours calme, il suivait son chemin sans se laisser émouvoir.

Briancourt parlait depuis six heures. On s'était interrompu pour le dîner. Il était une heure de l'après-midi. Maintenant Lamoignon allait évoquer la mort de Dreux, d'Antoine et de François d'Aubray, il ne pensait pas que la marquise de Brinvilliers puisse résister davantage. Le procès touchait à sa fin, on entendrait la plaidoirie de l'avocat le lendemain, puis il essayerait de la faire s'amender avant de la confier au prêtre et au bourreau. Sa propre conviction était établie.

Briancourt semblait las, traqué, le moment était venu, il avouerait tout ce que l'on voudrait.

Le jeune homme continua son récit, il évoqua les confidences de sa maîtresse, son besoin de soulager sa conscience auprès de lui. Il voulait insister sur le fait qu'elle éprouvait de vifs remords, mais on ne lui laissa point le dire.

— Ainsi la marquise de Brinvilliers ce soir-là à Sains-en-Amiénois vous a fait l'aveu qu'elle avait bien empoisonné son frère ?

Briancourt se sentit forcé. Il se tourna un instant vers Marie-Madeleine comme pour lui demander pardon, mais la froideur de son regard l'épouvanta davantage encore.

— Parlez, monsieur.

Le premier président avait un visage sévère. Le jeune homme était terrifié.

— Oui, monsieur le Président.

Il y eut un léger murmure puis on entendit la voix haute, légèrement tremblante de l'accusée.

— Vous n'étiez qu'un laquais ivre, vous divaguez.

Briancourt se tourna vers elle.

— Où m'avez-vous vu ivre ? Je ne le fus en quelque lieu que ce soit.

— A Sains, vous buviez chaque fois que je vous repoussais.

Le jeune homme rougit violemment, fallait-il qu'il reste davantage ? Il avait l'impression d'être, lui, le coupable. Lamoignon gardait son ton de voix parfaitement digne et mesuré.

— Mme de Brinvilliers avait-elle le projet d'empoisonner d'autres membres de sa famille ?

— Sa sœur Thérèse. Elle voulait la faire périr dans un délai de deux mois.

— Jamais je ne vous ai dit une chose pareille !

— Vous en avez exprimé le désir à plusieurs reprises à Sains comme dans votre carrosse lorsque nous revenions vers Paris.

— Je ne vous ai jamais admis dans mon carrosse.

Briancourt, acculé, devait se défendre.

— Vous avez même écrit une lettre à votre sœur afin de lui demander de me prendre chez elle. Vous vouliez par la suite que je fasse engager La Chaussée comme jardinier afin qu'il se chargeât de tout.

— Comment aurais-je écrit une lettre ? Ma sœur n'y voyait goutte longtemps avant son décès et se faisait lire son courrier. Aurais-je pris le risque qu'un étranger puisse connaître des plans aussi compromettants ?

— Madame, non seulement cette lettre existe, mais je la présenterai aux juges. Ils verront clairement qu'elle tendait à m'introduire comme homme de confiance auprès de Thérèse d'Aubray afin que je puisse la faire empoisonner ensuite aisément.

Maintenant Briancourt parlait facilement, il avait le sentiment que la femme présente à quelques pas de lui n'était plus celle qu'il avait tant aimée, mais seulement une personne hostile cherchant à le blesser.

Sept heures sonnaient. Les juges étaient épuisés.

Briancourt avait demandé un siège. Mme de Brinvilliers ne faiblissait pas.

« Elle n'avouera rien », pensa le premier président. Cette femme le déconcertait si fort qu'il ne savait plus comment la réduire. La terrible déposition de son ancien amant, loin de la démonter, semblait l'avoir endurcie davantage.

Il posa encore quelques questions au témoin, lui faisant répéter les confidences de la marquise sur l'empoisonnement de ses frères, décrire les fioles de poison qu'elle détenait dans sa chambre et dont elle avait voulu user lors de la fameuse nuit où Sainte-Croix avait tenté de le poignarder. Marie-Madeleine ne manifestait aucune émotion, aucune peur.

— Vous allez pouvoir vous retirer, dit Lamoignon à Briancourt.

Le jeune clerc ne savait plus très bien où il se trouvait. Allait-il parvenir à faire comprendre à Marie-Madeleine qu'il lui fallait se soumettre à Dieu maintenant ? Qu'il ne l'avait pas abandonnée ! Il se tourna vers elle.

— Je vous ai avertie maintes fois, Madame, que votre cruauté et vos crimes vous perdraient.

Le regard de la marquise était méprisant, glacial. Briancourt ne put se contenir davantage. La fatigue, l'émotion, le regret d'avoir parlé le brisaient. Il se mit à pleurer. Tout cela n'était pas supportable, il lui fallait quitter cette salle à l'instant pour ne point y mourir. Briancourt se redressa, tourna la tête une dernière fois vers la marquise. Il savait qu'il ne la reverrait plus. D'une voix hautaine, dédaigneuse, elle déclara.

— Vous n'avez pas de cœur[1], monsieur, vous pleurez.

Elle ne le regarda pas sortir.

Avant sa plaidoirie, le 14 juillet au matin, l'avocat

1. Courage.

Nivelle vint voir la marquise dans sa cellule. Il la trouva calme, prenant pour son déjeuner un œuf avec une tasse de lait. Les deux archers jouaient au lansquenet, Geneviève reprisait un bas, un courant d'air soulevait les rubans du bonnet de Marie-Madeleine. Nivelle s'arrêta, surpris : mis à part les gardiens, il aurait eu le sentiment de se trouver dans la chambre d'une bourgeoise paisible.

La marquise posa sa tasse de lait sur la table.

— Avez-vous espoir, monsieur ? Pour ma part, après la journée d'hier je n'en garde plus guère.

L'avocat prit un tabouret paillé et s'assit ; il portait sous le bras un gros portefeuille de tapisserie qu'il déposa à ses pieds. Il considéra la marquise avec attention et la trouva belle, sereine dans la lumière du matin. Depuis plus d'un mois il travaillait avec acharnement à défendre cette femme inconnue. Qu'elle soit coupable ou non lui importait peu, c'était son plaidoyer qui serait finalement jugé.

— Madame, vous voyez clairement la difficulté de notre entreprise, mais nous sommes l'un et l'autre des personnes faites pour vaincre et nous remonterons cette pente au bas de laquelle M. Briancourt nous a précipités.

— C'est un faible, murmura la marquise, un sot et un poltron.

Nivelle trouva ses yeux et sa bouche encore admirables, ainsi que la finesse de ses mains. Les détails très intimes sur sa vie livrés par les témoins avaient excité son imagination. Il n'aurait pas détesté compter parmi ses galants. Assurément cette femme aimait l'amour. Elle n'était pas de ces créatures affectées rencontrées dans les salons, parlant de libertinage en refusant de se laisser approcher.

— Oublions-le, madame, et pensons à aujourd'hui. Voici mon plaidoyer. J'ai cherché à tirer le meilleur parti des nombreuses contradictions existant dans votre procès ainsi que dans la déclaration que La Chaussée a faite après la question. Je chercherai également à émouvoir les juges sur votre personne qui ne mérite point le sort qu'on lui impose. Vous êtes noble, vous êtes belle, vous êtes passionnée, qu'avez-vous à faire dans une prison parmi ces hommes ?

Nivelle eut un regard pour les archers qui ne prêtaient point attention à ses paroles et continuaient à jouer. Marie-Madeleine se leva et prit la main de l'avocat. Elle sentait fort bien l'admiration qu'il avait pour elle et cherchait à lui plaire davantage encore afin de le stimuler.

— Mon sort est entre vos mains, monsieur.

Nivelle porta les doigts de la marquise à sa bouche et les baisa.

— Je ferai tout ce qui est en mon pouvoir pour vous, soyez-en sûre.

Huit heures sonnaient à l'horloge du Palais. Mme du Rus pénétra dans la cellule, suivie d'un huissier.

— Il vous faut aller, madame. Ces messieurs vous attendent.

Nivelle et Marie-Madeleine se levèrent.

— Je vous précède, madame, mon devoir m'impose de saluer les juges avant votre arrivée.

Il sortit, la marquise se tourna vers sa servante.

— J'ai confiance dans cet homme, ma bonne Geneviève. Mes amis ne m'ont apporté que des désenchantements, celui-là qui est un inconnu me redonne l'espoir.

Nivelle était debout face aux juges et Marie-Madeleine ne perdait pas un seul des mots prononcés. Parfois, fugitivement, elle se voyait en religieuse, finissant sa vie dans un couvent avec sa sœur Marie, et cette pensée apaisante lui donnait de la joie.

— J'espère, disait maître Nivelle, qu'on jugera l'inculpée sur des preuves et non sur des racontars. Par preuves, j'entends des faits précis ou des déclarations de la dernière force, comme écrits avec les rayons du soleil. Elle n'a en effet à se reprocher, comme je vais le démontrer, d'autre crime que son malheur.

Les juges ne bougeaient point. La chaleur se trouvait moins grande que la veille, le vent ayant tourné à l'ouest au cours de la nuit. Lamoignon, les yeux mi-clos, écoutait sans rien montrer de ce qu'il ressentait.

Nivelle maintenant parlait de Sainte-Croix, et le chargeait entièrement. Tout venait de lui, il avait fabriqué les poisons, les avait vendus et utilisés sans rien en dire à sa maîtresse ; cet homme, connu depuis longtemps pour être un aventurier, compromettait tous ceux qu'il côtoyait. La marquise, sitôt éclairée sur son compte, ne l'avait plus revu, elle n'était point à ses côtés lors de sa dernière maladie, pas plus qu'à son enterrement.

— M. de Sainte-Croix, continua-t-il, de la même voix forte et calme, a déposé les poisons dans la fameuse cassette bien après la lettre qui s'y trouvait également enfermée. Ces poisons n'y furent placés qu'après la rupture avec Mme de Brinvilliers, afin de se venger d'elle et de Jean Briancourt. Le billet que vous avez lu ne concerne donc que les lettres écrites par la marquise de Brinvilliers, des lettres d'amour où il n'est aucunement question de poison. Pour la reconnaissance d'une dette de trente mille livres à l'ordre de Sainte-Croix, l'inculpée s'est servie de son ami afin de soustraire, sans que cela se sache, quelques fonds à ses créanciers. Venons-en à la fuite de ma cliente, fuite qu'on lui reproche véhémentement ; n'est-elle pas naturelle ? Un être pourchassé ainsi par la justice finit par prendre peur même s'il se trouve parfaitement innocent. De plus, Mme de Brinvilliers avait encore, comme vous ne l'ignorez pas, de nombreuses dettes. Elle part donc pour échapper à ses créanciers, je dis elle part et non elle s'enfuit car elle ne se cache pas. Sa sœur Thérèse, avant qu'elle ne décède, puis sa sœur la carmélite Marie de Jésus-Christ ne lui envoient-elles pas quelques subsides ? Est-ce l'attitude ordinaire d'un fuyard de faire connaître la place où il se trouve ? Mme de Brinvilliers n'a point peur car elle se sait innocente. De quoi l'incrimine-t-on exactement ? De l'empoisonnement de ses deux frères, cela sur la déclaration de trois principaux témoins à charge, tous suspects de partialité :

« Cluet, sergent au Châtelet, qui est très attaché à Thérèse Mangot. Cette dame lui a fait épouser en 1674 sa suivante, Jeanne Surfin, et a réglé les dépenses de la noce. La femme Surfin a obtenu elle-même deux mille livres de rente après le décès d'Antoine d'Aubray. Quant à Cluet, il a traqué Jean Briancourt à Notre-Dame-des-Victoires pour le contraindre à déposer, le menaçant s'il se dérobait de mettre le feu à la maison des pères de l'Oratoire.

« Il doit donc être écarté.

« Edmée Huet, veuve Brigeon, second témoin, ne vaut guère mieux que le premier. N'a-t-elle pas affirmé qu'un jour la marquise de Brinvilliers l'envoyant chercher des pendants d'oreilles dans sa cassette, elle y aurait trouvé de l'arsenic sous forme de poudre et de pâte dans deux petites boîtes qu'elle jeta au feu ? Depuis quand les empoisonneurs écrivent-ils le nom des produits toxiques sur les paquets ou les boîtes qui les contiennent ? Edmée Huet déclara aussi que l'accusée, ayant bu avec excès, était venue dans sa mansarde lui apporter une boîte dans laquelle elle prétendit avoir de quoi se venger de ses ennemis. Une démarche d'une aussi folle imprudence est-elle imaginable ?

« L'accusée aurait dit encore qu'elle ne voulait pas abandonner sa cassette lorsqu'elle s'absentait de Paris car “ elle était de conséquence ”. Elle aurait ajouté : “ Si je viens à mourir vous la jetterez au feu. ” Or il est prouvé par d'autres témoins que la marquise laissait sa cassette à son domicile lorsqu'elle se rendait à ses terres de Norat ou de Sains.

« Jean Briancourt lui-même n'a pas fait une déclaration sans faille. Pourquoi la marquise aurait-elle sans cesse parlé de poisons si elle était coupable ? Les menaces d'empoisonnement qu'elle proférait n'étaient dues qu'à l'emportement de son caractère et à de soudaines colères.

« Maintenant il faut évoquer cette fameuse confession dont vous faites pour la plupart grand cas. Il est étonnant que les accusateurs veuillent inspirer aux juges de prendre lecture de cette pièce qui est d'une nature que les lois divines et humaines rendent sacrée et inviolable par le sceau du secret et du silence qu'exigent les dépendances d'un mystère des plus augustes. Cette preuve n'en est point une et le papier doit être brûlé. Il a été écrit sous l'empire d'un état dépressif dû à une maladie violente et traduit une étrange et anormale volonté de se détruire. »

Nivelle parlait depuis longtemps. Debout, il ne paraissait sentir ni la fatigue ni la chaleur et se tournait de temps à autre vers la marquise afin de la réconforter d'un regard. Son plaidoyer se trouvait presque achevé. Onze heures sonnaient.

— Messieurs, dit-il à la fin d'un ton de voix différent, plus doux, plus persuasif encore, voyez cette femme frêle, de naissance noble, belle et d'une nature sensible. Elle se trouve en butte depuis plusieurs mois à des calomnies semées par la haine, aux mauvais traitements, aux insultes d'archers et de soldats ivres, de geôliers grossiers. On lui a ôté jusqu'aux consolations spirituelles et, le jour même de la Pentecôte, on lui a refusé d'entendre la messe ! Cette femme a-t-elle la figure d'une empoisonneuse ? Vous êtes juges et saurez donc décider en qualité d'arbitres. Vous la déclarerez non coupable parce que votre sensibilité, votre cœur, en trancheront ainsi.

L'avocat se tut. Les magistrats demeurèrent sans bouger, puis le premier président se redressa et fit un signe de tête.

— Merci, monsieur.

La croix était juste au-dessus de lui et le christ penché semblait peser sur ses propres épaules.

L'heure du dîner interrompit la séance. Nivelle en sortant vint près de Marie-Madeleine pour lui prendre la main.

— Nous nous reverrons dans le monde, dit doucement l'avocat, car assurément, vous y serez à nouveau bientôt.

— N'y comptez pas, monsieur. Je vous remercie et vous fais mes adieux, si par extraordinaire je me trouvais libre, j'irais terminer ma vie dans un couvent. Là seulement je pourrais tenter de restaurer ce qui se trouve brisé en moi.

Un archer pressait Marie-Madeleine. Elle aurait voulu parler encore à cet homme, lui dire beaucoup de choses.

— Adieu, monsieur, murmura-t-elle.

Elle se trouvait émue comme si elle venait de quitter un parent.

L'après-midi, l'avocat de Thérèse Mangot demanda à ce que Marie-Madeleine d'Aubray, marquise de Brinvilliers fût condamnée à mort et eût, comme parricide, le poing coupé après la question.

La marquise passa une nuit de découragement. Lamoignon ne lui avait pas parlé, elle le sentait lointain, sévère, allait-il la faire condamner ? Leurs familles se trouvaient liées par l'amitié, lui-même la connaissait depuis fort longtemps. Ces rapports anciens et courtois la poussaient à espérer. Il ne fallait point céder à la peur.

Le lendemain 15 juillet, Marie-Madeleine parut pour la dernière fois devant ses juges. Elle n'ignorait pas qu'après ce dernier interrogatoire son sort se trouverait décidé, mais plus la fatalité de sa condamnation devenait évidente, plus elle entretenait l'espoir contraire au bon sens que son rang la ferait épargner. Vêtue comme une femme sans condition, mangeant la nourriture des soldats, privée de soins corporels, de tous les raffinements qui lui étaient ordinaires, elle se réfugiait dans le sentiment aigu de sa grandeur. La femme qu'on jugeait était, certes, blâmable mais ce qu'elle représentait dans le monde étant intouchable, elle ne pouvait encourir aucune sanction, excepté celle de sa conscience. Le roi le savait, le premier président également, la grâce viendrait à l'ultime moment avec la permission tant espérée de s'enfermer dans un couvent.

L'interrogatoire se poursuivait depuis plus de deux heures. La vie entière de la marquise avait été examinée, le premier président Lamoignon, le président de Nobion la pressaient de questions, mais plus ils la forçaient plus elle leur faisait face, niant tout avec, parfois, un sourire qui les confondait.

— Vous prétendez ne point même savoir ce qu'est un poison alors que des témoins de toutes sortes en ont vu dans votre propre chambre ?

— Ils se sont trompés, j'ignore tout de ce que vous me dites.

— Et les contrepoisons ? Votre ami le chevalier de Sainte-Croix en possédait. Il faut que la justice, madame, connaisse la composition de ces substances vénéneuses et leur antidote, cela est de la plus extrême importance afin que le mal ne puisse se répandre.

— Je ne sais ce qu'est un contrepoison. Demandez à des chimistes.

Nobion et Lamoignon échangèrent quelques mots à voix basse.

— Madame, j'aurais voulu vous épargner d'avoir à revenir sur votre confession, mais puisque vous vous entêtez dans votre refus d'aider la justice, je dois me servir de ce papier où vous-même parlez de poisons et d'antidotes. Vous aviez donc une connaissance parfaite de leur existence, le nier est une folie et un outrage à Dieu, votre juge suprême.

— Dieu ne juge pas les insensés, monsieur, cette confession dont vous me parlez sans cesse a été écrite par moi alors que j'étais si isolée, tellement tourmentée par les difficultés de l'exil que mon esprit se trouvait au bord de la folie.

Lamoignon posa ses documents. La procédure était terminée, mais lui-même ne se sentait pas quitte, il était comptable devant Dieu de l'âme de cette femme qui se perdait. Maintenant il ne la jugeait plus, il allait parler en chrétien afin de tenter de l'éclairer. Il devait cette ultime tentative à l'honneur d'une famille proche de la sienne. De calme et ferme, le ton de sa voix devint ému, pressant. Il exhorta longuement Marie-Madeleine de Brinvilliers à ressentir quelques regrets de ses fautes, à considérer ses actes criminels comme des outrages envers Dieu si elle ne les voyait pas comme des torts faits aux hommes. N'avait-elle jamais laissé entrer la moindre compassion dans son cœur ? L'émotion du premier président était sensible, la justice ne représentait rien pour lui si elle ne s'accompagnait d'un amendement spirituel, et punir un être sans lui donner l'opportunité de sauver son âme lui semblait une absurdité.

— Madame, vous appartenez à une famille à l'honneur très délicat et votre père qui fut un homme de bien vous a donné certainement la fierté d'être sa fille, la descendante de tous ces ancêtres qui ont, par leur honnêteté et la dignité de leurs vies, mérité l'estime de tous. Songez à eux, si vous vous trouvez indifférente à vous-même. Vos fautes sont exorbitantes et vous ne pouvez prétendre les expier qu'en vous jetant aux pieds de Dieu. Comment punir une fille ayant de sa propre main versé du poison à son père ? Avez-vous imaginé les souffrances qu'il a ressenties, ses angoisses au seuil de la mort ? Vous êtes devant la fin de votre propre vie, il faut expier maintenant, je vous en supplie, comme un parent, comme un chrétien. Avez-vous oublié les paroles du Christ lorsqu'il disait qu'aucun agneau du troupeau ne pouvait se perdre sans qu'il en ressentît une immense douleur, qu'il se trouvait prêt à quitter toutes les autres brebis afin de rechercher l'absent ? Votre âme, madame, a un prix immense pour Dieu, ne vous obstinez pas à la lui refuser car, assurément, c'est une grande pitié pour les chrétiens que nous sommes de voir se perdre l'un des leurs. Vos crimes ont été grands, et le plus grand d'entre tous fut d'avoir voulu à plusieurs reprises supprimer votre propre vie, mais, aussi bas que vous soyez tombée, l'amour de Dieu ne vous sera jamais refusé. Pensez à votre salut, madame, non point celui du corps qui est peu de chose mais celui de votre âme.

Lamoignon avait les larmes aux yeux. Le président de Nobion prit à son tour la parole.

— Madame, laissez-moi essayer de vous rendre accessible à des sentiments de compassion envers les vôtres et envers vous-même. Votre frère Antoine a fort bien senti qu'un de ses ennemis le tuait, mais il ne savait lequel et cela lui faisait peine. J'étais de ses amis et l'ai entendu de sa propre bouche soupçonner certaines de ses relations. Pouvez-vous imaginer la peur qui l'étreignait avant que de mourir ? Il était jeune, il avait une épouse qu'il chérissait, de hautes responsabilités et il lui fallait tout quitter ! Jamais il n'a prononcé un mot contre vous, madame, il vous affectionnait, tandis que vous lui ôtiez la vie.

La voix de Nobion se mit également à trembler. Il avait assisté à l'agonie d'Antoine d'Aubray et gardait encore en mémoire l'horreur des souffrances endurées.

— Madame, répéta Lamoignon, tous vos juges vous supplient de ne point persévérer dans vos erreurs.

Il pleurait, et les autres magistrats se trouvaient si émus qu'aucun ne pouvait parler. Marie-Madeleine les considéra les uns après les autres, si elle avait laissé l'émotion la gagner elle serait morte à l'instant peut-être, mais elle voulait tenir bon, ne pas donner à ces hommes la satisfaction de la voir s'abaisser. Lorsque Lamoignon avait évoqué la mort de son père, Nobion celle d'Antoine, elle avait dû serrer les dents et songer à autre chose pour ne pas se mettre à crier. Elle était parvenue à se dominer et maintenant se trouvait calme, froide. L'émotion ôtée, les paroles de ses juges semblaient naïves et ridicules. Marie-Madeleine les observa l'un après l'autre, et elle ressentit une sensation de pouvoir enivrante tandis que son regard bleu s'attardait un instant sur chacun.

Lamoignon sortit un mouchoir. Devant le tribunal de Dieu il pourrait affirmer qu'il avait tenté l'impossible pour sauver cette femme. La marquise de Brinvilliers devait mourir en chrétienne et là où il avait échoué un autre réussirait peut-être. L'abbé Pirot, auquel il avait songé, était connu dans toute l'Europe par ses discussions avec Leibniz. C'était un théologien, professeur en Sorbonne, ardent, sensible, intelligent. Lui saurait sans doute agir sur le cœur de la marquise.

Le premier président se redressa, il avait à nouveau un ton de voix impassible.

— Madame, votre interrogatoire se trouve terminé et nous allons nous séparer. Cependant, à la prière de votre sœur carmélite, je vais vous envoyer une personne d'un très grand mérite et d'une très grande vertu pour vous consoler et vous exhorter de songer au salut de votre âme.

CHAPITRE LXI

16 juillet 1676

L'abbé Edmond Pirot quitta le couvent de la rue Saint-Jacques après avoir rencontré la sœur de la marquise de Brinvilliers. La veille, un billet du président de Lamoignon lui était parvenu, exprimant le souhait qu'il assistât la marquise dans ses derniers moments. Cette cause exaltante l'avait enflammé et il s'était aussitôt décidé à l'accepter. Il avait résolu d'aller voir Marie de Jésus-Christ afin de lui demander de se joindre par la prière aux efforts qu'il allait tenter auprès de sa sœur. Elle s'y était engagée et déjà s'était rendue à la chapelle afin de supplier Dieu que Marie-Madeleine acceptât le père Pirot comme confesseur.

Le prêtre était curieux de faire la connaissance de cette femme dont tout Paris s'entretenait. Certains la dépeignaient comme un monstre, d'autres comme une petite femme des plus ordinaires. Marie de Jésus-Christ, elle, lui présenta sa sœur comme une femme orgueilleuse, malheureusement dépourvue de toute éducation chrétienne, et faible sous une apparence déterminée. « Elle a été encensée, comblée par tous, notre père, nos frères, ses amis bons ou mauvais, et cette admiration excessive l'a perdue. Thérèse et moi-même souvent au cours de notre enfance nous sommes crues délaissées, mais nous l'étions en réalité bien moins que Marie-Madeleine. Celui qui nous aimait ne nous a point abandonnées. »

Pirot en cheminant vers la Conciergerie ne remarquait rien des scènes de la rue, sa pensée se concentrait sur les paroles de réconfort et de paix qu'il devrait prononcer. La prison était devant lui maintenant. Son regard remonta le long des murailles, s'attarda sur la tour Montgomery : elle se trouvait là, à quelques pas de lui, lointaine encore, mais la grâce de Dieu le faisait aller vers elle. Il murmura : *Fiat voluntas tua* et entra. Arrivé tout en haut de l'escalier de la tour, l'hésitation le fit demeurer un instant immobile, puis il inspira profondément et poussa la porte. La marquise de Brinvilliers, assise au fond de la pièce, parlait à voix basse à un religieux oratorien tandis que sa servante brodait et que les archers jouaient aux cartes. Marie-Madeleine leva les yeux et Pirot, rencontrant son regard pour la première fois, pensa à un animal captif. Il fut dès l'abord séduit par la grâce et la mélancolie de la prisonnière. Elle aussi le dévisageait, inexplicablement son cœur s'était mis à battre lorsqu'elle avait vu entrer ce petit homme en noir, et elle se porta au-devant de lui comme l'on tend vers la fin d'un tourment.

— Assurément, c'est vous que M. le Premier président m'envoie. C'est avec vous que je dois passer le peu qui me reste de vie. Que j'avais impatience de vous voir !

Pirot était calme à présent.

— Je viens, madame, vous rendre pour le spirituel tous les offices que je pourrai. Je souhaiterais que ce fût dans une autre affaire que celle-ci.

— Monsieur, il faut se rendre à tout.

L'oratorien s'était levé. Il salua Pirot et reprit son chapeau.

— Madame, je vais vous quitter car vous ne pourriez trouver meilleur conseiller que cet homme.

— Mon père, je vous suis obligée de toutes les visites que vous avez bien voulu me faire. Priez Dieu pour moi, je vous supplie. Dorénavant je ne parlerai plus guère qu'à monsieur. J'ai à traiter avec lui d'affaires qui se disent en tête à tête. Adieu, mon père.

Marie-Madeleine s'assit et montra à Pirot un siège à côté d'elle. Ils étaient tout proches l'un de l'autre.

— Ma mort est sûre, dit-elle sans le regarder, il ne faut pas que je me flatte d'espérance. J'ai à vous faire grande confidence de toute ma vie.

Elle éprouvait à cet instant un irrépressible besoin de parler.

— Existe-t-il, mon père, des péchés irrémédiables par leur gravité ou par leur nombre ? Y en a-t-il de si énormes que l'Église ne puisse pas les remettre ?

— Il n'y en a point en cette vie, madame. Dieu vous aime comme il aime chacun de ses enfants. Savez-vous ce que veut dire le mot amour, la force qui existe dans cette disposition à vouloir le bien d'un être ? Je la possède à votre égard et ferai tout afin de vous convaincre combien vous êtes aimée.

Marie-Madeleine tressaillit. Elle entendait enfin les mots attendus depuis toujours.

— Pourquoi m'aimeriez-vous ?

— Madame, l'amour ne demande pas de raison. Je vous aime. Ne sommes-nous pas tous deux les enfants de Dieu et ne dois-je pas présentement répondre de vous devant Notre Père ?

— Vous m'aimez donc pour rien ?

Cet homme était étrange, qui disait « Je vous aime » sans rien demander.

— Puis-je espérer, monsieur, la vie éternelle ?

— Davantage que l'espérer, madame, l'obtenir, une vie sereine, heureuse, glorieuse.

Chaque mot s'enfonçait au plus profond de Marie-Madeleine : « une vie sereine, heureuse, glorieuse », si la mort était la porte de cette vie-là, elle voulait la passer aussitôt.

— Ne pleurez point, dit doucement le prêtre, car vous êtes maintenant en sûreté auprès de moi.

Il prit la main de Marie-Madeleine et la caressa doucement. L'existence de cette femme était une page arrachée, désormais.

— Je vais faire de vous un être nouveau pour une vie nouvelle.

Marie-Madeleine se leva, elle ne pouvait demeurer un instant de plus au contact de cet homme tant elle était bouleversée.

— Monsieur, on m'a appris que vous n'avez pas encore eu le temps de dire votre messe. Allez, je vous prie, à la chapelle de cette prison et priez Notre Dame à mon intention. Je serai avec vous par l'esprit ne pouvant y assister moi-même, et je vous attendrai.

La détermination d'offrir à Dieu l'âme de cette femme mettait en Pirot un grand désordre. Son office terminé, il gagna la loge du concierge afin de boire un doigt de vin. Le libraire du palais, M. de Sancy, s'y trouvait déjà.

— Monsieur, dit-il en saluant Pirot, je sais qui vous êtes. Me permettez-vous de vous apprendre une nouvelle que j'apporte à l'instant du Palais ?

Pirot qui commençait à boire arrêta son geste. Il pressentit qu'il s'agissait de la marquise et l'inquiétude l'envahit aussitôt.

— La sentence concernant Mme de Brinvilliers a été rendue. Elle est condamnée à l'amende honorable, au glaive puis au feu et doit avoir, comme parricide, le poing coupé au préalable.

L'abbé pâlit. Quand le saurait-elle ?

— Aujourd'hui même sans doute, l'exécution de la sentence se fera demain.

Marie-Madeleine attendait le prêtre sereinement. Il était presque midi. Maintenant que l'abbé Pirot lui avait donné l'espoir d'être sauvée, elle était prête à tout donner d'elle pour cette dernière victoire. Dieu devenait le but ultime qu'elle devait atteindre. Devant Lui et cet homme qui Le représentait, l'orgueil n'avait plus de raison d'être, elle n'avait point à se justifier mais à se donner pour son propre rachat. La mort volontaire qu'elle avait tant souhaitée lui semblait désormais une grande lâcheté.

Un peu d'air pénétrait par la fenêtre, le soleil était trop haut déjà pour entrer dans la pièce et il faisait moins chaud. Les archers somnolaient en attendant le dîner. Marie-Madeleine fit quelques pas dans sa cellule, elle s'y sentait protégée. Son errance avait pris fin. Elle se tourna vers Pirot qui arrivait et il fut frappé par le bleu intense de ses yeux.

« Un regard d'enfant », se dit Pirot. Il fut étonné d'avoir pensé cela.

— Je ne pouvais me sauver qu'en mourant de la main du bourreau. Que serait-il advenu de moi si j'étais morte à Liège ?

— Vous seriez morte dans le plus grand des péchés, madame, celui qui n'est point pardonné. Tous les autres seront effacés.

Marie-Madeleine semblait ne pas l'écouter.

— Et quand je n'aurais pas été prise, quelle fin aurais-je faite ? Je déclarerai mon crime devant les juges à qui je le désavouai jusqu'à présent. J'ai cru le pouvoir celer parce que je me flattais que, sans ma confession, il n'y aurait pas de quoi me convaincre et que je n'étais pas obligée de me charger moi-même. Je prétends réparer demain, dans mon interrogatoire dernier, le mal que j'ai fait dans les autres.

Qu'importait maintenant de demander pardon ? Ses regrets faisaient partie de sa vie passée et sa vie passée n'existait plus. « Une femme neuve », avait dit Pirot.

Elle s'arrêta à nouveau, il fallait absolument qu'elle ne fût plus haïe ou même rejetée par personne, que Marie-Madeleine d'Aubray puisse s'en aller en paix.

— Je vous prie, monsieur, de faire mes excuses à M. le Premier président. Vous le verrez, s'il vous plaît, de ma part après ma mort et vous lui direz que je demande pardon, à lui et à tous les juges, de l'effronterie qu'ils m'ont vue, que j'ai cru que cela servait à la défense de ma cause et que je n'ai jamais pensé qu'il y eût assez de preuves pour me condamner sans mon aveu, que je vois tout le contraire présentement, que j'ai été touchée sur la sellette de ce qu'il m'a dit et que je me suis fait violence pour empêcher qu'on le remarquât à mon visage, qu'il me pardonne le scandale que j'ai donné à toute la Chambre assemblée pour me juger et qu'il prie les juges de me le pardonner.

Les choses se trouvaient simples désormais, peut-être était-ce à cause du peu d'heures qui lui restaient à vivre. Chaque mot devenait une mise en ordre avant son départ, elle avait toujours aimé que tout soit correctement disposé autour d'elle.

La porte s'ouvrit et Geneviève entra avec Mme du Rus portant le repas, une soupière, un plat couvert, du pain, une corbeille de fruits.

— Partagerez-vous mon repas? demanda Marie-Madeleine. Il est fort simple et je le prends en compagnie de ma servante ainsi que des gardes ici présents.

Elle s'assit pour son dernier dîner. Son regard s'arrêta sur chacun des convives : elle avait reçu à son hôtel les personnes les plus brillantes, les plus raffinées de Paris, et elle quittait ce monde entre deux domestiques et deux archers. Son orgueil se trouvait ailleurs maintenant. Mme du Rus pleurait; la sérénité de la marquise, l'égalité de son humeur, sa bienveillance bouleversaient tous ceux qui vivaient en sa compagnie. Aucun d'entre eux ne voulait penser qu'elle serait morte le lendemain. Marie-Madeleine déplia sa serviette, la posa sur ses genoux. Elle ne se trouvait point émue elle-même, tant de choses désormais lui étaient indifférentes !

— Ma pauvre Du Rus, vous serez bientôt défaite de moi, il y a quelque temps que je vous donne de la peine mais cela finira dans peu. Vous n'aurez plus affaire à moi car je ne crois pas que vous ayez le cœur de me voir exécuter.

Geneviève pleurait aussi. Les archers attendaient en silence que la marquise commençât son repas.

— Je ne peux vous servir, dit-elle doucement à Pirot, on ne me laisse qu'une cuillère de bois. Cela importe peu car le repas est fort modeste. Je n'y attache pas d'importance. Parlez-moi plutôt des événements de Paris.

Pirot lui conta les dernières nouvelles des affaires de l'État et de la Cour.

— Je me figure que l'on parle aussi beaucoup de moi et que je dois me trouver la fable du peuple.

— Ne vous préoccupez plus de ce monde, madame. Qu'importe ce que les gens qui ne savent pas qui vous êtes dans le fond de votre cœur disent de vous. Ils inventent eux-mêmes les motifs de leurs occupations et ce désir de savoir les affaires d'autrui se trouve la preuve qu'ils ne veulent point s'attarder sur les leurs.

Des bruits atténués par l'épaisseur des murailles et la hauteur de la tour Montgomery montaient des quais. La lumière, rendue moins vive par l'étroitesse de la fenêtre, cernait les contours des plats, des verres, détachait le pain, les choux dans un bol de terre, les pichets d'étain. Les rideaux du lit avaient été tirés, tout se trouvait parfaitement rangé. La pièce ressemblait à la cellule d'un couvent plutôt qu'à celle d'une prison, tant la paix y était perceptible. Geneviève et Mme du Rus ôtèrent les assiettes à la fin du repas. Marie-Madeleine et le père Pirot demeurèrent l'un à côté de l'autre. La présence physique du prêtre était essentielle pour la marquise, sans lui elle ne trouverait sans doute plus la force de mener son ultime combat. Le souvenir de son mari lui vint à l'esprit. Antoine aurait pu être son compagnon et elle l'avait écarté sans le ménager, lui faisant sentir brutalement sa maladresse et sa médiocrité. S'estimant elle-même brillante, supérieure, elle l'avait entraîné dans l'opprobre et la ruine. Qui donc avait nui à l'autre ? Maintenant il devait se cacher, être errant comme elle l'avait été. Il fallait qu'il sache que sa femme ne l'avait point oublié. Cela était extrêmement important. Elle regarda Pirot.

— Je voudrais écrire à mon mari. S'il en avait la possibilité il viendrait me voir mais, étant criblé de dettes, il ne le peut pour ne pas tomber entre les mains de ses créanciers.

Elle se leva, prit sur une étagère du papier, une plume et de l'encre. Pirot considérait son corps fragile, ses gestes élégants et l'idée que demain il serait amputé, puis brûlé lui fut insupportable. Il redoutait le moment où la marquise apprendrait la sentence. La justice du roi ne se contestait pas, mais il avait dans le cœur une haine absolue de ces violences et la vue du sang le faisait défaillir. Marie-Madeleine s'était à nouveau assise à ses côtés devant la table et écrivait d'une main ferme, rapide, qui ne tremblait pas. Lorsqu'elle eut signé, elle tendit la lettre au prêtre. Il la prit.

— Votre intention de réconforter M. de Brinvilliers sur votre sort est excellente, madame, voilà un homme qui, cependant, ne s'est guère soucié de vous !

Marie-Madeleine fit un effort pour dominer l'impatience que lui donnaient les attaques, même légères, faites sur sa vie et sur ceux qui l'avaient accompagnée.

— Il ne faut pas juger les choses si promptement, monsieur, ni sans les bien savoir. Jusqu'à ce jour je n'ai eu qu'à me louer de mon mari.

Pirot ne répondit point, il tenait toujours la lettre de la marquise.

— Lisez, monsieur, je n'ai rien à vous cacher.

Sa voix était douce à nouveau.

Pirot lut :

Sur le point que je suis d'aller rendre mon âme à Dieu, j'ai voulu vous assurer de mon amitié qui sera pour vous jusqu'au dernier moment de ma vie. Je vous demande pardon de tout ce que j'ai fait contre ce que je vous devais. Je meurs d'une mort honnête que mes ennemis m'ont attirée. Je leur pardonne de tout mon cœur et je vous prie de leur pardonner. J'espère que vous me pardonnerez aussi à moi-même l'ignominie qui en pourra rejaillir sur vous. Mais pensez que nous ne sommes ici que pour un temps et peut-être, dans peu, vous serez obligé d'aller rendre à Dieu un compte exact de toutes vos actions, jusqu'aux paroles oiseuses comme je suis présentement en état de le faire. Ayez soin de nos affaires temporelles et de nos enfants, faites-les élever dans la crainte de Dieu et leur donnez vous-même l'exemple. Consultez sur cela Mme de Marillac et Mme Cousté. Faites faire pour moi le plus de prières que vous pourrez et soyez persuadé que je meurs toute à vous.

Signé : *d'Aubray*

— Cela est bien, madame, et le courage de M. de Brinvilliers sera soutenu par ces mots. Vous parlez cependant de vos ennemis et n'en avez point d'autres que vous-même. Pensez-y.

Elle murmura :

— La séparation d'avec mes enfants me déchire, je ne les ai point embrassés depuis si longtemps ! Comment se porte mon Louis, pense-t-il encore à sa mère ? Je ne peux demander de les voir maintenant, cela ne ferait que les attendrir et moi aussi. Je vous prie de veiller sur eux.

— La Vierge s'en chargera et leur donnera les vertus de pureté et d'humilité qui sont peut-être les plus grandes.

Pirot avait parlé lentement ; dès le moment où il avait perçu le caractère de la marquise de Brinvilliers, son orgueil lui était apparu fort clairement. Il ne la sauverait qu'en la rendant humble. Elle avait vécu dans l'amour-propre et la vanité, mais aussi dans une étonnante soumission, mettant ses actions au service de buts que d'autres lui avaient inspirés. S'il possédait la force de la convaincre, cette femme reviendrait tout entière à Dieu.

— J'ai trop aimé la gloire du monde, dit doucement Marie-Madeleine.

Elle revit son hôtel, son carrosse, ses meubles, les promenades au Cours et soudain à côté d'elle, si proche qu'elle avait l'impression de pouvoir le toucher en tendant la main, elle vit le visage de Jean-Baptiste. Sa présence était si forte qu'elle fut saisie de peur. Allait-il revenir pour la reprendre ? Elle le suivrait sans doute, toujours il avait été son maître. « Jean-Baptiste », dit-elle à voix basse. Les larmes qui venaient difficilement désormais, tant elle avait pleuré, lui montèrent aux yeux. Elle se tourna vers Pirot et le prêtre sentit son émotion.

— Je vous ai parlé de l'homme qui m'a amenée là où je suis. Voyez-vous, je n'arrive pas à détester cette amitié qui m'a été si funeste et qui m'a attiré tant de malheurs.

Des images passaient dans l'esprit de Marie-Madeleine, des souvenirs douloureux au point de lui donner l'envie de crier. Elle sursauta, ses pensées étaient si précises que revenait son désir de lui. Elle se mordit les lèvres.

— Vous avez de la chance, monsieur, je vous envie

de connaître la paix, elle vaut, croyez-moi, ces rires et ces larmes qui m'ont usée.

Pirot ne savait que répondre. Ce qu'il pressentait chez la marquise, il ne le connaissait point. A ce moment la porte s'ouvrit et un juge lui fit un signe. L'abbé demanda à Marie-Madeleine :

— Me permettriez-vous de sortir un instant ?

Elle inclina la tête.

— Le procureur général veut s'informer de l'état de la prisonnière, dit le juge, il désire savoir si elle est disposée à faire l'aveu de ses crimes devant la Cour, à nommer ses complices, à dire la composition des poisons.

Le prêtre observa un instant le magistrat, ne répondit point et remonta les quelques marches qu'il avait descendues afin de rejoindre son interlocuteur. Marie-Madeleine l'attendait, debout, immobile à la place où il l'avait laissée.

— Madame, un juge vient de me questionner à votre sujet. Il désirerait savoir si vous vous trouvez prête à tout avouer.

La marquise fit un geste.

— Qu'on me laisse aujourd'hui en paix. Demain je parlerai, mais étant dans le bonheur de votre présence je voudrais y demeurer le plus longtemps qu'il me sera possible. Vous savez désormais tout de moi, nous sommes proches comme je l'ai été de bien peu de personnes dans ma vie. Cette union privilégiée, éphémère est mon dernier bonheur. Demain nous nous séparerons. Je dirai tout de mon existence et cette déclaration, contraire à ma nature, sera mon premier pas vers ma mort.

Le prêtre se tourna afin que Marie-Madeleine ne vît point son émotion. Il sortit son chapelet.

— Prions ensemble, madame.

La marquise s'approchant s'agenouilla devant lui.

Le prêtre voulut la relever, mais elle refusa d'un signe de tête.

— Vous êtes le premier auquel je veuille ne rien celer de moi. Ceci est ma confession et j'implore à genoux le pardon de Dieu. Me le donnez-vous ?

— Dieu ne le refuse jamais.

— J'ai de ma propre main versé le poison à mon père à Offémont. Il me regardait avec tendresse et le souvenir de ce regard m'a déjà donné tous les tourments de l'enfer. Je l'aimais, mais je croyais le haïr. J'ai aussi laissé empoisonner mes deux frères, et cela sans en éprouver sur le moment de remords car je les chargeais l'un et l'autre de mes hontes et de mes échecs. Je les croyais mes ennemis, mais assurément ceux-ci n'étaient point là où je pensais qu'ils se trouvaient. Si Briancourt avait consenti à me soutenir, j'aurais laissé empoisonner à son tour ma sœur Thérèse. Toutefois, en ma conscience, je ne le voulais point. Voyez-vous, monsieur, lorsque je regarde derrière moi et que j'entrevois le désert créé par ma faute, je considère ma fin prochaine comme une libération. L'exil où j'ai vécu durant quatre années, la solitude, la pauvreté, la peur, la séparation d'avec mes enfants ont été une punition pire que la mort. Dans un moment de désespoir j'ai écrit cette confession qui a tant troublé mes juges, j'avais peur de mourir en gardant mes crimes enfermés en moi et qu'ils me poursuivent à jamais. Imaginez ma terreur lorsque M. Desgrez s'est emparé de ce papier, et comme je l'ai haï de l'avoir fait en me brutalisant. Il m'aurait violentée que je n'aurais pas ressenti plus de honte.

Pirot écoutait attentivement, il posa une main sur l'épaule de Marie-Madeleine qui demeurait agenouillée.

— Je comprends, madame, que vous regrettez présentement vos fautes pour l'humiliation et le chagrin qu'elles vous ont apportés, déplorez-les seulement parce qu'elles vous ont séparée de Dieu. Désintéressez-vous des affaires de ce monde, elles ne vous concernent plus, et priez pour l'homme que vous avez aimé, c'est désormais la seule chose que vous puissiez faire pour lui.

Doucement, en lui prenant le bras, Pirot fit se relever la marquise et s'asseoir à son côté. Elle était très pâle. Il fallait maintenant qu'elle indiquât les substances vénéneuses constituant les poisons dont elle se servait afin que le secret n'en demeure point après elle.

— Comment utilisez-vous vos poisons et qui les fabriquait ? Ne laissez pas derrière vous le mal, coupez-en les racines pour qu'il ne puisse repousser, c'est assurément une condition de votre salut.

— Le chevalier de Sainte-Croix les élaborait, ainsi que M. Glazer, apothicaire du faubourg Saint-Germain, mort voilà longtemps déjà. Pour ma part, je n'ignore pas qu'il y avait des poisons différents. On a dû trouver dans la cassette de l'eau rougeâtre et de l'eau blanchâtre, mais je n'en sais pas la composition. Je ne connais de contrepoison que le lait. Sainte-Croix m'a souvent dit que c'était un préservatif contre les substances toxiques pour peu qu'on en prît le matin. Ainsi le poison ne pouvait faire de mal.

Marie-Madeleine parlait sans réfléchir, tout cela était si vieux... un autre monde dont il lui semblait être complètement détachée.

— J'ai entendu dire que le venin se trouvait si actif que M. de Sainte-Croix serait mort après en avoir respiré lors d'une expérience.

La marquise eut un petit rire, le premier que Pirot entendait.

— Monsieur, il n'est pas mort ainsi et ce que vous me dites là est une fable.

— Et M. de Penautier ?

Le sourire de Marie-Madeleine se figea aussitôt. Ce nom était encore douloureux, elle savait que le financier l'avait désavouée mais sa tendresse, son admiration pour lui demeuraient cependant. De l'avoir disculpé lui donnait en contrepartie la permission de l'aimer encore.

— Il ne sait rien de tout cela.

Le ton de sa voix était cassant.

— Dites la vérité, madame, sinon l'enfer et les démons vous attendent. Pouvez-vous imaginer ce qu'est la géhenne et ce que signifie d'y être jeté pour toujours ? Là-bas, point d'autre espoir que le feu et la souffrance la plus intolérable, point d'autre consolation que la présence du diable. A cet instant de votre vie, songez-y, ainsi que demain devant vos juges. Je vous en conjure car vous obtenir la vie éternelle est plus important pour moi que ma propre vie.

Marie-Madeleine ferma les yeux. Elle se représenta les démons dansant dans la cheminée ainsi qu'elle les voyait à Arras dans les contorsions des flammes. Toute sa vie elle les avait redoutés et voici qu'au jour où ils allaient peut-être s'emparer de son âme, leur pouvoir contre elle se trouvait détruit. L'honneur de sa vie avait été la constance des liens noués par elle avec Penautier, son admiration donnée une fois pour toutes sans jamais la remettre en question. Elle allait mourir, lui vivrait.

Elle répéta :

— M. de Penautier n'a jamais rien su des poisons préparés par Glazer ou par Sainte-Croix.

Pirot la considéra un instant.

— Vous le direz demain aux juges, madame, car laisser peser des soupçons sur un innocent est insupportable à Dieu.

A nouveau la porte s'entrouvrit.

— M. Le Grand, conseiller ecclésiastique honoraire, demande à vous voir, monsieur, annonça un greffier.

Pirot eut un mouvement d'impatience, il aurait voulu ne point quitter Marie-Madeleine.

— Allez, dit doucement la marquise, je prierai en votre absence.

Il sortit. M. Le Grand l'attendait dans l'escalier, une lettre à la main.

— Ceci est à remettre à la prisonnière, chuchota-t-il, il s'agit d'un billet que sa sœur Marie de Jésus-Christ a écrit sous l'empire de l'émotion causée par la nouvelle de la sentence de mort.

— Mme de Brinvilliers ne connaît point encore sa condamnation, monsieur, je ne lui remettrai donc cette lettre que demain.

— Les juges voudraient également connaître l'effet de votre influence sur la marquise. Est-elle prête à leur parler ?

— Elle le fera demain.

— Êtes-vous sûr qu'il ne s'agit pas d'un subterfuge ?

— Tout à fait certain. Elle a désormais la volonté de se remettre entre les mains de Dieu. Me permettez-vous de retourner auprès d'elle ? Le temps est précieux, car nous n'en avons guère.

Pirot remonta encore une fois les quelques marches et revint dans la cellule. Sept heures sonnaient. Il trouva la marquise à genoux, la tête entre les mains. Elle leva les yeux et lui sourit.

— Vous souperez avec moi, n'est-ce pas, et ne me quitterez pas ?

Marie-Madeleine ne voulait plus être abandonnée à nouveau. Elle avait l'espérance ferme que cet homme ne cesserait pas de la soutenir. Pirot s'approcha d'elle.

— Je souperai avec vous, mais il me faudra rentrer à la Sorbonne vers neuf heures ce soir car je dois prendre du repos. Demain il me faudra être fort pour vous. Tenez-vous à ce qu'un autre prêtre me remplace pour la nuit ?

— Non, monsieur. Je ne suis plus présentement capable de me remettre à un autre. Le repos vous est nécessaire, nous nous quitterons donc pour nous retrouver demain à l'aube.

— Je serai auprès de vous dès six heures.

On apporta le souper. Marie-Madeleine fit un effort pour manger un bouillon et deux œufs.

— Il me faut prendre des forces car demain je ne dois pas faiblir ; je vais subir la question et la mort. Ma condamnation est sûre, n'est-ce pas ?

Pirot essaya de dominer son émotion, elle ignorait encore l'amende honorable, le poing coupé et le feu.

— Il ne faut pas en effet entretenir d'espoir, mais votre mort n'est pas honteuse, ce sont vos actes qui l'ont été. Dieu vous pardonnera demain lorsque je vous donnerai l'absolution, qu'avez-vous à attendre du jugement des hommes ?

Marie-Madeleine détourna son regard de la fenêtre. La vue des espaces libres lui donnait le mal de la vie.

— Comment regagnerez-vous la Sorbonne ce soir ?

— A pied, comme j'en suis venu.

La marquise se leva. Elle retrouvait des impressions anciennes du temps où elle recevait à sa table rue Neuve-Saint-Paul et où elle se souciait du bien-être de ses hôtes.

— Vous prendrez un carrosse que je payerai moi-même.

Elle eut un sourire triste.

— Je n'ai plus guère de dépenses, maintenant.

Pirot ne répondit pas. Le courage de cette femme l'émerveillait.

— Comme vous voudrez, madame.

Ils firent ensemble une dernière prière.

— Ne m'oubliez pas durant la nuit, demanda Marie-Madeleine, car je penserai moi-même à vous. Priez pour moi.

Le prêtre ne put parler tant il était ému. Il était neuf heures, l'obscurité commençait à tomber.

Arrivé dans la maison religieuse où il vivait, Pirot se

rendit immédiatement chez son supérieur afin de le prévenir de la sentence prononcée contre la marquise de Brinvilliers et de sa volonté de l'assister lors de son supplice. Le religieux était dans son lit, épuisé d'avoir lui-même accompagné jusqu'à la mort à la Croix-du-Trahoir un gentilhomme décapité pour avoir fabriqué de la fausse monnaie. Comme il n'y avait point de chandelle dans la cellule, les deux hommes se parlèrent dans le noir.

Pirot relata ses quatorze heures passées à la Conciergerie.

— J'ai bon espoir pour son salut, murmura-t-il. Cette femme sera débarrassée bientôt de ses démons.

Le supérieur prit la main de l'abbé afin de lui faire comprendre qu'il l'entendait.

— Je la sauverai, dit encore Pirot.

— J'en suis certain et je me réjouis que vous ayez été choisi pour cette mission. Je prierai Dieu pour vous et pour Mme de Brinvilliers.

Pirot se releva et sortit. Il tenta de lire son bréviaire avant que de dormir, mais les mots lui échappaient, devenaient étrangers, incompréhensibles. A deux heures du matin, il s'allongea sans trouver le sommeil. Il aurait donné sa vie pour sauver l'âme de la marquise, mais étrangement il ne pouvait prier. Cette femme était soumise à sa parole désormais, cependant elle demeurait libre. Maintenant le jour était venu où la main de Dieu allait la recueillir et elle ne serait plus jamais seule.

— Seigneur, je vous la rends, dit-il doucement.

Quatre heures sonnaient. Il prit son crucifix et se prépara à sortir.

CHAPITRE LXII

17 juillet 1676

Devant la porte de la Conciergerie, Pirot perçut un mouvement inhabituel pour l'heure matinale. Un carrosse stationnait, deux hommes causaient sur le quai tandis que les premiers passants s'arrêtaient pour regarder la prison où se trouvait incarcérée cette grande dame dont tout Paris s'entretenait. L'abbé allait demander l'ouverture de la porte au concierge, lorsque le cocher de la voiture lui fit signe de s'approcher. Pirot vint à la portière et reconnut le président Le Bailleul, l'un des juges de la marquise.

— Monsieur l'abbé, je vous demande un instant seulement. Dites à Mme de Brinvilliers que ma mère prie pour elle et qu'elle a passé la nuit à demander à Dieu le salut de son âme.

— Je lui ferai savoir.

— M'accorderez-vous un entretien après l'exécution de cette dame ? Vous serez dans la connaissance de bien des choses qui intéressent la justice.

— Monsieur, Mme de Brinvilliers va rapporter tout de ses crimes aux juges qui l'interrogeront ce matin. Je ne pourrai en dire plus, car ce qu'elle m'aura confié devra rester dans le secret de mon cœur.

Le soleil étirait sur les eaux une lumière légère. Les

voiles des bateaux se teintaient de rose tandis que le fleuve clapotait contre les barges amarrées aux quais, en un mouvement paisible et continu.

— Je dois aller, dit Pirot.

Il leva les yeux vers la tour et son cœur se mit à battre.

Un des deux hommes qui se parlaient sur la chaussée s'approcha alors.

— Je suis M. Rinffand, médecin, et dois assister dans un moment à la question qui sera donnée à Mme de Brinvilliers.

Pirot regarda cet homme petit et souriant. Le cercle se refermait autour de la marquise.

— Je suis heureux de vous rencontrer, monsieur, car vous avez guéri mon père d'une maladie voici quatorze années de cela.

Les mots venaient aisément, mais par l'esprit Edmond Pirot se trouvait déjà dans la tour Montgomery.

— Vous verrai-je tantôt ?

— Je n'assisterai point à la question, les souffrances humaines, quelles qu'en soient leurs causes, me sont intolérables.

Rinffand ne répondit point. Il était étranger à ce genre de sensibilité.

— Adieu, monsieur, Mme de Brinvilliers m'attend et je dois aller vers elle.

Rinffand salua et s'approcha du carrosse du président Le Bailleul. La porte de la Conciergerie fit un bruit sourd en se refermant.

Marie-Madeleine lisait après avoir écrit trois lettres lorsque Pirot pénétra dans la cellule. Elle leva les yeux vers lui, l'abbé y vit une telle lueur de bonheur qu'il ressentit une émotion très vive.

— Je suis aise de vous revoir.

— Avez-vous pris du repos ?

— J'ai dormi deux heures d'un bon sommeil et je viens d'écrire à ma sœur, à Mme de Marillac et à M. de Cousté, mon homme d'affaires et mon ami. Un religieux, M. de Chevigny, qui est venu me dire quelques paroles de consolation a pris ces lettres afin de les remettre promptement. Je vous attendais avec impatience.

— Voulez-vous que nous priions ensemble ?

— Je le veux, monsieur, les prières que vous dites avec moi sont une main qui me conduit. Ne me l'ôtez pas, je vous en supplie.

— Je demeurerai à chaque instant de ce jour avec vous ou si proche que vous pourrez me voir aussitôt que vous le désirerez.

Ils se mirent à genoux, récitèrent ensemble un *Veni sancte spiritu,* puis la marquise écarta les mains qu'elle avait posées sur son visage et regarda le religieux.

— Comment saurai-je après ma mort si mon âme se trouve au purgatoire ou en enfer ?

L'espoir que l'abbé avait semé en elle rendait plus angoissante encore l'éventualité de sa damnation.

— Vous le saurez à l'instant de votre rencontre avec Dieu. Les méchants connaissent alors leur châtiment et les justes leur rédemption.

— Si je suis sauvée, dit doucement Marie-Madeleine, toute ma vie et même ma mort se trouveront expliquées.

Un bruit à la porte les fit tressaillir tous les deux. Ils se levèrent. Un greffier accompagné de deux gardes se trouvait à quelques pas.

— Madame, je viens vous chercher afin que vous entendiez la lecture de votre arrêt.

Marie-Madeleine pâlit. Il fallait vivre ces instants pour payer tous les autres.

— Je vous suis.

Elle prit son manteau, un livre de prières et se tourna vers Pirot.

— Serez-vous avec moi ?

— Madame, hors pendant la messe que je vais dire à l'instant, je serai toujours près du lieu où vous serez pour être auprès de vous au premier ordre en cas de besoin.

La marquise se redressa. Il ne fallait pas faiblir, aller jusqu'au bout de son rachat comme elle avait été au bout du mal.

Lentement le prêtre alla vers la chapelle, dit sa messe avec le visage de la marquise si présent devant lui qu'il craignit d'offenser Dieu, puis se rendit aussitôt chez le concierge afin d'avoir des nouvelles.

— La marquise a reçu son arrêt avec beaucoup de courage, mais elle a paru offensée par l'amende honorable et par le feu.

Pirot tremblait.

— Et le poing coupé ?

— Il a été supprimé.

L'abbé sortit son mouchoir et le passa sur son front. Son émotion était si violente qu'il en éprouvait une souffrance physique.

— Où est-elle présentement ?

— Elle est partie pour la question.

Pirot ferma les yeux, il n'avait rien mangé depuis la veille au soir et ressentait cependant des nausées. Le concierge coupait une miche de pain tout en parlant et il déposait les tranches dans une corbeille d'osier.

— Vous mangerez bien quelque chose, l'abbé ?

Pirot fit non de la tête et sortit. Il lui fallait attendre devant la porte de la salle où était Marie-Madeleine, non pour la voir mais pour qu'elle sentît sa présence, qu'elle sache qu'il ne la quittait point.

Marie-Madeleine pénétra dans la vaste pièce voûtée. Elle avait été tellement stupéfiée par la lecture de son arrêt que la vue des instruments de torture la laissa indifférente. Elle allait devoir s'agenouiller devant tous, un cierge à la main, demander pardon puis monter à l'échafaud avant d'être jetée au feu. A l'angoisse terrifiante, absolue de la mort, se mêlait désormais une honte intolérable. Tout était acceptable hormis l'humiliation, jamais elle ne l'avait supportée. On la poussa pour la faire avancer et la porte se referma derrière elle. Ses yeux firent le tour de la salle, elle vit les cordes, les tréteaux, les anneaux, les baquets remplis d'eau. Sa vie qui s'était parée de tant de beauté venait s'achever là dans la poussière, l'humidité et l'abaissement. « Une femme nouvelle », se dit-elle. Il fallait donc franchir encore cette porte pour trouver la paix.

Les juges se tenaient à quelques pas d'elle, en une haie serrée. Ils avaient pour eux la certitude de savoir leur conduite conforme à l'équité.

Elle les considéra l'un après l'autre. L'ancienne sensation d'être forcée remontait en elle avec intensité, accompagnée de la même haine et de la même violence.

— Messieurs, cela est inutile, je dirai tout sans question. Ce n'est pas que je prétende la pouvoir éviter, mon arrêt porte qu'on me la donne et je crois qu'on ne m'en dispensera pas, mais je déclarerai tout auparavant. J'ai tout nié jusqu'à présent parce que j'ai cru me défendre par là et n'être point obligée de rien avouer. On m'a convaincue du contraire et je me conduirai suivant les maximes que l'on m'a données. Je puis vous assurer que, si j'avais eu il y a trois semaines, la personne que vous m'avez donnée depuis vingt-quatre heures, il y a trois semaines que vous sauriez ce que vous allez apprendre. Il m'a persuadée que je devais dire les choses telles qu'elles étaient et déclarer tout ce que je savais. J'en userai ainsi, messieurs.

Elle parla longtemps. Les mots maintenant perdaient leur signification mais les actes de la marquise décrits de cette façon prenaient une sécheresse effrayante. Avait-elle, comme elle s'entendait l'exprimer, empoisonné froidement son père et ses frères pour s'emparer de leur argent ? Il ne se trouvait pas d'explication possible mais sa vie ne ressemblait pas à ce qu'elle en disait, et ses aveux ne lui ôtaient pas plus sa dignité que ne le feraient l'amende honorable et le feu.

— Je suis prête, affirma-t-elle. Elle sourit : C'est assurément pour me noyer que vous avez rempli ces seaux, car de la taille dont je suis, on ne peut prétendre que je boive tout cela.

Au milieu de la salle se trouvait une table en pierre recouverte d'un matelas de cuir posé sur trois piliers, au-dessus duquel pendait un gros crochet de fer rouillé scellé dans la clef de voûte. Tout autour de la pièce courait un banc de pierre sur lequel prirent place les juges et le procureur général.

Le bourreau s'approcha. Marie-Madeleine eut un geste de recul qu'elle domina, il fallait se soustraire par la pensée à cette horreur. On noua sa chemise entre ses jambes et sa jupe aux genoux, puis l'homme prit ses poignets tandis que Rinffand, le médecin, tâtait son pouls afin de le pouvoir contrôler au cours de la question. Deux aides lièrent ses mains avec des cordes à deux anneaux de fer scellés dans le mur à deux pieds [1] quatre pouces l'un de l'autre et à trois pieds de hauteur du sol. Puis de même ils attachèrent ses chevilles à deux autres grands anneaux fixés sur les dalles à douze pieds des anneaux de poignets. Ensuite les cordages furent promptement tirés, noués, passés et repassés les uns sur les autres jusqu'à ce que le corps de la

1. Le pied valait 0,324m et se divisait en 12 pouces.

marquise fût bandé fortement, soutenu seulement par les cordes. On passa sous ses reins un tréteau de bois puis le bourreau regarda les juges afin de savoir s'il pouvait commencer. Lorsque le procureur général fit un signe de tête il prit la corne, s'assura que les huit coquemars[1] et huit pintes étaient à portée de main. Marie-Madeleine la tête renversée en arrière voyait la voûte comme deux mains qui allaient l'étouffer...

Pirot, assis sur un banc devant la porte de la salle des tortures dans la tour Bonbec, dite la Bavarde, ne pouvait se tenir immobile un instant tant il était agité. La pensée que Mme de Brinvilliers gisait à quelques pas de lui sans qu'il puisse en rien l'aider le tourmentait affreusement. Combien de temps lui faudrait-il attendre ? Il se leva, s'approcha de la porte, redoutant d'entendre un cri qui l'aurait fait défaillir. La voix d'un archer qui montait l'étroit escalier lui contracta le cœur si fort qu'il dut s'adosser à un mur pour ne pas tomber.

— On voit que vous n'êtes pas un familier de ces lieux, monsieur l'Abbé, car assurément vous n'attendriez point ici sur un mauvais banc. L'interrogatoire peut durer fort longtemps et, sauf votre respect, je vous conseille de ne pas demeurer à cet endroit.

Pirot le regarda. Cet homme avait raison, à quoi lui servait-il de se tenir devant une porte close ?

— Me fera-t-on savoir lorsque la question sera donnée ?

— Sûrement, monsieur. Allez donc chez le concierge, je viendrai moi-même vous prévenir.

Pirot descendit les marches. Il serrait contre lui son crucifix et ne sentait aucune fatigue, seulement la

1. 1 coquemar = 2 pintes. Une pinte valait un peu moins d'un litre.

volonté d'être bientôt auprès de Marie-Madeleine de Brinvilliers.

Le concierge lui servit deux œufs car on était un vendredi. Pirot les prit avec un verre de vin, il répondait à peine aux civilités du concierge car sa pensée était ailleurs.

— Je vais y retourner, dit-il après avoir terminé son repas.

L'homme l'arrêta en lui prenant le bras.

— Holà ! monsieur, ne soyez pas si pressé. Il n'est que onze heures et votre patiente en a au moins pour deux heures encore. Je connais les usages de la maison.

Pirot se rassit et demeura immobile, comme hébété.

Dans la rue, devant la Conciergerie, une grande agitation régnait. On savait l'exécution de la marquise de Brinvilliers arrêtée pour le jour même et les badauds venaient aux nouvelles. Dans les premières heures de la matinée, ce furent les bourgeois, les passants qui assaillirent la loge, puis à partir de dix heures quelques carrosses s'arrêtèrent, que les gardes tentaient de faire partir. Sans cesse on venait gratter à la porte, des laquais demandaient à faire entrer leurs maîtres. Pirot se leva, il se sentait traqué.

— Je ne veux point parler, murmura-t-il au concierge, aidez-moi à échapper à ces importuns.

Le concierge qui en avait vu d'autres gardait un grand calme.

— Mettez-vous dans ce cabinet, monsieur l'Abbé, on ne vous y verra point et je dirai à ces messieurs et à ces dames que vous ne vous trouvez pas ici.

Il poussa Pirot dans une petite pièce dont il ferma la porte.

— Ne bougez pas, je viendrai vous prévenir si Mme de Brinvilliers a besoin de vous.

Pirot s'assit et, la tête entre ses mains, se mit à pleurer. Cette effervescence mondaine autour de la souffrance et de la mort lui semblait inconcevable. Il savait que Paris se passionnait pour le procès de la marquise, mais imaginer que les personnes de la plus noble condition puissent venir le tourmenter afin de le faire parler le scandalisait. Qu'allait-il en être lors de l'exécution ! Comment la marquise pourrait-elle supporter cela ?

On frappa à la porte. Il prit son mouchoir et s'essuya les yeux.

— Mme la comtesse de Soissons demande à vous voir.

C'était une dame considérable par la fortune et par le rang qu'il n'était point question d'écarter.

Elle salua aimablement l'abbé Pirot et prit une chaise afin de s'asseoir à son côté. Le prêtre se redressa, Dieu lui demandait d'être le serviteur de tous. Longuement la comtesse le fit parler de Marie-Madeleine à laquelle elle semblait s'intéresser prodigieusement. L'abbé l'imagina le soir, dans son salon, en train de causer légèrement de la marquise avec quelques amis. Il eut envie de la repousser.

— Madame, dit-il avec respect, je ne pense plus pouvoir vous apprendre la moindre chose sur Mme de Brinvilliers. Elle est si proche de moi qu'il me semblerait faire preuve d'impudeur en en disant davantage.

La comtesse de Soissons sourit aimablement :

— Beaucoup de mes amies aimeraient vous avoir comme confesseur, accepteriez-vous ?

Pirot fit répéter la question, il ne l'avait pas entendue. Comme il cherchait une réponse négative qui ne froissât pas Mme de Soissons, on frappa à la porte à nouveau.

— Je vous laisse, dit la comtesse. A bientôt, monsieur. Je serai ce soir place de Grève afin de vous accompagner, vous et Mme de Brinvilliers, par la prière.

« Priez plutôt chez vous, madame », pensa Pirot. Il n'avait plus même la force d'élever la voix.

La comtesse sortit, à sa place se présenta un homme porteur d'une médaille bénie par le pape que Mme de Lamoignon désirait donner à la marquise. Pirot prit la médaille et la mit dans sa poche. Un religieux suivait le domestique des Lamoignon. L'abbé appela le concierge.

— Je ne peux demeurer ici, monsieur, car l'on vient m'y persécuter. Je monte à la tour Bonbec.

Il gravit à nouveau l'escalier. Tout était silencieux. L'archer n'était point là. Pirot eut la tentation de pousser la porte et d'entrer, mais il ressentit une telle frayeur à l'idée d'apercevoir Marie-Madeleine torturée qu'il s'assit à nouveau sur le banc. L'air sentait la poussière, il prit son mouchoir et le passa sur ses yeux. Midi sonnait. Pirot récita l'angélus à genoux, se releva. Il s'approcha encore de la porte et n'entendant rien redescendit l'escalier.

— Vous voilà donc, monsieur l'Abbé, dit le concierge sans paraître surpris. C'est folie que de vouloir rester planté devant une porte close. Vous feriez bien mieux de rester avec moi.

Pirot s'assit, tout lui était égal pourvu que le temps s'écoulât.

A une heure il quitta la loge et remonta dans la tour, affreusement inquiet de ne pas avoir encore de nouvelles. On lui avait laissé entrevoir que la question pourrait se trouver évitée. Il n'en avait donc rien été ! Comment se portait Mme de Brinvilliers ? Elle était morte peut-être pour demeurer aussi totalement silencieuse ! Pirot s'allongea sur le banc tant il se sentait faible. Sa propre mort serait légère en comparaison de ce qu'il subissait ce jour-là. Il demeura prostré un temps qu'il ne sut pas évaluer. Soudain la porte s'ouvrit, le faisant sauter sur ses pieds.

— M. le Conseiller désire vous parler, dit un aide du bourreau.

Pirot pénétra dans la salle et la vue des instruments,

des cordes, des anneaux lui donna l'impression de se trouver en enfer. Un grand feu brûlait dans la cheminée et sur un matelas, devant l'âtre, reposait la marquise de Brinvilliers. Elle ne bougeait pas et l'obscurité était si grande que l'abbé ne distinguait pas ses traits. Il allait courir vers elle lorsque M. de Palluau l'arrêta en le saisissant par le bras.

— Combien de temps vous faut-il pour la préparer à la mort, monsieur ?

Pirot secoua la tête comme s'il s'éveillait, il lui fallait se dominer, aider la justice et non point l'empêcher.

— Cela dépend de l'état dans lequel je vais la trouver. Si elle est comme ce matin, quatre à cinq heures suffiront.

— Elle a dit tout ce qu'elle savait, murmura le conseiller, on ne pense pas qu'elle sache rien de plus.

— Elle m'a assuré qu'elle ne vous cacherait rien. Puis-je la voir maintenant ?

— Je ne vous engage pas à le faire. Mme de Brinvilliers se trouve présentement sous le choc donné par l'application de la question et ne pourrait vous parler. La vue de son état, qui n'est point cependant alarmant, ne ferait que vous impressionner. Revenez dans un moment.

— J'aimerais prendre connaissance de sa confession, dit lentement Pirot.

Il venait de l'apercevoir entre les mains de Palluau et voulait la lire avec un regard paternel, afin d'effacer celui sans pitié des juges.

— La voici, dit Palluau, c'est un document effrayant qui, je l'espère, ne vous découragera pas dans votre volonté de parvenir à sauver cette âme.

— Elle est déjà sur la voie du salut et ne peut revenir en arrière.

Il prit le papier et sortit, se rendit au greffe. En compagnie d'un magistrat, Drouet, il lut la confession, passa sa main sur son visage comme pour effacer la marque de ces souillures et se redressa. Ce n'était pas une disposition hostile qu'il ressentait pour Marie-Madeleine mais une pitié immense, infinie à la vue de tant de misère.

— Je retourne auprès d'elle à l'instant, dit-il d'une voix claire.

Pirot remit les trois feuilles de papier à M. Drouet, remonta fermement l'escalier. Il se sentait une énergie nouvelle. Arrivé devant la salle, il poussa la porte résolument et marcha jusqu'au matelas devant lequel il s'agenouilla.

Marie-Madeleine ne bougeait pas. Elle était très rouge, la bouche serrée, les yeux ouverts, extraordinairement brillants. Lorsque Pirot prit sa main elle demeura d'abord immobile, puis, lentement, tourna vers lui la tête.

— Monsieur, je souhaitais vous revoir pour me consoler avec vous. Voici une question qui a été bien longue, mais c'est la dernière fois que je traiterai avec les hommes. Je n'ai plus qu'à penser à Dieu et ne veux plus être occupée que de lui.

Leurs doigts étaient entrelacés. Pirot baisa ceux de Marie-Madeleine.

— Etes-vous en état de descendre avec moi à la chapelle ? Le Saint Sacrement va y être exposé et nous l'adorerons ensemble.

— Si vous me soutenez, monsieur, je suis prête.

Pirot la prit sous les bras, la souleva, aidé par le bourreau, et ils descendirent ainsi tous trois l'escalier. Durant l'exposition du Saint Sacrement Marie-Madeleine demeura prostrée. Elle ne priait pas, il lui semblait être enlisée dans une boue gluante où elle se débattait afin de pouvoir respirer. Sa main se posa sur le bras de Pirot.

— Je voudrais faire un acte de contrition.

— Venez dans la sacristie, je vous écouterai.

La pièce était carrée, entourée de boiseries blondes

avec des carreaux de terre cuite et une fenêtre plombée où la lumière violente de l'après-midi se trouvait tamisée jusqu'à devenir douce comme la terre et le bois. Marie-Madeleine serrait un fichu autour de ses épaules, elle avait froid avec le visage en feu. Le rythme de son cœur depuis la torture était devenu si faible qu'elle étouffait parfois.

— Regardez, dit-elle à Pirot.

Elle lui montra les contusions que les cordages avaient laissées sur ses poignets et sur ses chevilles.

— Je vais vous faire apporter du vin, il vous fera prendre des forces.

Pirot se leva, autant pour commander une bouteille de vin que pour cacher son émotion. Le concierge apporta deux flacons. Pirot versa un verre de l'un d'eux à la marquise et glissa l'autre dans la poche de sa veste afin de le garder pour l'échafaud au cas où le cœur manquerait à la suppliciée ou à lui-même

Marie-Madeleine but deux gorgées de vin et posa le verre. Elle serrait toujours la pièce d'étoffe autour de son cou comme si ce morceau de tissu devait lui servir de protection.

— Puis-je avoir une épingle pour fermer mon mouchoir de cou ?

Pirot appela Guillaume. Le bourreau se trouvait derrière la porte de la sacristie, prêt à s'emparer de la prisonnière. Il entra.

— Madame, je n'ai pas la permission de vous donner ce que vous me demandez.

— Monsieur, vous ne devez rien craindre de moi présentement. M. l'abbé sera mon garant et répondra que je ne voudrais point faire de mal.

Le bourreau hésita, puis sortit de sa poche une épingle.

— Madame, je vous demande pardon, je ne me suis jamais défié de vous, et si cela est arrivé à quelqu'un, ce n'est pas à moi.

Un calme, une force admirables venaient de cet être, le mettant sous son charme. Il s'agenouilla et lui baisa les mains.

— Priez Dieu pour moi.

Le bourreau, dans l'atmosphère paisible de cette sacristie, au milieu des odeurs de linge fin et de cire se sentit soudain bouleversé. Cette vie présente et sereine devant lui, il allait l'ôter.

— Madame, je prierai Dieu demain pour vous de tout mon cœur.

La marquise prit l'épingle de ses mains liées et l'attacha avec difficulté.

— Je suis désespérée d'être brûlée, dit-elle doucement.

Les flammes étaient ses ultimes ennemis, cachant des zones inconnues où régnait l'épouvante.

— Madame, il est indifférent que vous soyez enterrée ou brûlée. La vie éternelle n'a rien à y voir. Seule est concernée la justice des hommes. Laissez les morts ensevelir les morts, la résurrection de la chair vous redonnera votre corps comme elle le rendra aux martyrs noyés, brûlés, dévorés. Ne pensez qu'au feu qui regarde votre âme et reconnaissez la douceur de vos juges qui, vu l'ampleur de vos crimes, auraient pu vous condamner à être brûlée vive.

Marie-Madeleine voyait danser les flammes autour de son corps, elle était si petite, si fragile dans la cuisine d'Arras. Pourquoi l'avait-on laissée tomber dans l'âtre ? Il fallait veiller sur les petites filles, ne point permettre au feu de s'emparer d'elles.

— C'est à cause du déshonneur pour mes enfants, murmura-t-elle.

— Il faut tout sacrifier.

L'un et l'autre demeurèrent en silence. De la rue venaient le bruit des charrois, l'aboiement d'un chien, de temps à autre un nuage traversait le ciel.

— Si vous voulez du temps, j'en demanderai, dit Pirot.

— Monsieur, je ne veux pas faire attendre et quand on me fera savoir que le tombereau est à la porte, je partirai.

Elle revoyait un autre mois de juillet, ses filles jouaient avec Castor dans le jardin de son hôtel, elles avaient des rubans bleus dans les cheveux. Du Châtelet les peignait toutes trois au pied du grand bouleau et elles se serraient les unes contre les autres en riant.

— Je pense à mes enfants, murmura-t-elle, ils sont loin et je ne les reverrai point. Je voudrais être morte, voyez-vous, pour me trouver libre, revenir vers eux et ne plus les quitter. Ils n'ont pas eu une bonne mère et pourtant j'aurais tant voulu les aimer... Si j'avais eu plus d'estime pour moi-même ils n'auraient point été ainsi abandonnés, mais j'étais une enfant et je n'avais pas de force à leur donner. Ma fille aînée est carmélite à Gisors, elle a souffert par moi car elle m'aimait plus que tout et j'ignorais ce que signifiait ce mot. On ne m'avait appris ni l'amour des humains ni l'amour de Dieu, j'ai cru tout pouvoir imaginer, tout inventer et j'étais ignorante. Ma seconde fille se trouve à Pontoise, religieuse également. Mes fils Claude-Antoine, Louis, Nicolas sont séparés. J'aurais tant voulu revoir Louis avant que de mourir.

Pirot l'écoutait.

— Nous sommes toujours séparés sur cette terre, madame, ne faisant que nous accompagner les uns les autres. La vie éternelle seule nous réunira. Ne pensez plus qu'à vous désormais !

— A moi ! murmura Marie-Madeleine. Elle regarda ses poignets liés que les meurtrissures bleuissaient : J'ai tant souffert avec ces cordes, je croyais que mon corps allait se rompre.

Pourquoi ne pouvait-elle ouvrir les bras, les tendre vers ce prêtre pour se serrer contre lui ?

— J'ai pardonné à Briancourt et dit à ces messieurs que mes calomnies à son sujet lors du procès étaient dénuées de fondement. Pouvez-vous lui demander après ma mort de me pardonner ?

— Il le fera sans aucun doute, car il vous aimait.

— Je l'ai aimé aussi. J'ai cru qu'il pourrait me sauver, mais mon salut n'était qu'en moi-même. Maintenant s'il venait me voir mourir il comprendrait qu'il a eu de l'attachement pour une femme courageuse, car je ne faiblirai point. Il serait fier de moi et ne pleurerait plus ainsi qu'il l'a fait au tribunal.

— Madame, ce courage que vous manifestez devant la mort n'est-il pas plutôt de l'intrépidité naturelle que de la contrition ?

Marie-Madeleine sursauta. Se montrer courageuse était-il une faute ? La détermination devant le danger ou la souffrance avait été sa force depuis toujours.

— Monsieur, ne suis-je pas assez humiliée et me le voudriez-vous plus que je ne le suis ?

— Il ne s'agit pas de l'humiliation du corps mais de celle de l'esprit.

La voix de Pirot était douce mais si ferme que la marquise sut qu'elle ne pouvait résister. Le sentiment de sa dignité qu'elle avait élevé jusqu'à en faire une muraille rigide devenait mouvant. Elle eut la sensation de comprendre pourquoi avoir misé sa vie sur elle-même l'avait perdue. Il existait d'autres voies pour oublier la solitude, la souffrance, la désolation de l'existence que la violence et la haine. Marie-Madeleine se mit à pleurer. Pirot savait qu'à ce moment précis, la marquise de Brinvilliers était devenue une femme nouvelle et il laissa couler ses larmes.

— Il faut, monsieur, que ma misère soit grande pour vous obliger à pleurer si fort ou que vous preniez un grand intérêt à ce qui me regarde.

— Madame, c'est tous les deux.

La marquise sourit et son sourire était presque heureux.

— Je n'ai plus ni mari, ni enfant, murmura-t-elle, je n'ai plus que dieu.

— Madame, agenouillez-vous, dit lentement Pirot, je vais vous donner l'absolution.

Quelques mouches tournaient devant la fenêtre, légères comme la lumière. Le silence était absolu.

Marie-Madeleine se mit à genoux sur les carreaux, elle se sentait misérable, mais en même temps si forte qu'elle ne pouvait plus désormais être blessée.

Le prêtre murmura : *Ego te absolvo de peccatis tuis.* Sa propre voix paraissait emplir la paix de la sacristie et sa main traçant le signe de la croix enlevait la marquise à ce monde. Lentement il la prit par les bras et la releva.

— Vous voilà sauvée, madame, ne péchez plus. Je vous absoudrai encore au moment de votre mort, vous paraîtrez ainsi comme une enfant devant Notre Père.

— Le temps est-il venu de partir ?

Il n'y avait point d'angoisse dans la voix de Marie-Madeleine. Elle était pressée maintenant que tout soit achevé.

Le prêtre tira une montre de sa poche.

— Il n'est que cinq heures trente, madame, nous pouvons y aller que dans deux ou trois heures.

Le temps n'avait plus de signification, la marquise voulait ce que Pirot lui demandait. Elle prit avec difficulté un chapelet se trouvant dans la poche de sa robe et le serra dans sa main.

— Je voudrais qu'il soit donné à ma sœur après ma mort.

— Ce sera fait.

— Il faudra cependant me le laisser jusqu'au bout, vous me l'ôterez alors pour le lui remettre.

Pirot mit sa main sur celle de Marie-Madeleine.

— Vous devrez demander au bourreau, car les usages lui donnent le droit de garder tout ce que le condamné porte sur lui au moment de sa mort.

— Je le ferai, monsieur.

A ce moment on frappa à la porte de la sacristie, le procureur général fit un pas dans la petite pièce et demanda à l'abbé de le suivre. Pirot serra les mains de la marquise et sans un mot sortit.

Le procureur général avança vers lui aussitôt qu'il l'aperçut.

— Monsieur, voilà une femme qui nous désole, elle avoue son crime mais elle ne déclare pas de complices.

Pirot se raidit, blâmer la marquise était le dénigrer lui-même. Le magistrat reprit :

— Je vais parler franc avec vous, monsieur, car l'estime que je vous porte m'empêche d'user de détours. Ce matin on vous a surpris en train de causer avec un certain M. Le Boust, parent de Penautier. Est-il votre ami ? Dans ce cas on pourrait vous soupçonner d'user de votre influence auprès de Mme de Brinvilliers afin de la pousser à décharger cet homme.

Le prêtre eut un mouvement de recul, de quoi venait-on lui parler dans ce moment où il souffrait si fort avec Marie-Madeleine que rien d'autre ne pouvait le toucher ?

— Monsieur, j'ai effectivement rencontré ce Le Boust, mais je ne le connaissais pas le matin même. Il m'a en effet demandé que Mme de Brinvilliers disculpât son beau-frère. « S'il est innocent, elle le fera, lui ai-je répondu, je la crois incapable de charger d'autres personnes que des coupables si forte que soit la question. » Voilà tout le discours que nous avons eu ensemble, je l'ai si peu remarqué que, s'il paraissait ici présentement, je ne pourrai le reconnaître.

Le procureur général se détendit, la réputation du prêtre était telle qu'il était hors de question de le mettre en doute.

— Monsieur, je vous crois sur parole, j'en rendrai hardiment témoignage partout.

— Un mot encore, monsieur, avant que je retourne auprès de Mme de Brinvilliers qui a besoin de moi. Elle m'a chargé de vous dire qu'elle est désespérée d'avoir diffamé M. Briancourt lors du procès et vilipendé le capitaine exempt Desgrez qui l'a arrêtée. Elle leur demande pardon à tous deux.

— Ce sera fait, monsieur. Mme de Brinvilliers désire-t-elle adorer une dernière fois le Saint Sacrement avant que de partir à l'échafaud ?

— Certainement. Je vais le lui demander à l'instant.

Pirot se retourna et revint aussi vite que possible à la sacristie. Il ne voulait se trouver nulle part ailleurs. Marie-Madelaine sourit en le voyant.

— Je viens, madame, de recevoir du procureur général la permission de vous amener à la chapelle à nouveau afin de vous faire adorer le Saint Sacrement en compagnie de tous les autres prisonniers. Vous serez vue par eux, mais avant de mourir sur la Grève cela doit peu vous importer.

Le sourire de la marquise ne s'effaça point.

— Monsieur, j'en verrai bien d'autres tantôt, assemblés dans les rues et dans la place où on va me couper la tête. Je ne sais pourquoi vous justifiez cette proposition, trouvant qu'il n'y a pas à hésiter le moins du monde là-dessus. Qu'on fasse entrer qui on voudra.

Elle allait se mettre debout lorsque la porte s'ouvrit à nouveau. Pirot se leva aussitôt pour savoir qui venait encore les déranger. Le procureur général se tenait à quelques pas en retrait.

— Je vous trouble encore, monsieur, et vous demande de me pardonner, mais on va interroger Mme de Brinvilliers une dernière fois.

Deux greffiers et M. de Palluau étaient derrière lui, le procureur s'écarta pour les laisser entrer. Un greffier prit trois chaises qu'il disposa en face du banc où se tenait assise Marie-Madeleine. Pirot demeurant debout, le conseiller dut lever la tête vers lui.

— Monsieur, madame nous a fait connaître que vous l'aviez convaincue qu'elle était obligée de déclarer tout ce qui pouvait regarder son crime et nous avons été bien aise de la trouver prévenue de cette bonne maxime.

Marie-Madeleine ne laissa point le religieux répondre.

— J'ai tout dit, monsieur, il ne me reste rien à dire.

Palluau sursauta. Il était certain en son for intérieur que la marquise protégeait Penautier et, ayant la volonté de le perdre, il en éprouvait un grand dépit. Il se leva, les greffiers avec lui.

Les trois hommes sortirent sans se retourner. Pirot et la marquise écoutèrent leurs pas décroître dans le couloir, puis le prêtre se tourna vers elle. Il était sept heures moins un quart.

— Allons adorer ce sang divin dans le sacrement et le prier qu'il achève de vous ôter ce qui vous reste de taches et de péchés.

Pirot devinait que Marie-Madeleine sauvait Penautier, mais le motif de cette dernière faute n'étant point l'orgueil ni la haine, il l'avait absoute en même temps que les autres.

Comme ils sortaient, Guillaume, le bourreau, vérifia que les liens rapprochant les mains de la prisonnière demeuraient bien attachés et les serra davantage. Ils pénétrèrent dans la chapelle. La marquise alla s'agenouiller sur le marchepied de l'autel, chanta avec les autres un *Veni Creator,* un *Salve Regina* et un *Tantum Ergo,* reçut courbée la bénédiction. Comme elle ne bougeait pas, Pirot dut venir prendre son bras.

— Il faut aller, madame.

Elle se leva docilement. A la porte le bourreau l'attendait pour la mener à la toilette. Entre la chapelle et la pièce où elle devait se rendre, au-delà du guichet, les couloirs étaient encombrés de curieux. Depuis des heures certains attendaient de voir passer le monstre, cette femme maléfique dont le regard, disait-on, suffisait à glacer le sang. Pirot marchait devant, écartant de son mieux ceux qui tentaient de l'approcher. Marie-Madeleine tourna la tête de droite et de gauche, elle était affolée. Ce n'était pas la honte qui revenait, mais la peur.

De ses mains liées, elle rabattit sa coiffe sur son visage comme un enfant cache sa figure derrière ses doigts pour se protéger du danger. Au guichet, la porte retomba ne laissant passer personne. Comme elle se trouvait privée de la vue, ce bruit fit sursauter Marie-Madeleine, elle eut un geste nerveux qui rompit le chapelet. Les grains tombèrent à terre. La marquise releva sa coiffe et contempla en silence ce dernier bien qu'elle perdait. Pirot vit son regard.

— Je vais ramasser ces perles, madame, ne vous faites pas de souci.

Il se baissa et avec l'aide du valet du bourreau prit un par un les grains qu'il tendit à Marie-Madeleine. Son sourire revint et elle se tourna vers le bourreau.

— Puis-je, monsieur, laisser ce chapelet sans valeur à ma sœur ?

— Vous pouvez, madame, donner ce que vous voulez.

Ils pénétrèrent dans le vestibule de la Conciergerie entre la cour et le premier guichet. Guillaume la fit asseoir pour la préparer à l'amende honorable où il lui fallait porter une chemise blanche.

— Dois-je me déshabiller, monsieur ?

— Portez ce vêtement sur les vôtres, madame, cela est sans importance.

Guillaume arrangea alors la coiffe de Marie-Madeleine et prit une corde qu'il passa autour de son cou. Elle ne bougeait point et demeurait parfaitement docile.

— Il vous faut être pieds nus, madame.

Se penchant, il lui ôta bas et chaussures.

Marie-Madeleine demeurait toujours immobile, mais son regard ne quittait pas celui de Pirot. Tout autour d'elle des personnages importants s'étaient groupés. Leur influence, le rang qu'ils tenaient dans le monde leur avaient permis de franchir la porte close du guichet. Il y avait la comtesse de Soissons, Mme de Refuge, Mlle de Sendovie, M. de Roquelaure, M. l'abbé Chalusset. La marquise cessa un instant d'attacher ses yeux sur le religieux et les promena autour d'elle tristement. Puis de nouveau elle lui rendit son regard.

— Monsieur, dit-elle d'un ton désespéré, voilà une bien étrange curiosité.

— Elle est voulue par Dieu, madame, pour l'expiation de vos péchés.

La condamnée était prête, le bourreau lui fit signe de se lever. Elle obéit à l'instant et se tourna vers le concierge et sa femme.

— Adieu, madame la Concierge, adieu, monsieur le Concierge.

Le couple la regarda partir sans bouger. La femme pleurait.

Devant la porte attendait un tombereau, si petit qu'il semblait impossible que la prisonnière, le bourreau, le valet et le prêtre puissent y tenir. Marie-Madeleine le contempla, puis eut un regard vers la foule. Tout cela était abominable, mais elle était désormais tellement au-delà de cette bassesse qu'elle ne se sentait point concernée.

Guillaume prit le bras de la prisonnière pour la faire monter dans le tombereau, de ceux qui servaient à ramasser les gravats dans Paris. Pirot vint derrière elle prenant pour la soulager la lourde torche de l'amende honorable, se trouvant si serré que ses genoux venaient sous son menton ; le bourreau s'installa sur le bord, les jambes à l'extérieur, le valet suivit à pied. Le tombereau s'ébranla vers Notre-Dame où Marie-Madeleine, devant la porte, allait demander pardon à genoux de ses crimes. Les rues étaient pleines de monde au point que les archers devaient sans cesse écarter les curieux à coups de crosse. La marche du cortège s'en trouvait fort ralentie et la voiture était parfois obligée de s'arrêter. Pirot, levant la tête, aperçut alors le peintre Le Brun à une fenêtre en train de dessiner la marquise. Elle, demeurait silencieuse au milieu de tout cela, songeant aux siens et à la honte qu'ils allaient ressentir après sa mort, entendant à peine les cris, les menaces, ne voyant pas les poings tendus. La gloire du monde... Elle l'avait tant voulue, tant recherchée et elle partait conspuée, laissant derrière elle l'opprobre et la dégradation.

— Mon mari ne peut demeurer dans le monde après ce déshonneur. Il lui faudra rejoindre une communauté religieuse.

Elle parlait à mi-voix, pour elle seule.

— Madame, ne pensez à votre mari et à vos enfants que pour demander à Dieu leur salut, ne vous embarrassez pas pour eux de l'honneur du monde. Dites à la Vierge : « Voilà vos enfants, ceux-ci sont d'autant plus les vôtres qu'ils sont abandonnés et que vous recevez en votre protection ceux que les hommes oublient. Soyez tellement mon refuge dans les péchés dont vous me voyez couverte que vous soyez aussi l'asile de ma malheureuse famille innocente de mes crimes. »

Marie-Madeleine sourit tristement.

— Je vais vous parler des miens pour la dernière fois. Ensuite je ne vous importunerai plus avec mes affections. Adoptez, je vous prie, mes enfants sur cette terre comme j'ai prié la Vierge de les adopter au ciel. Ayez soin d'eux et tenez-leur ici-bas lieu de tout. Soyez surtout la consolation de mon mari. Voyez-le, je vous en supplie, au moins faites votre possible pour cela et si vous ne le pouvez voir, écrivez-lui pour lui marquer comme il doit se conformer pour faire son salut.

Les archers à cheval les précédaient et les suivaient, protégeant le tombereau et la victime qui allait mourir. Les cris franchissaient cependant cette haie l'isolant des autres. Elle perçut : « A mort ! Vengeance ! »

— Je veux mourir, murmura-t-elle, je le veux plus que tout. La société des hommes m'a rejetée et je n'ai plus de place qu'auprès de Dieu.

— Dieu vous fait sortir de la prison qu'est ce monde et où ceux qui y vivent ne font que traîner leurs liens. Recevez donc la mort comme une faveur signalée que Dieu veut vous faire. C'est par là qu'il finit votre prison et brise vos liens.

La voiture s'arrêta à nouveau. Aux fenêtres la foule se pressait. Marie-Madeleine contempla sa chemise, elle éprouvait de la joie à quitter les hommes tels qu'elle les voyait désormais.

— Monsieur, me voilà tout habillée de blanc.

Elle sourit à Pirot et, étrangement, lui aussi éprouvait de la joie.

— Jésus fut également revêtu d'une robe blanche par opprobre, on se moquait de lui en le traitant de fol. Cette robe est la robe de votre innocence retrouvée, c'est une robe nuptiale. Il en est de même pour la torche allumée que vous avez reçue. Quand le crime a éteint le flambeau du baptême, le feu de la pénitence le doit rallumer.

Marie-Madeleine leva les yeux, c'était en juillet qu'elle était venue au monde, en juillet qu'elle le quitterait. Elle n'avait point d'autre mot à dire, point d'autre geste à faire. Tout était fini.

— A mort, la parricide ! cria une voix toute proche.

Elle sursauta. Le visage de son père était dans sa mémoire, et elle en ressentit une douleur subite. Tout ne se trouvait donc point aboli ! Elle pouvait encore ressentir de la souffrance ! Sa tête se détourna, et soudain elle vit Desgrez qui la suivait à cheval. La vue de l'exempt lui fut insupportable.

De ses mains liées elle toucha le bras de Guillaume.

— Monsieur, pouvez-vous bouger un peu afin de me cacher cet homme-là ?

Pirot entendit la voix de la marquise, mais ne saisit pas clairement ses paroles.

— Qu'est cela ? demanda-t-il au bourreau.

Guillaume se pencha vers lui.

— Monsieur, j'entends bien ce que c'est.

Le prêtre regarda Marie-Madeleine. Il ne voulait pas la perdre un seul instant.

— Qui est, madame, cet homme que vous voulez qu'on vous cache ?

— Monsieur, ce n'est rien, c'est une faiblesse à moi de ne pouvoir présentement soutenir la vue d'un homme qui m'a maltraitée. Celui que vous avez vu toucher le derrière du tombereau est Desgrez, c'est lui qui m'a arrêtée à Liège et qui m'a eu longtemps à sa charge. Il a eu pour moi quelques duretés et j'ai peine à le voir.

Pirot songea que cette prison où demeuraient les hommes était devenue leur refuge. La porte s'ouvrait et ils ne la voulaient point quitter.

— Madame, c'était un homme chargé d'ordre qui avait raison de vous surveiller de près et de vous tenir avec grande rigueur. Il n'a exécuté que sa commission. Vous ne pouvez aimer Jésus-Christ si vous n'aimez aussi les membres de son corps. Jésus a prié pour ses bourreaux. C'est une grande faiblesse à vous, en voyant M. Desgrez, de souffrir mais plus vous souffririez, plus il vous faudrait vous faire violence pour le voir, non seulement sans peine mais avec joie.

— Ne bougez pas, monsieur, dit Marie-Madeleine au bourreau ; puis, regardant Pirot : Il faudra m'absoudre sur l'échafaud de cette faiblesse, je vous en supplie.

Le tombereau passait devant l'Hôtel-Dieu. Notre-

Dame n'était plus loin maintenant. Alors qu'il ralentissaient encore, le soleil brusquement réfléchi par les vitres d'une fenêtre vint frapper Marie-Madeleine en plein visage. Une terreur incontrôlable l'envahit. Elle sursauta. Les flammes allaient la happer, il ne fallait point qu'elle se laissât saisir. Sa voix tremblait.

— Ce ne sera pas toute vive qu'on me brûlera, ce ne sera qu'après ma mort ?

Un sanglot l'empêcha de continuer. Les diables la guettaient, comment leur échapper ?

La voix de Pirot était douce, sa main arrêta le tremblement de son corps.

— Madame, l'arrêt n'est jamais changé.

Ils étaient arrivés devant Notre-Dame. Le tombereau s'immobilisa sur le parvis noir de monde, devant la porte principale ouverte à deux battants. La main de l'abbé n'avait pas quitté celle de la marquise.

— Madame, c'est ici que l'on va vous faire faire votre amende honorable. Ce n'est rien qu'un aveu public de votre crime pour en demander pleinement pardon. Faites cela, madame, chrétiennement. Il faut, comme David, prosterner votre esprit, humilier votre cœur, vous abîmer dans votre néant devant la majesté de Dieu. Dites avec moi : « Seigneur mon Dieu, Jésus fils de David, fils de pécheur et père de miséricorde, ayez pitié de moi et sauvez-moi. »

Marie-Madeleine répéta. La peur était proche encore, il ne fallait point que le prêtre la quittât. S'il s'éloignait d'un pas elle pourrait basculer dans la terreur.

Pirot s'agenouilla derrière elle. La marquise ne vit d'abord de l'intérieur de la cathédrale qu'un trou sombre ; puis peu à peu elle distingua des formes humaines. L'église était comble. On la cernait de toutes parts, devant, derrière, aux fenêtres, comme si elle pouvait s'échapper encore.

— Voilà le cierge, dit Pirot, tenez-le fermement.

Il le lui tendit. Un greffier se mit à sa droite, le bourreau à sa gauche. Le soleil était bas maintenant.

Le greffier lut le texte que Marie-Madeleine répéta mot pour mot d'une voix faible. Elle avait envie de s'allonger la face contre terre, les bras écartés, et de ne plus bouger. « Je reconnais que méchamment et par vengeance, j'ai empoisonné mon père et mes frères et voulu attenter à la vie de ma sœur pour avoir leurs biens, dont je demande pardon à Dieu, au roi et à la justice. »

La flamme du cierge dansait devant son visage, mais ce feu très doux ne l'effrayait point.

— Madame, dit Pirot, il faut remonter dans le tombereau.

Elle inclina la tête.

— Amenez-moi.

On la hissa dans le tombereau sans la torche. Marie-Madeleine se sentait lasse, elle ne ferait plus un pas désormais.

— Dieu va-t-il me pardonner ?

— Oui, madame, sans doute, et vous devez le croire.

Sa fatigue était immense, vaste comme une vie. La marquise se mit à pleurer, elle était usée, au bout d'elle-même. Le tombereau passa devant Saint-Denis-de-la-Châtre. Pour la première fois, quelques paroles de compassion se mêlèrent aux huées. La haine ne touchait plus Marie-Madeleine, la pitié la bouleversa et ses larmes coulèrent sur la chemise blanche où elles ne laissaient point de traces. Elle murmura :

— Si on m'avait condamnée à être brûlée vive, j'aurais eu peine à me résoudre. L'arrêt porte qu'on ne brûlera mon corps qu'après ma mort, et je me repose sur la parole que vous m'avez donnée que cela sera ainsi.

— Madame, soyez sûre qu'on n'en usera pas autrement.

Le prêtre trouvait cette femme d'une bravoure admirable. Elle recevait les huées sans manifester d'amertume, n'évoquant jamais sa propre mort. Il avait vu des hommes aller au supplice en implorant et en se traînant aux pieds du bourreau. Chaque geste, chaque regard de Mme de Brinvilliers demeurait noble. « Ceux qui la méprisent ne la valent pas », se dit-il, et il regarda autour de lui avec pitié. Le tombereau avait passé le pont Notre-Dame et était arrivé en Grève, s'arrêtant à quatre pas de l'échafaud dressé au centre de la place. Un greffier s'approcha de la voiture et lut l'arrêt encore une fois. Marie-Madeleine ne l'écouta pas. Le moment présent s'estompait, elle remontait lentement le cours de sa vie. Comme elle ne bougeait pas, le bourreau crut que le cœur lui manquait. Il lui toucha le bras.

— Madame, il faut persévérer. Ce n'est pas assez d'être venue jusqu'ici et d'avoir répondu jusqu'à cette heure à ce que vous a dit monsieur, il faut aller jusqu'à la fin et suivre jusque-là comme vous avez commencé.

Marie-Madeleine tourna le regard vers lui. Que disait-il, que lui voulait-il ? Croyait-il qu'elle allait chercher à échapper à sa mort ? Elle fit un signe de tête.

— N'avez-vous rien de plus à déclarer ? demanda le greffier. Si vous le désirez, vous pouvez rejoindre les deux commissaires présents à l'Hôtel de Ville.

Elle ne percevait pas les mots, que cherchait-il à lui faire faire ? Dans sa mémoire était l'image d'Offémont avec la longue allée menant au château. Y parviendrait-elle ? Le chemin semblait immense et sa marche à chaque pas devenait de plus en plus difficile comme si elle ne parvenait plus à mouvoir les pieds.

Pirot comprit qu'elle n'avait point entendu et répéta les paroles du greffier.

— Ne cachez rien, madame, dit-il enfin.

Elle eut un geste las de ses deux mains attachées.

— Je n'ai plus rien à dire, j'ai dit ce que je savais.

— Madame, est-ce de toute bonne foi ? Vous n'êtes éloignée de la mort que d'un pas, pensez à ne pas mentir au Saint-Esprit.

— Monsieur, c'est tout.

— Madame, dites-le donc bien haut à M. Drouet, le greffier.

Marie-Madeleine haussa sa voix.

— Monsieur, je n'ai plus rien à dire.

Elle n'atteindrait pas Offémont et ne rejoindrait pas son père, il lui fallait rebrousser chemin. Aller à Sains, peut-être, où l'attendait Briancourt.

— Monsieur, avez-vous dit que je demandais pardon à Desgrez et à Jean Briancourt ?

— Je l'ai fait, madame, mais vais pour vous rassurer le répéter aussitôt au greffier.

L'homme haussa les épaules.

— Monsieur, cela ne sert à rien, ce n'est pas là ce qu'on lui demande.

Il tourna le dos.

La foule enserrait le tombereau de si près qu'il ne pouvait s'approcher davantage de l'échafaud. Le cocher prit son fouet et commença à frapper de grands coups sur les têtes, les mains de ceux qui se trouvaient les plus proches. Pirot reçut les lanières sur le visage alors que le cocher rejetait le fouet en arrière.

— Souffrez-vous ? demanda Marie-Madeleine.

— Laissez cela, madame, je vous en prie.

La marquise vit les traits rouges sur la peau blanche. Briancourt avait la même carnation fine sur laquelle ses ongles traçaient aussi de longues rainures. Elle se mordit les lèvres. Il ne fallait point penser à cela, tout avait été une construction de son imagination. Jamais elle n'avait cessé de dormir.

Le bourreau sauta hors du tombereau afin de disposer l'échelle au pied de l'échaufaud.

— Monsieur, dit Marie-Madeleine doucement, ce n'est pas encore ici que nous devons nous séparer. Vous m'avez promis de ne me point quitter que je n'eusse la tête tranchée. J'espère que vous tiendrez parole.

— Je la tiendrai, et ce ne sera que le moment de votre mort qui sera celui de notre séparation. Ne vous mettez pas en peine, je ne vous abandonnerai pas.

Sa voix tremblait. L'émotion le gagnait au point de le faire suffoquer et l'effort qu'il faisait pour se dominer le raidissait tout entier. Il ne fallait point qu'il faiblisse maintenant. Marie-Madeleine vit que Pirot était bouleversé, elle se sentait forte à côté de lui et avait envie de le caresser afin de l'apaiser. Sa voix était calme, douce pour ne point l'inquiéter.

— J'attends, monsieur, cette grâce de vous, vous vous y êtes engagé trop solennellement pour y manquer. Vous serez, s'il vous plaît, sur l'échafaud avec moi pour achever de me rendre les offices dont j'aurai besoin pour me mettre en état d'aller rendre compte à mon nouveau juge que mes crimes me font si fort craindre. Mais, monsieur, il faut que, dès cette heure, je prévienne le dernier adieu que je vous dois bientôt faire et que je vous dise par avance, que la quantité de choses que j'aurai à faire sur l'échafaud pourrait me faire échapper de la mémoire. Si je me suis bien disposée à subir la sentence des juges de ce monde que je me suis attirée par mon péché, et à concevoir quelque confiance en la miséricorde de ce dernier juge qui doit me juger là-haut, ce n'est que par votre ministère. Je dois tout cela à vos soins. Je le reconnais hautement. Je voudrais pouvoir exprimer combien je me sens obligée de votre bonté. J'en scellerai volontiers ma reconnaissance de mon sang. Il ne me reste qu'à vous faire excuse de la peine que je vous ai donnée, je vous en demande pardon. Je crois que vous l'avez prise sans répugnance et je veux croire de votre charité que vous ne vous en repentez pas.

Marie-Madeleine s'arrêta un instant, elle se sentait

bien, la fatigue, la peur avaient disparu. Pirot serrait les dents pour ne pas pleurer.

— Vous m'excuserez bien, monsieur, dit-elle encore.

L'abbé voulut parler mais ne le put.

— Je vous prie, monsieur, continua la marquise, de me pardonner et de ne point regretter le temps que vous m'avez donné. Je suis fâchée de vous avoir procuré de ma part si peu de satisfaction, du moins en certains moments, je vous en demande pardon. Mais je ne puis mourir sans vous prier de me dire un *De profundis* sur l'échafaud au moment de ma mort et demain une messe. Souvenez-vous de moi, monsieur, et priez Dieu pour moi.

Pirot fit un effort extrême pour répondre qu'il lui promettait tout cela et bien plus encore, mais il ne put qu'articuler :

— Oui, madame, je ferai ce que vous m'ordonnez.

On tira Marie-Madeleine du tombereau. Pirot la laissa s'éloigner puis, sortant son mouchoir, il éclata en sanglots.

— Arrêtez-vous un instant, je vous prie, demanda la marquise.

Le bourreau et elle se trouvaient devant un homme à cheval.

— Monsieur Desgrez, dit doucement Marie-Madeleine, je vous demande pardon. Priez Dieu pour moi. Je suis votre servante et vais mourir telle sur l'échafaud. Adieu, monsieur.

Elle reprit sa marche, monta l'échelle, poussée par Guillaume. Pirot avait dominé ses larmes et la suivait.

Tout autour de l'échafaud la foule bruyante parlait, appelait, riait, la conspuait, c'était comme le bruit d'une vague incessante frappant le rocher où elle se tenait.

— Agenouillez-vous, demanda le bourreau.

Elle se mit à genoux devant une grosse bûche qui se trouvait couchée. L'abbé la rejoignit et s'agenouilla à son côté droit, orienté dans le sens contraire afin de pouvoir parler à son oreille. Marie-Madeleine avait le visage tourné vers la rivière, lui vers l'Hôtel de Ville. Leurs yeux ne se quittaient pas. Le regard de Marie-Madeleine était calme, serein, détaché, avec une larme de temps à autre qui semblait glisser toute seule. Dans un coin de l'échafaud, Guillaume avait dissimulé le glaive sous un manteau afin que ni la condamnée ni le prêtre ne le puissent voir. Pirot tira alors le flacon de vin de sa poche et le présenta à Marie-Madeleine qui refusa d'un signe de tête. L'abbé le posa à côté de lui. Aussitôt Guillaume commença les préparatifs, ôtant la coiffe, défaisant les cheveux de la marquise que Desgrez avait fait couper à Huy afin qu'elle n'ait plus à utiliser d'épingles, mais qui se trouvaient encore fort épais. Les ciseaux taillaient les boucles tandis que la main du bourreau orientait la tête de la condamnée selon l'avancement de son travail. Marie-Madeleine, parfaitement docile, obéissait en tout, afin de faciliter la tâche de Guillaume. Elle ne voulait point le contrarier mais ne lui parlait pas, jugeant ne point avoir à le faire. La foule enserrait l'échafaud, observant chaque mouvement, chaque regard. Un homme, plus hardi que les autres, la dévisagea de si près qu'elle eut un geste d'affolement aussitôt dominé.

— Comme je regrette mon crime, murmura-t-elle.

Pirot allait répondre lorsque le bourreau qui venait de bander les yeux de la condamnée lui fit signe de reculer. D'un geste il signifia qu'il avait compris, et prononça quelques mots sur le supplice de saint Étienne tout en s'éloignant lentement afin que Marie-Madeleine ne s'aperçût de rien.

Lorsqu'il fut à trois pas, la marquise soudain bouleversée tourna la tête de droite et de gauche. Au son de la voix du prêtre elle avait compris qu'il s'écartait.

— Ah ! monsieur, vous vous en allez quoique vous

m'ayez promis de ne me point abandonner que je n'eusse reçu le coup !

Sa voix était haute, inquiète.

Pirot ferma les yeux, ces moments le déchiraient. Il haussa le ton, ne voulant pas qu'à cause de sa faiblesse elle sut le coup imminent.

— Non, madame, je vous tiendrai parole et je ne me séparerai de vous qu'à la mort. Vous n'êtes pas comme saint Étienne qui, les yeux ouverts, pouvait contempler Dieu avant que de mourir, mais dites avec lui : « Seigneur Jésus, recevez mon esprit, Seigneur Jésus recevez mon esprit, seigneur Jésus, recevez mon esprit. »

Marie-Madeleine répéta, les mots ôtaient la pensée, il ne fallait point la laisser revenir. Pirot ouvrit les yeux et vit Guillaume s'emparer du glaive. Les paroles se pressaient afin d'abolir tout silence :

— Dites, madame, « Jésus, Marie, ayez pitié de moi ».

— Jésus, Marie, répéta Marie-Madeleine, ayez pitié de moi.

Pirot entonna alors le *Salve Regina*. Tout basculait, en entendant le chant Marie-Madeleine eut un vertige, elle sentit le bourreau arracher le haut de sa chemise et d'elle-même inclina la tête. Elle entendit les paroles *Salve Regina, mater misericordiae, vita dulcedo :* le chant enflait, entonné par le premier rang de curieux, se propageant semblable à une onde dans la multitude. Le peuple entier chantait et la portait vers la vie, elle murmura : « Avec toi je suis forte, rien ne peut m'arriver. »

La chaleur du soleil était douce encore, elle la sentait sur son visage comme une caresse. Le mur la protégeait. « Marie-Madeleine, appelait la voix de la nourrice avec son accent chantant, votre mère vous demande. »

— Donnez-moi l'absolution, murmura-t-elle.

Le chant la faisait frissonner.

— Faites-la-moi la plus fervente qu'il se pourra puisque ce doit être le dernier moment de ma vie.

— Vous repentez-vous de vos fautes ?

Elle répéta plusieurs fois :

— De tout mon cœur.

Le bourreau s'essuya le visage. Pirot jeta un coup d'œil sur lui, son cœur se contracta violemment.

— *Ego te absolvo de peccatis tuis...*

Il fit le signe de la croix sans cesser de parler. « J'abandonne mon corps qui n'est que poussière et je le laisse aux hommes pour le brûler, le réduire en cendres et en disposer comme il leur plaira, avec une ferme foi que vous le ferez ressusciter un jour et que vous le réunirez à mon âme. Je ne suis en peine que d'elle. Agréez, mon Dieu, que je m'en remette à vous, faites-la entrer dans votre repos, recevez-la dans votre sein afin qu'elle remonte à la source d'où elle est descendue, elle part de vous, qu'elle retourne à vous. Elle est sortie de vous, qu'elle rentre en vous, soyez-en-s'il vous plaît mon Dieu, le centre et la fin. »

La foule s'était tue. Guillaume, le glaive entre les deux mains, rassemblait son énergie et la lumière qui se couchait fait danser sur Paris une poussière dorée.

Marie-Madeleine fermait si fort les yeux qu'elle ne voyait plus qu'une tache rouge s'estompant jusqu'à devenir peu à peu vaste et jaune comme un champ de colza. Elle était à Sains, à cheval à côté de Jean-Baptiste, juste à la lisière de la forêt, recevant en pleine face le soleil de juin. Il avait fermé ses bras autour de ses épaules et elle entourait la taille de son amant des siens. Puis Jean-Baptiste lentement l'entraînait, et elle basculait accrochée à lui, leurs corps si proches, si unis l'un à l'autre qu'ils s'envolaient tous deux.

Un bruit sourd fit tressaillir Pirot qui avait fermé les yeux. Il les ouvrit et vit la tête de Marie-Madeleine tranchée si nettement qu'elle demeurait collée au tronc, lui faisant croire un instant que le bourreau avait manqué son coup. A ce moment la tête tomba sur l'échafaud en arrière, à gauche, tandis que le buste s'affaissait sur le billot.

Pirot s'inclina, récita un *De profundis* et les larmes coulaient sur son visage sans qu'il fasse un geste pour les essuyer.

— Monsieur, dit le bourreau joyeusement, n'est-ce pas un bon coup ? Je me recommande toujours à Dieu dans ces occasions-là et jusqu'à présent il m'y a assisté. Il y a cinq ou six jours que cette dame m'inquiétait et me roulait dans la tête ? Je lui ferai dire six messes.

Puis il prit la bouteille de vin apportée par Pirot et la but d'un trait. L'abbé se leva, il ne voulait pas voir porter le corps au bûcher.

— Demeurez ici, monsieur, conseilla gentiment Guillaume, jusqu'à ce que la foule s'éclaircisse. Je vous conduirai moi-même.

Le bourreau prit le corps, la tête, tandis que le prêtre tournait le visage vers l'Hôtel de Ville afin de ne rien voir. Comme un automate, Pirot descendit l'échelle, sa volonté le poussait à fuir, à rentrer chez lui et à s'agenouiller devant Dieu dans le silence afin de faire cesser peu à peu la douleur qui lui serrait la poitrine. La foule l'encercla à l'instant, il crut étouffer et dut remonter l'échelle. Sur l'échafaud il demeura debout, regardant la Seine à côté de lui et pensa, en contemplant les eaux de la rivière où se réfléchissait le soleil couchant, qu'un nuage s'y était abîmé, léger, insaisissable, dont il ne demeurait plus qu'un reflet.

ÉPILOGUE

Après le procès de la marquise de Brinvilliers éclata le plus grand scandale du règne de Louis XIV, l'affaire des Poisons. Marie-Madeleine de Brinvilliers avait eu la malchance d'être la première compromise, bien d'autres grandes dames furent épargnées.

Furent mêlés au scandale :

— La comtesse de Soissons, nièce de Mazarin
— Racine
— La duchesse de Bouillon
— Le maréchal de Luxembourg
— La comtesse de Tingry
— La maréchale de La Ferté
— Les Polignac
— Mme de Montespan, favorite du roi.

— Antoine de Brinvilliers se réfugia à Offémont d'où sa belle-sœur Thérèse, veuve d'Antoine d'Aubray, chercha longtemps à le chasser. Elle dut obtenir du roi deux lettres de cachet afin de lui faire quitter le château. Il se réfugia à l'étranger, changea de nom et mourut sans laisser de traces.

— Les enfants de Marie-Madeleine de Brinvilliers changèrent leur nom pour celui d'Offémont.
— Les deux filles aînées moururent sous le voile.

— Claude-Antoine, à la mort de sa tante, devint seigneur d'Offémont. Il épousa Anne-Françoise de Saint-Maixent dont il eut deux filles. Il mourut le 30 juillet 1739 et est enterré dans l'église de Saint-Crépin-aux-Bois.
— Louis entra dans les ordres et mourut chanoine.
— Nicolas rejoignit l'armée et devint officier. Il épousa Nicole de Bombelle.

— Jean Briancourt demeura chez les pères oratoriens d'Aubervilliers comme professeur de droit. Sa fin reste obscure.

— Pierre-Louis Reich de Penautier fut disculpé malgré une opinion publique déchaînée contre lui. Il fut soutenu activement par Colbert et par tout le clergé, l'archevêque de Paris, Harlay de Champvalon, en tête. La déposition de Marie-Madeleine de Brinvilliers en sa faveur fut décisive. Un an après l'exécution de la marquise, en 1677, la veuve de Saint-Laurent faisait paraître un nouveau factum dans lequel elle accusait Penautier d'avoir empoisonné le sieur Le Secq, son beau-père, qui possédait des biens immenses. « Les meilleurs gendres, disait-elle, ont quelquefois sur certaines matières des tentations d'impatience où les plus méchants succombent. » Penautier avait eu pendant quelque temps un associé nommé Dalibert. La veuve de Saint-Laurent faisait remarque que « le sieur Dalibert était parti de ce monde avec une telle précipitation qu'on ne lui avait pas donné le loisir de mettre ordre à ses affaires ».

Après des incidents qui finirent sans doute par lasser la curiosité publique, dans le courant du mois de juin 1677, onze mois après l'exécution de Mme de Brinvilliers, Penautier fut acquitté.

Il acheta un hôtel place Vendôme, retrouva sa considération, son prestige et mourut fort vieux en Languedoc (1711). Saint-Simon dit de lui : « De petit caissier il était devenu trésorier du clergé et trésorier des États de Languedoc et prodigieusement riche. C'était un grand homme, très bien fait, fort galant et fort magnifique, respectueux et très obligeant, il avait beaucoup d'esprit et était fort mêlé dans le monde. Il le fut aussi dans l'affaire de la Brinvilliers et des Poisons qui a fait tant de bruit et mis en prison avec grand danger de sa vie. Il est incroyable combien de gens et des plus considérables se remuèrent pour lui, le cardinal de Bonzi à la tête, fort en faveur alors, qui le tirèrent d'affaire. Il conserva longtemps depuis ses emplois et ses amis et quoique sa réputation eût fort souffert de son affaire, il demeura dans le monde comme s'il n'en avait point eu. Il est sorti de ses bureaux force financiers qui ont fait grande fortune. » Au moment de son procès, une multitude de couplets furent écrits sur le financier. Voici l'un d'entre eux :

Si Penautier dans son affaire
N'a rencontré que des amis
C'est qu'il a bien su se défaire
De ce qu'il avait d'ennemis

— Belleguise fut arrêté, le 1er août 1676, par l'exempt Delagrange, chez Mme de Beaumont, lingère. Il fut aussitôt enfermé à la Bastille puis, deux jours plus tard, incarcéré à la Conciergerie. Il dit aussitôt ce qu'il savait, reconnaissant sans difficulté les liens d'amitié l'unissant à Sainte-Croix, l'enlèvement des coffres de ce dernier avant sa mort, l'évasion de son domestique Lapierre, les nombreux prêts d'argent faits au chevalier lors de sa dernière maladie, ses « expériences » quant à une éventuelle fabrication de fausse monnaie, sa fuite précipitée hors de Paris lorsqu'il avait vu place de Grève l'exécution de La Chaussée. Son arrestation sembla pouvoir porter un coup fatal à Penautier tant les liens entre le financier et les empoisonneurs devenaient évidents. Or, en dépit d'un interrogatoire serré, Belleguise nia constamment la réalité d'une complicité entre Penautier, Sainte-Croix et la marquise de Brinvilliers. Quant à la fabrication de fausse monnaie, malgré des documents fort compromettants, il laissa entendre qu'il s'agissait de la recherche de la pierre philosophale, crime moins sévèrement puni. Son interrogatoire demeura négatif à l'encontre de Penautier.

— Martin de Breuille, l'homme d'affaire louche de Sainte-Croix, émargeant également chez Belleguise, disparut sans laisser de traces, probablement assassiné.

— Lapierre, le domestique de Sainte-Croix, malgré de nombreuses recherches de la police, resta introuvable.

— La destinée de Geneviève Bourgeois, servante de la marquise de Brinvilliers, demeure obscure.

— Bocager, professeur de droit, fut longuement interrogé par la justice. Il fut acquitté, mais sa réputation resta fort compromise.

— L'abbé Dulong, compatriote et ami intime de Sainte-Croix, fut lui aussi compromis. On le soupçonna malgré ses dénégations d'avoir gardé chez lui la fameuse cassette avant de la reporter rue des Bernardins lorsque Sainte-Croix se vit mourir et que, étant totalement abandonné par sa maîtresse, il eut décidé de la perdre.

Furent également compromis :
— Le peintre Du Châtelet qui avait fait un portrait de la marquise de Brinvilliers et de ses enfants et qui fut pendant dix-huit mois son maître d'hôtel.

— Les Marillac, illustre famille apparentée aux d'Aubray. Michel de Marillac était conseiller d'État.

— Michel Larcher, président à la cour des Comptes, beau-frère de Thérèse Mangot d'Aubray, qui avait fait pression auprès de Briancourt pour qu'il déclarât Penautier coupable.

— Le commissaire Picard, qui fut incarcéré pour avoir pris l'initiative de brûler la « confession » de Sainte-Croix.

Les familles auxquelles Sainte-Croix aurait vendu ses poisons ne furent pas inquiétées par souci du pouvoir d'éviter le scandale.

DU MÊME AUTEUR

Aux Éditions Gallimard

LE GRAND VIZIR DE LA NUIT, *roman.*

L'ÉPIPHANIE DES DIEUX, *roman.*

Impression Bussière à Saint-Amand (Cher),
le 3 mai 1985.
Dépôt légal : mai 1985.
Numéro d'imprimeur : 748.

ISBN 2-07-037655-9./Imprimé en France.
Précédemment publié par les éditions Olivier Orban
ISBN 2-85565-226-X